账表的力量

就这样搞定会计

李春林◎著

中国市场出版社
China Market Press

图书在版编目（CIP）数据

账表的力量——就这样搞定会计/李春林著. —北京：中国市场出版社，2015.2

ISBN 978-7-5092-1346-9

Ⅰ. ①账… Ⅱ. ①李… Ⅲ. ①会计学-基本知识… Ⅳ. ①F230

中国版本图书馆 CIP 数据核字（2015）第 003064 号

账表的力量——就这样搞定会计

出版发行 中国市场出版社

社　　址 北京月坛北小街 2 号院 3 号楼　　**邮政编码** 100837

电　　话 编 辑 部（010）68033692　读者服务部（010）68022950

发 行 部（010）68021338　68020340　68053489

68024335　68033577　68033539

总 编 室（010）68020336

盗版举报（010）68020336

邮　　箱 xhr1224@aliyun. com

经　　销 新华书店

印　　刷 河北鑫宏源印刷包装有限责任公司

规　　格 170 mm×240 mm　16 开本　　**版　　次** 2015 年 2 月第 1 版

印　　张 20. 5　　**印　　次** 2015 年 2 月第 1 次印刷

字　　数 370 000　　**定　　价** 39. 00 元

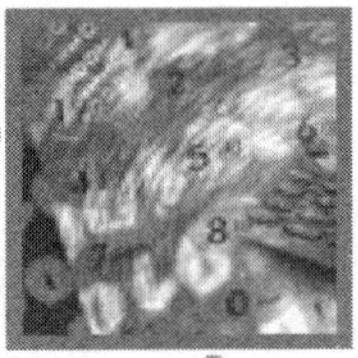

前　言

“会计”这门学问可以说是历史悠久，无论是理论，还是实务，账表都是其核心内容。鹰击长空，是因为拥有遒劲有力的健壮翅膀；江河千里，是因为它拥有惊涛拍岸的神奇力量；会计绵延千年，是因为它拥有管理经济的强力账表。要真实反映和监督经济世界，离开了账表，会计就会失去主导力量。

“江山留胜迹，我辈复登临”。一个会计新手或者门外汉，要学习这样一门有着自身成熟理论体系，同时又是应用性极强的实用技术，必然会遭遇到复杂理论加实务操作双重的困难。如何克服这种困难，如何在一本书中既讲清基本的、必备的理论知识，又能够使读者快速从容地上手操作，从门外汉或会计新手成为一名会计达人，这正是本书所要解决的。

那么，问题来了，本书是如何做到的呢？

——以全真照片体系化地展现真实会计场景。本书抛开深奥冗余的理论条文，采用了一系列全真的账务处理照片来展现现实世界的真实会计场景：从账表前的搜集整理票据、自制凭证，到账务登记、制作报表，再到账表后的财务分析，读者学到的是完全真实的、循序渐进式的手工和电脑两套账务处理的全过程。

——以深入浅出的讲解引领读者快速“搞定”会计。为实现这一目标，我们做了两方面的努力：一是，作者将会计的复杂理论、实务操作与农夫的辛勤耕耘、春种秋收进行类比介绍，帮助读者深刻理解“会计”这门学问的内在逻辑；二是，作者将枯燥生硬的会计知识以诙谐幽默、浅显直白的口语娓娓道来，行文风趣、图文并茂。如此，就使得读者的整个会计学习过程变得简单、生动起来。

作者多年的知识积累和实务工作经验，浓缩成这本会计入门书籍奉献于读者面前。相信通过本书的介绍，您的会计学习之旅一定会成为一种幸福难忘的探索体验。受作者水平和成书时间所限，作者虽精心著书，但难免存有疏漏和不当之处，敬请指正。

本书特色

1. 独有“双账双图”的“实景”特色，最大化激发初学者的兴趣和智慧

为避免一般同类会计书籍仅仅采用示意图示例所致的抽象难懂，本书特别采用全真的账务处理实物照片加示意图对会计知识进行讲授。通过体系化的全真照片加示意图这样的“双图”真实场景的展示，更能够真实反映现实世界中的会计实务。与一般同类会计书籍中或电算或手工的单账学习相比，本书对会计账务的讲解既包括电算化账务，又包括手工账务。两套账务处理的学习，作者带给读者的是更多实在、实用的东西，让读者明白电算与手工“双账”各自的优点，又可以将之相互印证、融会贯通。“双账双图”的“实景”特色讲解，无疑会最大化地激发读者的学习兴趣，提升读者的动手操作能力。

2. 行文幽默诙谐，以实例引导全程，特别适合初学者阅读

本书对于基本理论知识、会计凭证的编制、会计账簿的建立、会计报表的编制及财务分析方法、指标体系的讲解，全程都是以一家公司为实例来进行的，体系完整，前后连贯统一。这样就避免了初学者在学习不同章节、不同实例时的知识脱节。阅读本书，你会发现，作者的讲授绝不是板着面孔、死板教条式的，而是犹如一位老朋友，以幽默诙谐、贴近时代的语言进行生动风趣的讲解，面对面、手把手地帮助读者缩短成为会计达人的时间。

3. 内容实用实在、详略得当，讲授符合初学者的认知规律

本书内容涵盖了凭证（票据）、账簿账册、报告报表和财务分析等会计实务所必须掌握的知识，非常注重知识的实用性和可操作性。对必须掌握的细节处，绝不吝惜笔墨，手把手教给你，细致到每一次的鼠标点击；对于仅需读者大致了解处，也绝不贪多求全、画蛇添足，对整体结构的描述力求提纲挈领、简明扼要。这样安排的好处是：对初学阶段的必备知识均有详细介绍，便于读者深入了解；对只需要大致了解的知识也能够有所认识。这种由浅入深、循序渐进的讲授完全遵循和尊重了初学者对会计知识的认知规律。

本书内容及体系结构

第 1 章 选育良种好发芽——谈谈凭证

本章从实际生活中最原始、最基本的凭证形式入手，讲解了会计上两类凭证——原始凭证和记账凭证的取得、制作与审核，并以会计实务中最常见的“差旅费用报销”和“工资发放”为例，引导读者进行两类凭证的系列会计操作。

第 2 章 你的背篓你的犁——会计科目

本章对六大类会计科目的核算内容进行了介绍和串讲，引导读者根据会计科目间的内在联系掌握其规律、熟悉其特征，进而逐步在自己的头脑中建立一个立体的、系统的、体系化的、相互联系的会计科目群。对会计科目的分类和科目核算内容的学习，为全面、系统、有序地反映和监督经济世界奠定了结构基础。

第 3 章 你的一亩三分地——会计账簿

本章引领读者体验复式思维的大美，第一次正面认识了会计学科上大名鼎鼎的“借”与“贷”，介绍了会计账簿的登记和结转以及错账更正等内容。将本章与前两章结合起来学习，就更能深刻理解从经济世界到凭证的制作、编制，到会计账簿的登记这样的会计处理流程。学习本章，读者应有意识地培养自己的复式思维习惯，强化对账务登记流程的理解和消化。

第 4 章 良田初垦学建账——手工账务

本章以一家公司实务为例，通过简明的实物图讲解，全面介绍了会计初始建账时所面临的各类问题，介绍了各类账簿初建阶段应做的思想和物质上的准备。通过对本章的学习，读者能够深刻体验到“从拿到原始凭证、分析原始凭证背后的经济事项，到比照运用读者脑海中的会计科目的核算内容写出会计分录、根据记账凭证登记日记账和明细账、做出科目汇总表，最后据以登记总账”这样一系列的手工账务处理流程。手工账务流程讲解将极大地帮助读者深刻理解会计账务体系的内在逻辑。

第 5 章 荒地还是沃土——会计电算化

本章既对会计电算化的工作规划进行了讲解，又带读者领略了“从会计软件的安装，到电算化账务的初始设置、日常账务记载、月末和年末的特别会计处理”等一系列会计电算化流程。本章采用了与上一章相同的企业实例，配以简明的实景图解，读者既可以体验到电算化会计轻松搞定后酣畅淋漓的舒适，又可以体验到融会贯通电算账务与手工账务之间差异与联系后豁然开朗的喜悦。

第 6 章　高粱红了、庄稼熟了——会计报表与财务分析

本章是会计人员的晋级阶段，讲解了主要会计报表的编制，学习了财务分析及其报告的撰写方法，介绍了财务指标的计算和用法。通过本章的学习，读者可以编制资产负债表、利润表等会计报表，撰写财务分析及报告，掌握经济组织的发展能力、营运能力、偿债能力、盈利能力、现金流量、变现能力、财务弹性分析等七大类财务分析指标。

第 7 章　风调雨顺见彩虹——会计环境与会计成长

本章介绍了会计机构、会计人员所处的内部、外部环境，以及会计人员应如何适应和利用好外部环境。而要适应环境，会计人员必须持续地提升自我价值。这就涉及会计人员如何规划自己的职业生涯，如何设定自己的人生目标这样的实际问题。本章对此进行了介绍，并对会计职业生涯的具体规划进行了指导。

本书读者对象

- 会计初学者
- 大中专院校学生
- 会计从业资格应考人员、各类会计培训班学员
- 想要提升会计能力的会计同行
- 想要自己记账的私营业主（老板）
- 需要会计入门实务工具书的朋友

此书献给你们——对财务会计感兴趣的所有朋友！

目录

第1章

选育良种好发芽
——谈谈凭证

凭证在日常生活中又称为凭据，俗话说“口说无凭”，这里的“凭”指的就是凭据，它是用来证明某项事情发生的书面证据。如果有人问你，凭什么说一件事情是真实存在的呢？这时，你拿出书面的材料，看，白纸黑字，这就是证明。

具体到会计这个行业，凭证又称会计凭证，是用来证明经济业务事项的真实发生、明确经济责任并据以登记账簿、具有法律效力的书面证明。这是会计这个职业工作的头道关口，凭证的真实合法，是后序工作的基础。就好比果实的种子，种子的优良与否决定了是否能够在秋季收获累累硕果。

1.1 去哪里找那么好的“她”——原始凭证

“种瓜得瓜、种豆得豆”——这句话说的是种子的重要性。那么，会计上的“种子”——“凭证”——是从哪里来的呢？我们从什么单位、什么人手中取得的书面材料能够在会计工作中作为“凭证”呢？换句话说，从其他单位、其他个人手中取得的书面材料是不是都可以在会计称之为“凭证”呢？

1.1.1 生活中的票据寻找

1. 所谓“票据”

“票据”，从字面上看是发票和收据，这是生活中最基本、最常见的凭证形式，是证明收款、收物的书面证明材料。

实际上，从会计的角度来理解，“票据”应该是这样的：广义上，票据包括各种有价证券和凭证，如发票、股票、国库券、企业债券、提单等；狭义上，票据仅指《票据法》上规定的票据，即汇票、本票和支票三种票据。看到这里，可能对于一个没有学过会计的你来说，头有点大，不要急。看不明白，你可以跳过，直接无视。你只需知道：“票据”不只是发票和收据。这里，它是我为你设定的“凭证”这个概念的导入点，即“票据”→“凭证”。

下面，我们就一起来认识一下“凭证”的庐山真面目。图 1-1 是一张餐饮发票，属于生活中人们常常提到的“招待费”的一种。图 1-2 是高铁车票，是铁路部门出具的，真实程度很高。图 1-3 是通过机场高速的一张过路费用收据，由收费站打印，真实程度也很高。图 1-4 是一张入库验收单据，是 2014 年 10 月 15 日江苏林林贸易有限公司将 50 箱洋酒经典海之蓝酒送至江苏苏和饮食集团公司取得的，经检查在这张单据上的签字系苏和集团入库验收人员张二平所签，可以认为这张票据合理可信。前三者属于发票和收据类凭证，第四种入库单也是“凭证”的一种。

诸如此类直接从其他单位或者个人手中取得的、用以证明经济事项发生的单据，是最原始、最直接的证据，故而，会计这一行业把它们叫做“原始会计凭证”或“原始凭证”。

江苏省地方税务局通用机打发票(电子)
发票联
机打代码:232171400180
机打号码:04095683
付款方名称:客户
开票日期:2014-11-01行业分类:餐饮业（饮食业）
机器编号:028730002327
开票项目　单价　数量　金额(元)
餐费　188.00　1.00　¥188.00
合计(小写):¥188.00
合计(大写):壹佰捌拾捌圆整
收款方名称:苏州工业园区打渔郎火锅餐厅
税控码:0924 5895 2908 4202 1856
在线开具，请主动查验

图1-1　餐饮发票

Z39A075317　南京南售
2012年05月14日 10:25开　01车024号
二等座
南京南　D361次　苏州北
NanjingSouth　SuzhouNorth
¥65.00元
限乘当日当次车
李春林
3210281972****0035　检票口13
1680-4300-3905-13A0-7531-7　和谐号

图1-2　火车（发）票

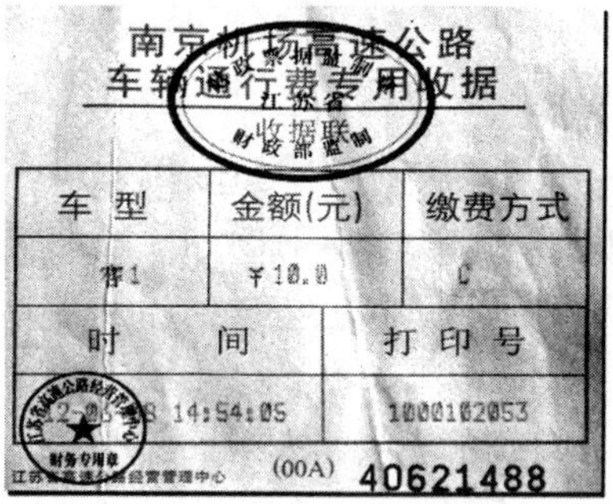
南京机场高速公路
车辆通行费专用收据
收据联

车　型	金额(元)	缴费方式
客1	¥10.0	C

时　　间	打　印　号
2-05-08 14:54:05	1000102053

(00A)　40621488

图1-3　过路费收据

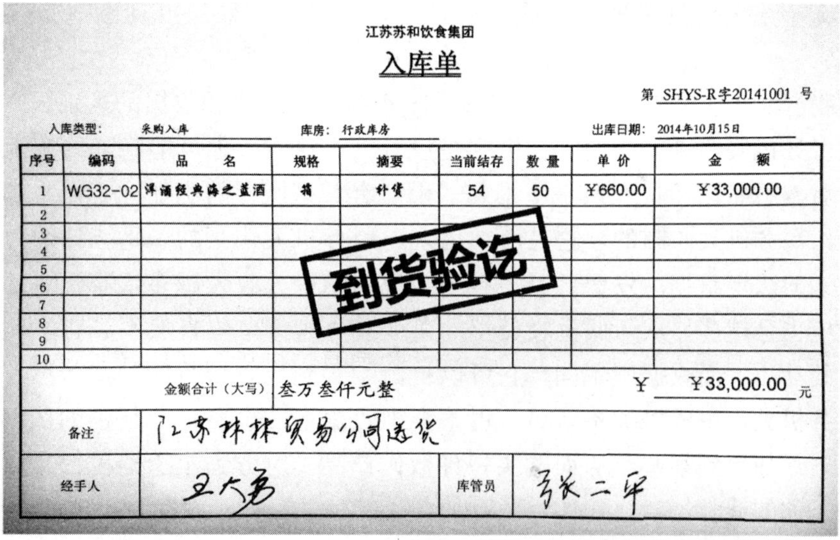
江苏苏和饮食集团

入库单

第 SHYS-R字20141001 号

入库类型：采购入库　库房：行政库房　出库日期：2014年10月15日

序号	编码	品　名	规格	摘要	当前结存	数量	单价	金　额
1	WG32-02	洋酒经典海之蓝酒	箱	补货	54	50	¥660.00	¥33,000.00
2								
3								
4								
5								
6								
7								
8								
9								
10								

金额合计（大写）叁万叁仟元整　¥ ¥33,000.00 元

备注：江苏林林贸易公司送货

经手人：王大勇　库管员：张二平

到货验讫

图1-4　入库单

从图1-1至图1-4中可以看出，这些凭据上面一般都有：名称、填制的日期、接受单位的名称、所发生事项的业务内容（包括数量、单价、金额等）、填制单位的签章、人员的签章，等等。

至此，你应该明确三点：（1）日常生活中的经济类的票据，在会计这一行被称为“原始凭证”，是用来证明与经济有关的事项确实是发生了的直接证据；（2）票据不只是指发票和收据，发票和收据只是票据的最常见形式；（3）所谓凭证，也可以理解为凭据、依据，原始凭证是用来证明经济事项发生情况的最原始的证据，票据是原始凭证的常见形式。

2. 从外部取得什么样的原始凭证

从上面的讲述中，实际上你已经知道了，“原始凭证”是来自外部的，是指并非你所在的机关、公司、团体或个人等打印的、填制的、手写的书面单据。例如，外出饭店吃饭，你可以要求饭店开具发票给你；到超市商场购买东西，超市商场会打印出发票给你；乘坐交通工具出门，你可以要求或者对方会主动提供给你车船票、飞机票；报名参加培训班，培训机构可能给你开具一张收据，写明已经收到你的款项……诸如此类，与你或者你所在单位发生经济事项来往的单位，会计上最常见的称谓是“往来单位”、“对方单位”或“对方”。

聪明的你可能已经发现，上面我讲了很多“可以”、“可能”，而不是“必须”、“一定”，你可能心生困惑，这是为什么呢？你外出消费了，对方为什么不愿意出具发票给你呢？或者更多的时候，只是出具了一张收据给你呢？

我们回过头来看图 1-1 和图 1-3，仔细看一下发票和收据的区别——发票是由税务机关监制的，而收据上则是没有的。这时，你可能隐隐约约地感觉到，对方不愿意开具发票是不是和“税”有关系呢？的确如此。在我国，发票是由税务机关监制的，它是由纳税人向税务机关购买的，是统计纳税人营业收入的法定票据。发票开具得越多，说明纳税人收入越多，需要缴纳的税款相应也会越多。从降低税收负担的角度看，对方单位自然不具有主动开具发票的动力。而收据则不同，它可以自由购买到或者自行印制，并不需要经由税务机关，税务机关不认可、也不会把收据上的金额作为征税的依据。所以说，你如果到某些小店面购买一件数码产品，对方为了少纳税、又要证明它收了你的钱款，就会开具一张收据给你。

无论是发票或者收据，只要有对方的签字或者盖章，在法律上是可以证明事件的发生的；但是，在会计上，收据一般是不被税务机关认可的，它不能作为记入账册的依据，除非是财政收据等极少数情况，如图 1-3 所示的财政部监制的收据。不被税务机关认可的收据，即使你所在单位的会计人员硬性记了账，被税务机关稽查出来，你所在单位也将会面临补缴税款、罚款等不利后果。

因此，如果取得的票据是用来作为记账凭据的，那么，必须取得对方开具的发票；相反，如果取得的票据并不是用来作为记账凭据、仅仅只是为了证明事情的发生的，从会计记账的角度看，取得发票和收据是没有区别的。但是，为了促进对方单位依法纳税、维护公平竞争环境，我建议你向对方单位主动索要发票。

从会计行业的角度看，负有纳税义务的单位出具收据替代发票在税法上是不合法的，这样的收据是不应该被会计人员接纳的。

至此，你应该明确两点：（1）并非你取得的、外部出具的所有东东都可以作为会计上的“原始凭证”、都是能证明经济事项的法定证据；（2）消费方尽可能地取得发票，而不是收据。

3. 想而不能得的小广告

相信很多人看过美国电影《碟中谍》，上面有一处穿帮镜头，在阿汤哥背后的墙壁上出现了所谓的“办证”小广告。同样，对于在城市道路上等红绿灯的有车一族来说，被人在车窗或车门把手上塞进卡片式小广告也是常有的经历。这类小广告经常包含有一项业务——“代开发票”。

本来，代开发票是税务机关对于偶尔存在纳税义务、但又不具备开具发票资格的单位代行开具的一项法定事项，是其他任何单位、个人都不拥有的权利。无疑，小广告的发放者、声称可以代开发票的单位都是非法的。而从这些非法开票的单位或个人处取得发票，多是假票，是不能够通过税务票据认证的。即使是偶尔取得的具有开具发票资格的纳税人的发票，能够通过税务机关的防伪认证，也会因真实经济业务的不存在而导致发票无效，这样的代开行为本身就是非法的。

因此，从小广告开票人获得发票看起来好像也是取得原始会计凭证的一种途径，但这种途径是违法的、无效的，被查处后是要承担补税、罚款，甚至是刑事责任的。任何为加大自身的成本、减少纳税税款而虚构经济事项，找人代开发票的行为归根结底是得不偿失的。

这样的小广告，Let it go？放过它？随它去？不！它必须受到有关执法机关的打击，我们每个人都应当主动拒绝和举报。

4. 取得原始凭证应当合法

发票和收据是原始凭证的常见形式，从外部取得原始凭证是获得原始凭证的主要方式，但必须注意取得原始凭证应当合法。这包括两层意思：

一是取得的票据必须是真实的、合法的，比如当我们与外部的单位或个人发生经济事项时，如果对方有纳税义务且具有税务机关认定的开具发票（通常简称“开票”）资格，则它必须开具发票。如果没有开票资格，则其应该请求税务机关代开发票。如果应开未开、无开票资格而找他人代开的发票是非法和无效的。

二是取得票据的行为本身必须是合法的，是有真实的经济事项作为前提的。为规避纳税义务而故意取得的票据，不论票据是否有效，都会因为取得票据行为本身的非法性而无效。

1.1.2 票据也可自己做

1. 什么是内部凭证

上面，我们所讲的是“原始凭证”是来自外部的，是别的单位或者个人开具的，那么是不是所有的“原始凭证”都源自于外部呢？答案肯定不是。外部是相对于自己或你所在的单位本身来讲，除了你和你所在的单位以外，我们通称为外部。因此，一般把从外部取得的原始凭证称作“外来原始凭证”。

那么你会问了：和外部凭证相对应，是不是有内部凭证呢？答案是肯定的。所谓内部是指你和你所在的单位，所谓内部凭证是指你和你所在单位之间发生了某项经济事项，为了证明这种经济事项而编制的凭证。所以说，原始凭证也是可以自制的，把单位内部自行填制的称为“自制原始凭证”。

2. 自制凭证的真容

按填制手续及内容的不同，一般将自制原始凭证分为一次凭证（如图 1-4）、累计凭证（如表 1-1）和汇总原始凭证（如表 1-2）以及记账编制凭证（如表 1-3）。

（1）一次凭证：一次凭证只反映一项经济业务或同时记录若干项同类性质经济业务的原始凭证，其填制手续是一次完成的。如各种外来原始凭证、企业有关部门领用材料的“领料单”、职工“借款单”、购进材料的“入库单”。

（2）累计凭证：将在一定时期内（一般以一个月为限）连续发生的同类经济业务的自制原始凭证，在一定的限额内，按经济业务事项的发生而分次填制，如“限额领料单”就是累计凭证的一种。

（3）汇总凭证：为了集中反映某项经济业务总体发生情况，将一定时期内反映相同经济业务的多张原始凭证，汇总编制而成的自制原始凭证。通俗地讲，就如同小学生学的“合并同类项”，只能将同类内容的经济事项汇总在一起，填列在一张汇总原始凭证上；不能将两类或两类以上的经济事项汇总在一起，填列在一张汇总凭证上。常见的汇总原始凭证有“工资汇总表”、“现金收入汇总表”、“发出材料汇总表”等。

（4）记账编制凭证：根据现有账簿的记录，对某些特定的事项进行归类、整理、分配而编制的自制原始凭证，如“制造费用分配表”、“费用公摊表”等。通常，也可以将记账编制凭证归属于一次凭证的范畴。

表 1-1　限额领料单

江苏苏和饮食集团

限额领料单

仓库代码：001 号

领料部门：中餐部　　月度：2014 年 11 月　　计划产量：6 500 桌次

用途：客用　　单位消耗定额：2 瓶

材料类别	材料编号	材料名称		计量单位	单价	领料限额	全月实领	
							数量	金额
酒类	W202	洋酒蓝色经典天之蓝酒		箱	540	100	95	51 300
日期	请领			实发		退料			限额结余
	数量	领料人	领料审批人	数量	发料人	数量	退料人	收料人	
11.1	30	张侠	王加加	10	谭生生				70
11.14	40	张侠	王加加	40	谭生生				30
11.23	25	张侠	王加加	25	谭生生				5

仓库负责人：岳龙丽　　定额员：高燕

表 1-2　发出材料汇总表

江苏苏和饮食集团

发出材料汇总表

时间：2014 年 11 月　　单位：元

部门	主要食材	酒类	调味品	合计
中餐部	245 900	51 300	33 200	330 400
西餐部	667 400	88 620	77 500	833 520
办公室	75 000	82 000		157 000
合计	988 300	221 920	110 700	1 320 920

复核人：张军　　制表人：谭生生

表 1-3　　　　　　　　　　　公摊费用分配表

江苏苏和饮食集团

水电费公摊分配表

时间：2014 年 11 月

分配对象	分配标准（元）(1)	分配率（%）(2)	应分配金额（元）(3)＝(1)＊(2)
中餐部	7 900	45	3 555
西餐部	5 500	40	2 200
办公室	1 400	15	210
合计	14 800	100	5 965

复核人：张军　　　　　　　　　　　　　　　　　　　　　　　　制表人：谭生生

将原始凭证进行分类，也只是为了讲述方便，不需要刻意记忆，各种凭证的填制与来源关系及举例如表 1-4 所示。读者朋友们应当仔细观察表 1-1、表 1-2、表 1-3 的填制内容，弄清楚表格应当填写的内容。

表 1-4　　　　　　　　　　　原始凭证例表

原始凭证填制类别	来源类别	图表举例
一次凭证	外来或自制凭证	图 1-4 入库单
累计凭证	自制凭证	表 1-1 限额领料单
汇总凭证	自制凭证	表 1-2 发出材料汇总表
记账编制凭证	自制凭证	表 1-3 公摊费用分配表

3. 外来凭证与自制凭证的关联

无论是外来凭证，还是自制凭证，都是由经济事项涉及的各方填制的，将经济事项的情况书面化记录在有关表单上，用以证明其真实发生。从外在形式上看，可以是手写的，也可以机器打印的，但往往打印的显得更正式，而且部分原始凭证是事先印制好的，如定额票据等。

我们在前面的讲述中已经提到，在原始凭证上一般都可以找到诸如“填制单位的签章、人员的签章”，这是对涉及人员的记录，也明确了经济事项的经手人员、审批人员各自的经济责任牵制。此外，对于凭证出具单位来说，经济事项涉及不同业务环节的不同人员签字，也是该单位内部控制的必要环节，可以有效地加强人员间的相互牵制，防止错误和舞弊情况的发生。

需要明确的是，不管是外来凭证，还是自制凭证，都是对已经发生的经济事项的记载，对于尚未发生、计划发生事项的记载不能够作为会计意义上的原始凭证，如企业的生产计划书、资金预算表等，它们只能作为单位内部管理的文件而存在。

4. 自制凭证的要求

原始凭证作为具有法定证明力的文件，《会计基础工作规范要求》对原始凭证的填制作出了具体要求：

（1）记录要真实，与事实相符。

（2）内容要完整。不能遗漏，不能省略。

（3）手续要齐备。外来凭证，来自于外单位的，要加盖其公章；来自于个人的，要有其签字。自制凭证，必须有本单位领导人、经办人签字。

（4）书写要规范、清楚。

不得使用未经国家公布的简体字，大小写金额必须相符。

小写金额用阿拉伯数字逐个书写，不得连笔，金额前紧接着写上人民币符号“¥”，数字一律写到角、分，角分均没有的，可用“00”或者“--”代替，有角无分的，分位必须写成“0”，不得写为“-”。

大写金额前应有“人民币”字样，“人民币”字样后紧接着用正楷或行书书写金额大写。金额大写数字以“零、壹、贰、叁、肆、伍、陆、柒、捌、玖”表示，金额单位以“亿、万、仟、佰、拾、元、角、分”表示。金额单位中间不管出现几个数字“0”，大写时都只能写一个“零”字，如“102”、“1 002”这两个金额大写中都只有一个“零”字。此外，大写金额到“元”的，后面必须添加“整”或“正”字；大写金额到“角”的，后面可以添加也可以不添加“整”或“正”字；大写金额到“分”的，后面无须添加“整”或“正”字。需要提醒的是，出现数字“1”的地方，大写时必须有“壹”，如日常生活中我们将“10”读作“拾”，但会计大写必须是“壹拾”。

（5）不得涂改、挖补、刮擦。如发生金额写错的情况，必须由原始凭证出具单位重新开具；发生其他错误的，应由原始凭证出具单位重新开具或者更正，更正处须加盖出具单位印章，原始凭证出具单位不得拒绝。

（6）编号须连续。如果原始凭证上事先印制有编号，在写错凭证信息，须重新开具时，在写错的凭证上加盖“作废”戳记，不得撕毁。

（7）填写应及时。填制原始凭证应及时，并按规定及时送交会计机构处。

1.2 精挑细选出好种

一项经济事项，无论是外部取得，还是自行制作，都是为了证明经济事项的真实存在。但是这样的原始凭证实际上还只是处于“原始”状态，不能够用来直接记账，不能作为记账的依据。在会计上，还需要对它们进行进一步的加工。就像散落一地的种子，还需要进行装袋、分仓以保存一样，原始的会计凭证需要进行归类整理、汇总、审核等工作，才能够作为记账的基础。

1.2.1 好种要常晒——原始凭证归类整理

1. 原始凭证粘贴单

从上面的讲述中，我们已经知道了从何处取得和如何制作合法有效的原始凭证了。此前，摆在面前的是一大堆大大小小、长短不一的各种票据、表单，显得繁杂、凌乱。对这些会计凭证进行整理分类既是会计核算的需要，也是填制记账凭证的基础。

回过头来看一下表 1-2，它其实就是一张将 2014 年 11 月这一个月内的“领料单”按照各部门“主要食材”、“酒类”、“调味品类”进行分门别类加总后填制的。这是原始凭证归类整理的一种方法。我们更多的整理归类是将大小不一的票据、表单按照一定的规矩粘贴在一份被称为“原始凭证粘贴单”（图 1-5）的东东上。原始凭证粘贴单也称为原始单据粘贴单，是用来粘贴原始凭证的。其作用是汇总、归类原始凭证（单据），保证原始单据不丢失。

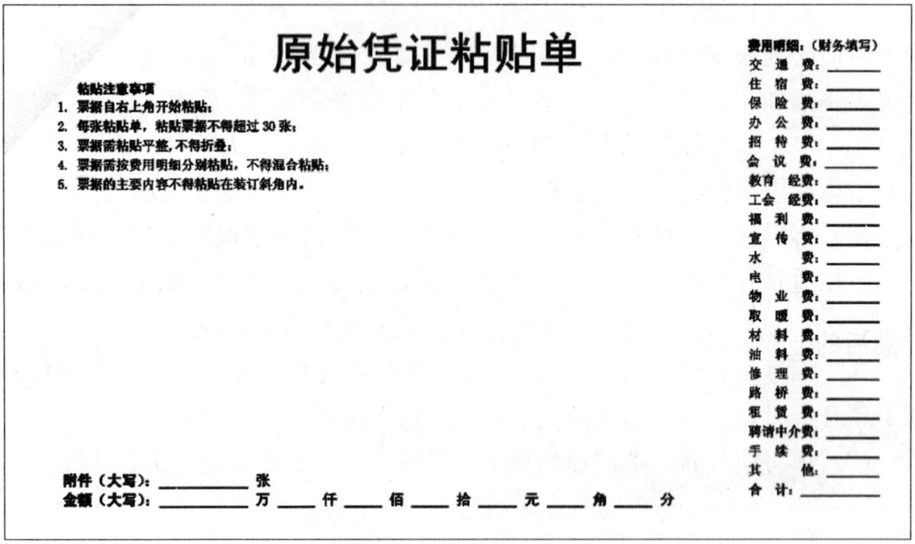
原始凭证粘贴单

粘贴注意事项
1. 票据自右上角开始粘贴；
2. 每张粘贴单，粘贴票据不得超过 30 张；
3. 票据需粘贴平整，不得折叠；
4. 票据需按费用明细分别粘贴，不得混合粘贴；
5. 票据的主要内容不得粘贴在装订斜角内。

附件（大写）：______张
金额（大写）：______万____仟____佰____拾____元____角____分

费用明细：（财务填写）
交通费：______
住宿费：______
保险费：______
办公费：______
招待费：______
会议费：______
教育经费：______
工会经费：______
福利费：______
宣传费：______
水费：______
电费：______
物业费：______
取暖费：______
材料费：______
油料费：______
修理费：______
路桥费：______
租赁费：______
聘请中介费：______
手续费：______
其他：______
合计：______

图 1-5 原始凭证粘贴单

2. 原始凭证粘贴整理的一般规范

将原始凭证归类粘贴，要保证粘贴美观、清晰、粘牢。一般可按照以下规范来操作：

（1）纸张规格比较小的凭证可以按时间或者发生经济事项的顺序由前而后仿照鱼鳞般由下而上、由右而左依次摆放。

（2）纸张规格超过原始凭证粘贴单的凭证要折叠，但应露出凭证号码。

（3）粘贴时应保证原始凭证粘贴单左边和上边留出足够的空边。粘贴后的凭证边缘超出粘贴单边缘的应折叠。

（4）所粘贴的原始凭证张数和金额应准确统计，不得涂改。

1.2.2　好种当勤理——原始凭证的汇总

1. 频繁发生的同类原始凭证应汇总

在本章第一节，我们已经简略地提到了汇总原始凭证（如表 1-2 所示的发出材料汇总表），它是为了简化下一步的记账工作，将一定时期内若干份记录同类经济业务的原始凭证按照一定的管理要求汇总编起来，用以集中反映某项经济业务总括发生情况的会计凭证。

在任何一个单位或者组织内部，频繁发生的同类的原始凭证可以加总合并起来编制“汇总原始凭证”，从而减轻编制记账凭据的工作量，并使得原始凭证清晰有条理。

2. 原始凭证汇总过程

下面，我们就一起来演示一下对一类原始凭证的汇总过程。

首先，出现在你眼前的是五张“领料单”，分别为江苏苏和餐饮集团的编号为“L-0311”、“L-0323”、“L-0312”、“L-0318”和“L-0341”号的调味品领料单，分别见表 1-5 至表 1-9。

其次，我们对这五张领料单进行分析，可见，其中前两张领料单系中餐部领用，后三张领料单系西餐部领用。前两张金额分别为 18 500 元和 14 700 元，二者之和为 33 200 元。换句话说，将中餐部 2014 年 11 月领用的调味品加总后的金额 33 200 元填列于汇总原始凭证表 1-2“发出材料汇总表”的第二行第四列（图 1-6 中的三角形“▲”处）；后三张金额分别为 31 500 元、22 750 元和 23 250 元，三者之和为 77 500 元（图 1-6 中的双三角形“▲▲”处）。换句话说，将西餐部 2014 年 11 月领用的调味品加总后的金额 77 500 元填列于汇总原始凭证表 1-2“发出材料汇总表”的第三行第四列。这一步，汇总填制了 3 月份调味品领用数（参见图 1-6）。

最后，仿照上一步，根据 3 月份领料单上记载的“主要食材”、“酒类”金额汇总填列于表 1-2“发出材料汇总表”的第二列和第三列后，进行横向加总和纵向加总，最终可得 2012 年 3 月“主要食材”、“酒类”和“调味品类”合计领用 1 320 920

元。到此，即完成了原始凭证的汇总，也就是说，汇总原始凭证编制完成。

表 1-5 **中餐部领料单一**

领料单

仓库：三号库 领用日期：2014-11-1 编号：L-0311

材料编号	类别	名称	单位	数量		计划价格	
				请领	实发	单价	金额
TW301	调味品类	中配 1 号	箱	50	50	370	18 500
用途	中餐部领用			领料部门		仓库	
				负责人	领料人	负责人	保管员
				钟平	郭白	岳龙丽	代一萍

表 1-6 **中餐部领料单二**

领料单

仓库：三号库 领用日期：2014-11-15 编号：L-0323

材料编号	类别	名称	单位	数量		计划价格	
				请领	实发	单价	金额
TW302	调味品类	中配 2 号	箱	40	40	367.50	14 700
用途	中餐部领用			领料部门		仓库	
				负责人	领料人	负责人	保管员
				钟平	郭白	岳龙丽	代一萍

表 1-7 **西餐部领料单一**

领料单

仓库：三号库 领用日期：2014-11-1 编号：L-0312

材料编号	类别	名称	单位	数量		计划价格	
				请领	实发	单价	金额
TW401	调味品类	西配 1 号	箱	70	70	450	31 500
用途	西餐部领用			领料部门		仓库	
				负责人	领料人	负责人	保管员
				王亚金	李悦	岳龙丽	代一萍

表 1-8　　　　　　　　　　　西餐部领料单二

领料单

仓库：三号库　　　　　　　　领用日期：2014-11-11　　　　　　　　编号：L-0318

材料编号	类别	名称	单位	数量		计划价格	
				请领	实发	单价	金额
TW401	调味品类	西配 1 号	箱	65	65	350	22 750
用途	西餐部领用			领料部门		仓库	
				负责人	领料人	负责人	保管员
				王亚金	李悦	岳龙丽	代一萍

表 1-9　　　　　　　　　　　西餐部领料单三

领料单

仓库：三号库　　　　　　　　领用日期：2014-11-21　　　　　　　　编号：L-0341

材料编号	类别	名称	单位	数量		计划价格	
				请领	实发	单价	金额
TW402	调味品类	西配 2 号	箱	55	55	422.73	23 250
用途	西餐部领用			领料部门		仓库	
				负责人	领料人	负责人	保管员
				王亚金	李悦	岳龙丽	代一萍

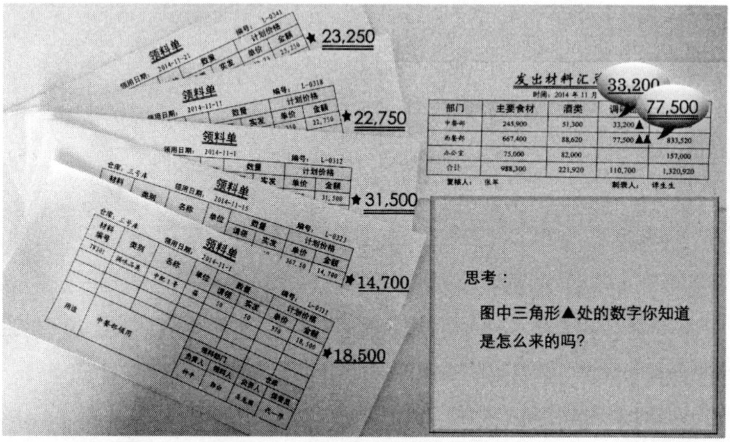

图 1-6　原始凭证汇总实物图

注：上图左半边由上至下分别为表 1-5、表 1-6、表 1-7 和表 1-8、表 1-9 五张“领料单”；图右上部的“发出材料汇总表”参见表 1-2。

1.2.3 好种须受验——原始凭证的审核

原始凭证无论其来源渠道如何，对其进行审核都是必需的，这是会计人员最基础的一项工作，也是经济事项进入账务系统要迈过的第一道门槛。经过审核的原始凭证才能够作为编制记账凭证的依据。

一般而言，对原始凭证的审核要注重以下几个方面：

(1) 合法性。判断的依据是国家的财经制度和单位内部的财务管理规定、计划与合同等，当后者与前者冲突时，以前者为准。比如是否是巧立名目、乱发奖金，擅自提高开支标准、扩大开支范围等。

(2) 合理性。判定的依据是事先制定的计划、预算等，审查原始凭证所记载的内容是否符合生产经营活动的需要。

(3) 真实性。判定的依据是经济事项，凭证所反映的内容是否与经济事项的实际情况一致，有无弄虚作假，有无多计或者少计。

(4) 正确性。原始凭证的计算是否正确无误，如“数量×单价”是否与金额相等，各金额加总是否与合计数相等。

(5) 完整性。指的是要素的完整，是否存在应填未填的内容，如签章，业务内容与所附带的附件是否一致，所填制内容是否清晰、准确。

(6) 及时性。包括原始凭证的填制及传递。审核时，应注意填制日期，特别是银行汇票、本票、支票这类时效性较强的原始凭证。

上述六个方面的审核，前三者属于政策性审核，后三者属于技术性审核。

1.3 源来是你——记账凭证

原始凭证经过了搜集、整理、筛选，这好比是完成了农夫选种的头道工序了。然而，对于会计人员的最终“劳动果实”——出具报表报告的要求仍相差很远。经过初选和审核的原始凭证还必须经过会计人员的“二次选育”，即，在原始（或汇总）凭证的基础上再填写被称作“记账凭证”的东东，作为记账的直接依据，以满足记账的需要。

在这一节，你需要学会的是“原始凭证→记账凭证”这样一个流程。

1.3.1 良种二次选育——记账凭证的填制与整理

1. 何谓“记账凭证”

在上一节，我们已经知道，所谓“原始凭证”，从字面上可以理解为“用来证明经济事项的最原始的凭据、证明”。

从本节开始，我们会接触一个新词语——“记账凭证”。与上两节相同，你也可以将“记账凭证”理解为“凭以记账的依据”。如果说，学会原始凭证的搜集、整理、筛选，是任何具有正常行为能力的人都能够完成的工作的话，那么，一旦学会了“记账凭证”的制作和填制，恭喜你，你已经有一只脚跨入“会计”的门槛了。

我们来看一下“记账凭证”的严格的定义：记账凭证是指会计从业人员根据审计无误的原始会计凭证，按照经济事项的内容加以归类后，将会计分录填制于其上的会计凭证。请注意，这句话包含了三层含义：（1）原始凭证已经经过审核；（2）根据经济事项的类别进行分别归类；（3）要在记账凭证上填写“会计分录”——这是个新词儿，现在你可以理解为“会计上将经济事项进行分类的名称”，如果你一定要确切地知悉究竟什么是“会计分录”，性急的你，可以翻到下一章先睹为快。

百闻不如一见。为了增加你的感性认识，让我们一起来看一看“记账凭证”的真实模样，如表1-10所示：

表1-10　　通用记账凭证

记账凭证

日期：　　年　月　日　　　　记字第　号

摘要	科目名称		记账	借方金额	记账	贷方金额	
	总账科目	明细科目					
							附件
							张
合计							

会计主管：　　记账：　　出纳：　　审核：　　制单：

表1-10是一张常见的会计记账凭证，也称作记账凭单，准确地讲，它是一张“通用记账凭证”。一看这名字——“通用”，你就知道它是会计业使用最频繁的一种记账凭证了，大路货了。它是会计上以一种格式记录一个单位所

有经济事项的凭单，在这张单据上，最醒目的就是它的名称——“记账凭证”！

有“通用”，就会有“专用”？——你是不是偷偷地这样想了？哈，还真想对了，还真是有“专用记账凭证”。不过这“专用记账凭证”是指三种记账凭证的合称，它们分别是：

（1）收款凭证。这是填制收款业务的记账凭证，记账账簿为现金日记账和银行存款日记账。也就是说，收款凭证是用来记录现金和银行存款收入事项的凭证。格式如表 1-11 所示：

表 1-11　　　　收款凭证

收款凭证

借方科目：　　　　　日期：　年　月　日　　　　　收字第　号

摘要	贷方科目		金额	记账
	一级科目	二级科目		
附件　张	合计			

会计主管：　　记账：　　出纳：　　审核：　　制单：

（2）付款凭证。这是填制付款业务的记账凭证，记账账簿为现金日记账和银行存款日记账。也就是说，付款凭证是用来记录现金和银行存款付款事项的凭证，它与收款凭证正好是相反的。格式如表 1-12 所示：

表 1-12　　　　付款凭证

付款凭证

贷方科目：　　　　　日期：　年　月　日　　　　　付字第　号

摘要	借方科目		金额	记账
	一级科目	二级科目		
附件　张	合计			

会计主管：　　记账：　　出纳：　　审核：　　制单：

（3）转账凭证。是指不涉及现金和银行存款收付事项的账务间互转的记账凭证。它记录了一个会计账簿的增加，同时也记录了与这个账簿相关的其他账簿的减少事项。格式如表 1-13 所示：

表 1-13　　转账凭证

转账凭证

日期：　　年　月　日　　　　转字第　号

摘要	总账科目	明细科目	借方金额	贷方金额	记账
附件　张	合计				

会计主管：　　记账：　　出纳：　　审核：　　制单：

在表 1-11、表 1-12、表 1-13 中，细心的你，可能一下子就看出了你没有接触过的“借”和“贷”两个字，你很想知道它们是什么意思吧？这在第三章 3.1.2 部分有详细的说明。这里你只要明白，所谓“借贷”实质上是指“增减”，这就可以了。

习惯上，会计上还有一种对记账凭证的分类，是根据同一张记账凭证上所涉及经济事项所有子类别名称的多少来区分的。这里所说的“子类别”是指将经济事项进一步分门别类地加以细化分解得到的更详细的类别，这些明细的类别会计上会赋予它们专门的名称，并用“会计科目”加以统称。我们在第二章再进一步讲解“会计科目”，这里我们继续谈“子类别”。举个例子吧，例如，某单位员工李春林出差报销 990 元［我们将这一笔经济事项记为“(J)1-1”］，这一个经济事项细分后，涉及两个子类别，一是出差费用，二是现金。

如果一张记账凭证上只记录一笔经济事项，且细分后的子类别也只有一个，我们把这样的记账凭证称为“单式（单项）记账凭证”；如果一张记账凭证上记录了一笔经济事项，且记载了所涉及的所有子类别的名称，我们把这样的记账凭证称为“复式（多项）记账凭证”。

之所以要分出所谓“单式”和“复式”，这是源于它们各自不同的优点。“单式记账凭证”内容单一，便于分工记账，便于分类汇总；“复式记账凭证”易于观察一笔经济事项的全貌，减少凭证数量，节约纸张。

2.“记账凭证”的基本内容

记账凭证无论“通用”、“专用”，抑或“单式”、“复式”，都是为了满足记账的需要，应当具备下面这些基本的内容：

（1）记账凭证的名称。如“借项凭证”、“收款凭证”。

（2）记账凭证的填制日期。记载了将原始凭证进行归类整理的时间，它不一定是原始凭证的发生时间，是指记账凭证的填写时间。二者可能是同一天，但一般情况下并不相同，记账凭证上的记载日期会稍晚于原始凭证的时间。

（3）记账凭证的编号。记账凭证是根据经济业务发生的先后顺序按月连续编号的，这也是凭以记账的顺序。对记账凭证进行编号，方便记账、装订和保管，同时也利于日后的检查。

（4）摘要。就是对记账凭证所记录的经济事项的概要描述，摘要的填写应满足两个方面，一是简明扼要，二是确实能够反映出经济事项的内容。

（5）会计分录及记录的方向。一是一笔经济事项所涉及的各分类的名称应准确指明，二是各类别的增加和减少应准确指明。

（6）经济事项的金额。金额的准确，这自然不需要特别指明，但极其重要。

（7）所附原始凭证的张数，又称附件张数。

（8）记账标记，一般用“√”表示已将打钩的这一行登记在相应的账簿里了。

（9）相关人员的印章。通常有出纳、审核、记账人、会计主管等。这表示同一记账经过多名不同会计人员之手，一方面保证了会计记账的准确性和严肃性，另一方面也是财务人员相互监督、相互牵制的一种措施，是内部控制的表现形式之一。

3.“记账凭证”的填制要求

与记账凭证基本内容相对的是，记账凭证各组成要素有各自的填制要求。一般性要求如下：

（1）首先应保证上述记账凭证基本内容的完整，不重复、不遗漏。

（2）记账凭证的书写应清楚、规范。

（3）记账凭证编号的一般规则。一般按月从“1号”开始，由小到大，紧接着是“2号”、“3号”，不得跳号、重号。如果一笔经济事项用多张记账凭证来填制，应用分数形式来表示，分母是记账凭证的总张数，分子按“1、2、3……”的顺序编号。例如，2012年4月发生的第10笔经济事项需要用三张记账凭证来记录，则这三张凭证的编号分别为“第 $10\frac{1}{3}$ 号”、“第 $10\frac{2}{3}$ 号”和“第 $10\frac{3}{3}$ 号”凭证。

（4）同一记账凭证如果记载完同一经济事项后仍有空白行，应在最后一笔金额到合计数上的空行处画一道由上而下的波浪线注销。

（5）一张记账凭证的同一行，不应既有“借方金额”，又有“贷方金额”。

（6）记账凭证的填制依据是一张或多张原始凭证，也可以是汇总原始凭证。但应当注意的是，不同类别、不同内容的原始凭证不能汇总在同一记账凭证上。

（7）记账凭证一般应附有原始凭证，但结账和错误更正类的记账凭证可以不附。

（8）记账凭证填写错误，如尚未登记入账，应重新填制；如已经登记入账，在同一年度内发现错误的应填制“一红一蓝”凭证，即先以红色字填制一张与错误的记账凭证一模一样的记账凭证，然后，以蓝色字填制正确的记账凭证。如只是金额错误的，也可以将正确金额与错误金额之间的差额编制一张调整记账凭证，调增用蓝色字、调减用红色字。发现以前年度的记账凭证填制错误，应以蓝色填制一张更正的记账凭证。如表 1-14 所示：

表 1-14　　　　记账凭证错误更正方法

错误发生的时间	错误性质	更正方法
同一年度内	涉及分类错误	填制“一红一蓝”凭证
	只涉及金额错误的	红字调增、蓝字调减
以前年度	所有	蓝字调整

需要说明的是，如果计算机打印的，蓝色字用正数表示，红色字用负数或者正数加括号表示。凡本书中所涉及的蓝色字（蓝字）、红色字（红字）的含义均如此。

对专用记账凭证的特别要求如下：

（1）收款凭证。凭证左上角“借方科目”是指现金或者银行存款的收入增加，凭证上的“贷方科目”是指与现款（或银行存款）相对应的经济事项所涉及的减少的类别。

（2）付款凭证。凭证左上角“贷方科目”是指现金或者银行存款的收入减少，凭证上的“借方科目”是指与现款（或银行存款）相对应的经济事项所涉及的增加的类别。

（3）转账凭证。转账凭证填写的必须是不涉及现款（或银行存款）收付的所有经济事项。如你单位 2014 年 3 月将发放工资 10.82 万元，这也是一笔经济事项，我们记为“(J) 1-2”。这一笔经济事项中，增加的是单位对员工的“负债”，同时也增加了你单位的费用支出。如果一笔经济事项所涉及的子类别既包括转账，又包括现款（或银行存款）的收付，需要分别填制记账凭证。

1.3.2 让我再看你一眼——记账凭证的复核

1. 记账凭证为什么要复核

优良的种子如果在二次培育中，遭遇不合适的生长环境，则很可能变为死种；原始凭证记录的经济事项如果不能正确记载在记账凭证上，从原始凭证到记账凭证这个会计上的升华过程就会夭折。在记账凭证的填制过程中，可能会分类错误，也有可能金额写错，如将 3 000 写为 30 000。有些错误是无意的，有些则是故意的。无论何种情况，都会造成会计信息的失真，导致财产的损失。

记账凭证是会计人员进行账务登记的直接依据，会计上规定，填制完成了记账凭证必须进行审核或者复核。这是为了保证账簿记录的正确无误，保证经济事项能够正确进入账务系统，避免可能的错误和舞弊。只有经过审核的记账凭证才能够作为记账的依据。

2. 如何复核记账凭证

一般而言，对记账凭证的审核，应当关注以下几个方面：

（1）内容是否真实完整。记账凭证所附的原始凭证是否齐全，所列事项与金额是否一致。

（2）要素是否齐备。记账凭证是否存在漏填未填的要素，如日期、金额、摘要等，有关人员是否已经签名盖章。

（3）经济事项所涉及的分类项目的借贷方向是否正确，名称是否填写正确，是否符合国家会计准则的规定，是否与已设置的明细账页存在对应关系。

（4）书写是否规范，如大小写是否正确、是否一致，文字是否工整，数字是否清晰可认，有无涂改、伪造，凭证的更正是否按规定及时进行。

（5）收付款事项是否有出纳人员加盖的“收讫”、“付讫”戳记，防止重复收付。

从原始凭证的收集、制作到审核，再到记账凭证的制作与复核，都要求会计人员有较强的责任心与政策把握能力，每一个过程、每一个步骤都要求会计人员的认真细致，一步一回首，步步为营。这是会计行业本身的强烈的政策性需要，也反映了会计行业自身的稳健与严谨的特点。

1.4 原始凭证与记账凭证实务训练

从会计这一行当的门外观望者，到有一只脚跨进会计业的门槛。至此，你已经完成了第一步。这一步相当重要，必须要走得扎实。

现在，我们一起把书合上，想一下，在前面的三节里面，我对你讲了什么？——认识了一些概念，学会了一些行话，知道了从经济事项的源头开始，将原始证据书面化，归纳整理、再按照一定的规则进行分类，填制一份称作“记账凭证”的东西。总体上看，其实这第一章的脉络是清晰而简单的，遵循了“经济事项→原始凭证→记账凭证”这样一个流程。

但仅仅有这些理论的认识还是不够的，来看看自己会不会处理实际的会计事务吧。

1.4.1 你试试看——差旅费报销

我们把差旅费报销这一最常见的经济事项作为实务训练一，就以前述经济事项“(J) 1-1”为例。2012 年 5 月 14 日，你单位员工李春林受单位领导指派，自江苏省南京市前往本省苏州市出差调研，并于当日在苏州市住宿一晚上，花费 450 元，于 5 月 15 日按计划返回南京，所乘坐的交通工具为高铁，通过铁路车票代办点购买往返车票，单笔代办手续费用为 5 元，单程票价为 65 元，出差补助为每日 200 元。

现在，请你将上述经济事项所涉及的原始凭证（图 1-7）使用“图 1-5”原始凭证粘贴单整理粘贴，填制“差旅费报销单”（表 1-15），并编制记账凭证（通用格式如表 1-16 所示，本月已编制 11 张记账凭证）。填制完成后，请对原始凭证进行审核，对记账凭证进行复核。

提示：员工出差属于公司内部管理的需要，经济事项的子类别属于管理费用。

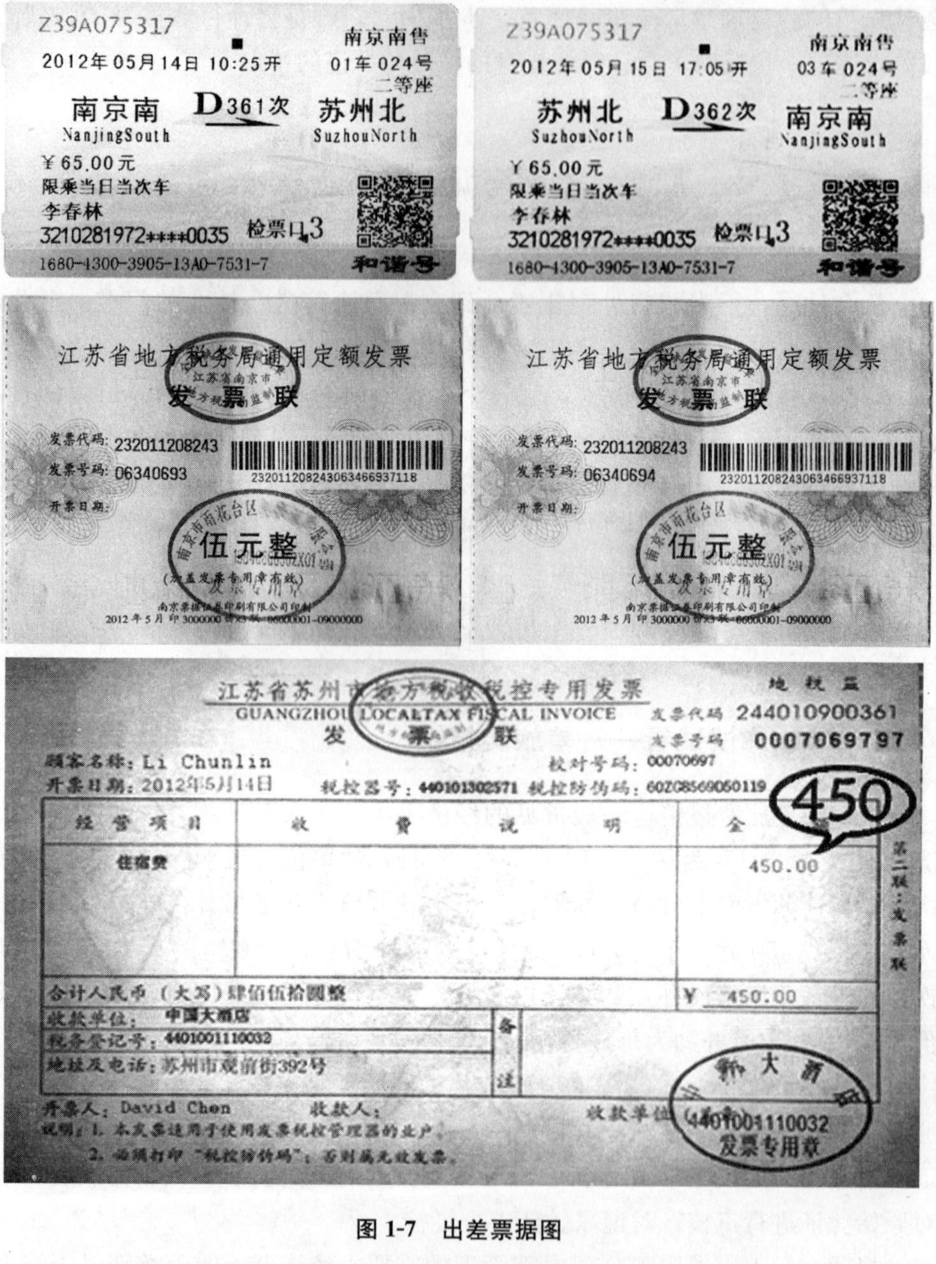

Z39A075317
南京南售
2012年05月14日 10:25开 01车024号
二等座
南京南 D361次 苏州北
NanjingSouth SuzhouNorth
¥65.00元
限乘当日当次车
李春林
3210281972****0035 检票口3
1680-4300-3905-13A0-7531-7 和谐号

Z39A075317
南京南售
2012年05月15日 17:05开 03车024号
二等座
苏州北 D362次 南京南
SuzhouNorth NanjingSouth
¥65.00元
限乘当日当次车
李春林
3210281972****0035 检票口3
1680-4300-3905-13A0-7531-7 和谐号

江苏省地方税务局通用定额发票
发票联
发票代码: 232011208243
发票号码: 06340693
开票日期:
伍元整
(加盖发票专用章有效)
2012年5月印

江苏省地方税务局通用定额发票
发票联
发票代码: 232011208243
发票号码: 06340694
开票日期:
伍元整
(加盖发票专用章有效)
2012年5月印

江苏省苏州市地方税收税控专用发票 地税监
GUANGZHOU LOCALTAX FISCAL INVOICE
发票联
发票代码 244010900361
发票号码 0007069797
顾客名称: Li Chunlin
校对号码: 00070697
开票日期: 2012年5月14日
税控器号: 4401013025711 税控防伪码: 60ZC8560050119

经营项目	收费说明	金额
住宿费		450.00
合计人民币(大写)肆佰伍拾圆整		¥ 450.00

收款单位: 中国大酒店
税务登记号: 4401001110032
地址及电话: 苏州市观前街392号
备注
第二联: 发票联
开票人: David Chen 收款人: 收款单位(盖章)
说明: 1. 本发票适用于使用发票税控管理器的业户。
2. 必须打印"税控防伪码",否则属无效发票。
4401001110032
发票专用章

图 1-7 出差票据图

注:本书为保护发票不被非法盗印,已对上述发票中的有关信息进行了模糊化、局部改造等技术处理,但不影响读者对发票的认知。后续各章节涉及发票的部分均已参照处理。

表 1-15　　**差旅费报销单**

报销部门：　　填报日期：　年　月　日　　金额单位：元

<table>
<tr><td>出差人</td><td></td><td>出差事由</td><td colspan="4"></td><td>同行人</td><td></td><td>借款金额</td><td></td></tr>
<tr><td>报销金额</td><td colspan="7">（大写）</td><td>¥</td><td>应退或应补</td><td></td></tr>
<tr><td colspan="2">起止日期</td><td>起始地点</td><td>到达地点</td><td>人数</td><td>天数</td><td>补助标准</td><td>出差补助</td><td>费用项目</td><td>票据张数</td><td>金额</td></tr>
<tr><td colspan="2"></td><td></td><td></td><td></td><td></td><td></td><td></td><td>火车票</td><td></td><td></td></tr>
<tr><td colspan="2"></td><td></td><td></td><td></td><td></td><td></td><td></td><td>汽车票</td><td></td><td></td></tr>
<tr><td colspan="2"></td><td></td><td></td><td></td><td></td><td></td><td></td><td>飞机票</td><td></td><td></td></tr>
<tr><td colspan="2"></td><td></td><td></td><td></td><td></td><td></td><td></td><td>市内交通费（机场大巴）</td><td></td><td></td></tr>
<tr><td colspan="2"></td><td></td><td></td><td></td><td></td><td></td><td></td><td>订票费</td><td></td><td></td></tr>
<tr><td colspan="2"></td><td></td><td></td><td></td><td></td><td></td><td></td><td>住宿费</td><td></td><td></td></tr>
<tr><td colspan="2"></td><td></td><td></td><td></td><td></td><td></td><td></td><td></td><td></td><td></td></tr>
<tr><td colspan="2"></td><td></td><td></td><td></td><td></td><td></td><td></td><td>其他票据</td><td></td><td></td></tr>
<tr><td colspan="2"></td><td></td><td></td><td></td><td></td><td></td><td></td><td>票据合计</td><td></td><td></td></tr>
<tr><td colspan="4">补助合计</td><td>0</td><td>0</td><td>0</td><td>0.00</td><td>本次报销合计</td><td></td><td></td></tr>
</table>

由于“会计科目”和“借贷方向”在以后的章节才会学习到，我们这里只要求你在问号处（“?”）填上金额即可，其他内容我们先帮你填上了，通用格式如表 1-16：

表 1-16　　**实务训练一使用的记账凭证**

记账凭证

日期：　年　月　日　　记字第12号

摘要	科目名称		记账	借方金额	记账	贷方金额
	总账科目	明细科目				
	管理费用	差旅费		?		
	库存现金					?
合计				?		?

附件　张

会计主管：　记账：　出纳：　审核：　制单：

注：金额请填写在问号处。

1.4.2　你读一读——差旅费报销解析

将实务训练一所提到的原始凭证进行归类整理，粘贴在原始凭证粘贴单上，效果如图 1-8 所示。

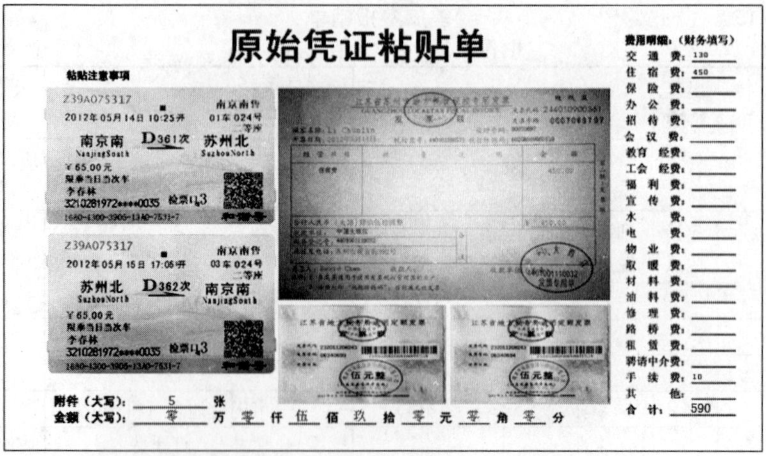

图 1-8 整理粘贴的原始凭证

以“出差天数×人数”可得出差补助金额，将各类票据填列在“差旅费”报销单的对应空格处，由经办人员签名、领导审核后得到如表 1-17 所示的效果：

表 1-17 差旅费报销单（已完成）

报销部门：总经理室 填报日期：2012 年 5 月 18 日 金额单位：元

出差人 李春林	出差事由	苏州地区调研				同行人	无	借款金额	¥0.00
报销金额	（大写）玖佰玖拾元整						¥990.00	应退或应补	¥−990.00
起止日期	起始地点	到达地点	人数	天数	补助标准	出差补助	费用项目	票据张数	金额
2012.5.14—5.14	南京	苏州	1	1	200.00	200.00	火车票	2	130
2012.5.15—5.15	苏州	苏州	1	1	200.00	200.00	汽车票		
							飞机票		
							市内交通费（机场大巴）		
							订票费	2	10
							住宿费	1	450
							其他票据		
							票据合计	5	590
补助合计			2	2	—	400.00	本次报销合计	5	590

注：“应退或应补”栏为“借款金额”扣除“补助合计”、“本次报销合计”，负数表示应补给报销人的金额数。

领导：朱国旺 报销人：李春林

将“日期”、“金额”、“附件数”填列完成，并编制凭证序号，因本月已编制 11 张，故这张报销凭证序号应为“12”，在有关人员完成签名盖章后，得到表 1-18 所示的效果：

表 1-18 实务训练一使用的记账凭证（已完成）

记账凭证

日期：　年　月　日　　　　记字第12号

摘要	科目名称		记账	借方金额	记账	贷方金额
	总账科目	明细科目				
李春林报销出差费	管理费用	差旅费		990		
	库存现金					990
合计				990		990

附件 1 张

会计主管：高志鲁　记账：沈成　出纳：高小洁　审核：王平　制单：张明

填写、制作后的记账凭证及其原始凭证实物形式如图 1-9 所示的实物效果：

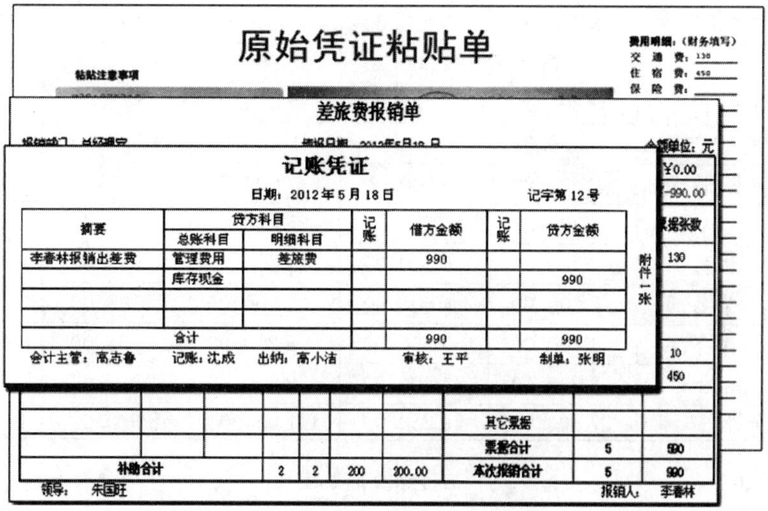

图 1-9　实务训练一实物效果图

1.4.3 你再上上手——工资凭证

我们把“制作工资凭证”这一常见的经济事项作为实务训练二，并以前述经济事项“(J) 1-2”为例。2014 年 3 月 20 日，你单位将发放工资 10.82 万元，工资清单如下（表 1-19），请你填制“工资结算汇总表”（表 1-20）、“工资分配表”（表 1-21），并编制记账凭证（通用格式如表 1-22、

表 1-23)。填制完成后，请对原始凭证进行审核，对记账凭证进行复核。

提示：工资清单中销售一部、销售二部属于经营部门，其工资属于经营费用；行政管理部、财务部属于公司内部管理部门，其工资属于管理费用。

表 1-19　　　　工资清单

工资清单

期间：2014-3

姓名	所属部门	基本工资	奖金	应付工资	代扣个人所得税	实发工资
江一平	销售一部	3 500.00	8 500.00	12 000.00	1 145.00	10 855.00
王正道	销售一部	3 500.00	7 200.00	10 700.00	885.00	9 815.00
李娟	销售一部	3 500.00	9 200.00	12 700.00	1 295.00	11 405.00
	小计	10 500.00	24 900.00	35 400.00	3 325.00	32 075.00
韩志胜	销售二部	3 400.00	6 500.00	9 900.00	725.00	9 175.00
冯大力	销售二部	3 000.00	9 500.00	12 500.00	1 245.00	11 255.00
高洁	销售二部	3 500.00	8 000.00	11 500.00	1 045.00	10 455.00
	小计	9 900.00	24 000.00	33 900.00	3 015.00	30 885.00
董明明	行政管理部	4 200.00	4 350.00	8 550.00	455.00	8 095.00
朱小年	行政管理部	3 000.00	6 500.00	9 500.00	645.00	8 855.00
林丽	行政管理部	2 000.00	5 000.00	7 000.00	245.00	6 755.00
	小计	9 200.00	15 850.00	25 050.00	1 345.00	23 705.00
李勇刚	财务部	4 500.00	6 500.00	11 000.00	945.00	10 055.00
彭晋军	财务部	2 000.00	4 500.00	6 500.00	195.00	6 305.00
蒋素素	财务部	1 700.00	3 500.00	5 200.00	65.00	5 135.00
	小计	8 200.00	14 500.00	22 700.00	1 205.00	21 495.00
合计		37 800.00	79 250.00	117 050.00	8 890.00	108 160.00

表 1-20　　　　工资结算汇总表

工资结算汇总表

期间：2014-3

部门	基本工资	奖金	应付工资	代扣个人所得税	实发工资
销售一部					
销售二部					
行政管理部					
财务部					
合计					

表 1-21　　工资分配表

工资分配表

期间：2014-3

部门	销售一部	销售二部	行政管理部	财务部	合计
经营费用					
管理费用					
合计					

由于“会计科目”和“借贷方向”在以后的章节才会学习到，我们这里只要求你在问号处（“?”）填上金额即可，其他内容我们先帮你填上了。通用格式如表 1-22，金额请填写在问号处：

表 1-22　　实务训练二使用的记账凭证一

记账凭证

日期：　年　月　日　　记字第　号

摘要	科目名称		记账	借方金额	记账	贷方金额	
	总账科目	明细科目					
计提 3 月工资	经营费用	销售一部		?			附件　张
	经营费用	销售二部		?			
	管理费用	行政管理部		?			
	管理费用	财务部		?			
合计				?			

会计主管：　记账：　出纳：　审核：　制单：

表 1-23　　实务训练二使用的记账凭证二

记账凭证

日期：　年　月　日　　记字第　号

摘要	科目名称		记账	借方金额	记账	贷方金额	
	总账科目	明细科目					
计提 3 月工资	应付工资					?	附件　张
	应交税费	个人所得税				?	
合计				?		?	

会计主管：　记账：　出纳：　审核：　制单：

1.4.4 你再看一看——工资凭证解析

将“工资清单”上各部门小计分“基本工资”、“奖金”、“应付工资”、

"代扣个人所得税"、"实发工资"项目填写在"工资结算汇总表"的对应列上，并进行加总，得到如表1-24所示的效果：

表1-24　　工资结算汇总表（已完成）

工资结算汇总表

期间：2014-3

部门	基本工资	奖金	应付工资	代扣个人所得税	实发工资
销售一部	10 500.00	24 900.00	35 400.00	3 325.00	32 075.00
销售二部	9 900.00	24 000.00	33 900.00	3 015.00	30 885.00
行政管理部	9 200.00	15 850.00	25 050.00	1 345.00	23 705.00
财务部	8 200.00	14 500.00	22 700.00	1 205.00	21 495.00
合计	37 800.00	79 250.00	117 050.00	8 890.00	108 160.00

对企业来说，销售一部、销售二部属于经营部门，其人员工资属于开业经营所必须要发生的费用，而行政管理部、财务部为企业的内部管理、服务部门，其人员工资属于企业的管理开支，列于"管理费用"中。填写后，得到如表1-25所示的效果：

表1-25　　工资分配表（已完成）

工资分配表

期间：2014-3

部门	销售一部	销售二部	行政管理部	财务部	合计
经营费用	32 075.00	30 885.00			62 960.00
管理费用			23 705.00	21 495.00	45 200.00
合计	32 075.00	30 885.00	23 705.00	21 495.00	108 160.00

本月55号记账凭证仅用一张并不能完成填制，须以分数编号填写后，得到如表1-26、表1-27所示的效果：

表1-26　　实务训练二使用的记账凭证一（已完成一）

记账凭证

日期：2014年3月20日　　　　记字第55 $\frac{1}{2}$ 号

摘要	科目名称		记账	借方金额	记账	贷方金额
	总账科目	明细科目				
计提3月工资	经营费用	销售一部		35 400.00		
	经营费用	销售二部		33 900.00		
	管理费用	行政管理部		25 050.00		
	管理费用	财务部		22 700.00		
合计				117 050.00		

附件3张

会计主管：高志鲁　记账：沈成　出纳：高小洁　审核：王平　制单：张明

表 1-27　　　　实务训练二使用的记账凭证二（已完成二）

记账凭证

日期：　　年　月　日　　　　　　　　记字第 55 $\frac{2}{2}$ 号

摘要	科目名称		记账	借方金额	记账	贷方金额
	总账科目	明细科目				
计提 3 月工资	应付工资					108 160.00
	应交税费	个人所得税				8 890.00
合计				117 050.00		117 050.00

附件 3 张

会计主管：高志鲁　　记账：沈成　　出纳：高小洁　　审核：王平　　制单：张明

填写、制作后的记账凭证及其原始凭证实物形式如图 1-10 所示：

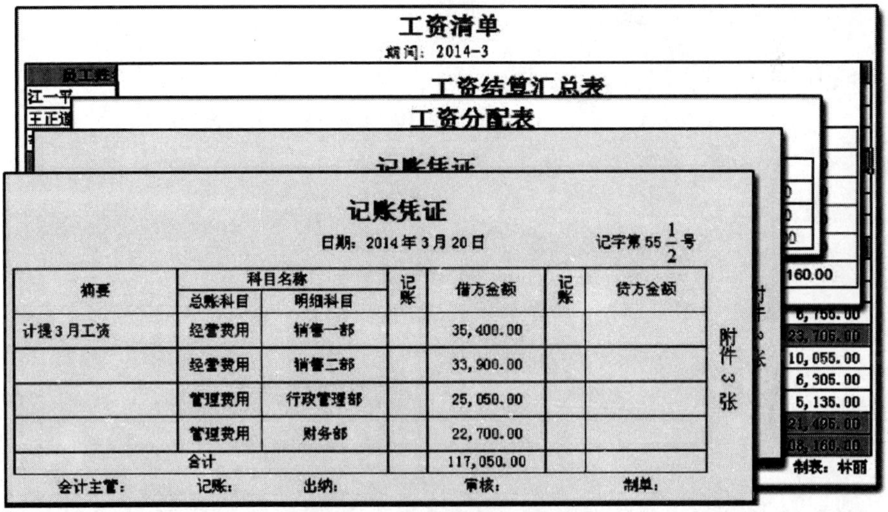

图 1-10　实务训练二实物效果图

1.5　小　结

在这一章，我们一起学习了会计上的凭证——原始凭证和记账凭证，包括它们的取得、制作与审核。仔细研究一下，自己从会计的外行到一只脚跨进门槛，是不是小有成就感哩？要知道，无论是何种会计凭证，难就难在自己做，怎样把凭证要素写全、写规范、写正确？填制完成之后，要养成回头看的习惯，这是成为会计人员的必须。也就是审核与复核是必需的、基本的要求。

也许你已经注意到，或者说，在你心中已经有种困惑、有个“心结”——那就是我们在本章多次提到的——“经济事项所涉及的各子类别”这样的提法，这个东东在第1.4节中制作记账凭证时我已经代你写出来了，它是记账凭证中的重要组成部分，它是会计人员的重要工具。在下一章我会为你介绍它——“会计科目”。

第2章

你的背篓你的犁
——会计科目

犁具是农人的重要耕作工具，起着破土作用的主要是犁铧——犁具上的V形刀。类似的是，会计科目是会计人的重要记账工具，一个个具体的、经济事项细分后的子类别——会计科目使会计账簿得以清晰区分，将经济事项进行了恰当的分类固化。

会计科目是对经济事项进一步分类而得的项目，反映了会计行业对经济世界的认识和归类，是全面、系统、有序地核算和监督经济事项的前提与基础。在上一章，我们多次提及“经济事项所涉及的各子类”这样的提法，其实指的就是“会计科目”。会计科目是进行核算的重要抓手，任何企业、事业单位、经济组织开设账户、填制凭证、登记会计账簿、编制会计报表，都离不开会计科目，它贯穿了整个会计核算的全过程。如果说，会计行业的交流方式可以称为会计语言的话，那么会计科目就是会计语言中最鲜活的声符。

这一章，我们将用比较大的篇幅系统而具体地为你介绍会计行业最常用、最重要的会计科目。

2.1 小小背篓六把刀

"会计科目"是个总体的概念，又可以指代一个个具体的类别。会计上为准确核算经济世界所发生的各种事项，人为将其区分为一个个的小项，它们具有不同的名称，代表着不同的含义，但这N个会计科目又是有内在的联系的，可以细分为几个有联系的类别。这就正如农人下地干活所带的箩筐或者背篓，里面装着不同的用具。这样的分类，在会计上已经规定得很清楚了，所有的会计科目被分为六大类，分别是："资产类"会计科目、"负债类"会计科目、"共同类"会计科目、"所有者权益类"会计科目、"成本类"会计科目和"损益类"会计科目。

我们在本章将这六大类科目分别以武侠小说中的不同利刃来命名，目的只在于突出会计科目是会计人的利器这一功用。因此，作为初学者的你不必拘泥于各小节的具体利刃名称。相对而言，本章的趣味性比较欠缺，阅读这一章的感觉，可能如同刀具一样"生冷"，没有图形调节你的视神经，但可以考验你的逻辑思考能力。不过别担心，也不是那么难于理解的，即使没有深刻理解各会计科目的含义、核算方法和核算内容，你也可以随时回过头来再学习。我们不要求你死记硬背，但希望你时常温故知新。

2.1.1 会计生涯的终身伙伴——会计科目

1. 会计科目是怎么设置的

会计科目有不同的名称，就像不同人有不同的名字一样。会计科目的命名设置不是随心所欲的，它有一定的约束和前提，就像一个小孩，你不可以随便取名叫"张小狗狗"一样。那么，究竟应当怎么来设置会计科目呢？

通常，对会计科目的设置要遵守下面这些原则：

（1）一定要科学。会计科目是为了将经济世界的各种经济事项进行分类而存在的，会计科目设置是为会计核算服务的。因此，一定要科学反映会计核算的全部内容，不能遗漏，它要按照一定的次序排列，次序不能混乱，如资产类的排序一定在负债类的前面。

（2）必须是实用。会计科目是与一个单位或者经济组织的业务事项、服务内容相对应的。如企业单位是从事生产经营的，就必然要发生成本、利润事项，会计科目的设置就应当能够反映经营过程和利润成果；如行政事业单位是从事公共服务的，并不从事生产经营，不需要核算经营过程和反映利润成果，只需要设置能够反映经费收入、经费支出的会计科目即可。

(3) 相互要关联。会计科目必须要满足会计信息使用者的需要，如国家有关的职能部门，企业、事业单位管理者的需要。设置的会计科目必须能够满足如企业股东、债权人分析研究企业的资产结构、负债程度、偿债能力，能够满足宏观决策人的宏观管理和调控。

(4) 力求既严谨又简明。会计科目设置是在国家有关的会计制度、规范、准则的许可下进行的，不能与之违背，不能与之冲突，这是统一性、合法性的需要。另外，会计科目的名称应当是简明扼要的，不能累赘啰嗦。

(5) 重要的是稳定。为了便于汇总会计指标，便于各会计期间的指标对比，会计科目一经设定，不能朝令夕改，不得经常变动，要保证一定的稳定性。

遵循了上面这些原则，就可以根据本单位的经济性质、业务规模、经济事项的发生频率来设置适合于本单位使用的会计科目了。

2. 六大类会计科目的含义

会计科目是一个会计系统中的基础部件，常见的经济组织形式以企业居多，故而，我们也是按通常做法，会计科目是按照适用于企业单位的设置来认识和学习的。

在我国，对企业单位的会计科目有明确的类别划分，这种划分由财政部颁布的《企业会计准则》规定。《企业会计准则》是会计行业的标准体系，相当于会计业界的宪法，财政部会根据国内外的行业发展作出相应的调整，2006 年 2 月 15 日财政部第 33 号令公布，自 2007 年 1 月 1 日起施行。2014 年 7 月 23 日对《企业会计准则——基本准则》第四十二条第五项进行了修改。

容易与《企业会计准则》混淆的是《小企业会计准则》，后者是于 2011 年 10 月 18 日发布、自 2013 年 1 月 1 日起施行的。《小企业会计准则》规定了小企业可以执行《小企业会计准则》准则，也可以执行《企业会计准则》。因此，在我国境内设立的各类企业（公司）都是可以并鼓励执行《企业会计准则》的。

我国《企业会计准则》规定的六大类会计科目如下：

(1) 资产类科目。一般意义上讲就是属于你的钱和物，可以认为资产是企业拥有和控制的、能够用货币计量的、能够给企业带来经济利益的经济资源。一句话，资产就是企业的资源。资产类科目是指核算资产要素内容的会计科目的统称，如反映货币类资产的“库存现金”、“银行存款”、“其他货币资金”；反映存货类资产的“原材料”、“库存商品”等；反映长期资产的“长期股权投资”、“固定资产”、“无形资产”等。

（2）负债类科目。负债是指企业过去的交易或者事项形成的，预期会导致经济利益流出企业的现时的义务。现时义务是指企业在现行条件下已承担的义务，未来才会发生的交易或者事项形成的义务，不属于现时的义务，不应当确认为负债。负债类科目是指核算资产要素内容的会计科目的统称，如反映流动负债的“预收账款”、“应付账款”、“其他应付款”等；反映长期负债的“长期借款”等。

（3）共同类科目。共同是指资产和负债的共同部分，这一类科目能够反映资产要素，又能够反映负债要素，如金融企业反映银行间业务往来的“清算资金往来”，大型企业集团各子分公司之间往来的“内部往来”科目。

（4）所有者权益类科目。所有者权益又可以称为“业主权益”、“净资产”，是指公司、企业投资人股东对公司、企业的净资产的所有权，是公司、企业全部资产减去全部负债后的余额。它表明了公司、企业的产权关系，就是说公司、企业是归谁所有。所有者权益包括反映资本金的“实收资本”（投入资本），反映留存收益的“资本公积”等。其中，投入资本即公司、企业所有者投入公司、企业的“本钱”，既可以用货币资金投入，也可以用实物资产如房屋、设备等投入，还可以用无形资产如专利权等投入；资本公积金主要来源于资本溢价（如发行股票时超过面值的那部分溢价）、接受他人捐赠、资产评估增值等；留存收益主要包括“利润分配”科目中尚未分配的利润、企业提取的盈余公积金等。

（5）成本类科目。主要用于制造行业，反映的是在生产过程中，为生产某产品而发生的直接成本、间接费用的科目，如反映制造成本的“生产成本”，反映间接费用的“制造费用”，适用于工业企业。

（6）损益类科目。会计上，所谓“损益”二字，意为“减（少）增（加）”，是对最终利润形成减少和增加的项目，如“主营业务收入”科目，就是增加利润的一个主要项，会计行业对于收入一词有特定的定义，它是指企业在日常活动中形成的、会导致所有者权益增加的、与所有者投入资本无关的经济利益的总流入。包括销售商品收入、提供劳务收入和让渡资产使用权收入。企业代第三方收取的款项，作为负债处理，不应当确认为收入。对利润形成减少的科目如“主营业务成本”、“管理费用”、“所得税支出”等。

会计科目的这六个类别构成了完整、科学的体系，是相互联系、互为补充的关系，它是会计人员打天下的必备武器。

经常看，加深认识，它们是你的朋友，它们将在你的会计生涯中伴随一生。

3. 与会计科目有关的几个时间概念

(1) 会计分期。我国《企业会计准则》规定："企业应当划分会计期间，会计期间分为年度和中期。"在我国，"年度"的概念是一个公历年度，指从1月1日至12月31日；"中期"是将一个公历年度分为两半，分别是上半年和下半年，即从1月1日至6月30日，从7月1日至12月31日。

(2) 余额。在某一时间点，某一个会计科目的结余金额数字，会计上称之为"余额"。余额又分为"期初余额"和"期末余额"，前者是指某一会计科目在一个记账时间段的起点时间点的结余数，后者是指某一会计科目在一个记账时间段的终点时间点的结余数。这里所说的"时间段"可以是一个月度、一个季度、半年或者一个年度，但通常指一个月度。

2.1.2 一类特殊的会计科目

1. 权责发生制

学会计的人，要是不知道会计上有"权责发生制"这么一个概念，那可就糗大了！为嘛？这是现代会计的一个基础理念啊，区别于过去的"收付实现制"——什么？"收付实现制"你也没听说过？不怪你，就怪会计上术语太多，经济世界太丰富多彩了啊。

一个个地说吧，什么是"权责发生制"呢？"权责发生制"又称"应计制"，白话一点，就是某个时期内，应当确认的收入就一定要确认本期的收入，而不管是否实际收到款项，凡不属于本期的收入，即使款项已经收到，也一定不能确认为本期的收入；应当确认的费用就一定要确认本期的费用，而不管款项是否实际已经支付，凡不属于本期的费用，即使款项已经支付，也一定不能确认为本期的费用。

举个例子帮助你理解。比如，你单位于2012年1月销售产品24万元给客户，款项尚未全部收取，当月确认的收入仍然是24万元。又如，你单位于2012年1月订阅一年杂志花费了12 000元，款项已经支付，但计入1月的费用只能是12 000元/12＝1 000元，因为这项目花费的效用区间是全年12个月，不只是1月份。从这两个例子就可以看出，应当计入的收入（费用）与款项的实际收取（支付）在时间上不是同步的。前者是以"应当"计入作为前提的，它反映的是权利与责任的匹配。而后者是以"已经"收付作为前提的，是真正实现了资金流动的，但它不能将"应计的权益"与"应承担的费用”同期匹配，建立在收入支付已经实现基础上的会计处理称为“收付实现制”，现代会计已经不再采用这样的会计计量基础。

2. *摊销与提取*

上面订阅杂志的例子就是一个最简单的摊销实例，将已经支付的12 000元分12期计入各月的费用中，用会计科目“待摊费用”来核算。而诸如向银行贷款，利息肯定是要归还的，尽管不需要每月归还，但利息支出这样的费用负担期应是对应到每月的。在会计上用“预提费用”来核算，常见的有预提银行利息、固定资产修理费用等。“预提费用”虽然没有实际发生，但是可以预提进费用，从而减少当期利润，这与“待摊费用”的虽已实际发生，但可以逐期摊销进入费用，从而增加当期利润相反。

“待摊费用”和“预提费用”这两个会计科目在2007年之前是允许存在的，但为防止企业利用这两个科目人为调节利润，财政部在2006年2月15日颁布的《企业会计准则》已经取消了这两个科目。

2.1.3 会计科目的级次

1. *层层分级会计科目*

会计的一项重要工作就是记账，但你知道是为谁记账吗？记账的空间边界是什么？

这就需要我们明确一个“会计主体”的概念。按照通常的理解，会计主体是指会计核算的特定组织机构，比如一个企业、一个事业单位、一个基金组织等都可以成为会计主体。

虽然企业归投资人所有，为企业所记账的范围并不包括该企业的投资人经济活动，因为如果为其投资人进行会计核算，那这投资人则是另外的独立的会计主体。企业及其投资的会计核算是两个相互独立的账务系统，每个核算系统称为一个独立的“账套”，企业与其投资人分别是相互独立的“会计主体”。任何一个组织都可以成为一个会计主体，典型的会计主体是经营性企业。

不同的会计主体都是可以使用上述六大类会计科目的。会计科目作为反映经济事项而存在的项目，归根到底是为人服务的，是为会计信息的使用人服务的。不同的会计使用人，如投资者、企业内部高管、外部的监管机构，对会计信息的详简需求程度是不同的。比如，向企业外部报送的会计报表要求更加简括、综合一些，而企业内部的管理者则需要详尽、具体的核算信息。为了平衡详简，兼顾内外不同的使用者对会计信息的不同需求，对会计科目进行适当分级就显得相当有必要了。

例如，外部报表使用者可能只关心你所在企业的未收货款（应收账款）总数有多少，但公司销售部可能比较关心公司各家客户的欠款分别是多少。《企业会计准则》总的分类中的会计科目都是一级会计科目，如核算未收货款的“应收账款”科目。如欲满足销售部等这样的内部管理部门的使用需要，会计机构就需要在“应收账款”科目下按不同的客户名称再细分为“客户一”、“客户二”、“客户三”等。而“客户一”、“客户二”、“客户三”是在一级科目下的第二层次的会计科目，我们把它们称为“二级科目”。

又如江苏苏和餐饮集团为满足市场需求，新推出一种美食——“老少皆宜”，即取老母鸡与小公鸡的不同部位辅以自制方秘制而成。从会计角度来说，推出这样一种食品，是一种制造过程，需要用到的主要材料为老母鸡与小公鸡，辅助材料为调味品。对此，可以设置一级会计科目为“原材料”，二级会计科目为“主要材料”、“辅助材料”。如果需要更详细的核算，可以在“主要材料”下设“老母鸡”、“小公鸡”这样的三级科目。

会计科目设置到二级、三级，乃至四级、五级……具体细分到什么程度，应当根据企业内部管理的需要来决定。不同的会计主体对会计信息需要的详尽程度不同，会计科目设置的层级相应地也不同。它们是层层统驭，逐层细分的关系。我们把一级以下的所有级次的会计科目统称为“明细分类科目”或“明细科目”。二级会计科目可以称为二级明细，三级会计科目可以称为三级明细……总分类科目统驭着明细分类科目，明细分类科目对总分类科目是补充和细化。另外，一级以下的会计科目都可以统称为“子科目”，如三级科目是二级科目的子科目、四级科目是三级科目的子科目……依此类推。

需要注意的是，对于一个会计主体来说，不是所有科目都有相同层次的明细科目，如苏和餐饮集团的“原材料”下设了三级科目，但“应收账款”下就只设置到二级科目。此外，在实务操作中，并不是所有的总分类科目都需要设置明细分类科目，如“库存现金”和“累计折旧”科目等。

2. 常用的总分类科目

我国于2006年颁布的《企业会计准则》所规定的会计科目只是一个总的分类，我们称为“总分类科目”，常见的会计科目如表2-1所示。因不同企业的实际情况不同，总分类科目不可能规定得过细、限制得过死。

表 2-1 主要会计科目表

序	编号	会计科目名称	适用范围	序	编号	会计科目名称	适用范围
		一、资产类				二、负债类	
1	1001	库存现金		74	2001	短期借款	
2	1002	银行存款		75	2002	存入保证金	金融共用
3	1003	存放中央银行款项	银行专用	76	2003	拆入资金	金融共用
4	1011	存放同业	银行专用	77	2004	向中央银行借款	银行专用
5	1012	其他货币资金		78	2011	同业存放	银行专用
6	1021	结算备付金	证券专用	79	2012	吸收存款	银行专用
7	1031	存出保证金	金融共用	80	2021	贴现负债	银行专用
8	1051	拆出资金	金融共用	81	2101	交易性金融负债	
9	1101	交易性金融资产		82	2111	转出回购金融资产款	金融共用
10	1111	买入返售金融资产	金融共用	83	2201	应付票据	
11	1121	应收票据		84	2202	应付账款	
12	1122	应收账款		85	2205	预收账款	
13	1123	预付账款		86	2211	应付职工薪酬	
14	1131	应收股利		87	2221	应交税费	
15	1132	应收利息		88	2231	应付股利	
16	1211	应收保护储金	保险专用	89	2232	应付利息	
17	1221	应收代位追偿款	保险专用	90	2241	其他应付款	
18	1222	应收分保账款	保险专用	91	2251	应付保户红利	保险专用
19	1223	应收分保未到期责任准备金	保险专用	92	2261	应付分保账款	保险专用
20	1224	应收分保保险责任准备金	保险专用	93	2311	代理买卖证券款	证券专用
21	1231	其他应收款		94	2312	代理承销证券款	证券和银行共用
22	1241	坏账准备		95	2313	代理兑付证券款	证券和银行共用
23	1251	贴现资产	银行专用	96	2314	代理业务负债	
24	1301	贷款	银行和保险共用	97	2401	预提费用	
25	1302	贷款损失准备	银行和保险共用	98	2411	预计负债	
26	1311	代理兑付证券	银行和保险共用	99	2501	递延收益	
27	1321	代理业务资产		100	2601	长期借款	
28	1401	材料采购		101	2602	长期债券	
29	1402	在途物资		102	2701	未到期责任准备金	保险专用
30	1403	原材料		103	2702	保险责任准备金	保险专用

续表

序	编号	会计科目名称	适用范围	序	编号	会计科目名称	适用范围
31	1404	材料成本差异		104	2711	保户储金	保险专用
32	1406	库存商品		105	2721	独立账户负债	保险专用
33	1407	发出商品		106	2801	长期应付款	
34	1410	商品进销差价		107	2802	未确认融资费用	
35	1411	委托加工物资		108	2811	专项应付款	
36	1412	包装物及低值易耗品		109	2901	递延所得税负债	
37	1421	消耗性物物资产	农业专用	三、共同类			
38	1431	周转材料	建造承包商专用	110	3001	清算资金往来	银行专用
39	1441	贵金属	银行专用	111	3002	外汇买卖	金融共用
40	1442	抵债资产	金融共用	112	3101	衍生工具	
41	1451	损余物资	保险专用	113	3201	套期工具	
42	1461	存货跌价准备		114	3202	被套期项目	
43	1501	待摊费用		四、所有者权益类			
44	1511	独立账户资产	保险专用	115	4001	实收资本	
45	1521	持有至到期投资		116	4002	资本公积	
46	1522	持有至到期投资减值准备		117	4101	盈余公积	
47	1523	可供出售金融资产		118	4102	一般风险准备	金融共用
48	1524	长期股权投资		119	4103	本年利润	
49	1525	长期股权投资减值准备		120	4104	利润分配	
50	1526	投资性房地产		121	4201	库存股	
51	1531	长期应收款		五、成本类			
52	1541	未实现融资收益		122	5001	生产成本	
53	1551	存出资本保证金	保险专用	123	5101	制造费用	
54	1601	固定资产		124	5201	劳务成本	
55	1602	累计折旧		125	5301	研发支出	
56	1603	固定资产减值准备		126	5401	工程施工	建造承包商专用
57	1604	在建工程		127	5402	工程结算	建造承包商专用
58	1605	工程物资		128	5403	机械作业	建造承包商专用
59	1606	固定资产清理		六、损益类			
60	1611	融资租赁资产	租赁专用	129	6001	主营业务收入	
61	1612	未担保余值	租赁专用	130	6011	利息收入	金融共用
62	1621	生产性生物资产	农业专用	131	6021	手续费收入	金融共用

续表

序	编号	会计科目名称	适用范围	序	编号	会计科目名称	适用范围
63	1622	生产性生物资产累计折旧	农业专用	132	6031	保费收入	保险专用
64	1623	公益性生物资产	农业专用	133	6032	分保费收入	保险专用
65	1631	油气资产	石油天然气开采专用	135	6041	租赁收入	租赁专用
66	1632	累计折耗	石油天然气开采专用	135	6051	其他业务收入	
67	1701	无形资产		136	6061	汇兑损益	金融专用
68	1702	累计摊销		137	6101	公允价值变动损益	
69	1703	无形资产减值准备		138	6111	投资收益	
70	1711	商誉		139	6201	摊回保险责任准备金	保险专用
71	1801	长期待摊费用		140	6202	摊回赔付支出	保险专用
72	1811	递延所得资产		141	6203	摊回分保费用	保险专用
73	1901	待处理财产损益		142	6301	营业外收入	
				143	6401	主营业务成本	
				144	6402	其他业务支出	
				145	6405	营业税金及附加	
				146	6411	利息支出	金融共用
				147	6421	手续费支出	金融共用
				148	6501	提取未到期责任准备金	保险专用
				149	6502	提取保险责任准备金	保险专用
				150	6511	赔付支出	保险专用
				151	6521	保户红利支出	保险专用
				152	6531	退保金	保险专用
				153	6541	分出保费	保险专用
				154	6542	分保费用	
				155	6601	销售费用	
				156	6602	管理费用	
				157	6603	财务费用	
				158	6604	勘探费用	
				159	6701	资产减值损失	
				160	6711	营业外支出	
				161	6801	所得税费用	
				162	6901	以前年度损益调整	

2.1.4 会计科目间的内在联系

六大类会计科目之间是有相互联系的，这种联系可以用会计等式直观地表示出来。

1. 动态公式

我们知道，利润就是扣除费用后的收入，用公式表示为：

利润＝收入－费用

收入和费用都是用来核算一定期间的某个单位（组织）的经营成果的。把“费用”也视为“成果”有人会说不对，其实不是不对，而是不够精确。“费用”是反映“负成果”的，它是单位（组织）取得经营成果的代价。当收入大于费用时，表现为盈利，利润为正数；当收入小于费用时，表现为亏损，利润为负数。

2. 静态公式

任何一个会计主体所拥有的资产，其来源无非是两个，要么是投资人（或者说是所有者）的，要么是通过负债后取得的，用公式表示为：

资产＝负债＋所有者权益

这个公式反映的是会计主体在某一个时点的财务状况，反映了资产的占用与来源情况。

3. 公式扩展

由于会计主体是属于投资（所有者）人的，故而所有的经营成果应由所有者来享受或者承担，即利润的变化必然导致所有者权益的增减。即，企业盈利，则净资产增加，同时资产增加或者负债减少；企业亏损，则净资产减少，同时资产减少或者负债增加。

因此，将上述动态公式代入静态公式后，可以得到扩展公式为：

资产＝负债＋所有者权益＋利润

资产＝负债＋所有者权益＋收入－费用

资产＋费用＝负债＋所有者权益＋收入

这三类公式是会计账务平衡、编制报表的基础，也是财务检查和审计的原理和依据。

2.2 天涯明月刀——资产

我们知道武侠小说中的刀客都会有各类刀刃傍身，这是他们的重要武器。会计人也有会计人自己的武器——会计科目，这些武器是我们会计人用以应对纷繁复杂的经济世界的必备工具。但在本书中，我们不是研究刀客刀刃与会计科目对应关系的，我们只是用它们来形象地比喻一下我们自己的会计科目。

我们来重温一下什么是资产。资产是企业拥有和控制的、能够用货币计量的、能够给企业带来经济利益的经济资源。一句话，资产就是企业的资源。资产类会计科目都是具有这些共同特征的，在外在表现形式上，有有形的资产，有无形的资产；从拥有时限上，有短期的资产，也有长期的资产。

2.2.1 资产类会计科目介绍

1. 库存现金

我们使用这个会计科目来核算企业留存的现款，出纳人员应当每日核对现金的收入和支付数，并结出结余金额。

与库存现金密切相关的一个词语叫作“白条抵库”，这是单位库存现金管理工作中的一种典型的违法行为。是指：现金支出时没有发票或收据等正规付款凭证，而是以个人或单位名义开具的不符合财务制度和会计凭证手续的字条与单据，用白纸写了一个收条或欠条作为现金库存。这种白条抵库的行为，会使实际库存现金减少，日常开支所需现金不足，还会使账面现金余额超过库存现金限额，如果规模较小，属于一般违法行为，如果情节严重，那就是犯罪行为了啊！出纳人员在从事相关业务时，必须严禁将白条作为记账的依据。

2. 银行存款

我们使用这个会计科目来核算企业存放银行及其他金融机构的各类款项，企业可以按照存放的金融机构的名称设置二级科目进行明细核算。

3. 其他货币资金

我们使用这个会计科目来核算企业的银行汇票存款、银行本票存款、信用卡存款、信用证保证金存款、存出投资款、外埠存款等其他货币资金。本科目可按银行汇票或本票、信用证的收款单位，外埠存款的开户银行设置二级科目，再按“银行汇票”、“银行本票”、“信用卡”、“信用证保证金”、“存出投资款”、“外埠存款”等设置三级科目进行明细核算。

4. 应收票据

我们使用这个会计科目来核算企业因销售商品、提供劳务等而收到的商业汇票，包括银行承兑汇票和商业承兑汇票。本科目可按开出、承兑商业汇票的单位设置二级科目进行明细核算。

企业应当设置“应收票据备查登记簿”进行辅助登记，逐笔登记商业汇票的种类、号码和出票日、票面金额、交易合同号和付款人、承兑人、背书人的姓名或单位名称、到期日、背书转让日、贴现日、贴现率和贴现净额以及收款日和收回金额、退票情况等详细资料。商业汇票到期结清票款或退票后，在备查簿中应予注销。

5. 应收账款

我们使用这个会计科目来核算企业因销售商品、提供劳务等经营活动应收取的款项。本科目一般可按债务单位（个人）名称设置二级科目进行明细核算。本科目与应收票据构成了因赊销而形成的对债权人的收款义务，只是前者对债务人的索偿保证程度弱于后者。

针对金融企业的特殊性，在保险公司按照原保险合同约定应向投保人收取的保费，本科目改为“应收保费”，按照投保人进行明细核算。金融企业应收取的手续费和佣金，将本科目改为“应收手续费及佣金”科目，并按照债务人进行明细核算。这反映会计科目灵活性的一面。

对于因销售商品、提供劳务等，采用递延方式收取合同（或协议）价款，其实质上具有向客户融资性质的待收款项，则应在“长期应收款”科目核算，不可以在本科目核算哦。

6. 预付账款

我们使用这个会计科目来核算企业按照合同规定预付的款项。本科目一般按供货单位（个人）名称设置二级科目进行明细核算。根据经济业务规模，预付款项情况不多的，也可以不设置本科目，将预付的款项直接记入“应付账款”科目。企业进行在建工程预付的工程价款，也在本科目核算。

对保险公司从事保险业务预先支付的赔付款，可将本科目改为“预付赔付款”，并按照保险人或受益人进行明细核算。

7. 应收股利

我们使用这个会计科目来核算企业应当收取的现金股利和应当收取的

其他单位分配的利润。本科目一般按被投资单位设置二级科目进行明细核算。

8. 其他应收款

我们使用这个会计科目来核算企业除存出保证金、买入返售金融资产、应收票据、应收账款、预付账款、应收股利、应收利息、应收代位追偿款、应收分保账款、应收分保合同准备金、长期应收款等以外的其他各种应收及暂付款项。本科目一般按对方单位（或个人）名称设置二级科目进行明细核算。

9. 坏账准备

我们使用这个会计科目来核算企业应收款项的价值减损。注意，这里的“应收款项”不只是“应收账款”，还包括“应收票据”、“应收账款”、“预付账款”、“应收分保账款”、“其他应收款”、“长期应收款”等资产减值准备。本科目可以按应收款项的类别设置二级科目进行明细核算。

坏账准备属于资产的备抵类会计科目，就是说，它是作为其他科目的减少项目而存在的科目。坏账准备的计提方法有四种：即“余额百分比法”、“账龄分析法”、“销货百分比法”和“个别认定法”。

（1）余额百分比法。这是最常用的一种坏账提取方法，是按照期末应收账款项余额的一定百分比估计坏账损失的方法。坏账提取比率由企业根据以往的资料或经验自行确定。在余额百分比法下，当期应提的坏账准备金额是“企业在每个会计期末根据当期期末应收账款的余额乘以相应的坏账率估算出期末坏账准备账户应有的余额，扣除调整前坏账准备账户已有的余额后得到的差额”。计提坏账准备的计算公式如下：

①首次计提坏账准备的计算公式：

$$\text{当期应计提的坏账准备}=\text{期末应收账款余额}\times\text{坏账准备计提百分比}$$

②以后计提坏账准备的计算公式：

$$\begin{matrix}\text{当期应计提的}\\\text{坏账准备}\end{matrix}=\begin{matrix}\text{当期按应收账款计算}\\\text{应计提的坏账准备金额}\end{matrix}+(\text{或}-)\begin{matrix}\text{坏账准备账户借方余额}\\\text{（或贷方余额）}\end{matrix}$$

（2）账龄分析法。这是根据应收账款账龄的长短来估计坏账损失的方法。一般来说，应收款项的账龄越长，发生坏账的可能性越大。因此，将企业的应收账款按账龄长短进行分组，分别确定不同的计提百分比估算坏账损失，可以使坏账损失的计算结果更符合客观情况。计提坏账准备的计算公式如下：

①首次计提坏账准备的计算公式：

$$\text{当期应计提的坏账准备} = \sum\left(\text{期末各账龄组应收账款余额} \times \text{各账龄组坏账准备计提百分比}\right)$$

②以后计提坏账准备的计算公式：

$$\text{当期应计提的坏账准备} = \text{当期按应收账款计算应计提的坏账准备金额} + (\text{或} -) \text{坏账准备账户借方余额（或贷方余额）}$$

(3) 个别认定法。这是与余额百分比法结合使用的最常用的一种坏账提取方法，是针对各应收款项的实际情况分别估计坏账损失的方法。例如，公司是根据应收单位账款的 3%来计算坏账，但是有一家企业有明显的还款困难迹象，就可以对这家企业的应收账款按个别认定法计提坏账准备金，比例可以按 7%或其他。

需要注意的是，在同一会计期间内运用个别认定法的应收账款应从其他方法计提坏账准备的应收账款中剔除。

(4) 销货百分比法。这是按照企业销售总额的一定百分比估计坏账损失的方法。坏账提取比率是按本企业以往实际发生的坏账与销售总额的关系，并结合生产经营与销售政策变动情况测定。在实际工作中，企业也可以按赊销百分比估计坏账损失。计提坏账准备的计算公式如下：

$$\text{当期应计提的坏账准备} = \text{本期销售总额（或赊销额）} \times \text{坏账准备计提比例}$$

10. 材料采购与材料成本差异

这是使用“材料成本差异”核算的企业采用计划成本进行日常核算的材料计划成本与实际成本之间的差额。不是每个企业都必须运用这两个科目的。这两个会计科目可以按“原材料”、“周转材料”类别或品种设置二级科目进行明细核算。

对于实际成本大于计划成本的差额，使用“材料成本差异”科目作为本科目的附加；对于实际成本大于计划成本的差额，使用“材料成本差异”科目作为本科目的减项。

使用“材料成本差异”核算采用计划成本进行日常核算的企业其材料计划成本与实际成本之间的差额。本科目可以按“原材料”、“周转材料”类别或品种设置二级科目进行明细核算。

需要注意的是，企业也可以在“原材料”、“周转材料”等科目下设置“成本差异”二级科目。

11. 原材料

我们使用这个会计科目来核算企业库存的各种材料，如原料及主要材料、辅助材料、包装材料、燃料、外购半成品（外购件）、修理用备品备件等的计划成本或实际成本。对于收到的来料加工装配业务的原料、零件等，企业应当设置备查簿进行登记。本科目可按材料的保管仓库或者材料的类别、品种和规格等设置二级科目进行明细核算。

12. 库存商品

我们使用这个会计科目来核算企业库存的各种商品的实际成本（或进价）或计划成本（或售价），包括本企业的库存产成品、外购商品、存放在门市部准备出售的商品、发出展览的商品以及寄存在外的商品等。本科目可按照库存商品的种类、品种和规格等设置二级科目进行明细核算。

此外，库存商品还包括视同企业的产成品，如接受来料加工制造的代制品、为外单位加工修理的代修品，经制造和修理完成验收入库后，也通过库存商品科目核算。

房地产开发企业的开发产品，可将本科目名称改为“开发产品”；农业企业收获的农产品，可将本科目名称改为“农产品”。

13. 发出商品

我们使用这个会计科目来核算企业未满足收入确认条件，但已发出商品的实际成本（或进价）或计划成本（或售价），本科目可按购货单位、商品类别和品种设置二级科目进行明细核算。

采用支付手续费方式委托其他单位代销的商品，可以单独设置“委托代销商品”科目。

14. 存货跌价准备

我们使用这个会计科目来核算企业存货的跌价准备。坏账准备是债权资产（应收账款、其他应收款）的备抵科目，而存货跌价准备是实物资产（存货）的备抵科目。本科目可按存货项目或类别设置二级科目进行明细核算。

与“存货跌价准备”科目密切联系的一个概念是“可变现净值”，这是指在企业正常生产经营过程中，以存货的估计售价减去至完工估计将要发生的成本、估计的销售费用以及相关税金后的金额。存货可变现净值用公式可以表示为：

$$\text{存货可变现净值}=\text{存货估计售价}-\text{至完工估计将发生的成本}-\text{估计销售费用}-\text{相关税金}$$

存货可变现净值又分为库存商品（产成品）可变现净值和原材料可变现净值。

（1）确认库存商品（完成了全部的加工过程，可以对外销售的产成品）可变现净值。对于为执行销售合同或者劳务合同而持有的存货，可变现净值通常应当以合同价格为基础计算。对于企业持有存货的数量多于销售合同订购数量的，超出部分存货可变现净值应当以一般销售价格为基础计算。

（2）原材料可变现净值。用于出售的材料，其可变现净值应当以市场价格为基础计算。用于生产而持有的材料，如其生产的产成品的可变现净值高于成本的，则该材料仍然应当按成本计量；材料价格的下降表明产成品的可变现净值低于成本的，该材料应当按照可变现净值计量。

（3）计提存货跌价准备。可变现净值小于账面价值的差额要计提存货跌价准备。计提时，如果同一批存货，其中一部分是为销售合同而生产的，而另一部分则没有销售合同，那么在确认存货跌价准备时，应分别加以计量，从而分别确认存货的跌价准备。

15. 长期股权投资

采用权益法核算长期股权投资的，应当在“成本”、“损益调整”、“其他权益变动”之下设置三级科目进行明细核算。

16. 长期股权投资减值准备

我们使用这个会计科目来核算企业长期股权投资的减值准备。本科目为长期股权投资的备抵科目，本科目应按被投资单位设置二级科目进行明细核算。

17. 长期应收款

我们使用这个会计科目来核算企业的长期应收款项，包括融资租赁产生的应收款项、采用递延方式具有融资性质的销售商品和提供劳务等产生的应收款项等。如果在实质上构成对被投资单位净投资的长期权益的，也应当通过本科目核算。本科目可按债务单位（个人）设置二级科目进行明细核算。

18. 工程物资

我们使用这个会计科目来核算企业为在建工程准备的各种物资的成本，包括工程用材料、尚未安装的设备以及为生产准备的工器具等。本科目可按“专用材料”、“专用设备”、“工器具”等设置二级科目进行明细核算。

19. 在建工程

我们使用这个会计科目来核算企业基建、更新改造等在建工程发生的支出。石油天然气开采企业类发生的油气勘探支出和油气开发支出，可以单独设置“油气勘探支出”、“油气开发支出”科目。本科目可按“建筑工程”、“安装工程”、“在安装设备”、“待摊支出”以及单项工程等设置二级科目进行明细核算。

20. 固定资产

我们使用这个会计科目来核算企业持有的固定资产原价，也包括建造承包商的临时设施、企业购置计算机硬件所附带的未单独计价的软件。本科目可按固定资产类别和项目设置下级子科目进行明细核算。融资租入的固定资产，可在本科目下设置“融资租入固定资产”子科目。

21. 累计折旧

我们使用这个会计科目来核算企业固定资产的折旧累计数。本科目为固定资产的备抵科目，可按固定资产类别和项目设置下级子科目进行明细核算。一般按月计提固定资产的折旧，记入“制造费用”、“销售费用”、“管理费用”、“研发支出”、“其他业务成本”等科目。固定资产处置时应同时结转累计折旧科目。

22. 固定资产减值准备

我们使用这个会计科目来核算企业固定资产应计提的减值准备。本科目为固定资产的备抵科目，月末，固定资产发生减值的，记入“资产减值损失”科目。固定资产处置时应同时结转减值准备。

工程物资发生减值的，可以单独设置“工程物资减值准备”科目，比照“固定资产减值准备”科目进行处理。在建工程发生减值的，可以单独设置“在建工程减值准备”科目，比照“固定资产减值准备”科目进行处理。

23. 固定资产清理

我们使用这个会计科目来核算企业因出售、报废、毁损、对外投资、非货币性资产交换、债务重组等原因转出的固定资产价值，以及在清理过程中发生的费用等。本科目按被清理的固定资产项目设置二级科目进行明细核算。

24. 无形资产

我们使用这个会计科目来核算企业持有的包括专利权、非专利技术、商标权、著作权、土地使用权等无形资产成本。本科目可按无形资产项目设置二级科目进行明细核算。

25. 累计摊销

我们使用这个会计科目来核算企业对使用寿命有限的无形资产计提的累

计摊销。本科目可按无形资产项目设置二级科目进行明细核算。

同固定资产有“累计折旧”科目备抵类似，无形资产也有“累计摊销”科目备抵。

26. 无形资产减值准备

我们使用这个会计科目来核算企业无形资产的减值准备。本科目可按无形资产项目设置二级科目进行明细核算。无形资产发生减值的，记入“资产减值损失”科目。处置无形资产还应同时结转减值准备。

同固定资产有“固定资产减值准备”科目备抵类似，无形资产也有“无形资产减值准备”科目备抵。

27. 商誉

我们使用这个会计科目来核算企业合并过程中形成的商誉价值。商誉发生减值的，可以单独设置“商誉减值准备”科目。此会计科目可以比照“无形资产减值准备”科目进行处理。

28. 长期待摊费用

我们使用这个会计科目来核算企业已经发生的，但应由本期和以后各期负担的，分摊期限在一年以上的各项费用。如以经营租赁方式租入的固定资产发生的改良支出等。本科目可按具体的费用项目设置二级科目进行明细核算。

29. 递延所得税资产

我们使用这个会计科目来核算企业确认的可抵扣暂时性差异产生的递延所得税资产。本科目应按可抵扣暂时性差异等项目进行明细核算。本科目也可核算根据税法规定可用以后年度税前利润弥补的亏损及税款抵减产生的所得税资产。

暂时性差异按照对未来期间应税金额的影响，分为应纳税暂时性差异和可抵扣暂时性差异。

30. 待处理财产损溢

我们使用这个会计科目来核算企业在清查财产过程中查明的各种财产盘盈、盘亏和毁损的价值。本科目也可以核算在运输途中发生的物资非正常短缺与损耗。本科目可按盘盈、盘亏的资产种类和项目设置二级科目进行明细核算。

企业固定资产盘盈的，通过“以前年度损益调整”科目核算。这是因为：一般来说，企业不可能无缘无故多出固定资产来，并且固定资产金额通常都不小，会计行业从谨慎性的角度考虑，只能说是以前期间的管理有问题，不能算作收入，只能作为差错来处理，故而调整“以前年度损益调整”。

2.2.2 资产类会计科目串讲

1. 关于流动性

所谓“流动性”（liquidity）是指某种资产转换为支付清偿手段（或者说变现）的难易程度、转化能力。由于现金不用转换为别的资产就可以直接用于支付或清偿，因此，现金被称为流动性或者说流动能力最强的资产。

人们把资产中可以在一年（或者超过一年）的一个营业周期内变现或者运用的资产，如“货币资金”、“短期投资”、“应收票据”、“应收账款”和“存货”等合称为流动资产。从实物形态上看，流动资产基本上体现为各部门以及居民的物资、流动资产储备。包括，处于生产和消费准备状态的流动资产，处于待售状态的流动资产，处于生产过程中的流动资产（如生产单位的在制品、半成品储备）。

流动资产按照流动性大小又可以分为速动资产和非速动资产两类。其中：

（1）速动资产。字面上可以理解为快速流动的资产，是指在很短时间内可以变现的流动资产，如货币资金、交易性金融资产和各种应收款项。

（2）非速动资产。例如，存货、待摊费用、预付账款、一年内到期的非流动资产以及其他流动资产。所谓“存货”是指企业在日常生产经营中持有的、以备出售的产成品或商品、处在生产过程中的在产品、在生产（或提供劳务）过程中耗用掉的材料（物料）等。

注意：存货是准备出售的资产，“备售”是关键，非“备售”品不能作为存货。如房产开发企业开发的房屋，若留作企业自用，并不是用以准备出售的，就不能够作为“开发产品”。

从表2-1可以看出，资产类科目的排列大致上是按照流动能力由大到小的顺序一一排列的。

2. 资产的结构

（1）集合概念。在介绍流动性的时候，我们说过“把……合称为……”这样的提法，这里被“合称为”的名词我们都可以称为集合概念，如上面已经介绍了的“流动资产”、“速动资产”和“存货”。

下面我们一起来看一下，在所有的资产类会计科目中还有哪些集合概念。

①非流动资产。这个很好理解，就是资产中除了流动资产以外的所有资产类会计科目的合称。

②货币资金。把“库存现金”、“银行存款”、“其他货币资金”合称为

"货币资金"。

③往来科目。一般是指"预付账款"、"应收账款"、"其他应收款"和负债类会计科目中的"预收账款"、"应付账款"、"其他应付款"以及具有资产、负债两种可能性质的"内部往来"科目。

往来科目反映了企业与其上下游厂家、商家之间的经济来往，以及企业集团内集团总部与各子公司、分公司之间的经济来往事项。

④准备类科目。为反映企业资产的公允价值，需要把资产的公允价值与其账面价值之间的差异加以专门体现，作为备抵科目存在。所谓公允价值，称公允市价、公允价格，根据 2014 年 7 月 23 日财政部对《企业会计准则——基本准则》的最新修订，修订后的规定为："在公允价值计量下，资产和负债按照市场参与者在计量日发生的有序交易中，出售资产所能收到或者转移负债所需支付的价格计量。"

准备类科目包括"坏账准备"、"存货跌价准备"、"持有至到期投资减值准备"、"长期股权投资减值准备"、"在建工程减值准备"、"固定资产减值准备"、"无形资产减值准备"以及金融企业的"应收分保未到期责任准备金（保险专用）"、"应收分保保险责任准备金（保险专用）"、"贷款损失准备（银行和保险共用）"科目。

因企业各项资产减值准备所对应的资产的自身性质不同，各项资产减值准备的去向也是不同的。换句话说，它们所对应的损益类科目也是各不相同的，这是一种思路。另一种思路则是将所有的资产准备统一计入一个损益类科目。这两种损益去向的考虑分别是 2006 年《企业会计准则》颁布前后的考虑，目前会计上是采用的后一种方法，即，统一计入"资产减值损失"科目，具体如表 2-2 所示。

表 2-2　　资产减值准备去向

准备类资产科目	对应的资产科目	2006 年《企业会计准则》颁布前		2006 年以后
		去向科目	去向动因	去向科目
坏账准备 存货跌价准备	应收款项 存货	管理费用	与企业日常管理水平有关	资产减值损失
短期投资跌价准备 长期投资减值准备 委托贷款减值准备	短期投资 长期投资 委托贷款	投资收益	投资性资产，目的均是为了获得投资收益	
固定资产减值准备 无形资产减值准备 在建工程减值准备	固定资产 无形资产 在建工程	营业外支出	非投资性的长期资产，通常与企业日常的生产经营活动无直接关系	

需要注意的是，资产减值准备科目余额一般以减至零为限；企业不得计提秘密准备，如已经计提，必须冲回。

(2) 结构分析。对资产的结构分析，主要是研究流动资产与总资产之间的比例关系，流动资产率是用来反映这一关系的一项重要指标，其公式为：

流动资产率=流动资产/总资产

这个比率越高，说明企业当期投入生产经营活动的现金要比其他时期、其他企业投入得越多，资产的活跃程序越高，企业发展势头越猛。同时，企业的经营管理就需要跟上迅猛发展的势头。

除了对流动资产进行分析之外，我们对资产结构的分析还可以从企业投资科目比重、无形资产增减、固定资产折旧速度的角度进行研究。如企业的投资占比较大，可能是企业的经营重心发生了变化；如企业的无形资产不断增加，可能系企业开发创新能力较强；如企业的固定资产折旧比例较高，可能是因为技术更新换代较快。

2.3 小李飞刀——负债

我们来重温一下什么是负债。负债是指企业过去的交易或者事项形成的，预期会导致经济利益流出企业的现时义务。负债类会计科目是企业应承担的义务，它是资产形成的一类来源，体现了债权人的权益。从外在表现形式上看，有来自于银行的负债，有来自于税务机关的负债，有来自于供应商的负债，还有来自于其他单位和个人的负债；从拥有时限上看，有短期的负债，也有长期的资负债。

2.3.1 负债类会计科目介绍

1. 短期借款

我们使用这个会计科目来核算企业向银行或其他金融机构等借入的期限在一年及一年以下的各种借款。就是日常所说的银行贷款，但这其实是一个不全面、不精确的说法。本科目可按借款种类、贷款发放者和币种设置二级科目进行明细核算。

2. 应付票据

我们使用这个会计科目来核算企业因购买材料、商品和接受劳务供应等开出、承兑的商业汇票，包括银行承兑汇票和商业承兑汇票。与“应收票据”相反，它是核算因购货（服务）而开具的汇票。本科目可按债权人进行明细核算。

3. 应付账款

我们使用这个会计科目来核算企业因购买材料、商品和接受劳务等经营活动应支付的款项。本科目可按债权单位（或个人）设置二级科目进行明细核算。本科目与应付票据构成了因赊购而形成的对债权人的支付义务，只是前者对债权人的付款保证程度弱于后者。

对于金融企业应支付但尚未支付的手续费和佣金，可将本科目名称改为“应付手续费及佣金”科目，并按照对方单位设置下级科目进行明细核算。对于保险企业应支付但尚未支付的赔付款项，可以单独设置“应付赔付款”科目。

4. 预收账款

我们使用这个会计科目来核算企业按照合同规定预收的款项。预收账款情况不多的，无须单独设置本科目，可以将预收的款项直接记入“应收账款”科目。本科目可按购货单位（或个人）设置二级科目进行明细核算。

对于保险企业收到未满足保费收入确认条件的保险费，可将本科目名称改为“预收保费”科目；对于从事再保险分出业务预收的赔款，可以单独设置“预收赔付款”科目。

5. 应付职工薪酬

我们使用这个会计科目来核算企业根据有关规定应付给职工的各种薪酬。企业（外商）按规定从净利润中提取的职工奖励及福利基金，也在本科目核算。本科目可按“工资”、“职工福利”、“社会保险费”、“住房公积金”、“工会经费”、“职工教育经费”、“非货币性福利”、“辞退福利”、“股份支付”等设置二级科目进行明细核算。

应付职工薪酬所对应的是在 2006 年《企业会计准则》颁布前的“应付工资”、“应付福利费”科目。

6. 应交税费

我们使用这个会计科目来核算企业按照税法等规定计算应缴纳的各种税和费，包括增值税、消费税、营业税、所得税、资源税、土地增值税、城市维护建设税、房产税、土地使用税、车船税、代扣代缴的个人所得税等，以及教育费附加、矿产资源补偿费等。

本科目按应交的税费项目设置二级科目进行明细核算。其中，二级科目

"应交增值税"还应按"进项税额"、"销项税额"、"出口退税"、"进项税额转出"、"已交税金"等设置专栏。

应交税费所对应的是在2006年《企业会计准则》颁布前的"应交税金"、"其他应交款"科目。

7. 应付股利

我们使用这个会计科目来核算企业分配的现金股利或利润。本科目可按投资者设置二级科目进行明细核算。

8. 其他应付款

我们使用这个会计科目来核算企业除应付票据、应付账款、预收账款、应付职工薪酬、应付利息、应付股利、应交税费、长期应付款等以外的其他各项应付、暂收的款项。本科目可按其他应付款的项目和对方单位（或个人）设置二级科目进行明细核算。

本科目也核算保险企业应缴纳的保险保障基金。

9. 递延收益

我们使用这个会计科目来核算企业确认的、应在以后期间计入当期损益的政府补助。本科目按政府补助的项目设置二级科目进行明细核算。

10. 长期借款

我们使用这个会计科目来核算企业向银行或其他金融机构借入的期限在一年以上（不含一年）的各项借款。本科目可按贷款单位和贷款种类，分别"本金"、"利息调整"等设置二级、三级科目进行明细核算。

与"短期借款"科目对比可见，借款的长期、短期是以一年期来区分的。

11. 应付债券

我们使用这个会计科目来核算企业为筹集长期（一年以上）资金而发行债券的本金和利息。如果企业发行可转换公司债券，本科目仅核算可转换公司债券中负债成分和权益成分进行拆分后的负债部分。本科目可按"面值"、"利息调整"、"应计利息"等设置二级科目进行明细核算。

企业应当设置"企业债券备查簿"，详细登记企业债券的票面金额、债券票面利率、还本付息期限与方式、发行总额、发行日期和编号、委托代售单位、转换股份等资料。企业债券到期结清时，应当在备查簿内逐笔注销。

12. 长期应付款

我们使用这个会计科目来核算企业除长期借款和应付债券以外的其他各种长期应付款项，包括应付融资租入固定资产的租赁费、以分期付款方式购入固定资产等发生的应付款项等。本科目可按长期应付款的种类和债权人设置二级科目进行明细核算。

13. 专项应付款

我们使用这个会计科目来核算企业取得的、政府作为企业所有者投入的、具有专项或特定用途的资本性拨款。本科目可按资本性投资项目进行明细核算。

如将专项或特定用途的拨款用于工程项目，对未形成长期资产需要核销的部分，应当从“在建工程”科目转出；如形成长期资产的，应转增为所有者权益。

14. 预计负债

我们使用这个会计科目来核算企业确认的对外提供担保、未决诉讼、产品质量保证、重组义务、亏损性合同等预计负债。本科目可按形成预计负债的交易或事项设置二级科目进行明细核算。

15. 递延所得税负债

我们使用这个会计科目来核算企业确认的应纳税暂时性差异产生的所得税负债。本科目可按应纳税暂时性差异的项目设置二级科目进行明细核算。

这个科目关键词有三个：“递延”、“所得税”、“负债”，分别对应表明本科目的“暂时性差异”、“与企业所得税相关”、“属于负债科目”的性质。

2.3.2　负债类会计科目串讲

负债类会计科目核算了企业对内、对外应承担的义务，这种义务有即时性的，也有延期性的。一般地，我们可以把负债类科目划分为两类，一类是流动负债，或称之为短期负债，如“2.3.1”中的 1 至 8 项会计科目；另一类称为长期负债，如“2.3.1”中的 9 至 15 项会计科目。

一般来说，会计上认为，负债科目中的总的流动负债之和与资产科目中总的流动资产之和大致相当为宜。

2.4　圆月弯刀——所有者权益

我们来重温一下什么是所有者权益。所有者权益是指资产扣除负债后属于所有者享有的剩余利益。即，一个会计主体在一定时期所拥有或可控制的具有未来经济利益资源的净额。它是资产形成的另一类来源，体现的是属于所有者的权益。

所有者权益的初始源自于所有者（业主、股东）的权益性投资行为，没有固定的偿还期限和偿还金额。与债权人的权益相比较，它滞后于债权人权益，风险也大于债权人权益。当企业经营不好而亏损时，减少的只能是所有者的权益；当企业盈利时，增加的也同样是所有者的权益。

需要注意的是，随着企业生产经营的开展，所有者权益就不再是股东的初始投资额，而是视企业经营好坏而增减，在数量上等于资产总额减负债总额。

在对所有者权益类各会计科目进行介绍之前，我们要顺带认识一下“共同类”会计科目。所谓的“共同”是指：既有资产性质，又有负债性质，这样具有共性的科目，如“清算资金往来”、“外汇买卖”、“衍生工具”、“套期工具”、“被套期项目”。使用共同类科目的企业多为金融企业，如保险、投资、基金公司等使用。因一般企业使用的机会不多，本书中我们并不想以更多的篇幅来介绍它们，你把它们理解为双性科目即可。

2.4.1 所有者权益会计科目介绍

1. 实收资本

我们使用这个会计科目来核算企业接受投资者投入的实收资本。如企业性质为股份有限公司，应将本科目名称改为“股本”。本科目不包括企业收到投资者出资超过其在注册资本或股本中所占份额的资本溢价或股本溢价部分。本科目可按投资者名称设置二级科目进行明细核算。中外合作经营企业在合作期间归还投资者的投资，应在本科目设置“已归还投资”二级明细科目进行核算。

2. 资本公积

我们使用这个会计科目来核算企业收到投资者出资额超出其在注册资本或股本中所占份额的部分。本科目也核算直接计入所有者权益的利得和损失。本科目应当分别设置“资本溢价（股本溢价）”、“其他资本公积”二级明细科目进行核算。

3. 盈余公积

我们使用这个会计科目来核算企业从净利润中提取的盈余公积。本科目应当分别设置“法定盈余公积”、“任意盈余公积”二级明细科目进行明细核算。

外商投资企业还应下设“储备基金”、“企业发展基金”进行明细核算。中外合作经营在合作期间归还投资者的投资，应在本科目下设“利润归还投资”明细科目进行核算。

4. 本年利润

我们使用这个会计科目来核算企业当期实现的净利润或发生的净亏损。企业应在会计期期末结转利润时，将各损益类科目的金额转入本科目。

5. 利润分配

我们使用这个会计科目来核算企业所赚取利润的分配、对亏损的弥补和历年分配（或弥亏）之后的余额。本科目一般下设“提取法定盈余公积”、“提取任意盈余公积”、“应付现金股利（利润）”、“转作股本的股利”、“盈余公积补亏”和“未分配利润”等二级科目进行明细核算。

需要注意的是，年末企业应将“本年利润”科目转入本科目的“未分配利润”明细科目，同时将本科目所属其他明细科目转入本科目“未分配利润”明细科目。

2.4.2 所有者权益会计科目串讲

所有者权益科目大致上可以分为初始投资与资本留存两类，前者如“实收资本”，后者如“资本公积”、“盈余公积”、“利润分配”，而“本年利润”则属于具有归集功能的过渡性质的会计科目。所有者权益与负债一起作为企业资产的两大来源，反映投资者与债权人的权益归属，这两种来源对投资人所蕴含的风险也是不同的。

2.5 天涯绝命刀——成本类

成本类会计科目为数不多，其作用就是为了归集和分配。归集的是生产制作、提供劳务过程中所发生的材料、人工以及为产品和服务而发生的各类直接和间接费用；分配则是按照一定的方法将归集的成本按照生产工序、流程分解到各产品、服务项目之上的过程。成本的归集和分配是会计学中的重点和难点，需要专门学习，我们在这里只需要了解会计科目的核算内容及相关事项即可。

2.5.1 成本类会计科目介绍

1. 生产成本

我们使用这个会计科目来核算企业进行工业性生产，如生产各种产品、产成品、自制半成品、自制材料、自制工具、自制设备等发生的各项生产成本。本科目可设置基本生产成本和辅助生产成本二级科目进行明细核算。

农业企业进行农业生产发生的各项生产成本，可将本科目名称改为“农业生产成本”，并根据种植业、畜牧养殖业、林业和水产业的不同确定成本核算对象（消耗性生物资产、生产性生物资产、公益性生物资产和农产品）和成本项目，进行费用的归集和分配。房地产开发企业可将本科目名称改为“开发成本”。

2. 制造费用

我们使用这个会计科目来核算企业生产车间、生产部门因生产产品和提供劳务而发生的各项间接费用。不包括行政管理部门为组织和管理生产经营活动而发生的管理性质的费用。本科目可按不同的生产车间、部门和费用项目设置二级科目进行明细核算。

制造费用包括产品生产成本中除直接材料和直接工资以外的一切生产成本，主要包括企业各个生产单位（如分厂、制造车间、工场）为组织和管理生产所发生的一切费用，如物料消耗、包装物、低值易耗品、劳动保护费、运输费、水电费、修理费、折旧费、递延资产摊销及其他。

2.5.2 成本类会计科目串讲

成本类会计科目包括“生产成本”、“制造费用”、“劳务成本”、“研发支出”以及建造承包企业专用的“工程施工”、“工程结算”、“机械作业”，而最常用的是“生产成本”、“制造费用”。

“制造费用”可以看作是“生产成本”的前导科目，一般无法直接判定费用应归属哪个成本计算对象时，以及不能直接计入所生产的产品成本中去时，可按费用发生地先行归集，每期期末（如月终），再采用一定的方法在各成本计算对象间进行分配，计入各成本计算对象的成本中。

每期期末，将按产品归集在“生产成本”中的累计费用，按照一定的方法，计算出完工产品和期末在产品的实际成本，在已完工产品和在产品之间进行分配。然后，将应由完工产品负担的生产费用从“生产成本”转入“库存商品”。

2.6 倚天剑屠龙刀——损益类

损益类会计科目是企业经营盈亏的重要工具，“损”者“减”也，“益”

者“增”也。“损”与“益”，都是相对于利润来说的。会计上设置损益类会计科目的目的和作用就是用以归集企业经营过程中实现的各类收入、各类费用。归集后的损益科目均需于会计期末在“本年利润”科目中转后再转入“利润分配”（未分配利润），统一体现某一经营期间内企业的经营得失、利润丰歉。

2.6.1　损益类会计科目介绍

1. 主营业务收入

我们使用这个会计科目来核算企业确认的销售商品、提供劳务等主营业务的收入。顾名思义，是指企业因为主要经营事项而取得的收入。本科目可按主营业务的种类设置二级科目进行明细核算。

如果和企业的营业执照对应着看的话，此科目核算内容与执照上“主要经营（范围）”大致对应。

2. 其他业务收入

我们使用这个会计科目来核算企业确认的除主营业务活动以外的其他经营活动实现的收入，包括出租固定资产、出租无形资产、出租包装物和商品、销售材料、用材料进行非货币性交换或债务重组等实现的收入。其中，非货币性资产交换具有商业实质且公允价值能够可靠计量。本科目可按其他业务收入种类设置二级科目进行明细核算。

本科目也核算保险企业经营受托管理业务收取的管理费收入。

如果和企业的营业执照对应着看的话，此科目核算内容与执照上“辅助经营（范围）”大致对应。

3. 投资收益

我们使用这个会计科目来核算企业确认的投资收益或投资损失。金融企业债券投资持有期间取得的利息收入，也可在“利息收入”科目核算。本科目可按投资项目设置二级科目进行明细核算。

4. 营业外收入

我们使用这个会计科目来核算企业发生的各项营业外收入，如非流动资产处置利得、非货币性资产交换利得、债务重组利得、政府补助、盘盈利得、捐赠利得等。本科目可按营业外收入项目进行明细核算。

如果和企业的营业执照对应着看的话，此科目核算内容与执照上经营内容无对应。

5. 主营业务成本

我们使用这个会计科目来核算企业确认销售商品、提供劳务等主营业务收入时应结转的成本。本科目可按主营业务的种类设置二级科目进行明细核算。

本科目与主营业务收入是相互配比的关系。

6. 其他业务成本

我们使用这个会计科目来核算企业确认的除主营业务活动以外的其他经营活动所发生的支出，如销售材料的成本、出租固定资产的折旧额、出租无形资产的摊销额、出租包装物的成本或摊销额等。本科目可按其他业务成本的种类设置二级科目进行明细核算。

需要注意的是：

(1) 除主营业务活动以外的其他经营活动发生的相关税费，不记入本科目，应在“营业税金及附加”核算；

(2) 采用成本模式计量投资性房地产的，也可以采用本科目来核算企业的投资性房地产应计提的折旧额或摊销额；

(3) 本科目与其他业务收入是相互配比的关系。

7. 营业税金及附加

我们使用这个会计科目来核算企业经营活动发生的营业税、消费税、城市维护建设税、资源税和教育费附加、与投资性房地产相关的房产税、与投资性房地产相关的土地使用税等相关税费。

与投资性房地产无关的房产税、车船税、土地使用税、印花税通过“管理费用”核算。

8. 销售费用

我们使用这个会计科目来核算企业销售商品和材料、提供劳务的过程中发生的各种费用，包括保险费、包装费、展览费和广告费、商品维修费、预计产品质量保证损失、运输费、装卸费等以及为销售本企业商品而专设的销售机构的职工薪酬、业务费、折旧费等经营费用。本科目通常按费用项目设置二级科目进行明细核算。

本科目也核算企业发生的与专设销售机构相关的固定资产修理费用等后续支出。包括专设销售机构如销售网点、售后服务网点等。

金融企业应将本科目名称改为“业务及管理费”，用来核算在业务经营和管理过程中所发生的各项费用，包括折旧费、业务宣传费、业务招待费、电子设备运转费、钞币运送费、安全防范费、邮电费、劳动保护费、外事费、印刷费、低值易耗品摊销、职工工资及福利费、差旅费、水电费、职工教育经费、工会经费、会议费、诉讼费、公证费、咨询费、无形资产摊销、长期待摊费用摊销、取暖降温费、聘请中介机构费、技术转让费、绿化费、董事会费、财产保险费、劳动保险费、待业保险费、住房公积金、物业管理费、研究费用、提取保险保障基金等。注意，金融企业不应设置“管理费用”科目。

9. 管理费用

我们使用这个会计科目来核算企业为组织和管理生产经营所发生的管理费用，如企业在筹建期间内发生的开办费、董事会和行政管理部门在企业的经营管理中发生的或者应由企业统一负担的公司经费（包括行政管理部门职工工资及福利费、物料消耗、低值易耗品摊销、办公费和差旅费等）、工会经费、董事会费（包括董事会成员津贴、会议费和差旅费等）、聘请中介机构费、咨询费（含顾问费）、诉讼费、业务招待费、房产税、车船税、土地使用税、印花税、技术转让费、矿产资源补偿费、研究费用、排污费等。本科目可按费用项目设置二级科目进行明细核算。

商品流通企业如管理费用不多的，可以不用设置本科目，可一并记入“销售费用”核算。企业生产车间（部门）和行政管理部门等发生的固定资产修理费用等后续支出，也在本科目核算。

10. 财务费用

我们使用这个会计科目来核算企业为筹集生产经营所需资金等而发生的筹资费用，包括扣除利息收入后的利息支出、汇兑损益以及相关的手续费、企业发生的现金折扣或收到的现金折扣等。本科目可按费用项目设置二级科目进行明细核算。

需要注意的是：

（1）为购建或生产满足资本化条件的资产发生的应予资本化的借款费用，在“在建工程”、“制造费用”等科目核算；

（2）本科目是核算筹资费用的，不能够望文生义地理解为财务部的费用。

11. 资产减值损失

我们使用这个会计科目来核算企业计提各项资产减值准备所形成的损失。本科目可按资产减值损失的项目设置二级科目进行明细核算。

企业的应收款项、存货、长期股权投资、持有至到期投资、固定资产、无形资产、贷款等资产发生减值的，各自的准备科目分别为“坏账准备”、

“存货跌价准备”、“长期股权投资减值准备”、“持有至到期投资减值准备”、“固定资产减值准备”、“无形资产减值准备”、“贷款损失准备”。如在建工程、工程物资、生产性生物资产、商誉、抵债资产、损余物资，以及采用成本模式计量的投资性房地产等资产发生减值的企业，应当一一对应来设置相应的“在建工程减值准备”、“工程物资减值准备”、“生产性生物资产减值准备”、“商誉减值准备”、“抵债资产减值准备”、“损余物资减值准备”、“投资性房地产减值准备”科目。

12. 营业外支出

我们使用这个会计科目来核算企业发生的各项营业外支出，如非流动资产处置损失、非货币性资产交换损失、债务重组损失、公益性捐赠支出、非常损失、盘亏损失等。本科目可以按支出项目设置二级科目进行明细核算。

需要注意的是，与“主营业务收入”与“主营业务支出”、“其他业务收入”与“其他业务支出”存在相互配比的关系不同，本科目与“营业外收入”并不存在必然的对应配比关系。

13. 所得税费用

我们使用这个会计科目来核算企业确认的应从当期利润总额中扣除的所得税费用。这是一种费用支出性质的损益类科目，反映的是企业当期实际承担的企业所得税。本科目可按“当期所得税费用”、“递延所得税费用”设置二级科目进行明细核算。

14. 以前年度损益调整

我们使用这个会计科目来核算企业本年度发生的调整以前年度损益的事项，以及本年度发现的重要前期差错更正涉及调整以前年度损益的事项。本科目同时也可以核算企业在资产负债表日（一般指每年的 12 月 31 日）至财务报告批准报出日之间发生的需要调整报告年度损益的事项。

本科目一般不设下级子科目，本科目于期末直接转入“利润分配（未分配利润）”科目。

2.6.2 损益类会计科目串讲

1. 损益结构

损益类会计科目可以分为收入、费用两大类，又可以分为主业损益和辅业损益，这就构成了应当计入当期损益的收入、费用的全部。

收入中成本、费用的比重，则反映了企业盈利能力的强弱。而研究收入、费用自身的组成结构，又能够为企业提供主打产品（服务）市场能力、对非主业收入的依赖程度、投资回报、为实现收入所投入的成本的合理程度、各内部组织因收入实现的花费、非正常损失对利润的侵蚀等重要的经营管理信息。

在损益类会计科目中，“销售费用（经营费用）”、“管理费用”、“财务费用”是最常见、最重要的三种费用，其集合概念可表述为“三项费用”、“期间费用”（这是与费用的阶段性、期间性相关的），或者以字头简记为“销、管、财”。要注意的是，这三项费用是企业行政管理过程中所发生的，是与企业生产无直接联系的费用，应当区别于成本类的“制造费用”。

2. 损益类科目与所有者权益的增减关系

如前所述，损益类会计科目会导致利润的减少或增加，通过“本年利润”与“利润分配”科目结转后，影响到所有者权益，构成对投资者（股东）权益的侵蚀和增益。具体来说，当实现收入时，收入的增加，将导致“本年利润”与“利润分配”科目的增加，进而导致所有者权益的增加；当冲减收入时，收入减少，将导致“本年利润”与“利润分配”科目的减少，进而导致所有者权益的减少；当费用发生时，费用类科目增加，将导致“本年利润”与“利润分配”科目的减少，进而导致所有者权益的减少；当费用得以冲回时，将导致“本年利润”与“利润分配”科目的增加，进而导致所有者权益的增加。具体可见表2-3所示。从中可以看出，收入类会计科目与所有者权益是同增同减的关系，而费用类会计科目与所有者权益是此消彼长的关系。

表2-3　　　　损益类科目与所有者权益的增减关系表

损益科目类别	损益增减	损益性质	利润增减	所有者权益增减
收入类	+	益	+	+
收入类	−	损	−	−
费用类	+	损	−	−
费用类	−	益	+	+

例如，2011年年末，某企业存货公允市价下行，企业因而提取“存货跌价准备”作为“库存商品”的备抵，从表2-2可以看出，此项准备计入“管理费用”。“管理费用”增加，使得企业净利润减少，从而使得降低了“本年利润”与“利润分配”，导致所有者权益的减少，是投资者（股东）权益的侵蚀事项。

3. 资产减值损失的转回

首先要明确“资产减值损失”科目的性质，它是损益类科目，不是资产类会计科目，但它是资产减值准备科目的对口科目。

我们知道，资产类科目与其备抵准备科目相抵后，导致资产净值的减少；同时，因对应的“资产减值损失”增加，导致所有者权益减少。正因为如此，企业通过各种减值准备的计提和转回，客观上可以起到对企业利润进行调节的作用。对于一般企业来说，调节利润，相应地可以调节税负及缴纳时间；对于上市公司来说，如果各类减值都可以自由计提或转回，那还可以达到操控股价的目的。为防止被企业不法利用来人为调节利润，应当对资产减值损失的后期冲回加以限制。

另外，出于灵活性和实际操作的考虑，也不能一刀切，完全禁止各类减值损失的后期冲回。

故而，对于各种资产减值损失是否可以冲回，应进行区别对待：

可恢复的——应收账款（坏账准备）、持有至到期投资（持有至到期投资减值准备）、存货（存货跌价准备）、金融业的贷款（贷款损失准备）。

不可恢复的——长期股权投资（长期股权投资减值准备）、成本模式后续计量的投资性房地产（投资性房地产减值准备）、固定资产（固定资产减值准备）、生物资产（生物资产减值准备）、油气资产（油气资产减值准备）、无形资产（无形资产减值准备）、商誉（商誉减值准备）。

2.7 小　结

这一章我们一起学习了林林总总的 N 多会计科目，反映的是会计业界借鉴国际先进经验、已经成熟了的对经济世界的归纳和认识。会计科目分六大类，大类又分为小类，小类中细化到每个具体的会计科目，而每个会计科目又可以根据现实的情况再细分为二级科目、三级科目……这是会计科目的层次和梯度。

作为会计人，无论新手，还是老人，时时温习一下各会计科目的核算内容、分类、应用场合是非常必要的，但是这不需要死记硬背，而是要依赖于它们之间的内在联系，掌握其规律、熟悉其特征，逐步在自己的头脑中建立一个立体的、系统的、体系化的、相互联系的会计科目群。这样的工作就如同农夫为耕作农垦而打磨农具，将犁铧打磨得无比锋利一般，会计人对会计科目的时时研习、温故知新，那肯定是——必须的！

掌握好会计科目，你就能够深刻理解丰富多彩的经济世界，发现其内在的规律和联系，会计科目不仅是你做会计的工具和利器，更是训练你分类思维的终身伙伴！

第3章

你的一亩三分地
——会计账簿

现在，你已经是一技在手，满腹经纶，只待三尺舞台了。你有了良种——原始凭证和会计凭证，你有耕具——会计科目，可是，就如播种一般，会计是需要用书面的东西说话的。该往哪里记录呢？这就需要会计上叫做“账簿”的东西了。对于所有需要独立核算的经济组织来说，会计人员都需要根据企业所在的行业和企业自身的经济业务情况，购置所需的账簿。它是会计凭证的数据归集处，也是会计人员的勤劳“耕作地”。

3.1　双向思维——复式记账

农夫在耕作之前，并不是随意拎起家伙就奔向他的领地的。他知道如何松田、知道如何培实，如果没有农作经验，是不能当好农夫的。农作如此，会计行业也是这样。要建账，我们的大脑中得先有个叫做“复式记账”的东东来指导我们。

3.1.1　发现对称之美

1. 世界充满了对称

春暖花开的时节，人们走进公园，就会看到争妍斗丽的百花大都是对称的。例如，冬乌头就是旋转对称的。这时，你心里会由衷地赞叹，真美啊！人有左右手，掌心向上，摊开双手放在桌子上，你能发现，常人的双手各手指到中心线的距离是相同的，这就是关于中心的对称，我们知道了有左必有右。

图 3-1　对称的天坛

图 3-2　不对称的天坛

又如北京的天坛（图 3-1），是我们中国人的骄傲。试想你沿着天坛的台阶拾级而上，沿着道路中轴对称的建筑展现了令人折服的庄严与肃穆，这是反射对称（或镜像对称）的例子。如果不对称（图 3-2），肯定是不美的。所以《牛津字典》上说，对称是一种结构，使得物体可以被分割成形状和大小相同的几部分，或者是物体关于边界和中心的类似重复。对称产生了平衡和稳定，嘿，这是会计上所需要的，往下看你就知道了。

2. 会计科目的对称均衡

那么，会计上所说的记账真的是讲求对称的吗？对的！如果说，对称在会计上无处不在，那也毫不为过。你会发现：没有对称的记账就好像人残废了一样，用好对称，你就会明白根据对称原理记载的账册是那么美观，那么稳健。

而且，这种对称，在会计上有个专门的叫法，叫做“复式”。望文生义，这个“复式”自然是相对于“单式”来说的。“哎呀，什么‘复式’、‘单式’的，我都不懂哎”——你肯定又会这么说了啦。别急，往下看……

在第二章，你肯定已经相当熟悉了你的那些“资产”、“负债”等6大类朋友了吧。是的，如同你请客吃饭，只来了一个朋友，那叫“单式”，“人单势孤”嘛。来了两个，那叫“复式”；来了三个，那也叫“复式”；来了四个，那还叫“复式”……来了N个，那仍然是“复式”。

到这里，你肯定明白了，原来我的“资产”、“负债”、“所有者权益”、“收入”、“费用”、“共同”类会计朋友都不是一个人出现的，都是两个或者两个以上同时出现的啊……哈哈，这就对了，名嘴黄健翔早就说过了嘛，“他不是一个人在战斗”！记住，记账时，从来没有只记一个会计科目的！

例如，你到银行去取款，这个涉及经济的事情，会计上称之为“经济事项”或者“经济业务”，对于这样一个“经济事项”，你肯定会立刻想到它会关系到“库存现金”和“银行存款”这样两个会计科目。

但是，只知道有请这两个朋友、运用这两把小刀还不是真正的“复式”。为什么？因为还不对称。假设你要取款10 000元，ATM机哗哗给你“吐”了100 000元，这下好了，你的银行存款是扣了你一万，可你手头上现金有了十万。怎么办？赶紧给银行送过去！不然就要等着警察找上门了。

也就是说，“库存现金”和“银行存款”这两个科目的金额要对应一致起来，这样才叫对称，才“美”。要么都是一千元，要么都是一万元。

我们一起把“从银行取款10 000元”做个标志，叫作经济事项“(J) 3-1”，以后会用到。

又比如，你的公司从佳佳文具公司购买了一批价值2万元办公用品（电脑和复印机），电汇了1.5万元，还欠着5 000元，这个经济事项标志为“(J) 3-2”。这样一个“经济事项”，要比银行取款稍微复杂一点，涉及三个科目：一个是“固定资产”（电脑和复印机）增加了2万元，一个是“银行存款”减少了1.5万元，再一个“其他应付款”多了0.5万元。

我们把上面两个经济事项按会计科目像筹码一样码码齐，看看表3-1，是不是呈现出左右对称的均衡之美？

表 3-1　会计科目的对称之美　单位：元

库存现金 10 000	银行存款　10 000
固定资产 20 000	银行存款　15 000 其他应付款　5 000

至此你就知道了，会计科目总是要成群成对出现，而且金额还得相等。

3. 复式记账

把上面的东东串起来看，你会发现，所谓的复式记账是相对于单式记账而言的，它要求对发生的每一项经济业务，都要以相等的金额在两个或两个以上的账户中同时记录，这样才能完整地反映一项经济业务的全貌。这种方法是比较科学的，而单式记账是一种较为简单、不完整的记账方法，一般只记录现金的收付以及人欠、欠人的事项。

只有金额相等，才能够有会计上的账务平衡。如果仅仅是只有一笔要记载的事项的话，那很容易发现是哪个账簿少记、哪个多记了。但是，当成千上万笔经济事项交织在一起，哪怕只是错记了一个小数点，找出来也不是那么容易的事情。所以，人们才会经常从会计人员口中听到“账不平、又要加班了”的抱怨声。

那么，即使是金额相等了，是先记“库存现金”呢？还是先记“银行存款”呢？或者说，究竟哪个记在前面、哪个记在后面呢？聪明如你，心中能产生这个疑问，就说明你的思考又往纵深处前进了一步。

下一节，我会告诉你什么是“会计分录”，什么是“权责发生制”，还要教你一个“借贷”歌诀。

3.1.2　学会双管齐下思考

1. 会计分录与“借贷”符号

上一节我们已经知道了，将不同的经济事项体现到会计科目上，必须是要对称等额记载的。换句话说，就是要区分不同的会计科目分别加以记录。精简一点，就是将会计科目分别记录，会计上称作“会计分录”。在前面，你已经懂得了，会计分录包含“科目名称、金额”这两个部分，但这还不是会计分录的全部。

一个完整的会计分录，除“金额”外，还需要在“科目名称”前加上“借”、“贷”这样的符号。

对于定期归还房屋按揭的所谓房奴一族来说，“借贷”这两个字是绝对不陌生的。他们经历过向银行“借”钱，银行把钱放出来，那叫“贷”款。那么，会计上的“借”、“贷”是“借进”、“贷出”的意思吗？答案是明确的，NO！在会计行业，“借”、“贷”就只是两个符号，但又不是完全没有意义的两个符号。

如何理解这句话？

要知道，“借”和“贷”只是会计上用来表示“增”和“减”的两种符号，可以简单地理解为“借为左”、“贷为右”。但千万要记住，“借”并不就是“增”，“贷”并不就是“减”；“借”也可以用来表示“减”，“贷”也可以用来表示“增”。是不是有点像绕口令？

究竟什么时候表示“增加”？什么时候表示“减少”？这个要根据会计科目性质的不同来决定了，至于科目性质在第二章已经告诉过你了，表3-2也许可以帮助你记忆。

表3-2　　会计科目借贷助记表

会计科目类别	借	贷
资产	+	−
负债	−	+
所有者权益	−	+
收入	−	+
成本与费用	+	−
共同类*	+/−	−/+

* 共同类会计科目需根据不同经济业务确定借贷。

在会计分录前加上“借”、“贷”称作“借记”（Debit record）、“贷记”（Credit record），常常简写为“Dr”、“Cr”。今后你看到某个会计科目名称前面有个“借”（或“Dr”）字样，就可以理解为会计分录记在该科目的借方；出现“贷”（或“Cr”），就可以理解为会计分录记在该科目的贷方。

现在明白了吧，所谓会计分录就是指对某项经济业务标明其应借应贷账户及其金额的记录。按所涉及会计科目的多少，只涉及一个会计科目借方和另一个会计科目贷方的会计分录，叫简单会计分录；涉及两个以上的叫复合会计分录。简单分录指“一借一贷”的会计分录；复合分录即“一借多贷”、“一贷多借”或“多借多贷”的会计分录。

“科目名称”、“金额”和“借（贷）符号”被称为会计分录的三个要素，三者同时齐备的会计分录，才是完整的会计分录。有三条会计科目“美容”

规则还得要记住：(1) 会计行业习惯上总是先记应当“借记”的科目，再记应当“贷记”的科目；(2) 贷方记账符号、账户、金额都要比借方退后一格，表明借方在左，贷方在右；(3) 如有多“借”，则从第二个“借记”科目起“借”字省略，“贷”方与此类同。

2. 权利责任要匹配

先来打个比方，开车在马路上，闯红灯了，警察叔叔拦住了开罚单，不能说因为还没有去银行交款，事情就过去了。同理，公司卖了一批货物出去，合格验收，但就是没有收回款子，也不能说公司就没有收入。

在某个特定的时期内，一个经济组织，比如公司，凡是已经实现的收入和已经发生（或应当负担）的费用，不论其款项是否已经收付，都应作为此期间的收入或费用；反之，凡不属于本期的收入和费用，即使款项在本期收到或付出，也不应作为本期的收入和费用处理。这个思想，就是“权责发生制”。和“权责发生制”相对的概念是“收付实现制”，后者是以实际收到（付出）款项来记录收入（费用）的。“权责发生制”所指的“特定期间”可以是一个月，可以是一个季度或者一年。在我国，会计上是以一个月作为一个周期的。

3. “借贷”歌诀

《西游记》里，孙悟空一念“筋斗诀”，就一个跟斗飞越十万八千里。在这里，用好一个“借贷”歌诀就可以自由驰骋于会计世界，这就是——“有借必有贷，借贷必相等”！

“有借必有贷”是指一对对的会计分录，有“借”方科目则必然有“贷”方科目，有“贷”方科目则必然有“借”方科目，同时也暗含了“3.1.2”之“1. 会计分录与‘借贷’符号”中提到的“美容规则”的头一条，先记“借”、后记“贷”的意思。

“借贷必相等”指的是“借”方科目的总金额和“贷”方科目的总金额必然、必须要相等的意思。

4. 训练你的思维

在这里，我们要一起来训练一下自己的思维——会计上对于经济事项的双管齐下的思维。面对一项经济业务，会计人的第一反应肯定是想“借”什么、“贷”什么？“有借必有贷”嘛！白话一点地说，究竟什么“增”了、什么“减”了，或者哪些科目一起“增”、一起“减”了？

这种配对思考的能力是贯穿会计人员的职业终身的。有了它，才能去解析纷繁复杂的经济事项，并从中抽象出经济事项的会计本质，表象化为一对对具体的会计分录。这个过程，是用会计行业专用术语来记录经济事项的过程，始终是以有“借”有“贷”的思维来指导的。相应地，在配对的会计科目上则表现为“有增有减”、“同增同减”。

3.1.3 复式记账的实例

我们以两个例子来说明。

[(J)3-3]假设你的公司2014年9月营业收入是3 000万元，公司所在地营业税税率5%、城建税税率7%、教育费附加率3%，按照权责发生制的原则，公司应当计提税金，但还没有缴纳。

1. 思维训练1

第一步：公司应当计提税金意味着公司要承担的税负会增加，这对公司来说会有一项新增费用，对应的会计科目是“营业税金及附加”，即：“增”营业税金及附加。

第二步：既然是讲究对称的复式记账，会计科目只有一个肯定是不行的。既然税金只是计提并没有实际缴纳，那公司肯定同时背上了一（多）项负债。与税金相关的负债科目有：“应交税费”，用来核算应当缴纳给税务部门的税收和费用，记为：“增”应交税费。

第三步：涉及的“营业税金及附加”、“应交税费”分别属于“成本费用类”和“负债类”会计科目，查表“3.2 会计科目借贷助记表”，将“增”替换为“借（贷)”，即：

借：营业税金及附加

　　贷：应交税费

第四步：用“借贷”歌诀检查一下，“有借必有贷”——第三步是符合了；但“借贷必相等”呢？——噢，还没有填上金额，计算一下，应交营业税为3 000×5%＝150万元、城建税150×7%＝10.5万元、教育费附加150×3%＝4.5万元，共165万元。再根据上面提到的“美容规则”，进行错格和略写，把会计分录写成下面的形式（单位：万元)：

借：营业税金及附加　　165

　　贷：应交税费　　165

第五步：大功告成，这一步的任务就是偷偷乐一下啦。

[(J)3-4]你的公司2014年9月银行划款缴纳上个月计提的营业税125万元、城建税8.75万元和教育费附加3.75万元。

2. 思维训练 2

第一步：银行划款对公司意味着银行存款减少，即："减"银行存款。

第二步：既然是复式记账，只有一个会计科目是不行的。想一想，款都划走了，不就是公司的负债少了嘛。与税金相关的负债科目有："应交税费"，用来核算应当缴纳给税务部门的税收和费用，记为："减"应交税费用。

第三步：涉及的"银行存款"、"应交税费"分别属于"资产类"和"负债类"会计科目，查表"3.2 会计科目借贷助记表"，将"增"替换为"借(贷)"，即：

　贷：银行存款

　　借：应交税费

第四步：用"借贷"歌诀检查一下，"有借必有贷"——第三步是符合了；但"借贷必相等"呢？——噢，还没有填上金额，计算一下，应交营业税 125 万元、城建税 8.75 万元、教育费附加 3.75 万元，共 137.5 万元。再根据上面提到的"美容规则"，先借后贷，再进行错格和略写，把会计分录写成下面的形式：

借：应交税费	137.5	
贷：银行存款		137.5

第五步：大功告成，你懂的。

3.1.4　小小的测试

经过上面的思维训练，你是不是已经跃跃欲试，想马上测试一下自己？好，Let's go！我们还是以 3.1.1 提到的两个经济事项为例：

1. 测试一

[(J)3-1]20×5 年 1 月 5 日，你公司从银行取款 10 000 元。

[思维训练]

第一步：从银行取款对公司意味着____________增（/减），记为：

增（/减）____________

第二步：既然是复式记账，只有一个单方面的记录肯定是不行的，想一想，存款增（/减）的同时____________增（/减），记为：

增（/减）____________

第三步：涉及的"____________"、"____________"分别属于"______类"和"______类"会计科目，查表"3.2 会计科目借贷助记表"，将"增/减"替换为"借/贷"，即：

借/贷：____________

借/贷：＿＿＿＿＿＿

第四步：用“借贷”歌诀检查一下，“有借必有贷”——第三步是符合了；“借贷必相等”——还没有填上金额。再根据上面提到的“美容规则”，先借后贷，并进行错格和略写，把会计分录写成下面的形式：

借：＿＿＿＿＿＿

贷：＿＿＿＿＿＿

第五步：大功告成，＿＿＿＿＿＿＿＿＿＿＿＿＿＿＿＿＿＿＿（写下你的心得体会吧）。

2. 测试二

[(J)3-2]20×5 年 1 月 6 日，你公司从佳佳文具公司购买了一批价值 2 万元的办公用品（电脑和复印机），电汇了 1.5 万元，还欠着 5 000 元没有付款给佳佳文具公司。

[思维训练]

第一步：公司购买了办公用品意味着＿＿＿＿＿＿增（/减），记为：

增（/减）＿＿＿＿＿＿

第二步：既然是复式记账，只单方面记录肯定是不行的，想一想，＿＿＿增（/减）的同时电汇导致＿＿＿增（/减），欠款导致＿＿＿增（/减），即：

增（/减）＿＿＿＿＿＿

增（/减）＿＿＿＿＿＿

第三步：涉及的“＿＿＿＿＿＿”、“＿＿＿＿＿＿”、“＿＿＿＿＿＿”分别属于“＿＿＿类”、“＿＿＿类”和“＿＿＿＿＿＿类”会计科目，查表“3.2 会计科目借贷助记表”，将“增/减”替换为“借/贷”，即：

借/贷：＿＿＿＿＿＿

借/贷：＿＿＿＿＿＿

借/贷：＿＿＿＿＿＿

第四步：用“借贷”歌诀检查一下，“有借必有贷”——第三步是符合了；“借贷必相等”——还没有填上金额。再根据上面提到的“美容规则”，先借后贷，并进行错格和略写，把会计分录写成下面的形式：

借：＿＿＿＿＿＿

贷：＿＿＿＿＿＿

＿＿＿＿＿＿

第五步：大功告成，＿＿＿＿＿＿＿＿＿＿＿＿＿＿＿＿＿＿＿（写下你的心得体会吧）。

3.2 勤耕不辍——照看好你的一亩三分地

磨刀不误砍柴工。在上节，我们如同农夫了解农具一般，锻炼了用复式思维指导我们使用会计科目、记载会计分录。可是，往哪里去记录呢？日常经验告诉我们，不是随便抽一张A4纸就能够记录的。这就需要会计上称作“账簿”的东西了，这就是你的一亩三分地了。

3.2.1 开始认识“账”

1. 究竟是“帐”还是“账”

在很久很久以前——故事一般都是这样开头的，讲这个故事我不是想带你去考古，我们的祖先还没有学会耕种之前是靠狩猎为生的，打下来的野生动物一下子吃不完，就把它们围养在大大小小的帐篷里面。点点数量，看看有多少只多少头，这样就有了“帐”的概念。

还是在很久很久以前，先民们还没有现在这样的纸币或者金属币来作为流通媒介，聪明的他们就以捡来的贝壳作为替代，用贝壳作为计量的依据，也就实现了早期的会计计量功能，这样就有了“账”的概念。

究竟哪个故事更真实，这并不重要，重要的是上面的故事告诉了我们：“帐”和“账”是记录和计量的载体。在本书中，我们统一以“账”来指代这样的载体。

2. 账的脸孔

在会计用品商店里面，你也许已经看过长相不同、长短不一、装订各异的账簿了，会计上的分录都是记载在它们上面的。这是会计人的工作舞台，先混个脸儿熟，认识一下：

- 订本式账簿：在启用前按顺序编号并固定装订成册的账簿。一般用于现金日记账、银行日记账和总分类账。事先装订好的订本可以有效防止缺页，但不便于分工记账，如图3-3所示。
- 活页式账簿：把账页装订在账夹内，可以随时增添或取出账页的账簿。一般适用于明细账。这类账簿便于分工记账，但也存在账页容易丢失和被抽换的风险，如图3-4所示。
- 卡片式账簿：由专门格式、分散的卡片作为账页组成的账簿，实际上也是一种活页账。一般适用于固定资产明细账、低值易耗品明细账等账簿，如图 3-5 所示。

对于这些账簿，我们现在不需要仔细辨别它们的细节之处，之前说了："先混个脸儿熟"，有个大致的印象就行了。

图 3-3 订本式账簿

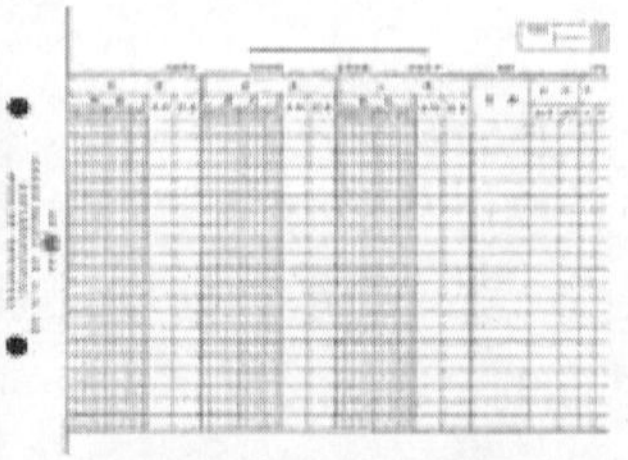

图 3-4 活页式账簿

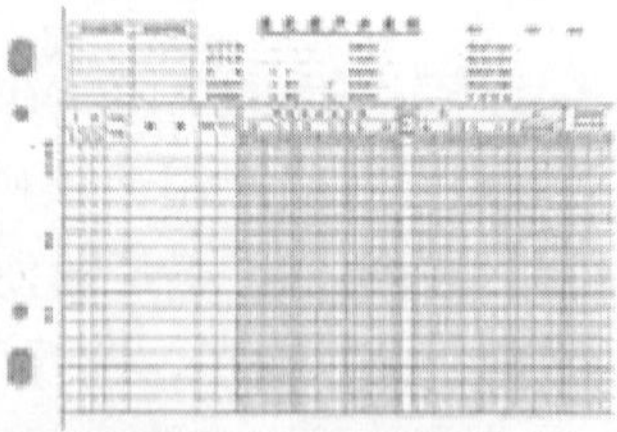

图 3-5 卡片式账簿

3. 账的种族

和人一样，账也分种族（类），按用途分一分，只有三种：序时账、分类账、备查账。

- 序时账：也称序时账、日记账，是指按照经济业务发生时间的先后顺序逐日、逐笔进行登记的账簿。它又可以细分为普通日记账和特种日记账，前者是用来登记本单位全部经济业务的序时账簿，又称分录日记账或分录簿；后者是用来登记某一类经济业务发生情况的序时账簿。如现金日记账、银行存款日记账、材料采购日记账等。
- 分类账：是指对全部经济业务进行分类登记的账簿，又可细分为总分类账簿（简称为总账）和明细分类账簿（简称为明细账）。前者是根据总账科目开设账户，用来分类登记全部经济业务，提供总括核算资料的分类账簿；后者是根据明细科目开设账户，用来登记某一类经济业务，提供比较详细核算资料的分类账簿。

此外，如果经济业务较简单、总账科目不多的单位还可使用一种联合账簿，即，将日记账和分类账合并设置和登记，使一本账簿兼有日记账和分类账两种用途。如将日记账和总分类账结合而成日记总账。

- 备查账：也称辅助账簿，是为备忘、备查而设置的账簿，是为补充登记某些经济业务在日记账和分类账中未能（完全）记载，提供必要的参考资料。备查账没有固定的格式；不以会计凭证为登记依据，这是与序时账、分类账最大的区别。

4. 什么种族长什么脸

账簿有不同的种族（基因），这如同人类有黄皮肤、黑皮肤、白皮肤。你一定很想知道不同种的账簿到底长什么样儿吧？比如，"订本式"的基因，"现金日记账”的皮肤；“活页式”的基因，“明细账”的皮肤。具体是下面这样的：

订本式账簿：一般适用于现金日记账、银行日记账和总分类账。

活页式账簿：一般适用于明细账。

卡片式账簿：一般适用于固定资产明细账、低值易耗品明细账等账簿。

它们之间的关系在图 3-6 中一目了然：

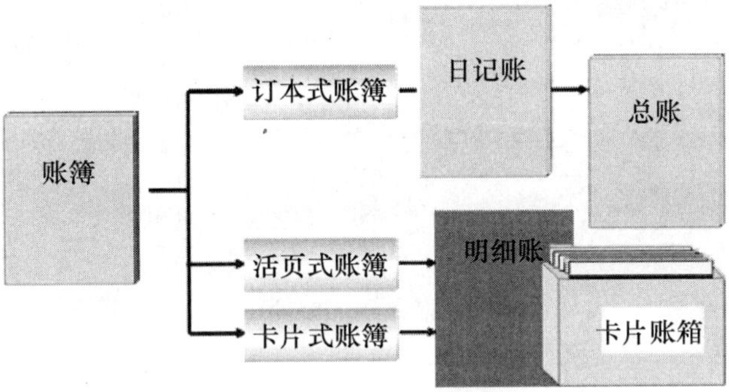

图 3-6　账簿应用类别关系图

认识了这么多的账簿，你也许只获得了朦胧的印象，觉得不过瘾吧？没关系，从下一节开始，我们将按账簿用途，从日记账开始逐一串门儿，详细地介绍它们，在会计账簿这块“田地”上，耕作的季节到了。

3.2.2　一气呵成之日记账

1. 日记账的登记内容

一般而言，在公司里，我们看到的日记账多属于特种日记账簿，也就是说，常见的是日记账是“现金日记账”、“银行存款日记账”两本账簿。对于任何一个独立核算的经济单位而言，现金和银行存款始终是使用频率最高、性质最活跃、最重要的资产之一。正是因为它们的频繁发生且极其重要，所以记载它们的介质绝对不可能是活页式，肯定是事先已经装订成册的账本。

同时，也因为现金和银行款的这些特点，通常单位会专门设置一个“出纳”的岗位来记录、保管现金和银行存款。把“会计”岗位与“出纳”岗位分开，这是一个经济单位中最简单、最常见、最基本的内部牵制方法。

从会计科目的角度来说，与这两本日记相对应的会计科目则分别是“库存现金”和“银行存款”、“其他货币资金”。简单地讲，日记账是用以记载这三个会计科目的收入和付款情况的；用会计上的术语讲，是用以反映“库存现金”和“银行存款”、“其他货币资金”这三个资产类会计科目的借贷发生情况的。

2. 地里该播什么种——记账的依据

从现在开始，我们就要像农夫耕种一样（如图 3-7 所示），在自己的土地（账簿）上撒下（登记）第一粒种子（凭证）了，而指导我们“农作”的是前面所说的“复式思维”。只不过，涉及“货币资金”三个会计科目的记账工作是由“出纳”人员完成的，涉及其他会计科目的记账工作是由“会计”人员完成的。

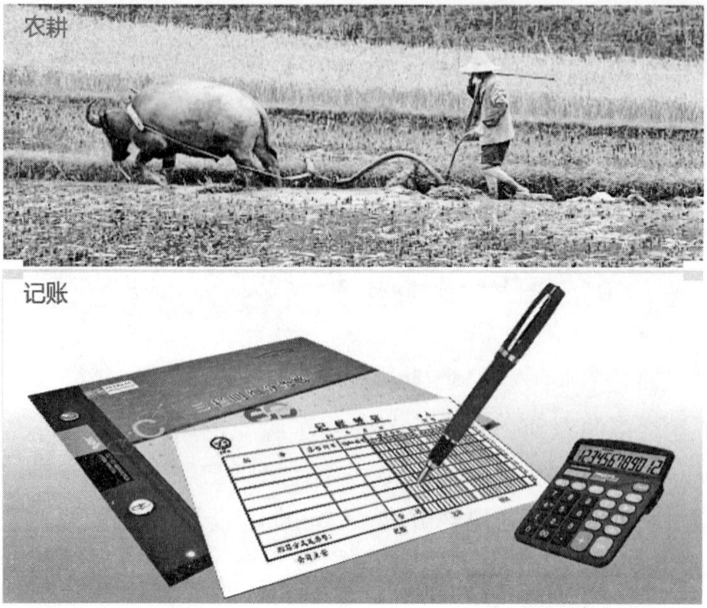

图 3-7 农夫耕作与会计记账抽象类比图

- 现金日记账，是由“出纳”人员根据审核后的现金收（付）款凭证，逐日、逐笔、序时登记的。同时，“会计”人员则把收（付）款凭证汇总后登记总分类账。对于从银行提取现金的业务，由于只填制银行存款付款凭证，不填制现金收款凭证，因而现金的收入数，是根据银行存款付款凭证登记的。
- 银行存款日记账，是由“出纳”人员根据审核后的银行存款收（付）款凭证，逐日、逐笔、序时登记的。同时，“会计”人员则把收（付）款凭证汇总后登记总分类账。对于现金存入银行的业务，银行存款的收入数，是根据盖有“银行收讫章”的现金解款单凭证登记的。

与现金日记账只有一个户头不同的是，银行存款日记账应与本单位在各银行的户头一一对应、分别设置。

一句话，记账的依据是记账凭证，记账凭证中记载了会计分录。

3. 日记账的实务登记

在上一节，呈现给你的只是远远地观望，现在，我们将撩开面纱，翻开日记账订本，你将看到日记账的真正面容。我们一起实际记一下账，把借贷登记的会计科目对应登记到日记账中。

我们日记账的记账仍然是以 3.1 节中经济事项来作示范：

[(J)3-1]20×5 年 1 月 5 日，你公司从银行取款 10 000 元。涉及"库存现金"的增加和"银行存款"的减少，应分别借记前者、贷记后者。即"借：库存现金 10 000"，"贷：银行存款 10 000"，这样的会计分录是先填制在记账凭证中，作为记账的凭据的。至于记账凭证的填制方法，在下一节将予以示范。

[(J)3-2]20×5 年 1 月 6 日，你公司从佳佳文具公司购买了一批价值 2 万元的办公用品（电脑和复印机），电汇了 1.5 万元，还欠着 5 000 元。涉及"银行存款"的减少，应贷记该会计科目。

完整的会计分录为：

借：固定资产	20 000	
贷：银行存款		15 000
其他应付款		5 000

4. 现金日记账

先看一下现金日记账账页（见图 3-8），从这个账页，可以看到它的几个组成部分：

[年月日] 填写"库存现金"的发生日期，应记"20×5 年 1 月 5 日"；

[凭证种类] 假设你公司是按第一章介绍"收付转"规则编号的，记为"付"（银行付款）；

[凭证号数] 假设为"001"号；

[摘要] 是指对经济事项的扼要描述，[(J)3-1] 中记为"银行取现"；

[对方科目] 指与本科目（库存现金）借贷相对的科目，[(J)3-1] 中记为"银行存款"；

[借方金额] 记现款的增加金额，[(J)3-1] 中应借记 1 000.00；

[贷方金额] 记现款的减少金额，[(J)3-1] 中没有涉及；

[借或贷] 表示结余数是正数，正记"借"，负记"贷"；无特别原因，日记账结余数应为"借"；

[余额] 记载的是收入减去支出，即借方金额减去贷方金额的余数；

[√] 表示过账的意思，此处和 [余额] 暂时不记，留为空白。

记账后，现金日记账如图 3-9 所示。

现 金 日 记 帐

年		凭证		摘要	对方科目	借方金额												√	贷方金额												√	借或贷	余额												√
月	日	种类	号数			十	亿	千	百	十	万	千	百	十	元	角	分		十	亿	千	百	十	万	千	百	十	元	角	分			十	亿	千	百	十	万	千	百	十	元	角	分	

图3-8　现金日记账空白账页

现金日记帐

20X5年 月	日	凭证 种类	号数	摘要	对方科目	借方金额 (十亿千百十万千百十元角分)	√	贷方金额 (十亿千百十万千百十元角分)	√	借或贷	余额 (十亿千百十万千百十元角分)	√
1	5	付	001	银行取现	银行存款	1000000				借		

图3-9　现金日记账已记账账页

5. 银行存款日记账

先看一下银行存款日记账账页（见图 3-10），从这个账页，可以看到它的几个组成部分：

［开户行］指银行户头开设在哪一家银行，这里假设为“工行解放路支行”；

［账号］开户银行分配给你公司的一个号码，这里假设为“6032123456789”；

［年月日］填写“银行存款”的发生日期，第一行应记“20×5 年 1 月 5 日”，第二行记“1 月 6 日”；

［凭证字］假设你公司是按第一章介绍“收付转”规则编号的，记为“付”（银行付款）；

［凭证号］假设分别为“001”、“002”号；

［支票种类］假设你公司是按第一章介绍“收付转”规则编号的，记为“付”（银行付款）；

［支票号数］假设[(J)3-2] 中电汇号码为“123”号；

［摘要］是指对经济事项的扼要描述，［(J)3-1］中记为“银行取现”，［(J)3-2］中记为“银行电汇”；

［借方］记银行款的增加金额，［(J)3-1］中没有涉及；

［贷方］记银行款的减少金额，［(J)3-1］中应贷记 10 000.00，［(J)3-2］中应贷记 15 000.00；

［借或贷］表示结余数是正数，正数记“借”，负数记“贷”；无特别原因，日记账结余数应为“借”；

［余额］记载的是收入减去支出，即借方金额减去贷方金额的余数；

［√］表示过账的意思，此处和［余额］暂时不记，留为空白。

记账后，银行存款日记账如图 3-11 所示。

6. 勤耕不辍保丰收——日记账须日日记、时时记

无论是现金日记账，还是银行存款日记账，都必须当日发生当日入账，要不怎么能称为日记账呢？支出时如果没有票据，可先记入其他应收，票据回来再冲账。

对日记账来说，光是“纸上谈兵”是不行的，每日的钱款必须与记录的账本核对。对于现金日记账，每日终了应分别计算现金收入和支出的合计数及账面的本日结余额，并将现金日记账的账面余额与库存现金实际数相核对，借以检查每日现金收、支和结存情况；对于银行存款日记账，每日应分别计算银行存款收入和付出的合计数及本日结余额，以便于检查监督各项收支款项，并便于定期同银行对账单逐笔核对。

银行存款日记账

开户行
账　号

年		凭　证		支　票		摘　　要	借方金额												√	贷方金额												√	借或贷	余额												√
月	日	字	号	种类	号数		十	亿	千	百	十	万	千	百	十	元	角	分		十	亿	千	百	十	万	千	百	十	元	角	分			十	亿	千	百	十	万	千	百	十	元	角	分	

图3-10　银行日记账空白账页

银行存款日记账

开户行 工行解放路支行

账 号 6032123456789

20X5年 月	20X5年 日	凭证 字	凭证 号	支票 种类	支票 号数	摘要	借方金额	√	贷方金额	√	借或贷	余额	√
1	5	付	001	-	-	银行取现			1000000		借		
1	6	付	002	电	123	银行电汇购买电脑等			1500000		借		

图3-11 银行日记账已记账账页

作为具有实物形态的货币资产，会计上把这个核对过程叫“账实核对”。金额对上了，叫“账实相符”；反之，称为“账实不符”。

至此，想必你已经学会了日记账簿的登记了，对于其他类型的分类明细账，它们的记账方法也是一样的，辨明记账方向、弄准记账金额就下手，最后再把日期、摘要等要素填写齐就 OK 啦。聪明如你，举一反三的能力应该是相当强的，相信你，没问题。

3.2.3 登记总账

1. 总账与明细账的关系

总账，也叫总分类账簿，与一级会计科目相对应；明细账，也叫明细分类账簿，包括日记账，它们与已经开设的二级及下级会计科目分别对应。注意某些科目如库存现金是没有二级明细账的，故而只能对应着一级科目。如前所述，总分类科目统驭着明细分类科目，明细分类科目是对总分类科目的补充和细化。相应地，总分类账统驭着明细分类账，明细分类账是对总分类账的补充和细化。

2. 如何登记总账

一般而言，因为总账的地位重要，且具备登记总账资格的都不是初级的会计人员，这就使得总账笼上了一层相对神秘的面纱。实际上，总账的登记也是相当简单的，但必须具备足够的细心和严谨。登记总账可以采用的方法有：

（1）记账凭证核算方法：根据记账凭证逐笔登记总账。

（2）汇总记账凭证方法：根据固定日期（如 10 天），汇总此期间的记账凭证，编制“汇总记账凭证”，再根据“汇总记账凭证”登记总账。

（3）科目汇总表法，即根据所有记账凭证，编制“科目汇总表”，再根据“科目汇总表”登记总账，一般总账每月就一笔，即根据“科目汇总表”中的本月发生额区分借方、贷方分别登记。这种方法最为常见，下面介绍的就是这种方法。

假设将 2012 年 5 月某单位全部记账凭证归集在一起，为简化起见，我们仅仅选取了其中两份凭证（但一样能够说明问题）来演示总账的登记过程，如图 3-12 所示。

首先，将各记账凭证所列借方发生额、贷方发生额按会计科目逐笔填写到自己画好的丁字账（下文详细介绍）上，并在各丁字账最后一行加计借贷发生合计。

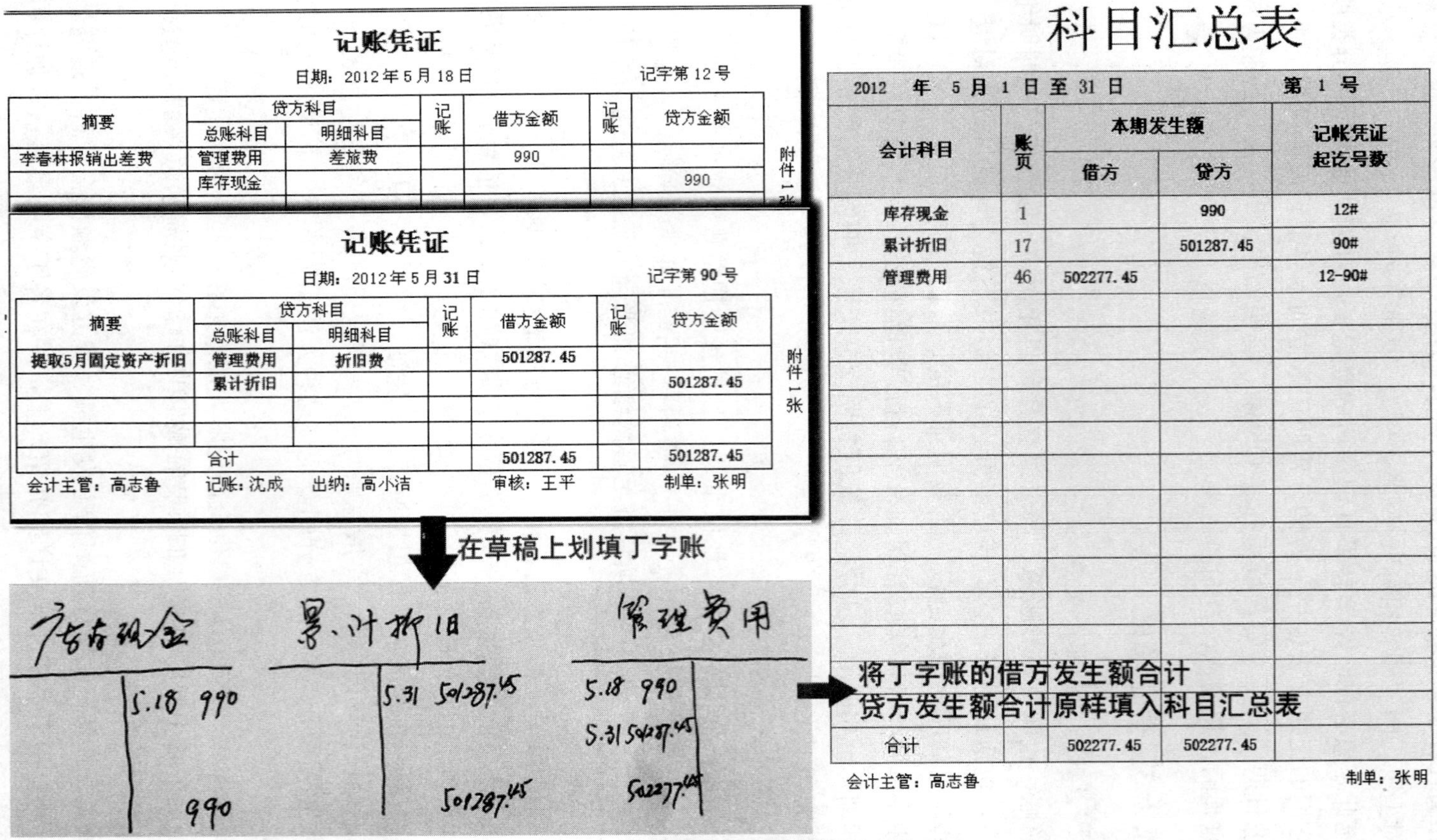

记账凭证

日期：2012 年 5 月 18 日　　记字第 12 号

摘要	贷方科目		记账	借方金额	记账	贷方金额
	总账科目	明细科目				
李春林报销出差费	管理费用	差旅费		990		
	库存现金					990

附件 1 张

记账凭证

日期：2012 年 5 月 31 日　　记字第 90 号

摘要	贷方科目		记账	借方金额	记账	贷方金额
	总账科目	明细科目				
提取5月固定资产折旧	管理费用	折旧费		501287.45		
	累计折旧					501287.45
	合计			501287.45		501287.45

附件 1 张

会计主管：高志鲁　记账：沈成　出纳：高小洁　审核：王平　制单：张明

科目汇总表

2012 年 5 月 1 日至 31 日　　第 1 号

会计科目	账页	本期发生额		记帐凭证起讫号数
		借方	贷方	
库存现金	1		990	12#
累计折旧	17		501287.45	90#
管理费用	46	502277.45		12-90#
合计		502277.45	502277.45	

会计主管：高志鲁　　制单：张明

图3-12　根据记账凭证填制科目汇总表

其次，将借方发生额合计数、贷方发生额合计数原样不动地誊入科目汇总表中。注意丁字账、科目汇总表上会计科目的排序都是按照“资产类”、“负债类”、“共同类”、“所有者权益类”、“成本类”、“损益类”的先后顺序排列的，不能颠倒。

最后，打开订本式的总账账本，分别找到“库存现金”、“累计折旧”、“管理费用”三个科目，将科目汇总表上各科目的本期发生额借方、本期发生额贷方填写在各科目账页上。如“累计折旧”账页（图3-13），因借方金额0元，不需要写入，贷方金额501 287.45元写入“贷方金额”列，并与4月底“余额”2 106 406.83元相加得到5月末余额为2 607 694.28元。

3.2.4　从凭证、会计科目到账簿

1. 会计科目与账户的区别与联系

会计科目与账户的口径是完全一致的，都是对经济业务的科学分类，会计科目是账户的名字，是账户的设置基础，账户是会计科目的具体运用，与物理载体相结合介质化后又称为“账簿”、“账册”、“账页”。没有会计科目，账户就没有依据，就是无源之水、无根之木，没有账户，会计科目就会被架空、就不能发挥其实际功用。

会计科目能够反映经济内容，账户还能够反映和控制增减发生和余额。会计科目是没有结构的，而账户具有格式和结构。会计科目是凭证填制的具体指向，是账户设置的基础；账户能够提供会计科目的详细资料，是报表编制的基础。

在实务操作中，往往不会非常严格地区分会计科目和账户这两个概念，存在将二者混合指代的情况。

2. 账的结构

这是指账的格式，一般账户包括：会计科目的名称、经济业务发生的日期、记账凭证的编号、经济业务摘要、期初余额、账户的增加、账户的减少、期末余额。

其中，余额是经过计算后的结存数或者叫结余金额，而“本期发生额”是指一定期间内账户的增加、账户的减少的合计数，增减合计数相抵后的金额称为“净发生额”。

要注意的是，一定期间的期末余额即为下一期间的期初余额，一般二者是相等的。当二者存有差异时，系因为会计政策变更等原因而进行了“期初数调整”这样的会计行为。

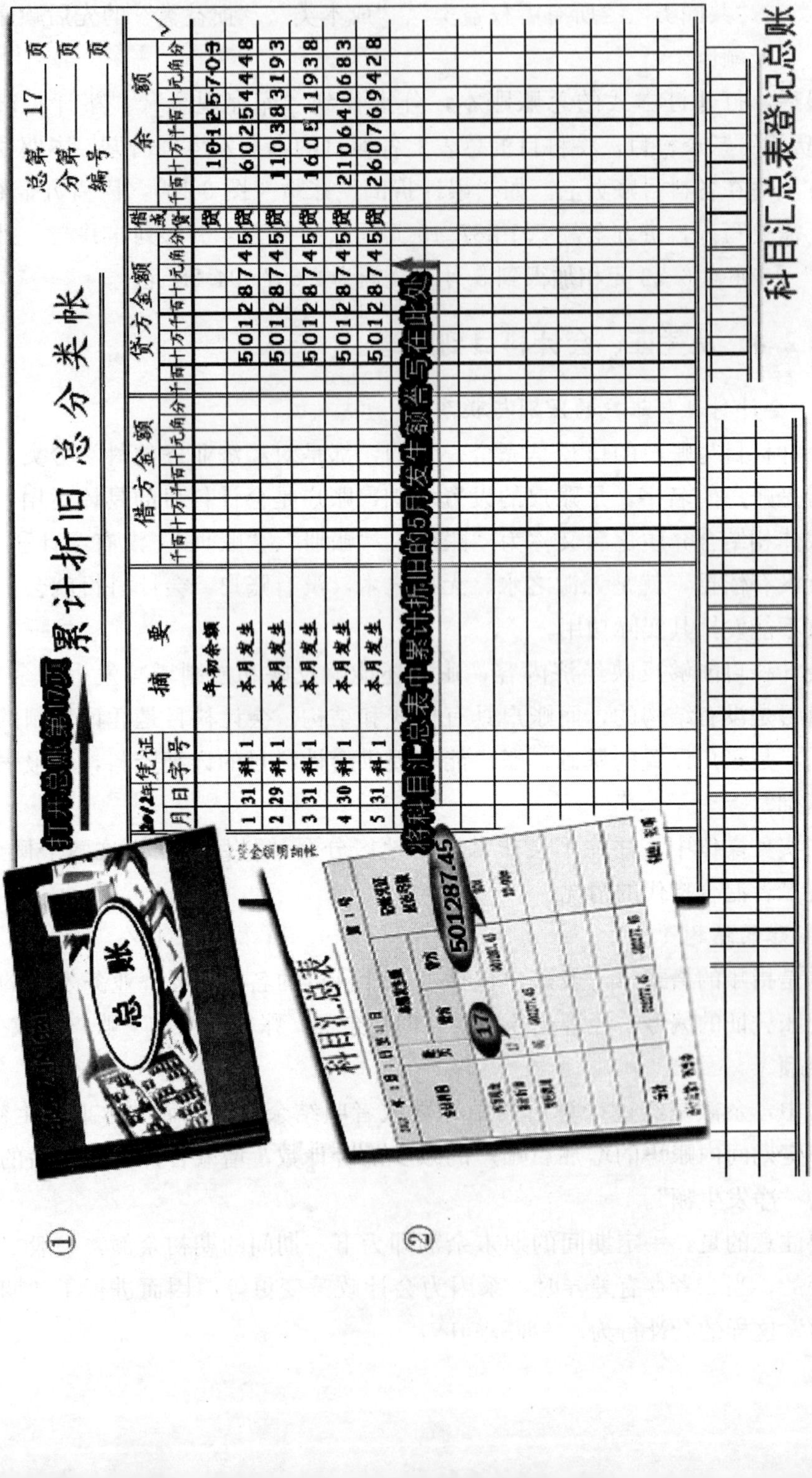

图3-13 根据科目汇总表登记总账

为实用便捷起见，会计上将账户结构进行了简化，形式如图 3-14，称之为“T 形账”或“丁字账”。例如，5 月 21 日某单位银行取现增加了 10 000 元，个人借款现金减少了 2 000 元、支付办公用品购买现款 1 700 元，5 月 20 日的现金库存为 34 000 元，登记“丁字账”如图 3-15。图中在所有发生额下面画一条横线，根据公式“期初余额＋本期增加－本期减少＝期末余额”计算得出 5 月 21 日的余额为 34 000＋10 000－2 000－1 700＝40 300 元。

借方（左方）	账户名称	贷方（右方）

图 3-14　丁字账

借方（左方）	1011 库存现金		贷方（右方）
	34 000		
5.21	10 000		
		5.21	2 000
			1 700
	10 000		3 700
	40 300		

图 3-15　丁字账登记示例

丁字账一般可用 A4 纸手工书写，作为过渡性质的草稿，并非正式账页。

3. 账户余额方向

人有男女之分，账户余额方向有借贷之分。就是说，类同于人有性别一样，账户是有方向的，分为借（左）方余额账户和贷（右）方余额账户。资产类和费用类账户为借方余额账户，负债类、所有者权益类和收入类账户为贷方余额账户。要记住它并不难，记住第二章所学的公式“资产＋费用＝负债＋所有者权益＋收入”就可以了，公式左边为借余账户、公式右边为贷余账户。

4. 账簿登记的一般规则

（1）账面日期。一般以记账凭证上的日期登记在明细账面上，以自制凭证作为登账依据的，应当以自制凭证的日期登记在明细账面上。

（2）账册应按前后顺序依次登记，不能够跳行、跳页，当不小心发生这种情况时，应从该行或者页的画线格的右上角至左下角画上一条红色的对角线，并在该空白行摘要处、空白页内记上“此行空白”、“此页空白”的字样，记账人员签字（或者盖章）加以确认。

（3）登记账册一般使用蓝黑或者蓝色碳素墨水钢笔记载，不能使用圆珠笔、铅笔书写，可以使用红色墨水书写的情形有以下几种：

①冲销错误的记账凭证。

②没有“借”、“贷”分列的多栏式账页的减少数。

③未列明“借”、“贷”余额方向的三栏式账页，以红字登记负数余额。

（4）文字数字的高度，一般应占据所在单元格的下半格，将上半格留空，为可能发生错误时更正留下位置。如在结账前发现数字写错误，可采用画线更正法将错误金额画上一条红线（错误金额处记账人员应当盖章），然后用蓝字在上半格写上正确的金额即可。注意，如金额只是写错了其中的一个或者几个数字，仍然需要将全部数字划去，而不只是划出错误的那几个数字，如图 3-16 所示：

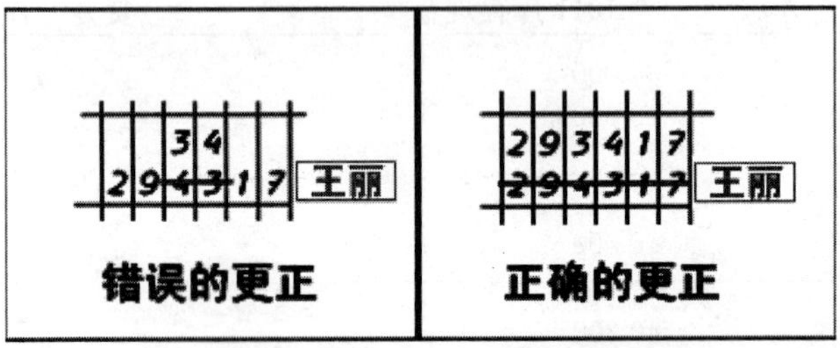

图 3-16　画线更正错误的方法

（5）账户余额。现金日记账、银行存款日记账必须每日结出余额，其他账页须定期结出余额，并在账页上指定的“借”、“贷”方向列内注明余额的方向。若某一期末，该账户没有余额，应在“借”、“贷”方向列内记“平”字，在余额列标注“-0-”，“0”字在“元”的位置上。

（6）账页的上下页转承。当某一个科目的某一账页记满时，需要结转至下一页。此时，需要在前页的末行“摘要”列记“转下页”，在末行的“借方”、“贷方”列记载本页的“借方发生额”、“贷方发生额”小计数，在“余额”列填列本账户至本行的余额数。同时，在下一行的首行“摘要”列记“承上页”，“借方”、“贷方”列、“余额”列原样照抄上页末行的数字。

应当注意的是，前页末行的小计数加总的可能是本页的发生情况，也有可能是月度、年度的累计发生数，需视该账户核算的具体需要而定。

5. 双脚迈入会计业门槛

面对一项经济事项（经济业务），通过收集与整理原始凭证，掌握了会计科目，搞明白了应借应贷的方向，填制记账凭证，这是一只脚迈进了会计业门槛；根据记账凭证，能够完成登记“日记账”、“明细账”进而登记总账，这是另外一只脚迈进了会计业门槛。静静地想一想，是不是正如图 3-17 所示的过程呢？

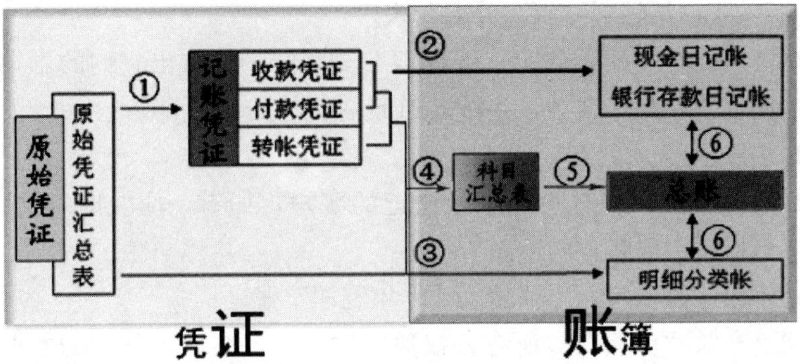

图 3-17　从凭证到账簿流程图

看一下图 3-17，明白了数字序号代表的含义了吗？

①是根据原始凭证及原始凭证汇总表填制记账凭证，注意会计科目的运用及借贷方向。

②是根据“收款凭证”、“付款凭证”登记现金日记账和银行存款日记账。

③是根据原始凭证（原始凭证汇总表）、“收、付、转记账凭证”或“通用记账凭证”登记明细分类账。

④是根据原始凭证（原始凭证汇总表）、“收、付、转记账凭证”或“通用记账凭证”编制科目汇总表。

⑤是根据科目汇总表登记总分类账。

⑥是日记账和总分类账相互核对、明细账和总分类账相互核对。

完成了“证”（凭证）到“账”（账簿）这样的过程，没有人能够说你是会计门外汉了。

3.2.5　账的结转

结账是将一定期间内，如月度、季度、年度内账务记录结算出本期发生合计数及余额的会计行为。这个动作的进行，应先保证所有的账户已经登记完毕，没有重复和遗漏。

1. 结转步骤

（1）结转对象。

①成本类账户，如制造费用的期末结转分配。

②损益类，因损益类账户反映的是某一期间内的动态发生情况，无期末结余余额，故也称为虚账户。这类账户统一结转到“本年利润”账户，这样我们通过“本年利润”账户就可以了解到本期的盈利和亏损情况。年终，将“本年利润”账户结转到“利润分配”账户。

③“资产”、“负债”、“所有者权益”类账户，结计出它们的本期借方发生额、本期贷方和期末余额，并转入到下一期内。

（2）结账程序。

①检查完整性，看有无漏记和错记的账户，如有，应及时补充、更正，特别应注意摊销提取账户勿遗漏。

②结转损益类账户，全部转入“本年利润”账。

③“资产”、“负债”、“所有者权益”类账户，结计出它们的本期借方发生额、贷方和期末余额，并转入到下一期内。

2. 结转方法

在月度、年度会计期末，会计人员应区分不同性质的账户，采取不同的方法，对所记载的账户进行小结，如图 3-18 所示。

（1）不需要结计月度发生额的账户，平时需要在借贷发生的同一行内，逐笔结算出余额数，在当月账页的最后一笔经济业务的余额即为该账户的月末余额，在这一行的下面通栏（从最左端至最右端）画一条红色的单线即可。

（2）需要结计月度发生额的账户，如收入、费用类，以及现金、银行日记账除按（1）的方法处理外，还需要紧接着在下一行摘要记“本月合计”，结出当月的借、贷方发生合计及当月余额，最后再在“本月合计”这一行的下面通栏画一条红色的单线。但如果本月只发生一笔，视同“不需要结计月度发生额的账户”，只需要在最后一行下面画一条红色的单线，不需要另写“本月合计”字样。

（3）需要结计年度累计发生额的账户，在各月的月末，除按（2）的方法处理外，还需要紧接着在下一行摘要记“本年累计”，结出从 1 月 1 日至当月末的借、贷方发生合计及当月余额，最后再在“本年累计”这一行的下面通栏画一条红色的单线。但在 12 月末，此处不应是红色单线，而应当是红色双线。至此，可以看出，红色单线表示“结账”，红色双线表示“封账”。

（4）总账科目账户只需要在各月结出当月月末余额，不需要累计年度发生额，只需要在 12 月末累计全年借、贷方发生合计及年末余额，并在“摘要”列记“本年合计”，然后在其下通栏画一条红色的双线。之所以在 12 月累计，这是为了反映整个年度的全貌。

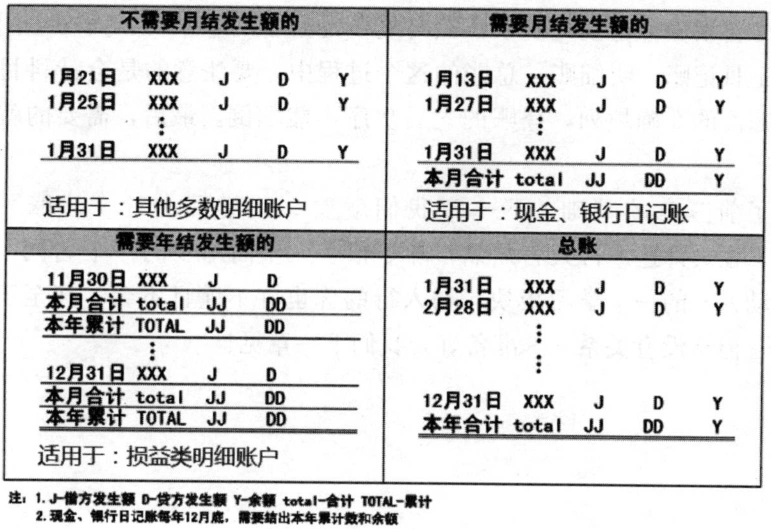

图 3-18　结账示意图

（5）每年年终，要将各账户的余额转至下一会计年度。结账时，在上一年度最后一笔记录的下一行“摘要”列记“结转下年”，并在下一年新开账页的首行“摘要”列记“上年结转”，日期填写为“1 月 1 日”，余额照抄上年余额，方向与上年末一致，即上年末某一账户余额为借方的，结转过来仍然为借方，上年末某一账户余额为贷方的，结转过来仍然为贷方。

需要注意的是，不是所有账页都需要年度换账的。一般来说，总账、现金日记账、银行存款日记账、多数的明细账需要换账，但为了减少换账的工作量，如财产物资台账、债权债务明细账、各类备查账可以连续记载，是不需要换账的。

3.3　小　结

在这一章，我们一起领略了复式思维的大美，第一次正面认识了“借”与“贷”。结合前两章学习的会计凭证和会计科目的知识基础，这样的三章学习下来，你仔细体会体会，自己从一个会计的外行到双脚跨进会计业的门槛，是不是大有成就感哩？

要知道，无论是何种会计凭证，难就难在自己做，怎样把凭证要素写全、写规范、写正确？填制完成之后，要养成回头看的习惯，这是成为合格会计人员的必备素养。也就是说，审核与复核是必备的基本功。而在运用会计科目，登记日记账、明细账、总账的这个过程中，要注意的是会计科目的正确使用、账面的准确填列，登账的先后次序不能颠倒。最后，需要的就是细心加耐心了。

有了前三章的基础，下一章我们就要一起学习会计“建账”了。建账？——在会计这一行大名鼎鼎，却令很多人望而却步的一个名词，但却是非常激动人心的一个学习板块，初入行的你也许不懂且不会，甚至于都没有听说过，但这没有关系——准备好，我们下一章见！

第4章

良田初垦学建账
——手工账务

在前面的几章，我们已经一起学习了会计凭证、会计科目、会计账簿，学到了如何编制原始凭证、记账凭证，学到了如何运用会计科目来登记日记账、明细账和总账，对它们的灵活应用，是你作为一个会计人的基本技能。

现在，你已经两只脚进入了会计行业的门槛了，我知道，你一定跃跃欲试地想施展一下手脚。你需要舞台，需要阵地，需要将优质的种子播种在良田里。好的，我在这一章就会引导你从零开始、从初始建账开始。我会教你如何做好建账前的准备，为你模拟一家新成立的公司所发生的经济业务，教你从何处入手，最后将登记后的各类账簿的模样一一实景呈现。

这一章，你需要做的是思维跟上、行动配合，最重要的是你自己要动手，对，拿张纸放在你手边，划划写写，和我所讲解的进行对比，感受一下，哪些你做对了，哪些知识你还很薄弱。边做边想，边想边做是你快速入手这一章的技巧——咳，一般人我不告诉他。

4.1 谋划在先——建账初准备

“凡事预则立，不预则废”，确实，建账也是这样，在正式实施之前，要进行一系列的预先准备。我们事先预做的准备大致上可以分为两类，一类是思想上的准备，一类是物质上的准备。

思想上的准备，一是要重视，二是要有技术，三是要谋划。前两者是第三者的基础，第三者是指建账前对具体行业、具体企业所涉及账务的通盘筹划，涉及根据企业性质选用哪些会计科目、运用到哪些账户以及如何登记它们等。

物质上的准备，我们在本章所讲的主要是指账册、账页的购买，相关辅助用品，如凭证装订针线、戳记、印泥等具体物品的选购等。这一步是为了准备落实到行动上的介质化物理准备，这一步选用的东东应该是经过财政机构监制的，在城市一般的会计用品商店都可以购买到。

这两类准备，类似于农夫对预先选择哪块农田、播放什么样的良种的事先谋划，所谓“有备而来”是也！

4.1.1 思想上的准备

1. 什么是建账

说到建账，还是得先说一下什么是建账。认识在先，行动在后，这符合我们的学习规律。反之。就会手足无措，像没头苍蝇一样到处碰壁。所谓建账，是指根据我国的有关法律与规章制度以及企业的具体行业要求和将来可能发生的会计业务情况，确定账簿的种类、样式、登记内容和登记方式并实施的过程。

在这个概念里，我们要注意下述原则：

（1）合法性原则。建账是根据我国的有关法律与规章制度建立的。比如《中华人民共和国会计法》、《企业会计准则》、《企业会计制度》等。无论我们选用的会计科目，还是账册，如总账、日记账、明细账和辅助账的登记都要符合这些法律、法规的具体规定。合法性的另一层含义还包括不允许不建账，也不允许在已经建立的账外另行设置账簿，这两种情形都是不允许的。

（2）实用性原则。设置账簿系统要本着实用的目的，要便于相互控制、人员分工有利于财产物资的管理和使用，便于账册和实物、账册自身的相互核对。既不允许贪大求全，设置许多本企业基本不会用到的会计账簿，购买中看不中用的账页，对于规模很小的企业，明细账一两本就完全够用了；同时，也不允许贪图省事，将许多账册强行并入到一个账册里面，导致其不能满足核算的需要，不能满足内外部使用者的需要。前者的例子如一般工业企业套用了保险企业的会计科目“应收代位追偿款”而设置了用不到的账册；后者的例子如会计人员将同一个城市的 N 家客户应收账款合并在一个二级科目里核算，而没有按各客户名称分开核算。

（3）相关性原则。设置账簿系统要考虑到企业的具体行业要求，符合本行业的一些个性化需求，同时通过账簿系统的整体设置，要能够反映本企业经济业务的全貌。这就要求会计人员建账时要考虑企业的行业特点、考虑到企业的规模大小，设置的账册简繁适度，能够满足会计信息使用者的要求。一句话，要“适度”、“适时”。

（4）适度前瞻性原则。这是要求会计人员设置账簿系统时要适当考虑到将来可能发生的会计业务情况，考虑到内外管理者管理要求的提高、企业内部控制要求的提升，为未来的会计核算预留出适当的空间。例如，尽管企业在当前没有使用过票据与客户发生经济来往，但估计在一年内这种情况是很有可能存在的，那么在总账账页上就应预留下“应收票据”、“应付票据”的位置，防止在年度内发生时总账上却没有了它们的位置。在这里，要注意的是前瞻的适度问题，即考虑未来的可能性，不宜太久远（如三五年之后才会发生的），一般以中短期为宜。当然，前瞻的不只是指年份，也要考虑到规模的扩张、企业业务的持续性发生等因素。

2. 思想上准备什么

如前所述，对于建账，我们一是要重视，二是要有技术，三是全面谋划。

首先是重视。对于会计的外行，甚至对于一些从事会计工作多年的人员来说，建账是一项神秘、复杂的技术活儿。从心理上就畏惧了三分，而到了真正要做的时候，要么无从下手，要么畏首畏尾、缩手缩脚，要么手忙脚乱、顾此失彼。其实这些都是没有必要的。诚然，建账工作是一项非常重要的基础会计工作，我们也强调对其要重视。但我们强调的重视其实是“正视”，一是明白它的重要性，二是要明白它并不是那么困难的。只是，它需要我们有那么一点全面规划的能力。这就正如一位伟人所说的：战略上藐视，战术上重视。要做到这一点，我们必须得是有基础的，即，我们是要掌握有会计技术的。

其次就是要有技术。人们常说“家有余粮，心中不慌”，这里的余粮就是我们学习并掌握的会计知识。通过前面几章的学习和熟识，我们才有底气去承担“建账”这样的会计任务。有了“金刚钻”，才能够去谋划建账这样的“瓷器活”。

最后是建账谋划。建账谋划是反映我们驾驭账户的能力的，它是建立在前两点的基础上的。心中有方向，手中有武器，那么就可以开始我们的“全面”谋划了。要做到谋划的“全面”，就要求我们必须结合具体企业所在的行业特点，将企业现在和将来的经济业务发生的种种可能性尽可能考虑多一些，了解得尽可能全面一些，如企业设立的形式、企业业务扩展的速度、企业管理者对会计信息需求的深度等。

只有掌握了这些尽可能多而全的信息，我们才有可能选择使用合适的核算方法。比如，对于极小规模的企业，我们可以选用记账凭证账务处理程序，总账是可以根据记账凭证（或者汇总记账凭证）来序时登记的。又如，为了保证总账的清晰，我们可以选用科目汇总表法登记总账，我们根据在记账凭证基础上的“科目汇总表”登记总账，总账每月发生就一笔。

只有掌握了这些尽可能多而全的信息，我们才有可能选择使用适用的会计账册。对于任何企业，必然会存在货币资金的核算，那么“现金日记账”、“银行存款日记账”的选择是必需的。如果银行户头较多，发生较多，可以考虑预先准备两本到三本，当然用完一本再买也没有人怪你哈。至于“总账”更是任何企业都必需的，明细账账页有多种格式，其中的三栏式账页，这是多数会计账户要用到的，因此它也是必需的。而多栏式账页，是“管理费用”账户、“销售费用”账户所必需的；数量金额式账页，是“原材料”账户、“库存商品”账户所必需的。

只有掌握了这些尽可能多而全的信息，我们才有可能选择使用合适的会计凭证。如果某个企业现金收款、付款业务较多、较频繁，我们就要考虑选择使用专用凭证（“收款凭证”、“付款凭证”、“转账凭证”），而不是通用记账凭证。

一般意义上，工业企业的会计核算因为涉及的会计科目以及使用的会计账户较多、较复杂，又加之涉及成本的归集与分配，常常被视为会计核算的代表。我们在准备工业企业的订本式总账账本时，可以多准备几本。因为工业企业的成本计算比较烦琐，我们在建账时，可以事先准备一些表格供月末使用，如材料费用分配表、辅助生产费用分配表、产品成本计算单等。

如果是商品流通企业，如商场、超市、贸易企业等，则应设置“商品采购”账户，按实际成本计算已经销售的商品时，可以在以下方法中选择一种，即“个别计价法”、“加权平均法”、“进销差价法”、“毛利法”。此外，我们在建账时，也要事先准备一些表格供月末使用，如“商品盘存汇总表”、“已销商品进销差价计算表”等。

4.1.2　物质上的准备

1. 物质上准备什么

我们在这里所说的建账前的物质准备是指会计人员为建立新账所必须采购的记账凭证、会计账簿及其他相关的辅助会计用品，如记账凭证封面及凭证套、会计凭证装订针线、戳记、印泥、账钉、口取纸，包角纸、三角垫等实物形态的会计用品的选购等。

有了它们，我们的双手才能够施展，我们的笔才有记录的载体。

根据前面的谋划，我们准备前往购买了！但是，为避免忘记或者遗漏，通常我们在出发购买前都会预先找一张白纸，将所要购买的会计用品列出一张清单（如图 4-1），到了会计用品商店就可以按清单逐一购买所列物品了。

提醒一下，别忘记带上人民币哦。

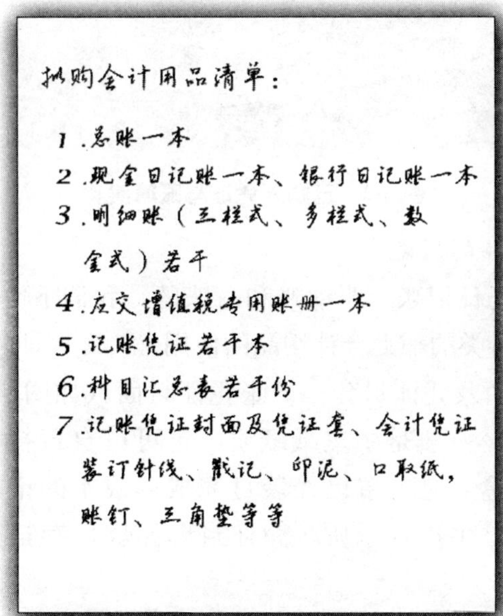
拟购会计用品清单：

1. 总账一本
2. 现金日记账一本、银行日记账一本
3. 明细账（三栏式、多栏式、数金式）若干
4. 应交增值税专用账册一本
5. 记账凭证若干本
6. 科目汇总表若干份
7. 记账凭证封面及凭证套、会计凭证装订针线、戳记、印泥、口取纸，账钉、三角垫等等

图 4-1　拟购买的会计用品清单实物

购买后，我们看到的实物如图 4-2 所示。

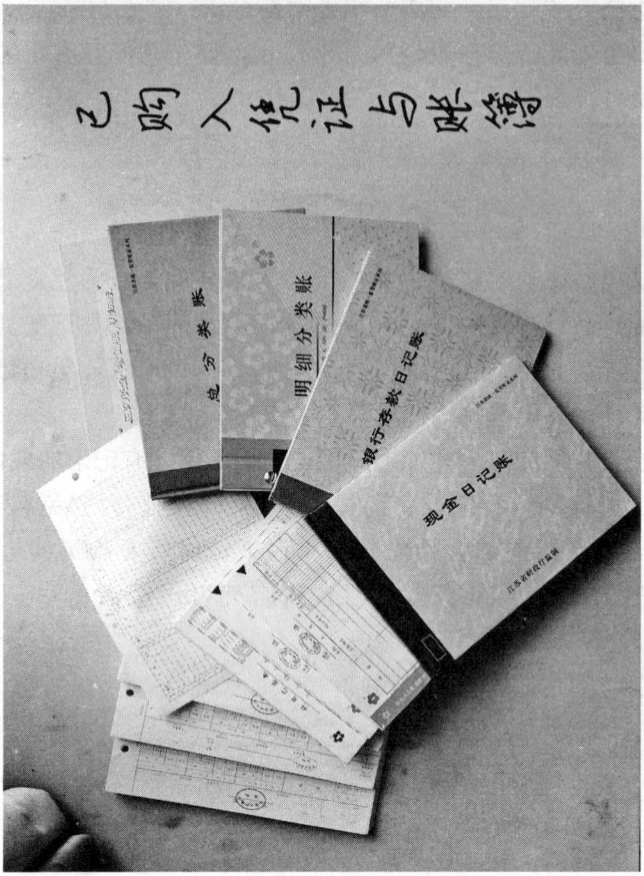

图 4-2　已购入凭证与账簿实物

2. 所购会计用品的用途

账册是用来登记日记账、明细账和总账的，我们下文中将详细讲述。这里先介绍一下非账册类的辅助会计用品的使用。

- 记账凭证封面及凭证封套。记账凭证封面（如图 4-3）是将记账凭证装订成本的头一页，一般是牛皮纸纸质，也可以自行打印。凭证封套（如图 4-4），也称凭证盒，是放置已经装订完成的成本的记账凭证的一面开口的纸质盒子，一般是牛皮纸纸质，凭证封套能够保存记账凭证，并起到美观作用。
- 会计凭证装订机（针线）。用来将记账凭证（按月）装订成本的工具，有电动的、手工的装订机，价格也是不同的。装订机如图 4-5 所示。

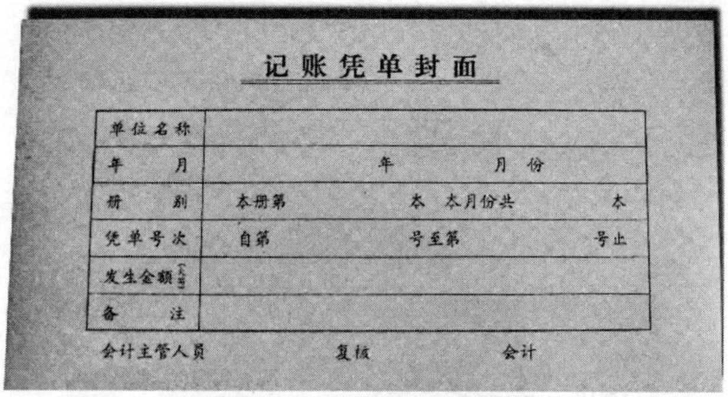

图 4-3　记账凭证封面

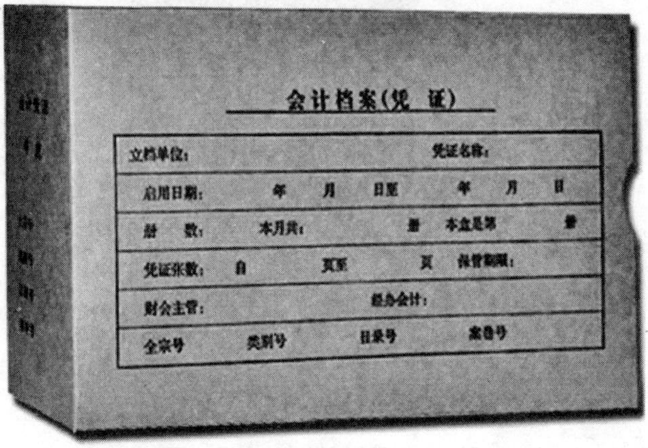

图 4-4　记账凭证的凭证（封）套

图 4-5　凭证装订机

会计凭证一般按以下方法进行装订（如图 4-6）：

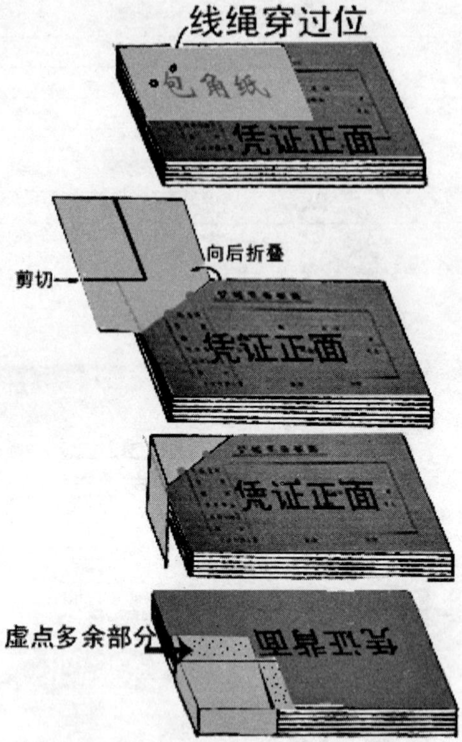

图 4-6　凭证装订方法示意图

（1）对待装订的凭证进行整理，摘掉凭证上的临时固定凭证用的回形针、大头针等，未折叠成长方形的凭证进行折叠，并将记账凭证按编号顺序码放。

（2）将科目余额汇总表（或记账凭证汇总表）、银行存款余额调节表放在最前面，并在最上面放上封面、最下面封底。将众多的凭证沿左边、上边叠齐。

（3）在码放整齐的记账凭证左上角放一张 8 厘米×8 厘米大小的包角纸。包角纸要厚一点，其左边和上边与记账凭证对齐。

（4）在包角纸上沿距左边约 5 厘米处和左沿距上边约 4 厘米处包角纸上划一条直线，并用两点将此直线等分，再分别等分直线的两点处将包角纸和记账凭证打上两个装订孔。

（5）将装订用的线绳沿穿过两个装订孔，并向左、向上包扎记账凭证，然后打结固定。

（6）从正面折叠包角纸向凭证背面折叠，并剪去多余部分。

（7）在骑缝处加盖印章，并注明年、月、日和册数的编号。

● 戳记，有日期戳记、有摘要戳记等。如“转下页”、“承上页”、“本月合计”、“本年累计”、“现金收讫”、“现金付讫”、“作废”戳以及刻有本单位名称的名戳和刻有本单位银行账号的账号戳。这些戳记在会计工作中使用频率较高，因而将它们刻成戳记固化下来，一可以减少日常手写的工作量，二也显得比较正式。

● 印泥，有红色、蓝色的印泥，与戳记配合使用的。

● 口取纸，也叫自粘标签、及时贴、即时贴、压敏纸、索引纸等（如图 4-7），因为最早没有不干胶的口取纸上面涂着一层胶水，用嘴舔一下后可以粘在账页或纸张的旁边用来写注释或编号，故而叫口取。这种说法真实性待考，但你肯定一下子就记住了。人们把口取纸粘贴于账页上，便于翻取，可以迅速查找所需的账目。你可以预先标注出账页的科目名称，以后想要查找时，很容易就找到了。比如：我们根据记账凭证登记总账时，每个账户占用的总账账页可能就不只一页了，如“现金”账户估计占用 1～12 页，我们就在第 1 页右上角贴一张口取纸，上写“现金”字样，并在总账目录上写“现金 1～12 页”字样；如“银行存款”账户估计占用 13～30 页，我们就在第 13 页右上角贴一张口取纸，上写“银行存款”字样，并在总账目录上写“银行存款 13～30 页”字样；其他总账账页、明细账账页均可依此类推。

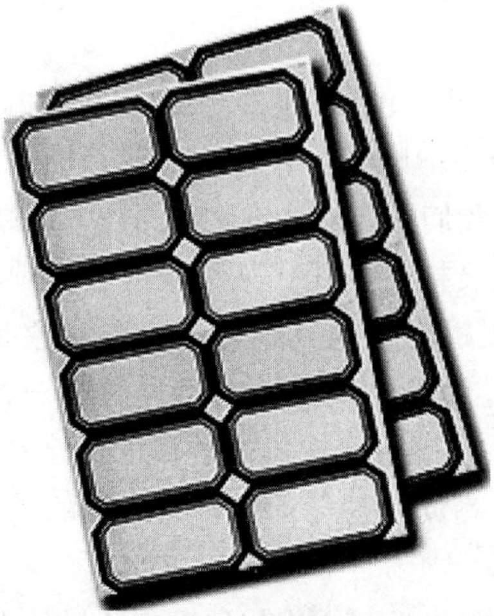

图 4-7　口取纸

• 账钉，是用来固定活页式明细账账页的，可以防止明细账的散失，账钉实物如图 4-8 所示。

图 4-8 账钉

• 其他，如包角纸、三角垫（又叫垫角）、铁夹、胶水、回形针等，这些也是会计人员常用的东东。

4.2 审视随后——为谁而建账

有道是"谋定而后动"，包括总账、明细账在内的各类会计用品购买回来了，似乎我们就可以着手记账了。且慢！面对一堆空白的账册，你知道记在哪里吗？你大概不知，我们还要对为谁记账再作一回顾。

一般而言，会计人员接受委托代某单位或者应聘至某单位作为员工而承担账务记载工作，毫无疑问，他（她）的服务对象是委托单位或者用工单位。会计人员在着手工作前，须对该单位进行充分的了解，了解单位的性质、规模和特点，在此基础上选定所欲使用的会计科目及其账户，并对账册进行分类，在账册的有关页面进行标注，为账务的正式记载进行最后的物理准备。

这一节，我们就一起来学习应当如何进行这样的准备。

4.2.1　审视服务对象

上一节，我们说过建账之初要分析研究一下服务对象，即，我们是为谁而记账的？说得专业一点就是，会计账户核算的会计主体是谁？也就是说，我们要在思想上做好充分的准备，然后，就可以进行会计用品的选购了。

1. 为何要审视

做好思想和物质准备后，从谨慎性的角度，我们还要再次回头看一下，我们服务对象的情况有没有改变，有没有新的情况补充，现在已经发生和将要发生的经济业务是不是在我们预想的范围内，我们选购的会计用品有无考虑不周，有没有多买、少买的用品。

如果以上都没问题，那么 OK。现在，我们就要更进一步，由抽象到具体，把我们的服务对象与账册进行实质的结合。我们就要仔细分析服务对象可能要实际应用到的会计账户，要把它们落实到一个个会计账簿上、一页页的会计账页上。

为说明问题、防止账务记载落空，我们必须先虚拟一家企业作为我们的账务核算对象。

2. 为谁而服务

我们的会计工作本质上是一种服务，我们服务于谁？会计核算的对象是什么样的？

假定，你所在的单位是江苏阡陌科技有限公司。公司主营业务范围是：计算机软件、硬件销售与维护、互联网信息服务、互联网翻译服务、网络工程、信息技术咨询、技术培训、国内贸易；兼营业务范围：技术开发、技术咨询、技术转让。公司成立于 2012 年 11 月，公司股东为自然人邱大志（出资 60 万元，全部为货币资金出资）、自然人莫文丽（出资 40 万元，其中 20 万元为货币资金出资，20 万元为小型货车一辆出资）设立。主要客户为国内大中型研究所、大中型企事业单位，预计年销售额可达 2 000 万～3 000 万元。公司为一般纳税人，纳税方式为查账征收，主要涉及企业所得税、增值税、城建税及教育费附加等税种。

对于企业所得税，根据《关于享受企业所得税优惠政策的新办企业认定标准的通知》（财税〔2006〕1 号）规定，符合以下标准的新办企业可以享受企业所得税定期减税或免税：

（1）按照国家法律、法规以及有关规定在工商行政主管部门办理设立登记，新注册成立的企业。

（2）新办企业的权益性出资人（股东或其他权益投资方）实际出资中固定资产、无形资产等非货币性资产的累计出资额占新办企业注册资金的比例一般不得超过25%，其中，新办企业的注册资金为企业在工商行政主管部门登记的实收资本或股本。非货币性资产包括建筑物、机器、设备等固定资产，以及专利权、商标权、非专利技术等无形资产。新办企业的权益性投资人以非货币性资产进行出资的，经有资质的会计（审计、税务）事务所进行评估的，以评估后的价值作为出资金额；未经评估的，由纳税人提供同类资产或类似资产当日或最近月份的市场价格，由主管税务机关核定。

"江苏阡陌科技有限公司"实际出资中，固定资产等非货币性资产的出资额为20万元，占新办企业注册资金100万元的比例为20%，没有超过25%的限制比例。因此，公司可以享受新办企业的税收优惠。但考虑到取得第一笔收入在6月30日之后，本会计年度还不到半年时间，故公司向税务机关申请本年度企业所得税正常缴纳，税收减免优惠下年度开始享受。

公司财务部有员工两人：经理顾明志，负责账簿登记、报税；出纳王丽，负责现金的保管与收付。

4.2.2 选定会计账册

1. 科目的选择

掌握了我们的服务对象，或者说会计核算主体"江苏阡陌科技有限公司"的经营性质与公司特点，我们要做的就是选用适用的会计账户了。

由于江苏阡陌科技有限公司主要从事商品贸易，属于商品流通类企业，并不从事产品的生产制造。故而，我们开设的总账账户包括："现金"、"银行存款"、"应收账款"、"应收票据"、"其他应收款"、"库存商品"、"固定资产"（目前已经有小型货车一辆）、"累计折旧"、"应付账款"、"应付票据"、"其他应付款"、"应交税费"、"应付职工薪酬"、"实收资本"、"本年利润"、"主营业务收入"、"主营业务成本"、"营业税金及附加"、"管理费用"、"销售费用"、"财务费用"等科目，而明细账除根据上述总账科目设置外，现金和银行存款设日记账是每个企业必不可少的，在《企业会计准则》规定的会计科目表（如表2-1）的基础上选定具体会计科目的情况如表4-1所示。

表 4-1 商品流通企业选用的会计科目表

序号	编号	会计科目名称	启用	序号	编号	会计科目名称	启用
		一、资产类				二、负债类	
1	1001	库存现金	√	74	2001	短期借款	√
2	1002	银行存款	√	75	2002	存入保证金	
3	1003	存放中央银行款项		76	2003	拆入资金	
4	1011	存放同业		77	2004	向中央银行借款	
5	1012	其他货币资金	√	78	2011	同业存放	
6	1021	结算备付金		79	2012	吸收存款	
7	1031	存出保证金		80	2021	贴现负债	
8	1051	拆出资金		81	2101	交易性金融负债	
9	1101	交易性金融资产		82	2111	转出回购金融资产款	
10	1111	买入返售金融资产		83	2201	应付票据	√
11	1121	应收票据	√	84	2202	应付账款	√
12	1122	应收账款	√	85	2205	预收账款	√
13	1123	预付账款	√	86	2211	应付职工薪酬	√
14	1131	应收股利		87	2221	应交税费	√
15	1132	应收利息		88	2231	应付股利	
16	1211	应收保护储金		89	2232	应付利息	
17	1221	应收代位追偿款		90	2241	其他应付款	√
18	1222	应收分保账款		91	2251	应付保户红利	
19	1223	应收分保未到期责任准备金		92	2261	应付分保账款	
20	1224	应收分保保险责任准备金		93	2311	代理买卖证券款	
21	1231	其他应收款	√	94	2312	代理承销证券款	
22	1241	坏账准备	√	95	2313	代理兑付证券款	
23	1251	贴现资产		96	2314	代理业务负债	
24	1301	贷款		97	2401	预提费用	
25	1302	贷款损失准备		98	2411	预计负债	
26	1311	代理兑付证券		99	2501	递延收益	
27	1321	代理业务资产		100	2601	长期借款	
28	1401	材料采购		101	2602	长期债券	
29	1402	在途物资		102	2701	未到期责任准备金	
30	1403	原材料		103	2702	保险责任准备金	
31	1404	材料成本差异		104	2711	保户储金	
32	1406	库存商品	√	105	2721	独立账户负债	

续表

序号	编号	会计科目名称	启用	序号	编号	会计科目名称	启用
33	1407	发出商品		106	2801	长期应付款	
34	1410	商品进销差价		107	2802	未确认融资费用	
35	1411	委托加工物资		108	2811	专项应付款	
36	1412	包装物及低值易耗品		109	2901	递延所得税负债	
37	1421	消耗性物物资产				三、共同类	
38	1431	周转材料		110	3001	清算资金往来	
39	1441	贵金属		111	3002	外汇买卖	
40	1442	抵债资产		112	3101	衍生工具	
41	1451	损余物资		113	3201	套期工具	
42	1461	存货跌价准备	√	114	3202	被套期项目	
43	1501	待摊费用				四、所有者权益类	
44	1511	独立账户资产		115	4001	实收资本	√
45	1521	持有至到期投资		116	4002	资本公积	√
46	1522	持有至到期投资减值准备		117	4101	盈余公积	√
47	1523	可供出售金融资产		118	4102	一般风险准备	
48	1524	长期股权投资		119	4103	本年利润	√
49	1525	长期股权投资减值准备		120	4104	利润分配	√
50	1526	投资性房地产		121	4201	库存股	
51	1531	长期应收款				五、成本类	
52	1541	未实现融资收益		122	5001	生产成本	
53	1551	存出资本保证金		123	5101	制造费用	
54	1601	固定资产	√	124	5201	劳务成本	
55	1602	累计折旧	√	125	5301	研发支出	
56	1603	固定资产减值准备		126	5401	工程施工	
57	1604	在建工程		127	5402	工程结算	
58	1605	工程物资		128	5403	机械作业	
59	1606	固定资产清理	√			六、损益类	
60	1611	融资租赁资产		129	6001	主营业务收入	√
61	1612	未担保余值		130	6011	利息收入	
62	1621	生产性生物资产		131	6021	手续费收入	
63	1622	生产性生物资产累计折旧		132	6031	保费收入	
64	1623	公益性生物资产		133	6032	分保费收入	
65	1631	油气资产		135	6041	租赁收入	
66	1632	累计折耗		135	6051	其他业务收入	√

续表

序号	编号	会计科目名称	启用	序号	编号	会计科目名称	启用
67	1701	无形资产		136	6061	汇兑损益	
68	1702	累计摊销		137	6101	公允价值变动损益	
69	1703	无形资产减值准备		138	6111	投资收益	
70	1711	商誉		139	6201	摊回保险责任准备金	
71	1801	长期待摊费用		140	6202	摊回赔付支出	
72	1811	递延所得资产		141	6203	摊回分保费用	
73	1901	待处理财产损益		142	6301	营业外收入	√
				143	6401	主营业务成本	√
				144	6402	其他业务支出	√
				145	6405	营业税金及附加	√
				146	6411	利息支出	
				147	6421	手续费支出	
				148	6501	提取未到期责任准备金	
				149	6502	提取保险责任准备金	
				150	6511	赔付支出	
				151	6521	保户红利支出	
				152	6531	退保金	
				153	6541	分出保费	
				154	6542	分保费用	
				155	6601	销售费用	√
				156	6602	管理费用	√
				157	6603	财务费用	√
				158	6604	勘探费用	
				159	6701	资产减值损失	
				160	6711	营业外支出	√
				161	6801	所得税费用	√
				162	6901	以前年度损益调整	

选择账户时，不要“吝啬”，只要预估为本年度有可能使用到的账户，就一定要选用，防止到真正需要使用时，总账账页等订本式账簿中无法插入相应的账户。

2. 账册的开设

明白为谁而建账，我们就要让抽象变具象，使理论实实在在地落地了。开设账册就是这样一个理论落地的开始。在上一节选择会计科目的时候，你可能隐约感觉到这些科目或许就是我们将要记的账呢。这话是有些道理的，选定的这些会计科目与我们要启用的账册是有对应关系的，会计科目是账册的前提和基础，但不同的会计科目可选用的账页格式是不同的。账页选定后，我们还需要粘贴上标签，登记好账户的名称。我们一起来看看会计实务中究竟是怎么做的：

第一步，选定账页。

具体账册的开设，应根据会计科目性质的不同、核算内容的不同而定：

（1）现金账户和银行存款账户应当使用订本式日记账；库存商品账户使用数量金额式活页账簿，管理费用账户、销售费用账户、财务费用账户使用多栏式活页账簿；其他账户均应使用三栏式活页账簿。具体如表 4-2 所示。

表 4-2　商品流通企业已选用的账页格式

序号	类别	代码	名称	账页格式	序号	类别	代码	名称	账页格式
1	资产类	1001	库存现金	日记账	21	所有者权益类	4001	实收资本	三栏式
2		1002	银行存款	日记账	22		4002	资本公积	三栏式
3		1012	其他货币资金	三栏式	23		4101	盈余公积	三栏式
4		1121	应收票据	三栏式	24		4103	本年利润	三栏式
5		1122	应收账款	三栏式	25		4104	利润分配	三栏式
6		1123	预付账款	三栏式	26	损益类	6001	主营业务收入	三栏式
7		1231	其他应收款	三栏式	27		6051	其他业务收入	三栏式
8		1241	坏账准备	三栏式	28		6301	营业外收入	三栏式
9		1406	库存商品	数量金额式	29		6401	主营业务成本	三栏式
10		1461	存货跌价准备	三栏式	30		6402	其他业务支出	三栏式
11		1601	固定资产	卡片式	31		6405	营业税金及附加	三栏式
12		1602	累计折旧	三栏式	32		6601	销售费用	多栏式
13		1606	固定资产清理	三栏式	33		6602	管理费用	多栏式
14	负债类	2001	短期借款	三栏式	34		6603	财务费用	多栏式
15		2201	应付票据	三栏式	35		6711	营业外支出	三栏式
16		2202	应付账款	三栏式	36		6801	所得税费用	三栏式
17		2205	预收账款	三栏式					
18		2211	应付职工薪酬	三栏式					
19		2221	应交税费	三栏式					
20		2241	其他应付款	三栏式					

(2)“应交税费——应交增值税”账户的账页格式（如图 4-9）比较特殊，应将其另行固定为一册，市场上出售的都是已经装订成本的册子。该账户借方项目包括“进项税额”、“已交税额”、“减免税额”、“转出未交增值税”、“出口抵减内销产品应纳税额”，贷方项目包括“销项税额”、“出口退税”、“进项税额转出”、“转出多交增值税”。

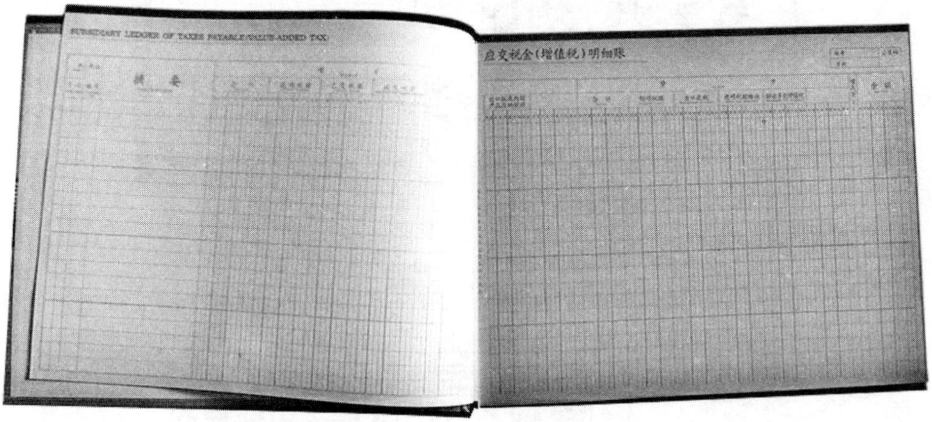

图 4-9　应交增值税账页

(3) 固定资产明细账是卡片活页式，登记的就是每一项固定资产的明细情况。包括固定资产的入账名称，入账时间、数量，固定资产的折旧年份、折旧率和残值等。有时为简化起见，也可以使用三栏式账页，同时可另设辅助账进行登记。

第二步，粘贴标签。

(1) 因预计业务量、客户数量并不太多，可以将上述所涉及的各类明细账（三栏式、数量金额式、多栏式账户）归集在一起，用账钉将所有的明细账页先行临时固定。

(2) 按照表 4-2 的账户顺序在口取纸上填写账户名称。填写时，要在每一个口取纸标签方形框的顶部和底部颠倒着书写，这样就可以在口取纸标签沿着中间对折后，从账面的正面和背面都能够看到账户名称。填好后的口取纸标签如图 4-10 所示。

(3) 使用口取纸写上科目名称后粘贴于各账户账页的右上角。在粘贴标签时，应估计某一账户大致应下设几个二级账户，原则上一个二级账户占用一页。比如，在粘贴“应收账款”标签时，我们估计公司的客户大致有 5 个，那么我们在粘贴下一个账户“预付账款”时，就应当隔 5 页粘贴“预付账款”标签；如果估计公司需要预先付款的客户大致有 2 个，那么我们在粘贴下一

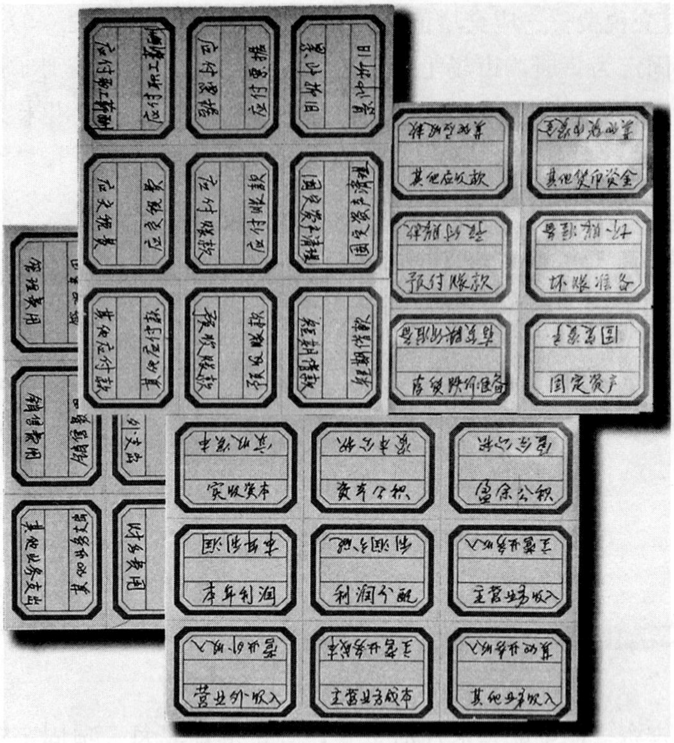

图 4-10 已填写好的口取纸

个账户“预付账款”时，就应当隔 2 页粘贴“预付账款”标签……依此类推。当然，这里的估计都是不需要精确的，因为活页账页是可以随时插入的，用账钉将明细账页进行固定也是临时的。

在粘贴标签时，我们还可以按照账户所属的六大类将各类标签相对集中在账面上部的不同区域，目的是方便会计人员查找账户。

第三步，登记名称。

粘贴后，我们需要在各日记账、明细账上填写一级科目的名称、账簿启用信息，在总账上按照一个账户占用一页的原则填写一级科目的名称、账簿启用信息、各账户在总账中的页次等信息。

由于活页账面临着随时增加的不确定性，每个账页在一个账本内的页次是不能够预先确定的，故而，活页账册目录上的页次填写必须要等到一个会计年度结束封账后方可进行。当然，活页明细账的目录清单上的账户名称也可以等到一个会计年度结束封账后再填写。

而总账的登记是根据科目汇总表来进行的，每月的发生情况在总账账页上就体现为一行记录。因此，各账户在总账上的页次是可以事先被确定下来的，总账目录上的页次在总账正式登记前就可以填制完成，而不必要等到一个会计年度结束封账后才进行。

这一步与第二步的顺序是可以颠倒的。换句话说，我们也可以先将明细账账页上的名称等信息填写完成后再贴口取纸标签。

需要注意的是，无论是总账账户，还是明细账账户，在账页的前后排列顺序上都是按照六大类会计科目（即“资产类”会计科目、“负债类”会计科目、“共同类”会计科目、“所有权益类”会计科目、“成本类”会计科目和“损益类”会计科目）的先后顺序来排列的。

无论是总账账户，还是明细账账户，或者是库存现金、银行存款日记账，都有扉页，要求在其上登记账簿的启用情况、账簿的经手管理人员情况，如图 4-11 所示。

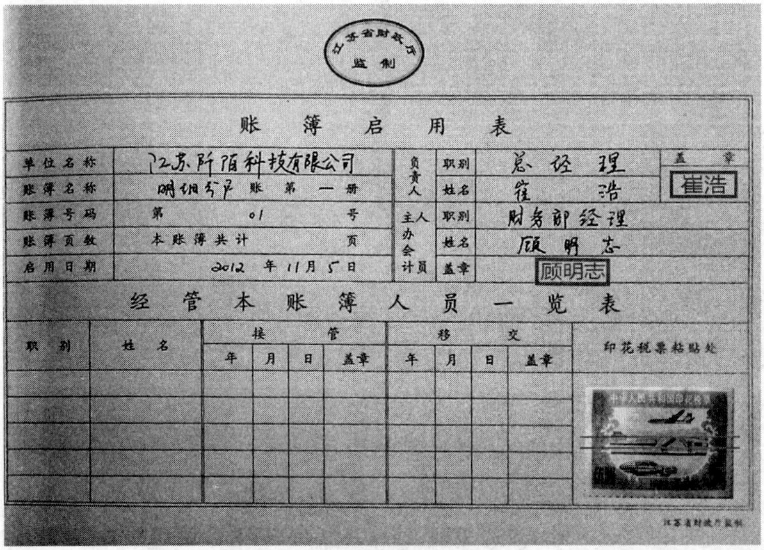

江苏省财政厅 监制

账 簿 启 用 表

单位名称	江苏阡陌科技有限公司	负责人	职别	总经理	盖章
账簿名称	明细分户账 第 一 册		姓名	崔浩	崔浩
账簿号码	第 01 号	主办会计员	职别	财务部经理	
账簿页数	本账簿共计 页		姓名	顾明志	
启用日期	2012 年 11 月 5 日		盖章	顾明志	

经 管 本 账 簿 人 员 一 览 表

职别	姓名	接管				移交				印花税票粘贴处
		年	月	日	盖章	年	月	日	盖章	

江苏省财政厅监制

图 4-11 账簿启用表

我们注意到，在账簿的扉页上有印花税的粘贴，你肯定想知道什么是印花税。印花税是直接印有固定金额，专门用于征收印花税税款，并必须粘贴在应纳税凭证上的一种有价证券。印花税票不同于其他税收票证，它必须由纳税人向税务机关购买。纳税人购买的印花税票上的金额，并不一定就是其应纳印花税金额，只有纳税人将购买的印花税票按应纳税额一次足额粘贴在应纳税凭证上，并由纳税人在每一枚税票的骑缝处盖戳注销或画销时，才表明纳税人已足额完税。

账册开设后，总账、明细账的实物形态如图 4-12、图 4-13 所示，日记账只需将扉页填写完毕即可。

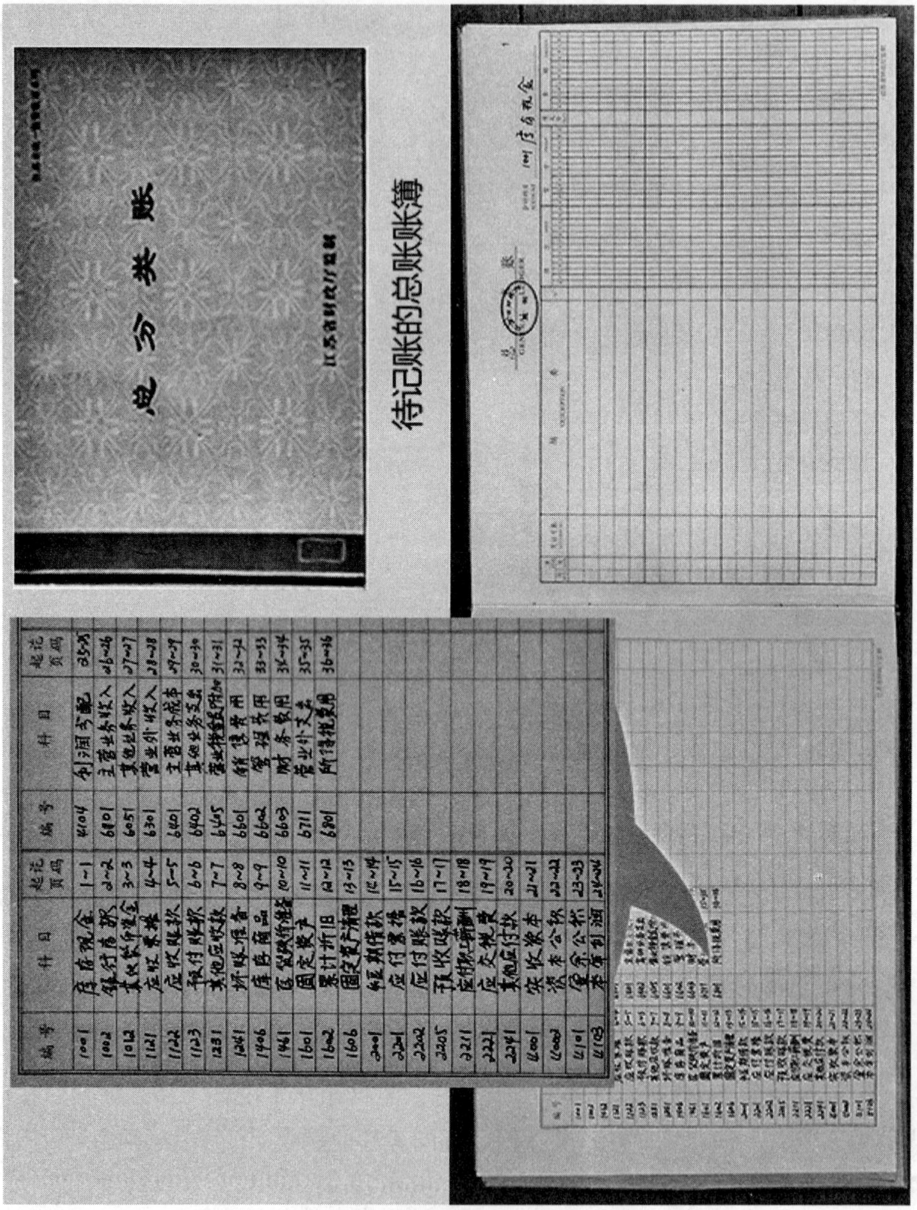

图 4-12 待记账的总账账簿

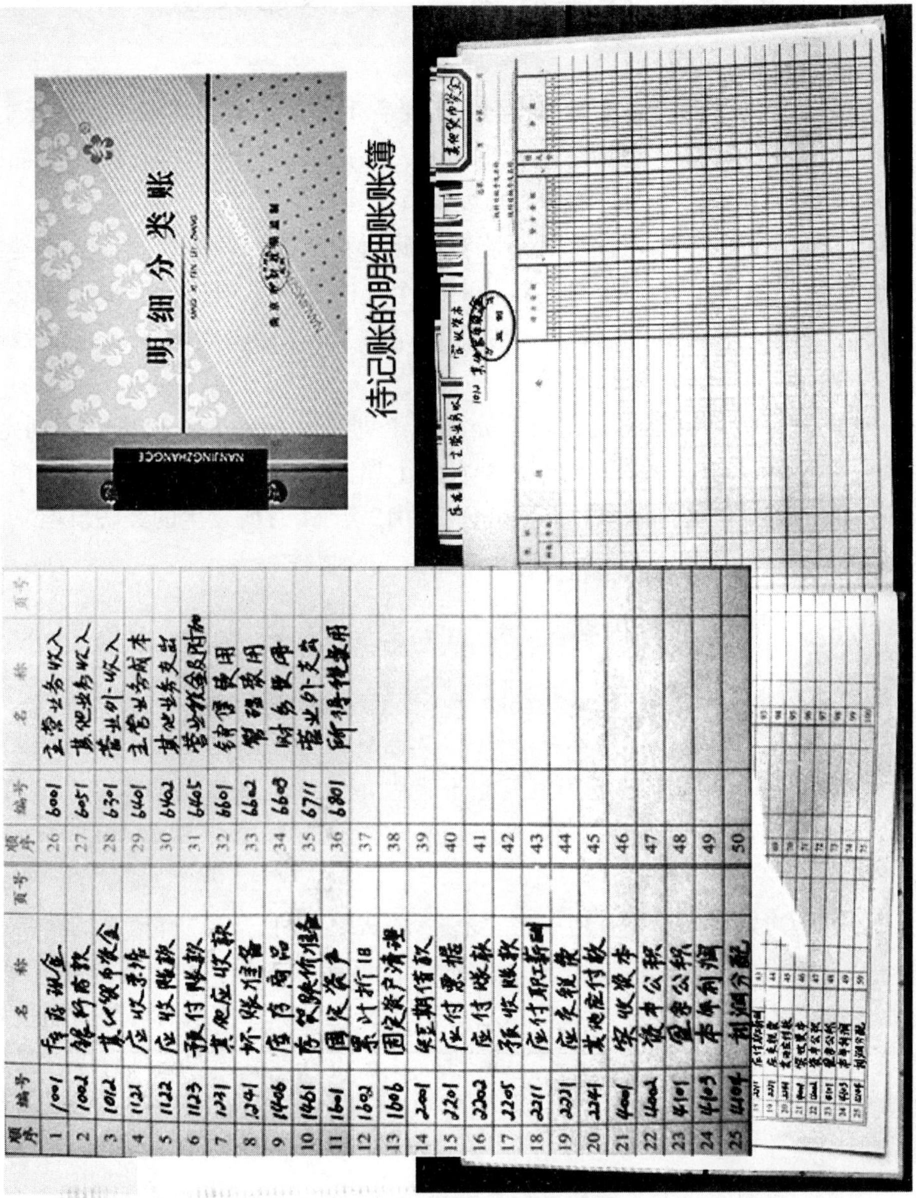

图 4-13　待记账的明细账账簿

4.3 稳操胜券——建账也从容

经过前面两节的悉心准备，我们终于要着手进行正式的建账了。实际上，各种应当使用的账册，包括总账、明细账、日记账的框架结构在此之前都已经搭建好了，如果只从账户的开设角度来看，建账似乎已经完成了。

但我们所说的建账，肯定是不能够就此而止步的，只搭台而不唱戏是不行的。我们至少要记上一个月的账，对一个月的经济事项进行一次全程的核算登记。否则，你学到的就只是干货而不是鲜货，知识的掌握就只能是残缺而不丰满、浅表而不够深入的了。

现在的一切，如同农夫在一块处女地上即将开垦一般，田垅已经划定、墒渠已经挖好，就等着迎来犁铧第一次破土那激动人心的一刻了。所以在这一节，我们把“江苏阡陌科技有限公司”2012 年 11 月所发生的经济事项拿出来，作为我们账务核算的范例一起来学习并实际操作一下。

4.3.1 研读核算内容

1. 有“米”而“炊”

看到我这个标题，你是不是会想到“巧妇难为无米之炊”？是的，没有米，没有原料，再能干的媳妇也只能干瞪眼，做不出来好吃的东东。同样，采购回来的账本，没有需要登记的东东同样也只能是空锅冷灶、日久蒙尘了。

要进行初始登账，要有巧妇之“米”、农夫之“种”——待核算的经济事项，这是最原始的经济形态，有了它们，才可能加工成良种——原始凭证、记账凭证，才会有进一步展示巧妇之厨艺、农夫之耕种技术的可能。而这样的技艺，对于会计人员来说，就关系到其对会计知识掌握的熟练程度。具体到登记各类账册，就能够看出会计人员对“科目汇总表记账法”是否已经真正掌握娴熟。

因此，我们还是需要来复习一下第三章学习的“科目汇总表记账法”（图 3-17）。科目汇总表记账法必须定期编制科目汇总表，作为登记总账的依据，通常的程序是这样的：

（1）根据原始凭证及原始凭证汇总表填制记账凭证，注意会计科目的运用及借贷方向。

（2）根据“收款凭证”、“付款凭证”登记现金日记账和银行存款日记账。

（3）根据原始凭证（原始凭证汇总表）、“收、付、转记账凭证”或“通用记账凭证”登记明细分类账。

（4）根据原始凭证（原始凭证汇总表）、“收、付、转记账凭证”或“通用记账凭证”编制科目汇总表。

（5）根据科目汇总表登记总分类账。

（6）日记账和总分类账相互核对，明细账和总分类账相互核对。

结合购买回来的账册实物，“科目汇总表记账法”的处理流程，如图4-14所示，图中数字序号分别对应着上文中的（1）至（6）：

在图4-14中，我们将示意图与实物图进行了对比列示，这对你深刻理解账务登记流程大有好处，记得多观察、多研究、多思考哦！另外，你看出来了吗，图中步骤③压线图为登账示意图，你可以和图3-17比较一下，是不是一样呢？我把它放在这里，对比效果是不是加强了呢？

2. 好“米”晒一晒

为了能够更好地展示“技艺”，我们把江苏阡陌科技有限公司2012年11月所发生的各类经济事项进行了列示，并对经济事项进行了解析。这里面涉及许多会计、税法的知识，你可以细心揣摩一下，可能你不一定全懂，这也没有关系，这不是我们这本书要学习的重点，如果你有兴趣，需要深入学习，可以另寻其他资料加深理解。但是，你必须明白与会计科目有关的知识，如会计科目的运用、借贷方向、借贷金额等。

在正式开始前，我来说说，作为初入门的你姑且听听，待有了一定的知识储备了，再回过头来看看就更能理解了：为什么要选取江苏阡陌科技有限公司这样一个贸易公司？为什么要选取2012年11月这样一个月份？第一，选取贸易公司是为了简化工业制造企业繁杂的成本归集和分配工作，如果你有兴趣，可以另外找些《成本会计学》之类的书籍参阅；第二，选取2012年11月，是因为这是江苏阡陌科技有限公司建账的头一个月，各类账册都不涉及期初余额，可以简化计算，同时也简化了在下一章初始电子数据的移植。选择这样一家公司、这样一个时间，目的只有一个：突出“建账”流程，避免非重点因素的干扰。

建议你在阅读“解析”之前，可以自己尝试着写出会计分录。在这个过程中，有不明白的，可以回过头来再复习一下第二章中有关会计科目核算的内容。然后，将你写出来的会计分录与我在这里给出的会计分录进行对比，想一想为什么我会给出这样的会计分录。

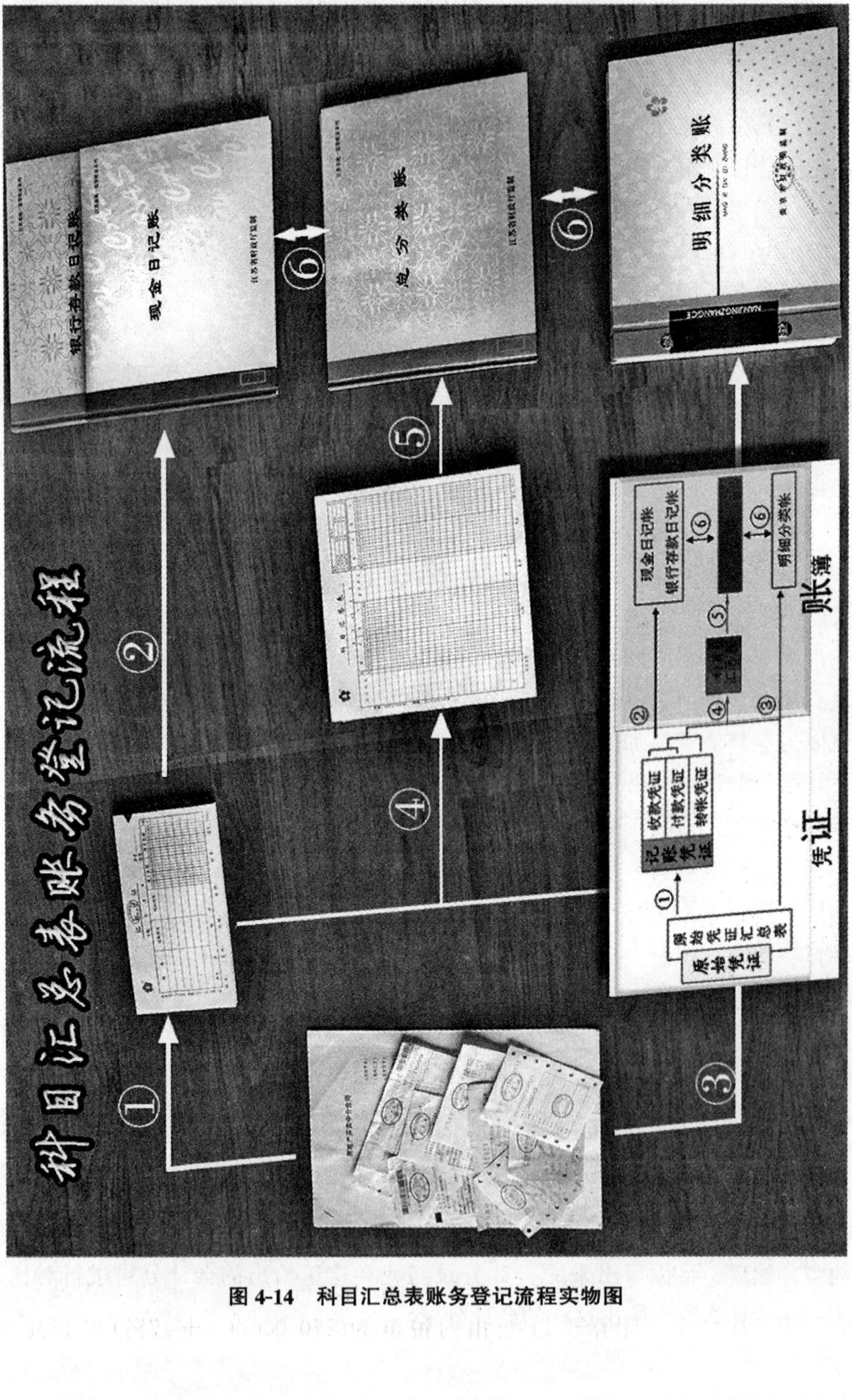

图 4-14　科目汇总表账务登记流程实物图

以下第（1）至（20）项都是2012年11月发生的经济事项哦！现在，我们一起来学习吧：

（1）11月5日，股东邱大志出资60万元，全部为货币资金出资；股东莫文丽出资40万元，其中20万元为货币资金出资，20万元为小型货车一辆。两人出资设立江苏阡陌科技有限公司（以下称我公司或公司）。该小型货车经江苏卫宁资产评估公司评估价值24.38万元。各股东出资款均存入建设银行南京市解放路支行，存款账号4324214134354353，此账号是公司的唯一账号。

解析：接收股东投资，超过股本的溢价部分4.38万元（24.38－20）应计入资本公积。

借：银行存款——解放路支行	600 000	
贷：实收资本——邱大志		600 000
借：银行存款——解放路支行	200 000	
固定资产——小货车	243 800	
贷：实收资本——莫文丽		400 000
资本公积——资本溢价		43 800

注：一般情况下，公司会有多个银行账号。此时，会计人员可选用多本账本式日记账，也可以根据估计的发生频率，在同一订本内间隔若干页记载一个账号。

（2）11月7日，收到工商登记、税务登记、验资报告、评估报告的各类筹建发票共1.95万元，已经以银行存款支付。

解析：企业自被批准筹建之日起至开始生产、经营包括试生产、试营业之日的期限内发生的开办费，包括人员工资、办公费、培训费、差旅费、印刷费、注册登记费，以及不计入固定资产和无形资产成本的汇兑损益及利息支出，税法规定可以一次性作为费用列支，不需要缴纳企业所得税。

借：管理费用——开办费	19 500	
贷：银行存款——解放路支行		19 500

（3）11月8日，从广州天河信息技术公司购买的3台FJ-X1型服务器到货，已经验收入库。同时收到对方开具的增值税专用发票一张，金额为27万元整，我公司承担运费，收到运输单位开具的一张2.1万元运费发票（其中，运费1.8万元，建设基金0.16万元，保险费用、装卸费用0.14万元）。上述货款未支付，运费已用银行存款支付。

解析：公司为一般纳税人，适用的增值税税率为17%，购买服务器价税合计为27万元，计算可以抵扣的税款为270 000/(1＋17%)×17%＝

39 230.77 元，货款为 230 769.23 元。

借：库存商品——服务器 X1　　230 769.23

　　应交税费——应交增值税（进项税额）　　39 230.77

　贷：应付账款——广州天河信息技术公司　　270 000

我国税法规定，只有应交增值税物品的运费和建设基金可以按照 7%抵扣增值税，因而运费中可抵扣金额为（18 000+1 600）×7%=1 372 元。按 2006 年颁布的新会计准则的规定，运输费用是计入库存商品的；但如果运费金额较小，也可以计入销售费用。

借：库存商品——服务器 X1　　19 628

　　应交税费——应交增值税（进项税额）　　1 372

　贷：银行存款——解放路支行　　21 000

（4）11 月 8 日，财务部提取现金 5 万元。

解析：财务部银行提现，导致公司现金增加和银行存款减少。

借：库存现金　　50 000

　贷：银行存款——解放路支行　　50 000

（5）11 月 9 日，业务部员工李梦到青海西宁出差，填制借款单向财务部借款 4 万元。

解析：公司员工向财务部借款，导致公司债权增加和银行存款减少。

借：其他应收款——李梦　　40 000

　贷：库存现金　　40 000

（6）11 月 12 日，从昆明明发科技有限公司购买的 5 台 FJ-X3 型服务器到货，已经验收入库。同时收到对方开具的增值税专用发票一张，金额为 65 万元整，运费由对方承担，上述货款未支付。

解析：与（3）类似，这也是一笔赊购业务，但运费无须我公司承担。

借：库存商品——服务器 X3　　555 555.55

　　应交税费——应交增值税（进项税额）　　94 444.45

　贷：应付账款——昆明明发科技有限公司　　650 000

（7）11 月 15 日，李梦从青海西宁出差回公司，报销差旅费 1.2 万元，招待费 2 万元，多余款交回财务部。

解析：交回多余款 0.8 万元（4—1.2—3）应冲回与员工的个人往来。

借：管理费用——差旅费　　12 000

　　　　　　——招待费　　20 000

　　库存现金　　8 000

贷：其他应收款——李梦 40 000

(8) 11月17日，取得银行流动资金贷款30万元，银行要求存为三个月期限的定期存款，不可提前支取，留作保证金。同时，银行开出银行承兑汇票（银票）30万元用以预付扬州安盈光电科技公司货款。

所谓银行承兑汇票是指由企业存入保证金，请求银行开具的、承诺未来一定期限后无条件见票付款的一种票据。这相当于银行对企业的借款，对于企业的客户而言，因为银行的信用要高于企业，则收回款项的保证程度极大加强了。银行承兑汇票一式三联。银行承兑汇票按票面金额向承兑申请人收取万分之五的手续费，不足10元的按10元计。纸质承兑期限最长不超过6个月（电子汇票的最长期限可达1年）。承兑申请人在银行承兑汇票到期未付款的，按规定计收逾期罚息。

解析：此经济事项分为三个部分，一是贷款，二是定期存款（保证金），三是开具银票。

①取得银行贷款：

借：银行存款——解放路支行 300 000

贷：短期借款——解放路支行 300 000

②定期存款（保证金）：

借：其他货币资金——保证金 300 000

贷：银行存款——解放路支行 300 000

③开具银票：

借：预付账款——扬州安盈光电科技公司 300 000

贷：应付票据——银行承兑汇票 300 000

(9) 11月19日，扬州安盈光电科技公司购买的4台FJ-X1型服务器到货，已经验收入库。运费由对方承担。

解析：购入商品入库，抵充11月17日预付扬州安盈光电的款项，30万元含税货款计算可以抵扣的税款为300 000/(1+17%)×17%=43 589.74元，货款为256 410.26元。

借：库存商品——服务器X1 256 410.26

应交税费——应交增值税（进项税额） 43 589.74

贷：预付账款——扬州安盈光电科技公司 300 000

(10) 11月20日，公司于银行提取现金4万元，发放工资3.8万元，其中业务部员工工资为2.1万元。本月缴纳社会保险0.44万元，其中单位和个人各承担一半，业务部员工社保个人承担0.12万元。全部社保款已经通过网银支付。代扣个人所得税 0.15 万元，业务部员工个人所得税承担 0.08 万元。明细情况如表 4-3 所示：

表 4-3 **工资发放简表** 单位：元

部门	应发工资	代扣社会保险	个人所得税	实发工资
销售部	23 000	1 200	800	21 000
管理部	18 700	1 000	700	17 000
合计	41 700	2 200	1 500	38 000

解析：业务部员工工资计入销售费用，其余人员工资应计入管理费用。代扣员工社会保险 0.22 万元（0.44/2）通过其他应付款核算，对于公司应承担的社保部分，因为个人的社保直接包含在应付职工薪酬——工薪里面，已经全部进入费用了，不需要单独计提，只需在发放工资的时候代扣代缴。

①从银行提取现金：

借：库存现金 40 000

贷：银行存款——解放路支行 40 000

②发放工资：

借：应付职工薪酬——工薪 38 000

贷：库存现金 38 000

③缴纳社保：

借：应付职工薪酬——社保（公司承担） 2 200

贷：银行存款——解放路支行 2 200

借：应付职工薪酬——社保（个人承担） 2 200

贷：其他应付款——社保（个人承担） 2 200

借：其他应付款——社保（个人承担） 2 200

贷：银行存款——解放路支行 2 200

④工资和社会保险转入费用，业务部员工社保个人承担 0.12 万元，加上公司承担部分 0.12 万元，再加上业务部员工工资 2.1 万元、个人所得税 0.08 万元，共 2.42 万元，应计入销售费用；其余计入管理费用。

借：管理费用——工薪社保费 19 700

销售费用——工薪社保费 24 200

贷：应付职工薪酬——工薪 38 000

——社保（公司承担） 2 200

——社保（个人承担） 2 200

应交税费——应交个人所得税 1 500

(11) 11 月 21 日，取得银行利息回单，流动资金贷款利息 0.175 万元，银行存款利息 0.082 万元。

解析：银行利息作为财务费用，存款利息用红字记账。

借：财务费用——利息支出 1 750

贷：银行存款——解放路支行 1 750

借：财务费用——利息收入 －820

借：银行存款——解放路支行 820

注意哦，如果“财务费用”账页采用“多栏式账页”，则用红字借方登记利息收入。如果在“财务费用”下分设二级科目，以“三栏式账页”记账的，上面的账务记录则写为：

借：银行存款——解放路支行 820

贷：财务费用——利息收入 820

(12) 11 月 22 日，销售给西安振振信息研究院 5 台 FJ-X1 型服务器，含税售价 75 万元，发票已开出，运费由我公司承担，收到运输单位开具的一张 3.35 万元运费发票（其中，运费 2.68 万元，建设基金 0.33 万元，保险费用、装卸费用 0.34 万元）。上述货款未收到，运费已用银行存款支付。

解析：公司为一般纳税人，适用的增值税税率为 17%，销售服务器价税合计为 75 万元，计算增值税销项税款为 750 000/(1＋17%)×17%＝108 974.36 元，货款为 641 025.64 元。

借：应收账款——西安振振信息研究院 750 000.00

贷：主营业务收入——服务器 X1 641 025.64

应交税费——应交增值税（销项税额） 108 974.36

我国税法规定，只有应交增值税物品的运费和建设基金可以按照 7%抵扣增值税，因而运费中可抵扣金额为（26 800＋3 300)×7%＝2 107 元。

借：销售费用——运输费用 31 393

应交税费——应交增值税（进项税额） 2 107

贷：银行存款——解放路支行 33 500

(13) 11 月 24 日，销售给青海西门科技有限公司 4 台 FJ-X3 型服务器，含税售价 82 万元，发票已开出，运费由对方公司承担，上述货款未收到。

解析：公司为一般纳税人，适用的增值税税率为 17%，销售服务器价税合计为 82 万元，计算增值税销项税款为 820 000/(1＋17%)×17%＝119 145.30 元，货款为 700 854.70 元。

借：应收账款——青海西门科技有限公司 820 000.00

贷：主营业务收入——服务器 X3　　700 854.70

应交税费——应交增值税（销项税额）　　119 145.30

(14) 11 月 26 日，收到西安振振信息研究院汇来 50 万元。

解析：收到货款应抵减应收款项。

借：银行存款——解放路支行　　500 000

贷：应收账款——西安振振信息研究院　　500 000

(15) 11 月 26 日，计算 11 月应缴纳的增值税。

企业一般在每月 25 日左右就会停止对外开具增值税票，这是因为：

(1) 月末会计上有大量的结账工作要做。

(2) 企业从外部取得的增值税票进项联（简称进项税票）需要扫描进入电子申报系统，进入网上远程认证系统认证后，方可进行抵扣增值税的销项。而这项工作要求月末结束前两天完成，未完成的，还要去税务大厅才能认证。

(3) 作为会计人员需要综合考虑多种因素，合理降低当月企业承担的增值税。这是因为，增值税的缴纳数是由当月企业对外部开出的增值税票销项联（简称销项税票）上销项税额大于进项税票上的进项税额所决定的，如果前者小于后者，当月就不需要缴纳增值税。用公式可以表示为：

应纳增值税额＝销项税额－进项税额＋上期未抵扣的进项税额

会计上需结合销项税额和进项税额两个方面对下列几个因素加以考虑。一般来说，需要考虑：

- 参考同行一般的月度纳税水平。税负水平可以使用以下公式来计算：

税负水平＝应交的增值税税额/应交税的销售收入额

- 存货与成本处理。如果当月实现销售的存货的进项税票当月未进行认证，就有可能导致该存货因只有销出但无进货造成账面负数；又如生产型需要将原材料结转进入“生产成本”、进而进入实现销售的存货成本，如不进行生产领用的原材料进项税认证，则会拉低应结转的存货成本，从而导致企业所得税税负的增加。

- 税法规定的 90 天内必须完成增值税进项税认证，会计人员一般应先认证先开出的进项税票。

企业之间的购销业务从业务洽谈、合同签订、发货、在途运输到验收确认、开具发票，需要很长的时间，这与双方企业的规模大小、业务发生的频率、在途时间、验收程序、双方开票的控制程序、对税额的缴纳调度都紧密相关。因此，要取得或者推迟取得对方的增值税发票应提前与对方进行沟通，不要拖拉到月底。注意，增值税如果弄错，需要开具红字发票，对于红票的处理在税务上是比较烦琐的，所以应当留下充裕的时间，即便有错误，需要调整，也有回旋的时间。

解析：我们将本月的 5 笔购销业务涉及的增值税进行列示计算。为说明问题，我在这里使用的是丁字账（图 4-15），实际工作中，直接对应交增值税的账页上的销项、进项发生额进行加减就可以了。

借方（进项）　　2221 应交税费——应交增值税　　贷方（销项）

(3)	39 230.77		
	1 372.00		
(6)	94 444.45		
(9)	43 589.74		
(12)	2 107.00	(12)	108 974.36
		(13)	119 145.30
(Σ)	180 743.96	(Σ)	228 119.66

图 4-15　应交增值税的销项与进项轧抵图

将增值税销项进项轧抵，根据公式：

应纳增值税额＝销项税额－进项税额＋上期未抵扣的进项税额

计算 2012 年 11 月公司应纳增值税额为 228 119.66－180 743.96＋0＝47 375.70 元。

借：应交税费——应交增值税（转出未交增值税）　　47 375.70

　贷：应交税费——未交增值税　　47 375.70

注：借方“应交税费——应交增值税”为专用账页，贷方“应交税费——未交增值税”为三栏式账页。

(16) 11 月 26 日，计提 11 月应缴纳的城建税和教育费附加。

解析：城建税和教育费附加是支持地方城市建设与教育的两种税费，缴纳给企业所在地的地方税务局。依据企业所在位置的不同，城建税税率分为 7%（市区）、5%（县城镇）和 1%（其他）。计算公式为：

城建税＝计提的(增值税＋营业税＋消费税)金额×7%

教育费附加＝计提的(增值税＋营业税＋消费税)金额×3%

计算 2012 年 11 月公司城建税：(43 375.70＋0＋0)×7%＝3 316.30 元。

计算 2012 年 11 月公司教育费附加：(43 375.70＋0＋0)×3%＝1 301.27 元。

借：营业税金及附加　　4 737.57

贷：应交税费——应交城建税　　3 316.30

——教育费附加　　1 421.27

(17) 11月30日，计提固定资产折旧。

固定资产的投入要在一定期限内按照一定的方法打入利润中去，作为利润的减少项目，这叫作提取折旧。企业一般是在每个月的月底提取，按照不同的使用部门记入管理费用、销售费用、制造费用等账户。提取折旧使用最多的方法就是直线法（平均年限法），公式如下：

固定资产的折旧额＝(固定资产的原价－固定资产的原价×残值率)/折旧年限

公式中，残值率是指某一固定资产折旧期满的残余价值与固定资产初始价值的比值，一般按3%～5%作为残值率。江苏阡陌科技有限公司统一规定残值率为5%。

我国法律规定的一般的固定资产最低年限是这样的：

(1) 房屋、建筑物，为20年；

(2) 飞机、火车、轮船、机器、机械和其他生产设备，为10年；

(3) 与生产经营活动有关的器具、工具、家具等，为5年；

(4) 飞机、火车、轮船以外的运输工具，为4年；

(5) 电子设备，为3年。

我国法律同时规定，当月购进的固定资产，应该在下月开始提取折旧；当月处理的固定资产，当月继续提折旧。

解析：江苏阡陌科技有限公司11月接收投资的小皮卡，12月底提取折旧。

(18) 11月30日，计提本月已经销售的商品的销售成本。

每月商品销售需要在月底结转其成本，但在一个月度内，同一品种的商品进货次数、单价均不同，那么销售时，以什么样的价格作为销售的计算单价呢？会计上规定了几种方法，我们只讲解最常用的“加权平均法”，其他如“先进先出法”、“移动加权平均法”均不讲解，如果你感兴趣，可以另行学习。

加权平均法，是根据本期期初结存存货的数量和金额与本期存入存货的数量和金额，在期末以此计算本期存货的加权平均单价，作为本期发出存货和期末结存存货的价格，一次性计算本期发出存货的实际成本。

加权平均法又称“综合加权平均法”、“全月一次加权平均法”，是指用本月全部进货数量加上月初存货数量作为权数，除以本月全部进货的成本加上月初存货成本，计算出存货的加权平均单价，以此为基础计算本月发出存货的成本和期末存货的成本的一种方法。用公式表示为：

$$\text{已发出存货的加权平均单价}=\frac{\text{月初结余的存货成本}+\text{本月购入存货成本}}{\text{月初结存存货数量}+\text{本月购入存货数量}}$$

$$\text{本期发出存货的成本}=\text{本期发出存货的数量}\times\text{存货加权平均单价}$$

$$\text{月末库存存货成本}=\text{月末库存存货数量}\times\text{存货加权平均单价}$$

解析：我们用丁字账表示本月库存商品两个品种的进销情况，如图 4-16 和图 4-17 所示：

借方（进货）　　1406 库存商品——服务器 X1　　贷方（销货）

借方（进货）		贷方（销货）		
(3) 3 台	230 769.23	(12)	5 台	?
	19 628.00			
(9) 4 台	256 410.26			
(Σ) 7 台	506 807.49	(Σ)	5 台	?

图 4-16　服务器 X1 当月进销情况

大家可能注意到了，我们在“(12) 5 台”后面出现了问号“?”，这个问号是什么意思呢？我们知道：这里的“5 台”是表示“服务器 X1”的数量减少了 5 台，那么减少了多少金额呢？现在暂时还不知道，我们先以“?”代替，在随后的解析中将给出金额，可以参见“图 4-18”。“服务器 X3”的金额参见“图 4-19”。

借方（进货）　　1406 库存商品——服务器 X3　　贷方（销货）

借方（进货）		贷方（销货）		
(6) 5 台	555 555.55	(12)	4 台	?
(Σ) 5 台	555 555.55	(Σ)	4 台	?

图 4-17　服务器 X3 当月进销情况

$$\text{计算已发出存货 X1 的加权平均单价}=\frac{\text{月初结余的存货成本 0}+\text{本月购入存货成本 506 807.49}}{\text{月初结存存货数量 0}+\text{本月购入存货数量 7}}$$

$$=72\,401.07(\text{元/台})$$

$$\text{本期发出存货 X1 的成本}=\text{本期发出存货的数量 5}\times\text{存货加权平均单价 72 401.07}$$

$$=362\,005.35(\text{元})$$

$$\text{月末库存存货X1的成本}=\text{月末库存存货数量}(0+7-5=2)\times\text{存货加权平均单价}\ 72\,401.07=144\,802.14(\text{元})$$

借：主营业务成本——服务器 X1　　362 005.35

　贷：库存商品——服务器 X1　　362 005.35

$$\text{计算已发出存货X3的加权平均单价}=\frac{\text{月初结余的存货成本}\ 0+\text{本月购入存货成本}\ 555\,555.55}{\text{月初结存存货数量}\ 0+\text{本月购入存货数量}\ 5}=111\,111.11(\text{元/台})$$

$$\text{本期发出存货X3的成本}=\text{本期发出存货的数量}\ 4\times\text{存货加权平均单价}\ 111\,111.11=444\,444.44(\text{元})$$

$$\text{月末库存存货X3的成本}=\text{月末库存存货数量}(0+5-4=1)\times\text{存货加权平均单价}\ 111\,111.11=111\,111.11(\text{元})$$

借：主营业务成本——服务器 X3　　444 444.44

　贷：库存商品——服务器 X3　　444 444.44

(19) 计提 2012 年 11 月企业所得税。

企业所得税是国家对经营单位的一定时期内的所有收入扣除可以冲减的所有成本费用后的净得，按照一定的比率（现在是 25%）计算征收的一个重要的税种。一般由企业按季度（也有按月度）计算预缴，年终进行所得税汇算清缴，这项工作要求在次年 4 月 30 日前完成。计提企业所得税可以按以下公式计算：

应交所得税税款=(收入−成本费用+纳税调整)×所得税税率

这里所说的“纳税调整”是因为税法上的规定与会计上的规定的差异所造成的，比如有些项目可以进入费用列支，但税法上规定只允许在一定金额范围内列支，超过部分要在纳税时调整增加，作为计算企业所得税的基数。如一般单位经常发生的招待费用只允许税前列支实际发生金额的 60%，同时不能够超过当年销售收入的 5‰。在日常工作中，企业希望能做到在限额以内既能充分列支费用，又能尽量减少税款，我们来计算找出二者的最佳比例关系。如果把企业当期取得的销售收入设为 x，当期列支的业务招待费设为 y，则当 $y\times60\%=x\times5‰$时，$y=8.3‰x$ 的关系存在。即当企业的业务招待费达到销售收入的 8.3‰时，就达到了招待费税前扣除的最高限额。超过部分，就应当进行纳税调增。

我们假设江苏阡陌科技有限公司的企业所得税是按月度计算预缴的。

解析：第一步，计算纳税调整额。江苏阡陌科技有限公司 11 月发生招待费用 2 万元，按 60％的比率计算，税法允许扣除 1.2 万元，本月实现销售收入 64.10＋70.09＝134.19 万元（用丁字账表示如图 4-18、图 4-19），按 5‰的比率计算为 0.670 94 万元。将 1.2 万元与 0.670 94 万元二者取小，当期允许扣除的招待费 0.670 94 万元，纳税调整额为 1.2－0.670 94＝0.529 06 万元。

借方（减少）	6001 主营业务收入——服务器 X1	贷方（增加）
	(12)	641 025.64
	(Σ)	641 025.64

图 4-18　服务器 X1 当月销售情况

借方（减少）	6001 主营业务收入——服务器 X3	贷方（增加）
	(13)	700 854.70
	(Σ)	700 854.70

图 4-19　服务器 X3 当月销售情况

这一步需要注意的是，各企业由于经济业务发生的情况不同，需要纳税调整的事项也不相同，有可能有“捐赠”、“利息支出”、“宣传费”等的调整，我们这里就不一一列举了。

第二步，计算收支差额。现在，你也可以用草稿纸一张上面划丁字账（如图 4-20）来得到当月借方发生额与贷方发生额。

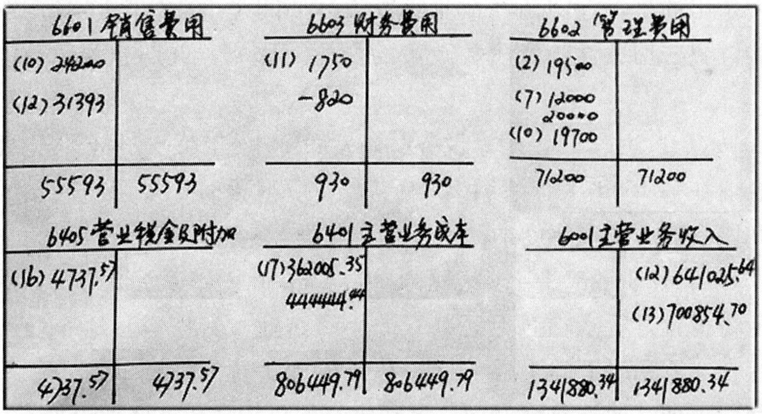

图 4-20　11 月损益类账户丁字账

实际的记账过程中，会计人员也可以不通过丁字账，在完成上述（1）至（18）项的明细账登记后，直接将本月所有的损益类会计科目的借方发生额与贷方发生额进行加总，得出“本月小计”记载在各账户的账页上。加总后的结果列示如表 4-4 所示：

表 4-4　　税前损益类科目借贷发生情况表　　单位：元

账户名称	借方发生额（成本费用）	贷方发生额（收入）
主营业务收入		1 341 880. 34
主营业务成本	806 449. 79	
营业税金及附加	4 737. 57	
管理费用	71 200	
销售费用	55 593	
财务费用	930	
合计	938 910. 36	1 341 880. 34

第三步，根据公式计算当期应该缴纳的企业所得税金额。

应交所得税税款=(收入−成本费用+纳税调整)×所得税税率
=(1 341 880. 34−938 910. 36+5 290. 60)×25%
=408 260. 58×25%=102 065. 15(元)

借：所得税费用　　102 065. 15
　贷：应交税费——应交所得税　　102 065. 15

所得税申报必须于次月的月初，在税务机关规定的期限内报送、缴纳。

需要指出的是，上文计算企业所得税的期间是 2012 年 11 月。在实际会计工作中，要密切关注国家税务政策的变化，比如，近期有关税费的最新政策有：

● 2014 年 11 月 3 日，国家税务总局发布 2014 年第 63 号公告，要求查账征收的企业在 2015 年汇算清缴 2014 年企业所得税时，采用新版本的《中华人民共和国企业所得税年度纳税申报表，A 类》（主表如图 4-21）。

● 2014 年 12 月 23 日，国家税务总局发布 2014 年第 122 号文，对按月预缴企业所得税且月收入在 3 万元以下的小微企业，对按季预缴企业所得税且季度收入在 9 万元以下的小微企业，于 2015 年 1 月 1 日至 2017 年 12 月 31 日免征教育费附加、地方教育附加、水利建设基金、文化事业建设费。

中华人民共和国企业所得税年度纳税申报表（A类）

行次	类别	项目	金额
1	利润总额计算	一、营业收入(填写A101010\101020\103000)	
2		减：营业成本(填写A102010\102020\103000)	
3		营业税金及附加	
4		销售费用(填写A104000)	
5		管理费用(填写A104000)	
6		财务费用(填写A104000)	
7		资产减值损失	
8		加：公允价值变动收益	
9		投资收益	
10		二、营业利润(1-2-3-4-5-6-7+8+9)	
11		加：营业外收入(填写A101010\101020\103000)	
12		减：营业外支出(填写A102010\102020\103000)	
13		三、利润总额（10+11-12）	
14	应纳税所得额计算	减：境外所得（填写A108010）	
15		加：纳税调整增加额（填写A105000）	
16		减：纳税调整减少额（填写A105000）	
17		减：免税、减计收入及加计扣除（填写A107010）	
18		加：境外应税所得抵减境内亏损（填写A108000）	
19		四、纳税调整后所得（13-14+15-16-17+18）	
20		减：所得减免（填写A107020）	
21		减：抵扣应纳税所得额（填写A107030）	
22		减：弥补以前年度亏损（填写A106000）	
23		五、应纳税所得额（19-20-21-22）	
24	应纳税额计算	税率（25%）	
25		六、应纳所得税额（23×24）	
26		减：减免所得税额（填写A107040）	
27		减：抵免所得税额（填写A107050）	
28		七、应纳税额（25-26-27）	
29		加：境外所得应纳所得税额（填写A108000）	
30		减：境外所得抵免所得税额（填写A108000）	
31		八、实际应纳所得税额（28+29-30）	
32		减：本年累计实际已预缴的所得税额	
33		九、本年应补（退）所得税额（31-32）	
34		其中：总机构分摊本年应补（退）所得税额(填写A109000)	
35		财政集中分配本年应补（退）所得税额（填写A109000）	
36		总机构主体生产经营部门分摊本年应补（退）所得税额(填写A109000)	
37	附列资料	以前年度多缴的所得税额在本年抵减额	
38		以前年度应缴未缴在本年入库所得税额	

自2015年1月1日启用

图 4-21　所得税纳税申报表

（20）结转 2012 年 11 月的当期损益。

结转损益是将全部的损益类会计账户按原发生的相反方向转账转入本年利润账户的账务处理过程，这是每月月底会计人员必须做的一项工作。所谓按反方向是指，贷方发生的损益账户（如“主营业务收入”）通过借记本账户，贷记“本年利润”账户；借方发生的损益账户（如“管理费用”）通过贷记本账户，借记“本年利润”账户。经过这样一个过程，通过“本年利润”

这一个账户就可以看出本企业当月的盈利或者亏损情况。

解析：各损益类科目的金额转入“本年利润”账户，结转后，各损益类账户余额均为零。“本年利润”账户的若为贷方余额则表示当期实现的净利润，“本年利润”账户若为借方余额为当期发生的净亏损。

第一步，结转损益类借方账户：

借：本年利润　　1 040 975.51

　贷：主营业务成本　　806 499.79

　　营业销售税金及附加　　4 737.57

　　管理费用　　71 200

　　销售费用　　55 593

　　财务费用　　930

　　所得税费用　　102 065.15

第二步，结转损益类贷方账户：

借：主营业务收入　　1 341 880.34

　贷：本年利润　　1 341 880.34

上述从第（15）至（20）项是会计人员在每个月的月底几天内必须完成的工作，完成之后才能进行所谓的“关账”工作（指当月账簿关闭，不能再进行任何经济业务的记载了，而记账前期的包括制单、审核、记账、结转等会计事务相应地也不能计入当月）。

每月月底的会计工作可概括如下：

（1）计算当月应承担的增值税、消费税、营业税及在此三项税收基础上的城建税和教育费附加。各不同性质的企业因经营项目不同，可能会承担其中的一种或者两种，不是全部都会承担的。

（2）计算当月应当计提和应当摊销的事项。前者如长期借款的利息支出、6 月底和 12 月底应提取的各类资产减值准备，后者如固定资产的折旧。

（3）计算当月已经销售的商品的成本，同时结出当月末的存货结存数量和金额。

（4）在季末和月末计算企业应承担的企业所得税。

（5）将所有的损益类账户转入“本年利润”账户。

看到这里，有个问题，请你思考一下：

如果计算应纳的增值税后，在 11 月 26 日至 30 日之间，又有一张进项税票必须在当月认证。想一想，这将对当期账务产生什么样的影响呢？

4.3.2 动笔先练手

1. 你会写数字吗

你会写数字吗？你肯定笑了："我上幼儿园就学过了!"学过了也不一定会写财会上的数字啊。财会工作中，小写阿拉伯数字的书写同普通的汉字书写是不同的，具体要求是：

（1）字迹工整，排列整齐有序，保持一定的倾斜度（数字与底线成60度的倾斜），并以向左下方倾斜为好。

（2）书写数字时，应使除"7"、"9"以外的每位数字紧靠底线且不要顶满格（行），数字之间一般不要连接，不可预留间隔（以不能够增加数字为宜）；每位数字上方预留1/2空格位置。

（3）除"4"、"5"以外的各单数字，均应一笔写成，不能人为地增加数字的数划。

（4）对一组数字的正确书写是，应按照自左向右的顺序进行，不可逆方向书写；在没有印刷数字格的会计书写中，同一行相邻数字之间应空出半个数字的位置。

（5）对不易写好、容易混淆且笔顺相近的数字书写，尽可能地按标准字体书写，区分笔顺，避免混同，以防涂改。比如：

- 数字"0"——紧贴底线，圆要闭合，不宜过小，否则易被改为"9"；"0"连写时，不要写连接线。
- 数字"1"——不能写短，要斜直，不能比其他数字短，否则易被改成"4"、"6"、"7"、"9"等数码字。
- 数字"2"——不能写成字母"Z"，落笔应紧贴底线，否则易被改成"3"字。
- 数字"3"——拐弯处光滑流畅，起笔处至拐弯处距离稍长，不宜过短，否则易被改成"5"。
- 数字"4"——"∠"角要死折，即竖要斜写，横要平直且长，折角不能圆，否则易被改成"6"。
- 数字"5"——横、钩必须明显，不可拖泥带水，否则易被改成或混淆成"8"字。
- 除数字"4"、"5"以外的数字须一笔完成，不可人为地增加。
- 数字"6"——起笔处在上半格的1/4处，下圆要明显，否则易被改成"4"、"8"字。

- 数字“7”——横要明显平直（即稍长），竖稍斜，拐弯处不得圆滑，以与数字“1”和“9”明显区别开来。
- 数字“7”、“9”两字的落笔可下伸到底线外，约占下格的 1/4 位置。
- 数字“6”、“8”、“9”、“0”都必须把圆圈笔画写顺、封口。
- 数字“2”、“3”、“5”、“8”应各自成体，防止搞混淆。

（6）适当使用分节号（“,”），分节号是会计人员书写数字时常用到的符号，它与点号不同，一般类似于逗号。从小数点往前，每三位数添加一个的符号，一般都是先写完一组数字再添加分节号。如数字“1 040 975.88”，可以写为“1,040,975.88”。

分节号的作用是用来区分数字的位数，防止看花眼，也便于读数。会计上的分节号，不是非填不可的。

（7）数字位置要对准。无论是何种手写账页，我们都可以看到它们上面密密麻麻如蛛网状般的瘦长形方格，这些方格的最上部分写着“千百十万千百十元角分”这样的字样，这是帮助我们对齐写准数字用的提示位。细细观察这些竖线你可以发现：从右往左，“元”位右边的竖线是红色的，其他竖线一般是绿色的，从“元”位再往左看，每三格会有一条加粗的绿色线，这就相当于分节号，也是帮助我们写数字的。

2. 数字需勤练

要把会计上的数字写好不是一朝一夕的事情，有空时需要经常练习书写。下面我给出一个参考的字样（如图 4-22），可以供你经常临摹：

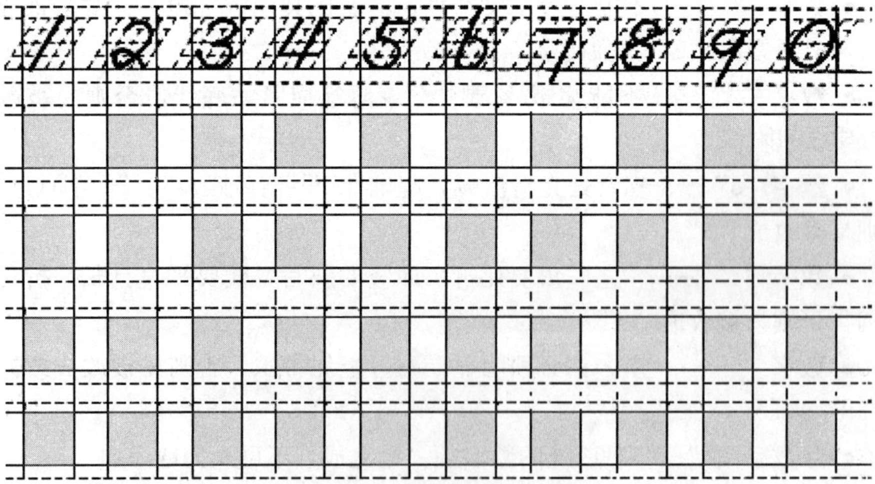

图 4-22 会计数字手写示例

4.3.3　填制审核凭证

1. 从经济业务到记账凭证

以下进行的账簿登记都是按照我们前面学习过的“科目汇总表记账法”（图 3-17、图 4-14）来进行的。我们先做第一步：

“根据原始凭证及原始凭证汇总表填制记账凭证，注意会计科目的运用及借贷方向。”

我们知道，原始凭证是根据经济业务过程中取得或者填制的，所以，我们必须在此完成的工作实际上是将客观世界中的经济事项进行整理、归类，形成原始凭证和记账凭证的过程。

在上一节，我们已经模拟了江苏阡陌科技有限公司 2012 年 11 月所发生的经济事项，在这些经济事项发生的过程中，会形成种种票据，形成了未加工的、最原始状态的书面记载。我们会计人员需要做的，就是要将这些书面记载，如合同、发票、验收单、发货单、国家机关的审批文件等进行整理、分类、加工，并填制汇总凭证、计提（分配）类表格，形成原始凭证。在此基础上，审核原始凭证，再按照各会计科目的核算内容、结合其借贷性质、增减金额，完成能够真实准确反映经济事项的会计分录，并把它们书面化，填写在格式化的记账凭证上。记账凭证经过复核、审查后，就可以成为账簿登记的依据了。

前述第（15）至（19）项各种计提、摊销类经济事项均需要制作相应的计算表格列明计算过程，作为自制原始凭证附于记账凭证后；（20）项结转损益账户为会计法规所规定，不需要制作计算表格等，无须任何原始凭证作为记账凭证的附件。

2. 填制后的记账凭证实物

对照上一节的第（1）至（20）项经济业务，将其会计分录原样登记在通用记账凭证上（在实际会计工作中，是根据审核后的原始凭证来填制记账凭证的）。我们将会看到的实物如图 4-23 至图 4-32 所示：

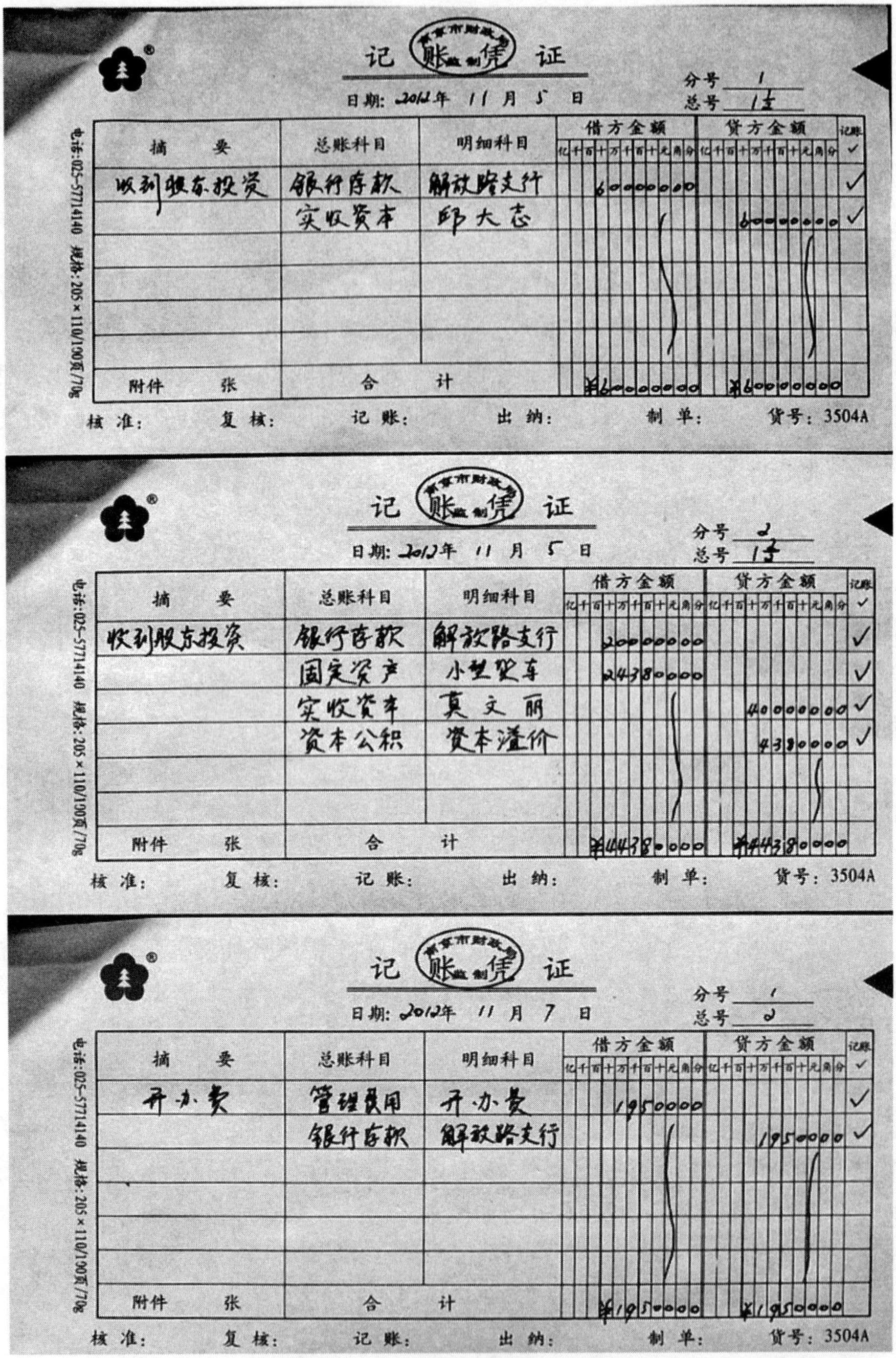

记账凭证

日期：2012年 11 月 5 日　　分号 1　　总号 1 1/2

摘要	总账科目	明细科目	借方金额	贷方金额	记账
收到股东投资	银行存款	解放路支行	60000000		✓
	实收资本	邱大志		60000000	✓
附件 张	合计		¥60000000	¥60000000	

核准：　复核：　记账：　出纳：　制单：　货号：3504A

记账凭证

日期：2012年 11 月 5 日　　分号 2　　总号 1 2/2

摘要	总账科目	明细科目	借方金额	贷方金额	记账
收到股东投资	银行存款	解放路支行	20000000		✓
	固定资产	小型货车	24380000		✓
	实收资本	莫文丽		40000000	✓
	资本公积	资本溢价		4380000	✓
附件 张	合计		¥44380000	¥44380000	

核准：　复核：　记账：　出纳：　制单：　货号：3504A

记账凭证

日期：2012年 11 月 7 日　　分号 1　　总号 2

摘要	总账科目	明细科目	借方金额	贷方金额	记账
开办费	管理费用	开办费	1950000		✓
	银行存款	解放路支行		1950000	✓
附件 张	合计		¥1950000	¥1950000	

核准：　复核：　记账：　出纳：　制单：　货号：3504A

图 4-23　填制后的记账凭证实物 1

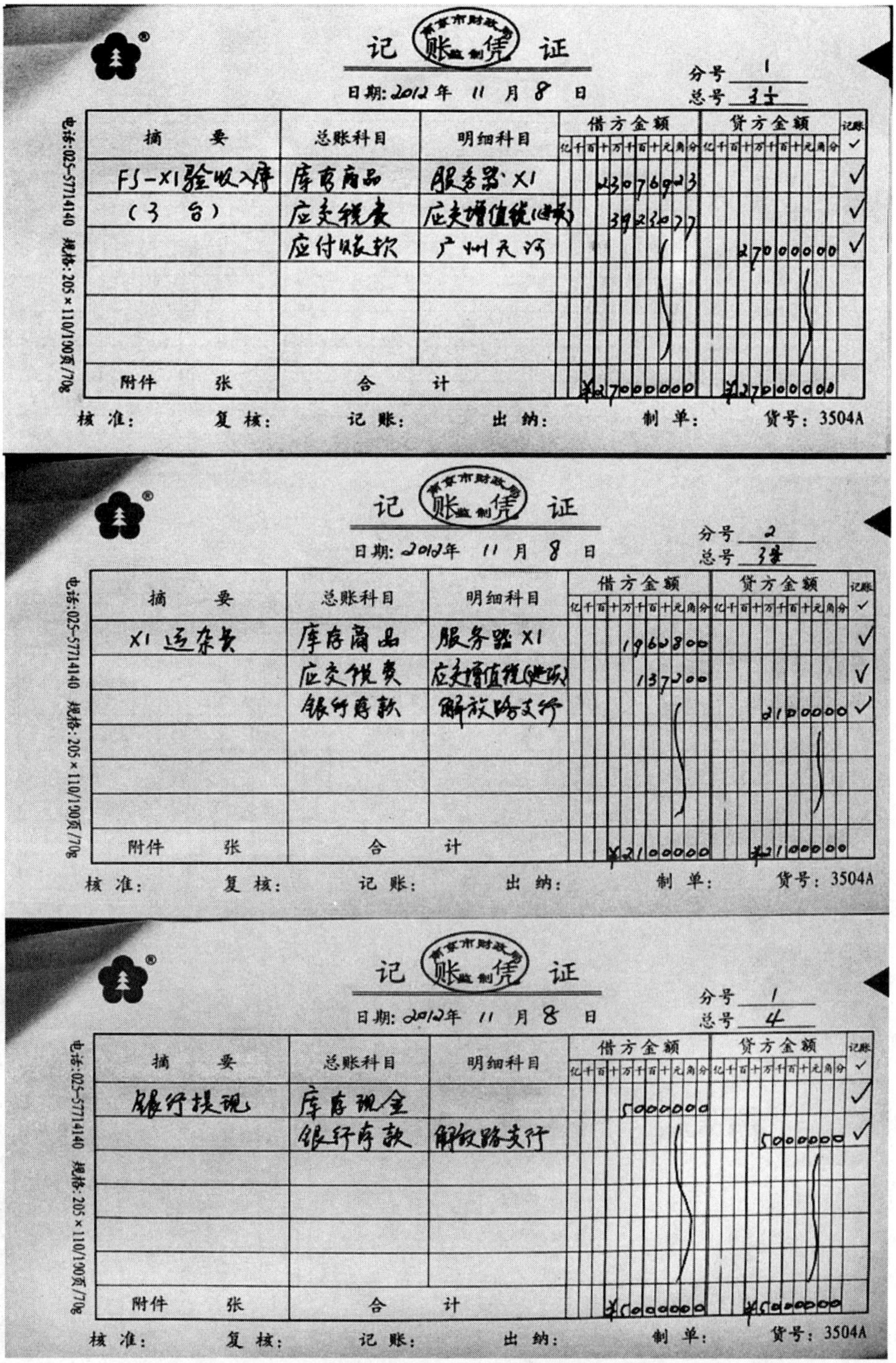

记账凭证　（南京市财政局监制）

日期：2012 年 11 月 8 日　　分号 1　总号 3 1/2

摘要	总账科目	明细科目	借方金额	贷方金额	记账
FS-X1验收入库	库存商品	服务器X1	23076923		✓
（3 台）	应交税费	应交增值税(进项)	3923077		✓
	应付账款	广州天河		27000000	✓
附件　张	合计		¥27000000	¥27000000	

核准：　复核：　记账：　出纳：　制单：　货号：3504A

电话:025-57714140　规格:205×110/190页/70g

记账凭证　（南京市财政局监制）

日期：2012 年 11 月 8 日　　分号 2　总号 3 2/2

摘要	总账科目	明细科目	借方金额	贷方金额	记账
X1运杂费	库存商品	服务器X1	1962800		✓
	应交税费	应交增值税(进项)	137200		✓
	银行存款	解放路支行		2100000	✓
附件　张	合计		¥2100000	¥2100000	

核准：　复核：　记账：　出纳：　制单：　货号：3504A

电话:025-57714140　规格:205×110/190页/70g

记账凭证　（南京市财政局监制）

日期：2012 年 11 月 8 日　　分号 1　总号 4

摘要	总账科目	明细科目	借方金额	贷方金额	记账
银行提现	库存现金		5000000		✓
	银行存款	解放路支行		5000000	✓
附件　张	合计		¥5000000	¥5000000	

核准：　复核：　记账：　出纳：　制单：　货号：3504A

电话:025-57714140　规格:205×110/190页/70g

图 4-24　填制后的记账凭证实物 2

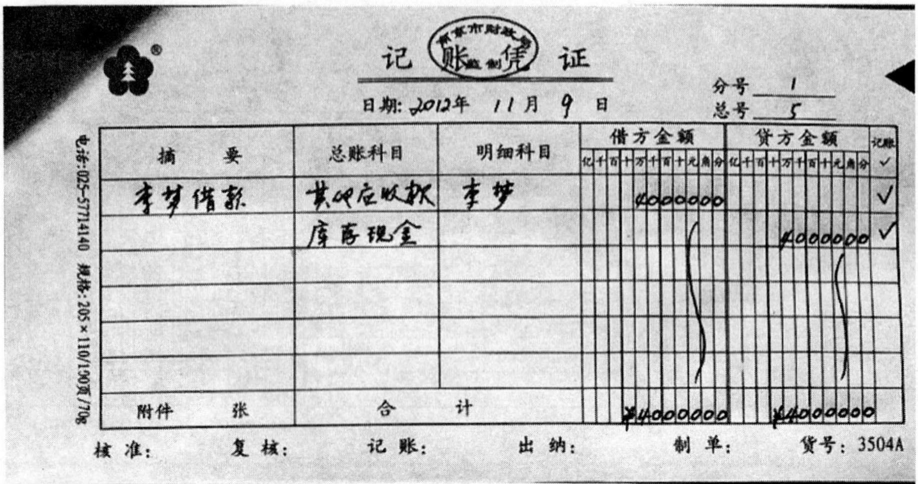

记账凭证

日期：2012年 11月 9日　　分号 1　总号 5

摘要	总账科目	明细科目	借方金额	贷方金额	记账✓
李梦借款	其他应收款	李梦	4000000		✓
	库存现金			4000000	✓
附件　张	合计		¥4000000	¥4000000	

核准：　复核：　记账：　出纳：　制单：　货号：3504A

电话:025-57714140　规格:205×110/190页/70g

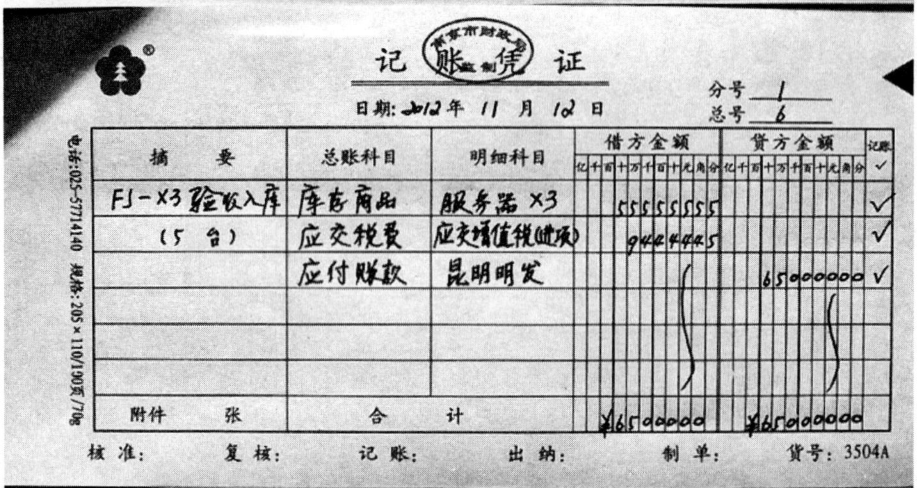

记账凭证

日期：2012年 11月 12日　　分号 1　总号 6

摘要	总账科目	明细科目	借方金额	贷方金额	记账✓
FJ-X3验收入库	库存商品	服务器×3	55555555		✓
（5 台）	应交税费	应交增值税(进项)	9444445		✓
	应付账款	昆明明发		65000000	✓
附件　张	合计		¥65000000	¥65000000	

核准：　复核：　记账：　出纳：　制单：　货号：3504A

电话:025-57714140　规格:205×110/190页/70g

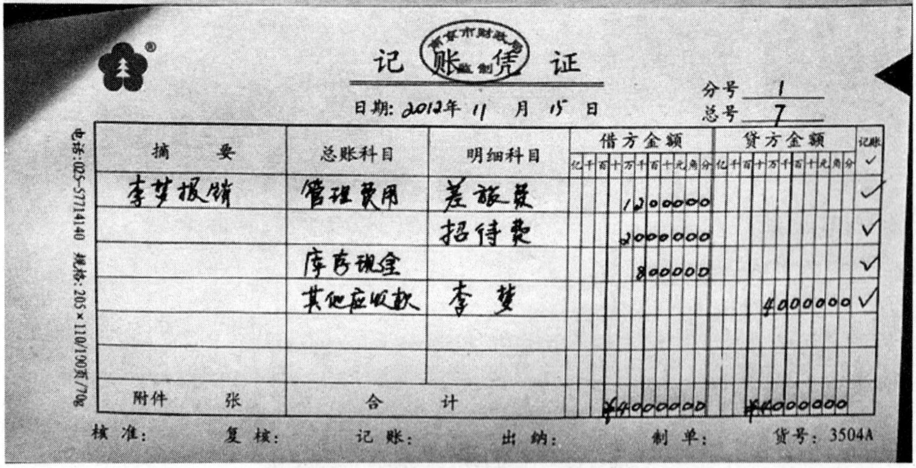

记账凭证

日期：2012年 11月 15日　　分号 1　总号 7

摘要	总账科目	明细科目	借方金额	贷方金额	记账✓
李梦报销	管理费用	差旅费	1200000		✓
		招待费	2000000		✓
	库存现金		800000		✓
	其他应收款	李梦		4000000	✓
附件　张	合计		¥4000000	¥4000000	

核准：　复核：　记账：　出纳：　制单：　货号：3504A

电话:025-57714140　规格:205×110/190页/70g

图 4-25　填制后的记账凭证实物 3

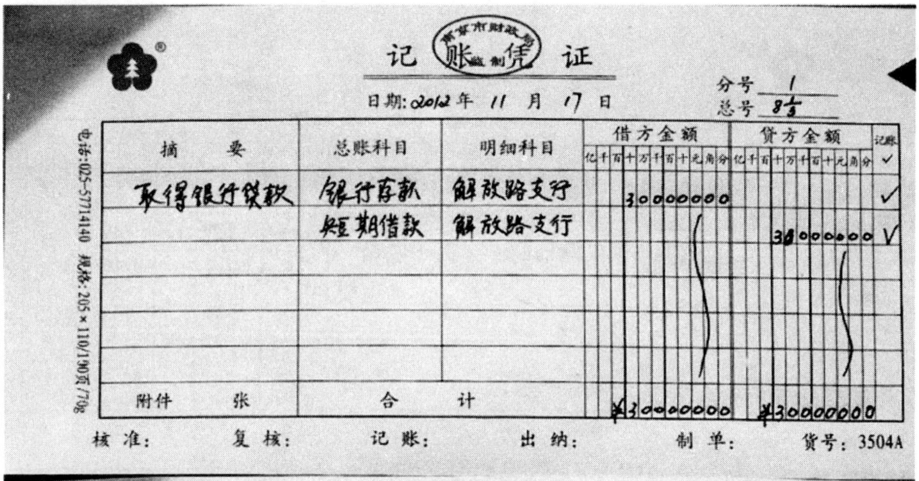

记账凭证

南京市财政局监制

分号 1
总号 8 1/3

日期: 2012年 11月 17日

摘要	总账科目	明细科目	借方金额	贷方金额	记账
取得银行贷款	银行存款	解放路支行	30000000		✓
	短期借款	解放路支行		30000000	✓
附件　张	合计		¥30000000	¥30000000	

核准:　复核:　记账:　出纳:　制单:　货号: 3504A

电话:025-5771414 0　规格:205×110/190页/70g

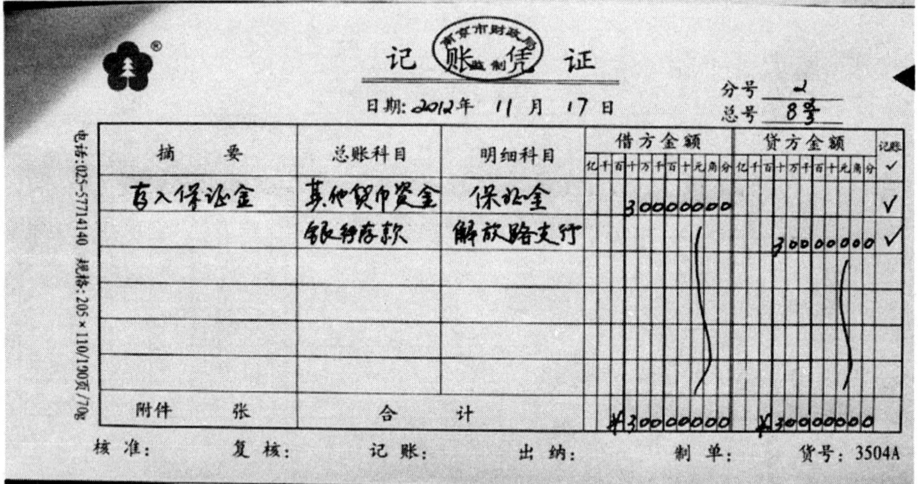

记账凭证

南京市财政局监制

分号 2
总号 8 2/3

日期: 2012年 11月 17日

摘要	总账科目	明细科目	借方金额	贷方金额	记账
存入保证金	其他货币资金	保证金	30000000		✓
	银行存款	解放路支行		30000000	✓
附件　张	合计		¥30000000	¥30000000	

核准:　复核:　记账:　出纳:　制单:　货号: 3504A

电话:025-5771414 0　规格:205×110/190页/70g

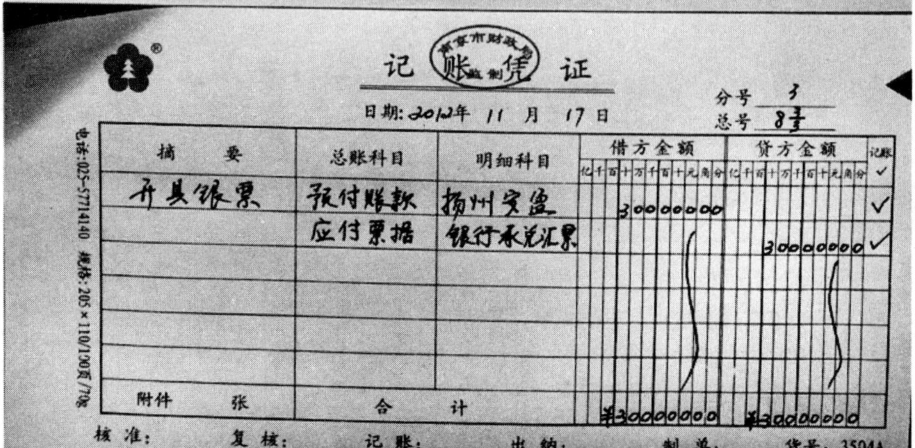

记账凭证

南京市财政局监制

分号 3
总号 8 3/3

日期: 2012年 11月 17日

摘要	总账科目	明细科目	借方金额	贷方金额	记账
开具银票	预付账款	扬州实盛	30000000		✓
	应付票据	银行承兑汇票		30000000	✓
附件　张	合计		¥30000000	¥30000000	

核准:　复核:　记账:　出纳:　制单:　货号: 3504A

电话:025-5771414 0　规格:205×110/190页/70g

图 4-26　填制后的记账凭证实物 4

记账凭证

日期：2012年 11 月 19 日　　分号 1　总号 9

摘要	总账科目	明细科目	借方金额	贷方金额	记账
FJ-X1 验收入库	库存商品	服务器 X1	25641026		✓
（4 台）	应交税费	应交增值税(进项)	4358974		✓
	预付账款	扬州安盈		30000000	
附件　张	合计		¥30000000	¥30000000	

核准：　复核：　记账：　出纳：　制单：　货号：3504A

电话:025-57714140　规格:205×110/190页/70g

记账凭证

日期：2012年 11 月 20 日　　分号 1　总号 10 1/2

摘要	总账科目	明细科目	借方金额	贷方金额	记账
银行提现	库存现金		4000000		✓
	银行存款	解放路支行		4000000	✓
附件　张	合计		¥4000000	¥4000000	

核准：　复核：　记账：　出纳：　制单：　货号：3504A

电话:025-57714140　规格:205×110/190页/70g

记账凭证

日期：2012年 11 月 20 日　　分号 2　总号 10 2/2

摘要	总账科目	明细科目	借方金额	贷方金额	记账
发放工资	应付职工薪酬	工薪	3800000		✓
	库存现金			3800000	✓
附件　张	合计		¥3800000	¥3800000	

核准：　复核：　记账：　出纳：　制单：　货号：3504A

电话:025-57714140　规格:205×110/190页/70g

图 4-27　填制后的记账凭证实物 5

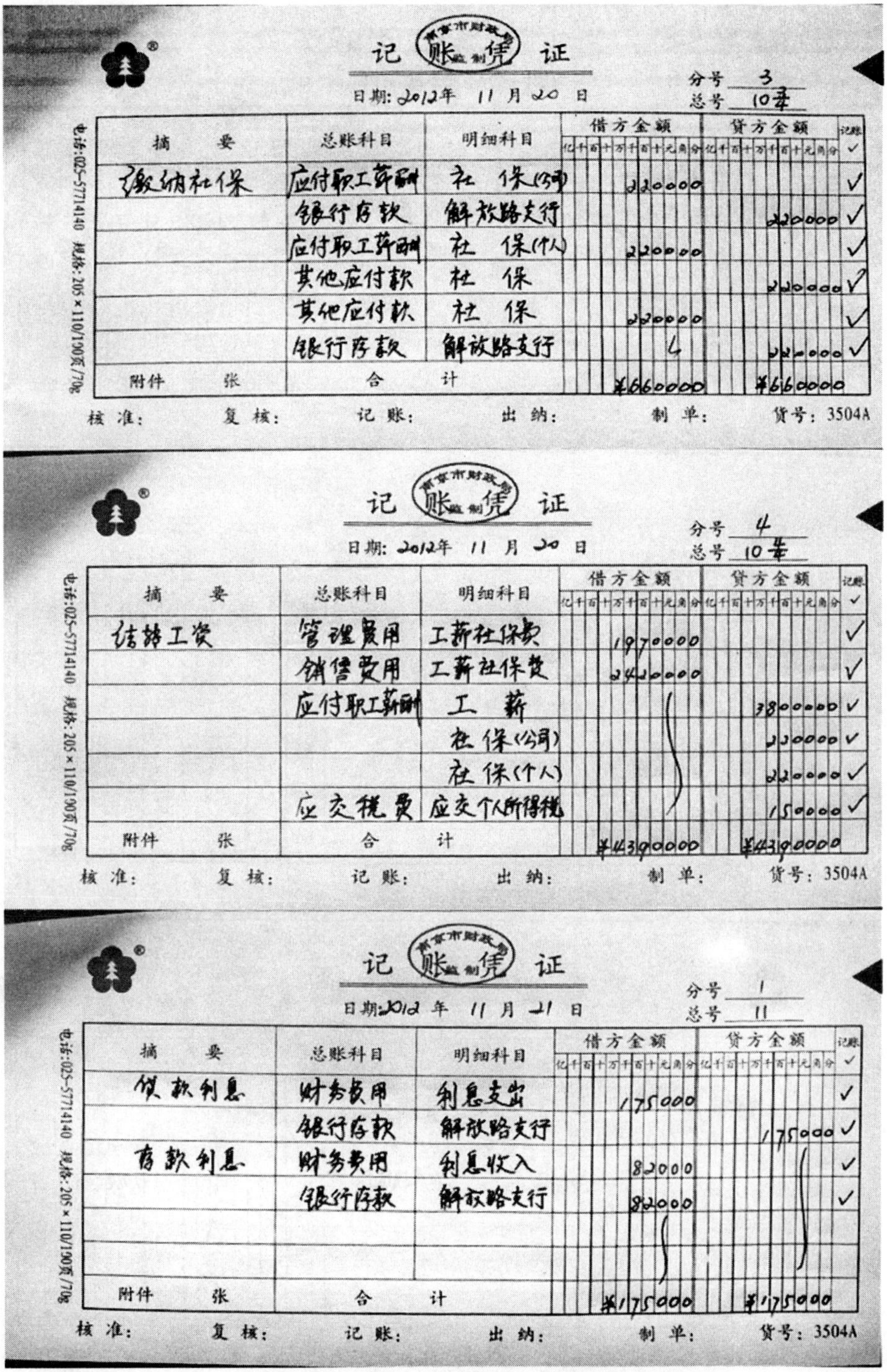

记账凭证

日期: 2012年 11 月 20 日　　分号 3　总号 10 2/3

摘要	总账科目	明细科目	借方金额	贷方金额	记账 ✓
缴纳社保	应付职工薪酬	社保(公司)	220000		✓
	银行存款	解放路支行		220000	✓
	应付职工薪酬	社保(个人)	220000		✓
	其他应付款	社保		220000	✓
	其他应付款	社保	220000		✓
	银行存款	解放路支行		220000	✓
附件 张	合计		¥660000	¥660000	

核准:　复核:　记账:　出纳:　制单:　货号: 3504A

记账凭证

日期: 2012年 11 月 20 日　　分号 4　总号 10 3/3

摘要	总账科目	明细科目	借方金额	贷方金额	记账 ✓
结转工资	管理费用	工薪社保费	1970000		✓
	销售费用	工薪社保费	2420000		✓
	应付职工薪酬	工薪		3800000	✓
		社保(公司)		220000	✓
		社保(个人)		220000	✓
	应交税费	应交个人所得税		150000	✓
附件 张	合计		¥4390000	¥4390000	

核准:　复核:　记账:　出纳:　制单:　货号: 3504A

记账凭证

日期: 2012 年 11 月 21 日　　分号 1　总号 11

摘要	总账科目	明细科目	借方金额	贷方金额	记账 ✓
贷款利息	财务费用	利息支出	175000		✓
	银行存款	解放路支行		175000	✓
存款利息	财务费用	利息收入	82000		✓
	银行存款	解放路支行	82000		✓
附件 张	合计		¥175000	¥175000	

核准:　复核:　记账:　出纳:　制单:　货号: 3504A

图 4-28　填制后的记账凭证实物 6

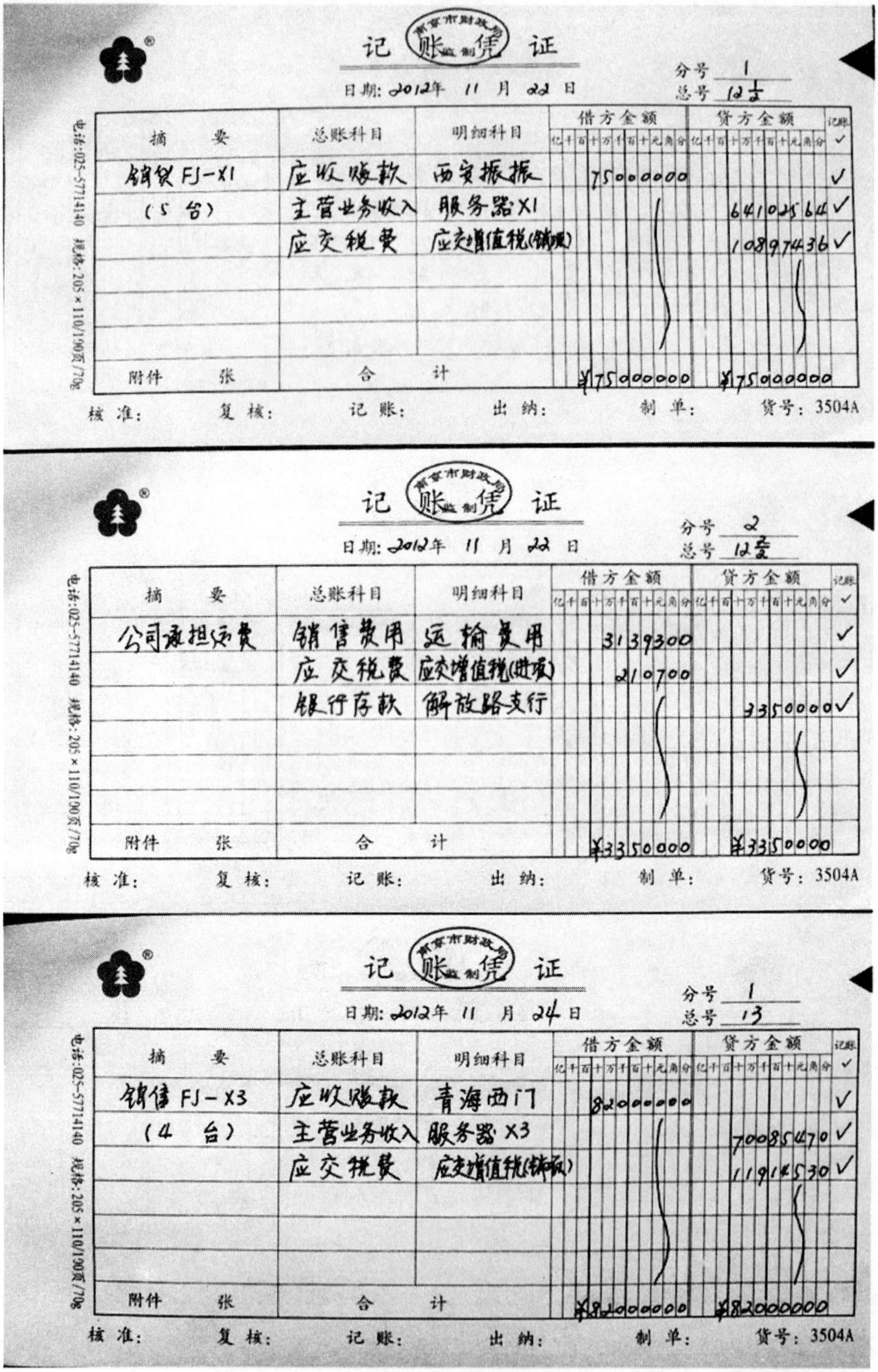

记账凭证

日期：2012年 11 月 22 日 分号 1 总号 12 1/2

摘要	总账科目	明细科目	借方金额	贷方金额	记账✓
销货 FJ-X1	应收账款	西安振振	75000000		✓
(5 台)	主营业务收入	服务器 X1		64102564	✓
	应交税费	应交增值税(销项)		10897436	✓
附件 张	合计		¥75000000	¥75000000	

核准： 复核： 记账： 出纳： 制单： 货号：3504A

记账凭证

日期：2012年 11 月 22 日 分号 2 总号 12 2/2

摘要	总账科目	明细科目	借方金额	贷方金额	记账✓
公司承担运费	销售费用	运输费用	3139300		✓
	应交税费	应交增值税(进项)	210700		✓
	银行存款	解放路支行		3350000	✓
附件 张	合计		¥3350000	¥3350000	

核准： 复核： 记账： 出纳： 制单： 货号：3504A

记账凭证

日期：2012年 11 月 24 日 分号 1 总号 13

摘要	总账科目	明细科目	借方金额	贷方金额	记账✓
销售 FJ-X3	应收账款	青海西门	82000000		✓
(4 台)	主营业务收入	服务器 X3		70085470	✓
	应交税费	应交增值税(销项)		11914530	✓
附件 张	合计		¥82000000	¥82000000	

核准： 复核： 记账： 出纳： 制单： 货号：3504A

图 4-29 填制后的记账凭证实物 7

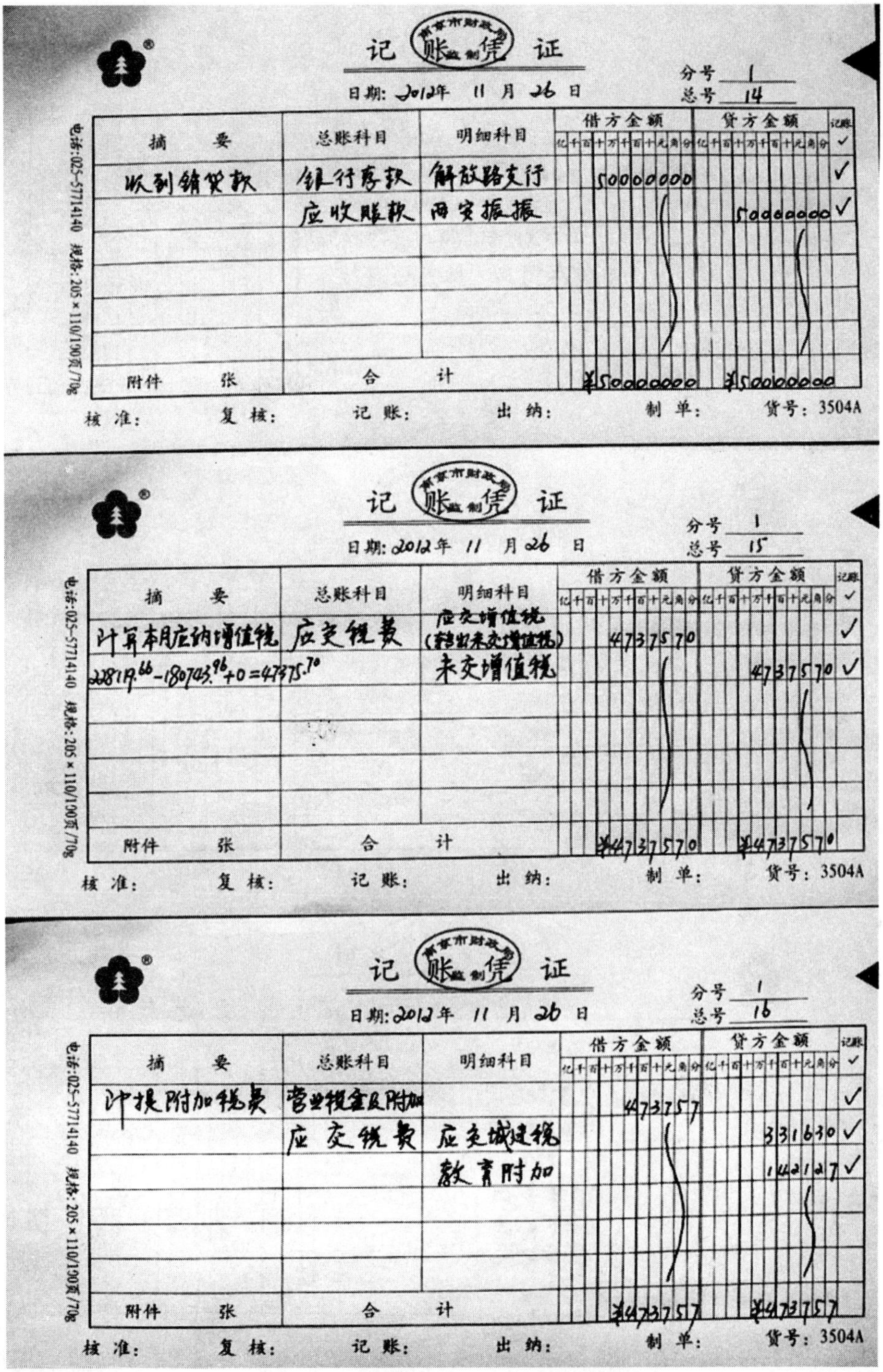

记账凭证

日期：2012年 11 月 26 日　分号 1　总号 14

摘要	总账科目	明细科目	借方金额	贷方金额	记账
收到销货款	银行存款	解放路支行	50000000		✓
	应收账款	西安振振		50000000	✓
附件　张	合计		¥50000000	¥50000000	

核准：　复核：　记账：　出纳：　制单：　货号：3504A

记账凭证

日期：2012 年 11 月 26 日　分号 1　总号 15

摘要	总账科目	明细科目	借方金额	贷方金额	记账
计算本月应纳增值税	应交税费	应交增值税（转出未交增值税）	4737570		✓
22817.66－18070.96＋0＝4737.70		未交增值税		4737570	✓
附件　张	合计		¥4737570	¥4737570	

核准：　复核：　记账：　出纳：　制单：　货号：3504A

记账凭证

日期：2012 年 11 月 26 日　分号 1　总号 16

摘要	总账科目	明细科目	借方金额	贷方金额	记账
计提附加税费	营业税金及附加		473757		✓
	应交税费	应交城建税		331630	✓
		教育附加		142127	✓
附件　张	合计		¥473757	¥473757	

核准：　复核：　记账：　出纳：　制单：　货号：3504A

图 4-30　填制后的记账凭证实物 8

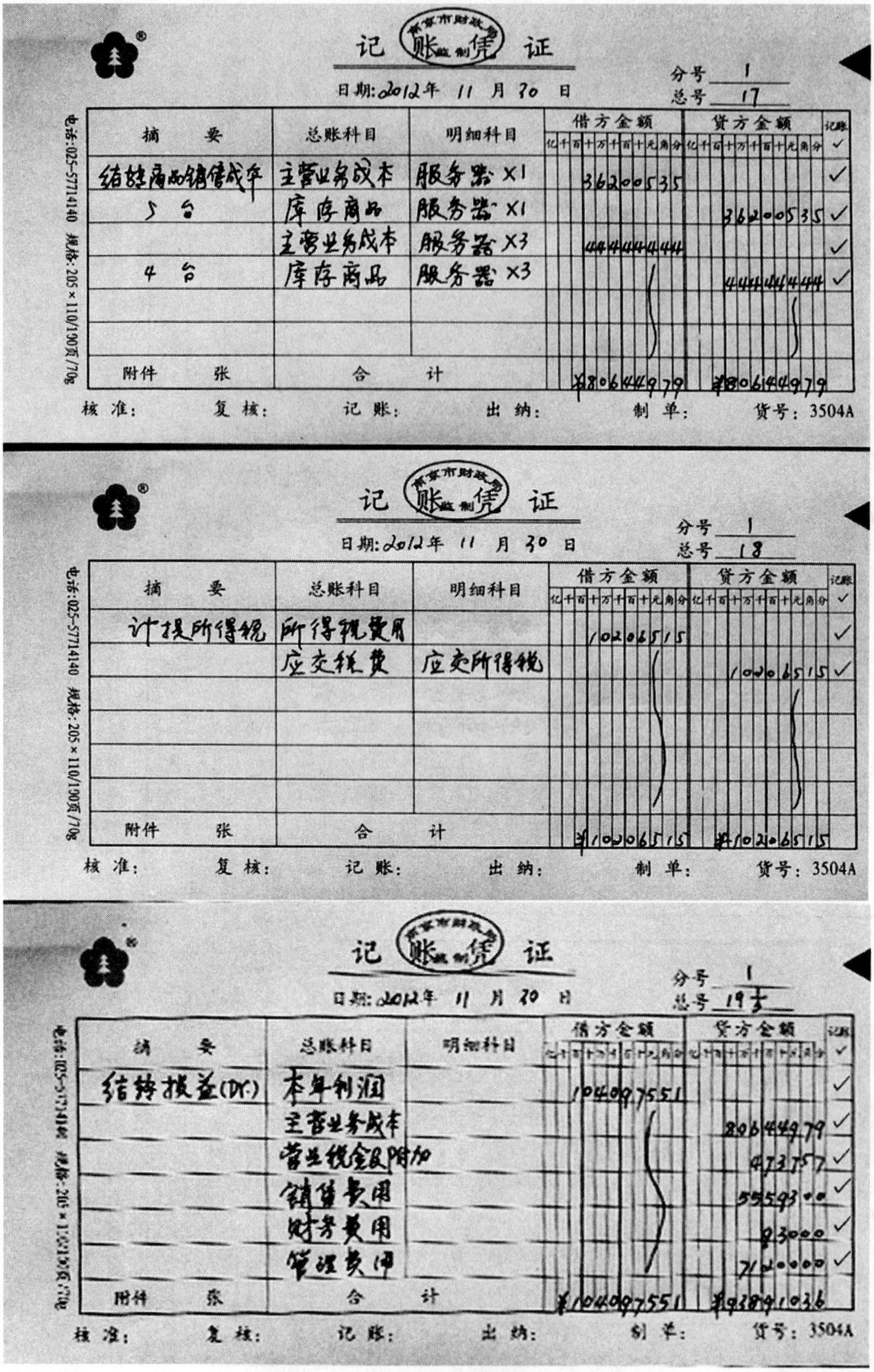

记账凭证

日期：2012年11月30日　分号 1　总号 17

摘要	总账科目	明细科目	借方金额	贷方金额	记账✓
结转商品销售成本	主营业务成本	服务器×1	36200535		✓
5台	库存商品	服务器×1		36200535	✓
	主营业务成本	服务器×3	44444444		✓
4台	库存商品	服务器×3		44444444	✓
附件　张	合计		¥80644979	¥80644979	

核准：　复核：　记账：　出纳：　制单：　货号：3504A

记账凭证

日期：2012年11月30日　分号 1　总号 18

摘要	总账科目	明细科目	借方金额	贷方金额	记账✓
计提所得税	所得税费用		10206515		✓
	应交税费	应交所得税		10206515	✓
附件　张	合计		¥10206515	¥10206515	

核准：　复核：　记账：　出纳：　制单：　货号：3504A

记账凭证

日期：2012年11月30日　分号 1　总号 19 1/3

摘要	总账科目	明细科目	借方金额	贷方金额	记账✓
结转损益(DR)	本年利润		1040097551		✓
	主营业务成本			80644979	✓
	营业税金及附加			473157	✓
	销售费用			5559300	✓
	财务费用			83000	✓
	管理费用			7120000	✓
附件　张	合计		¥1040097551	¥93891036	

核准：　复核：　记账：　出纳：　制单：　货号：3504A

图 4-31　填制后的记账凭证实物 9

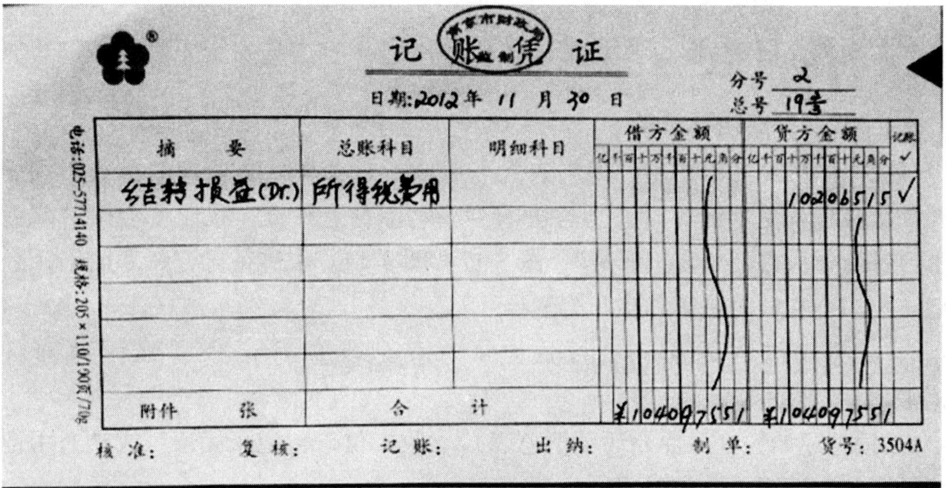

记账凭证

日期:2012年11月30日　　分号 2　总号 19⅔

摘要	总账科目	明细科目	借方金额	贷方金额	记账
结转损益(Dr.)	所得税费用			10206515	✓
附件　张	合计		¥104097551	¥104097551	

核准：　复核：　记账：　出纳：　制单：　货号：3504A

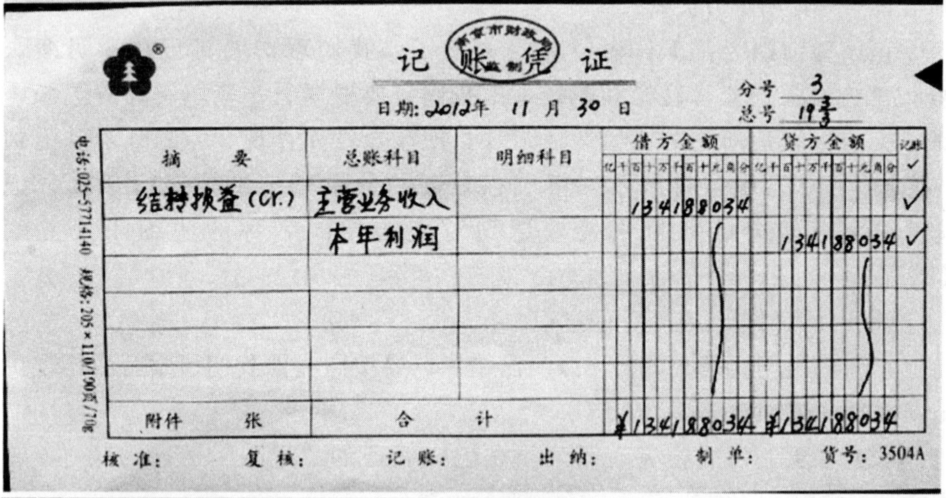

记账凭证

日期:2012年11月30日　　分号 3　总号 19⅔

摘要	总账科目	明细科目	借方金额	贷方金额	记账
结转损益(Cr.)	主营业务收入		134188034		✓
	本年利润			134188034	✓
附件　张	合计		¥134188034	¥134188034	

核准：　复核：　记账：　出纳：　制单：　货号：3504A

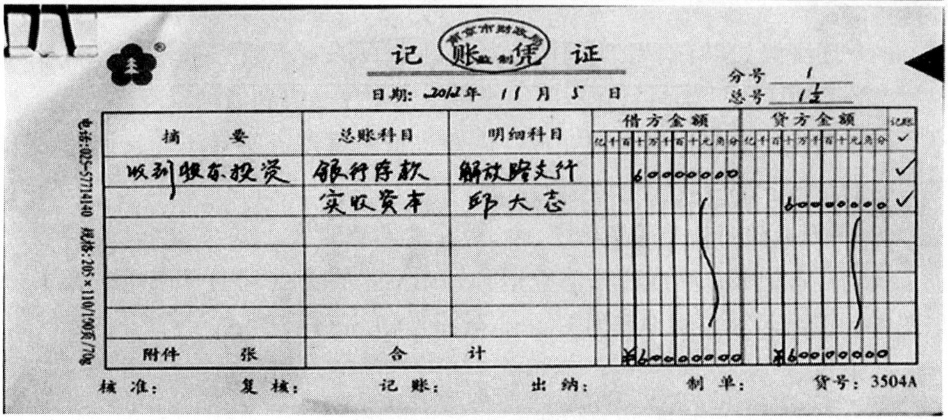

记账凭证

日期:2012年11月5日　　分号 1　总号 1½

摘要	总账科目	明细科目	借方金额	贷方金额	记账
收到股东投资	银行存款	解放路支行	60000000		✓
	实收资本	邱大志		60000000	✓
附件　张	合计		¥60000000	¥60000000	

核准：　复核：　记账：　出纳：　制单：　货号：3504A

图 4-32　填制后的记账凭证实物 10

4.3.4 日记账、明细账，账账 EASY

1. 从凭证到明细账簿

我们一直说良田初垦，如同农人一般，经过了那么多辛勤的准备，我们要来体验和享受犁铧初始破土的快乐了。紧接着上一步，我们将会按照前面学习过的“科目汇总表记账法”（图 3-17、图 4-14）来进行日记账和明细账登记，我们正在做的是第二步和第三步：

“根据‘收款凭证’、‘付款凭证’登记现金日记账和银行存款日记账。”

“根据原始凭证（原始凭证汇总表）、‘收、付、转记账凭证’或‘通用记账凭证’登记明细分类账。”

正因为前期准备工作做得相当充分了，我们现在的日记账、明细账登记工作就显得非常轻松和顺畅了。我们只要根据上一节填制好的记账凭证，并参照其后所附的原始凭证附件，把涉及“库存现金”的分录登记到“现金日记账”中，将涉及“银行存款”的分录登记到“银行存款日记账”中，其他会计科目直接登记到对应的相同名称的明细账页上就 OK 了。

需要注意的是，在登记的过程中：

（1）细心仍然是必需的，万一出错了，要按照前面我们所学习的错误更正方法改正过来。

（2）账页上每登记完一行，要在记账凭证的“记账”栏打钩（“√”）标注。

（3）明细账如果有下级明细的，需要在账页的右上角“某级科目编号及名称”处写明下级明细科目在本明细账户中的顺序号码和名称。

（4）当月的全部记录登记完成，需要进行月度账务结转工作，这在第三章“账的结转”部分我们也是学过了的。

2. 登账后的明细账簿实物

我们将日记账、明细账账簿登记和月结后，将会看到的日记账账页实物如图 4-33、图 4-34，明细账如图 4-35 至图 4-46 所示：

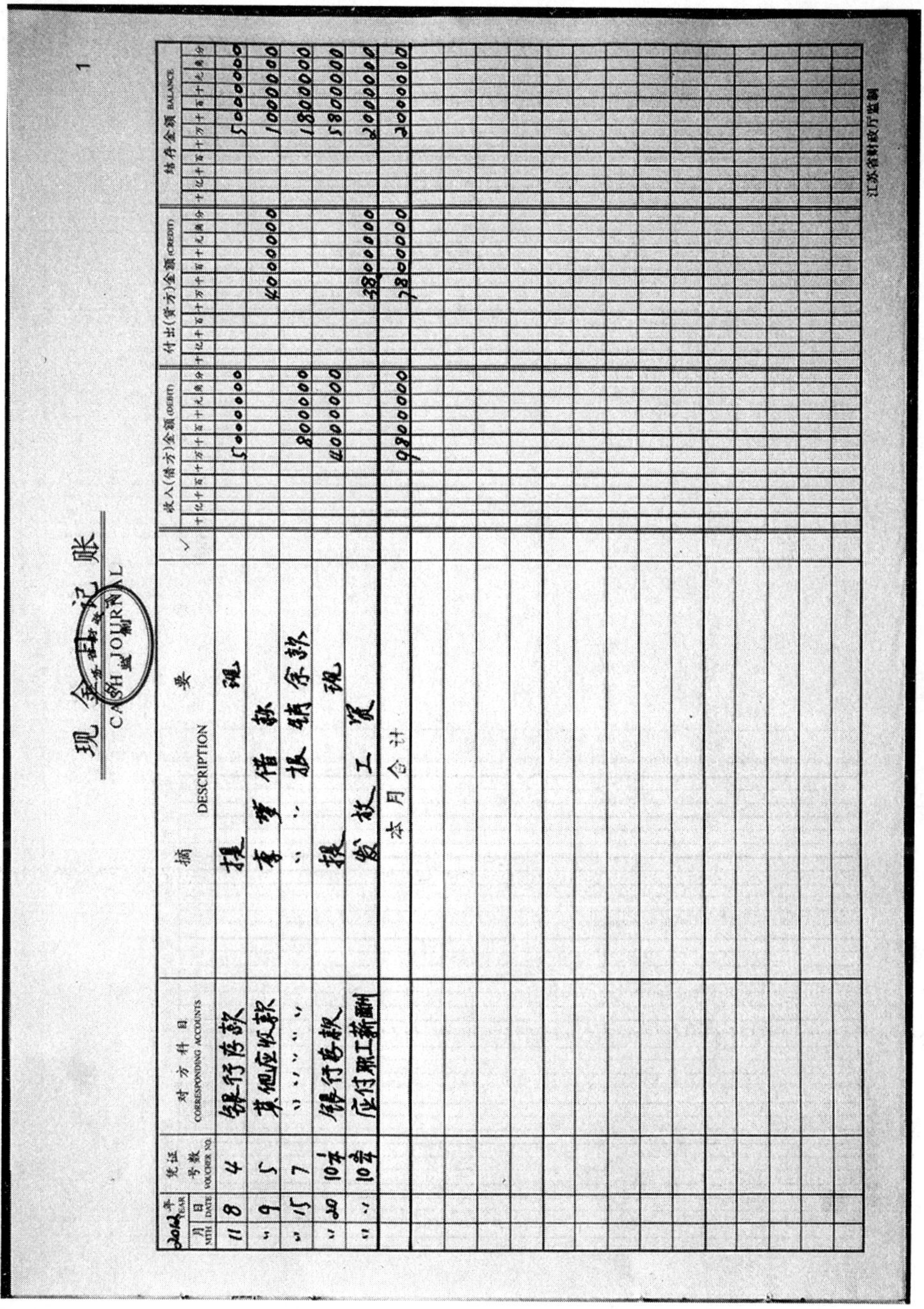

现金日记账
CASH JOURNAL

1

2012年 月	日	凭证号数	对方科目	摘要	收入(借方)金额	付出(贷方)金额	结存金额
11	8	4	银行存款	提现	5000000		5000000
〃	9	5	其他应收款	李梦借款		4000000	1000000
〃	15	7	〃〃〃〃〃	〃〃报销余款	800000		1800000
〃	20	10 1/2	银行存款	提现	4000000		5800000
〃	〃	10 2/2	应付职工薪酬	发放工资		3800000	2000000
				本月合计	9800000	7800000	2000000

江苏省财政厅监制

图 4-33　已登账的 11 月现金日记账

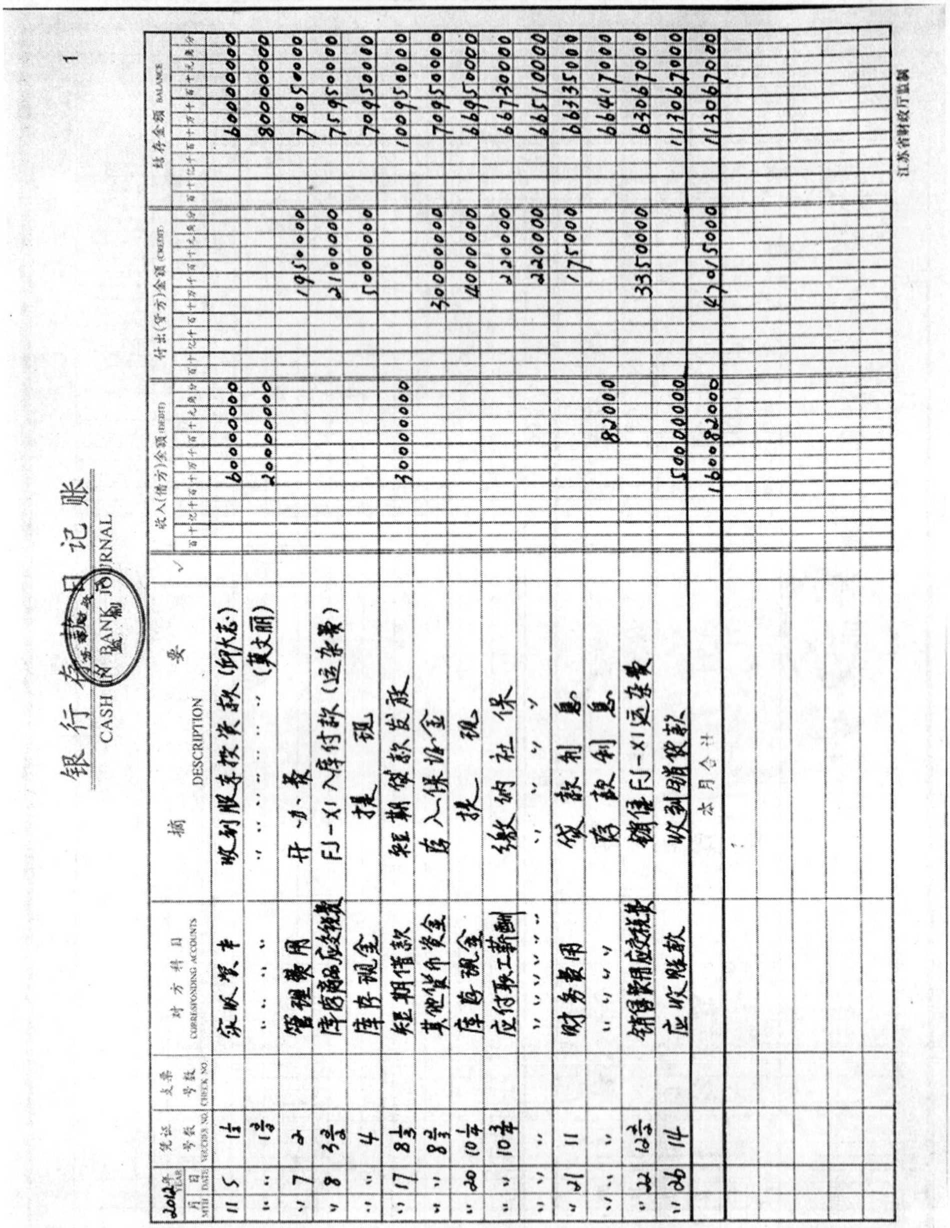

银行存款日记账
CASH IN BANK JOURNAL

2012年 月	日	凭证号数	支票号数	对方科目	摘要	✓	收入(借方)金额	付出(贷方)金额	结存金额
11	5	1 1/2		实收资本	收到股东投资款(邱大志)		60000000		60000000
〃	〃	1 2/2		〃 〃 〃	〃 〃 〃 〃 (莫文丽)		20000000		80000000
〃	7	2		管理费用	开办费			1950000	78050000
〃	8	3 2/2		库存商品应交税费	FJ-X1入库付款(运杂费)			2100000	75950000
〃	〃	4		库存现金	提现			5000000	70950000
〃	17	8 1/3		短期借款	短期贷款发放		30000000		100950000
〃	〃	8 2/3		其他货币资金	存入保证金			30000000	70950000
〃	20	10 1/4		库存现金	提现			4000000	66950000
〃	〃	10 2/4		应付职工薪酬	缴纳社保			220000	66730000
〃	〃	〃		〃 〃 〃	〃 〃 〃			220000	66510000
〃	21	11		财务费用	贷款利息			175000	66335000
〃	〃	〃		〃 〃 〃	存款利息		82000		66417000
〃	22	12 2/2		销售费用应交税费	销售FJ-X1运杂费			3350000	63067000
〃	26	14		应收账款	收到销货款		50000000		113067000
					本月合计		160082000	47015000	113067000

江苏省财政厅监制

图 4-34　已登账的 11 月银行存款日记账

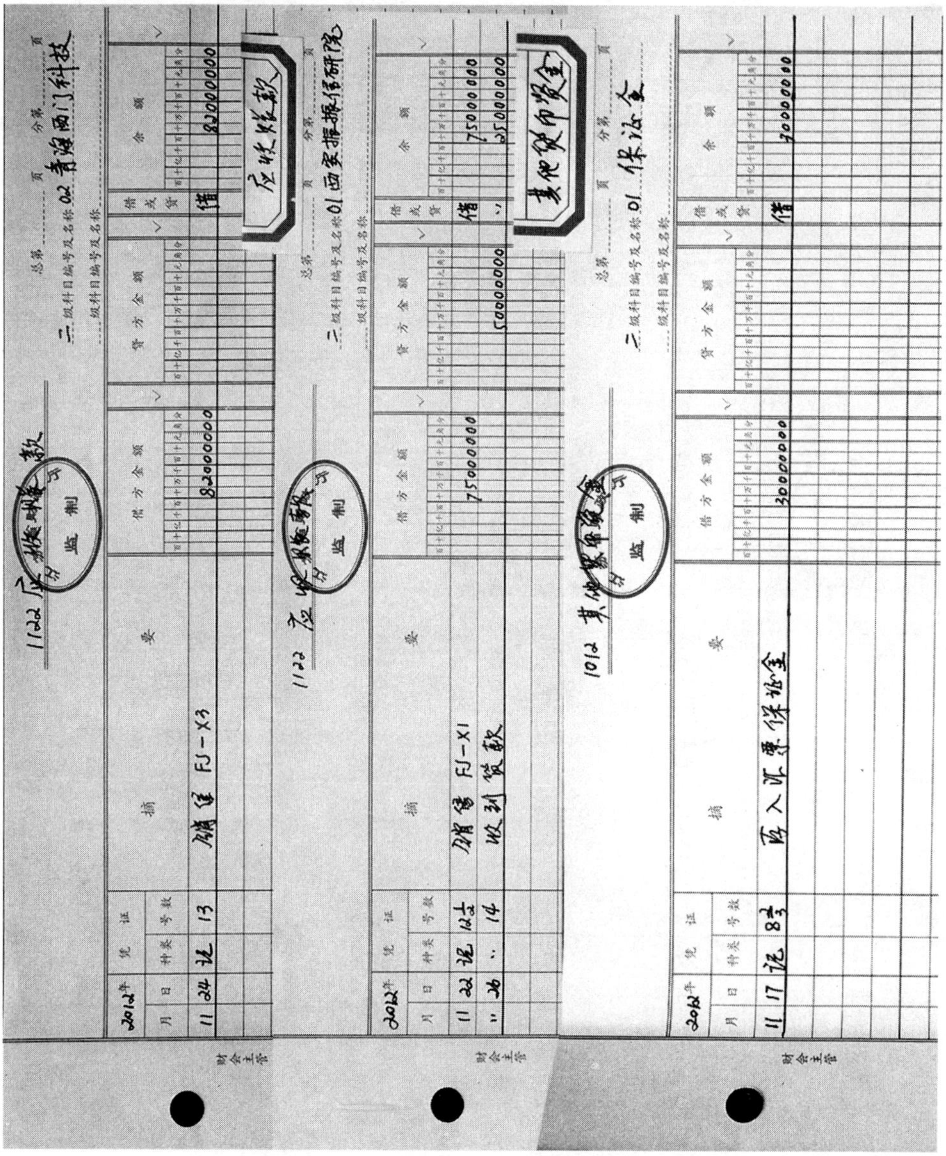

1122 应收账款　二级科目编号及名称 02 青海西门科技

2012年 月	日	凭证种类	号数	摘要	借方金额	贷方金额	借或贷	余额
11	24	记	13	销售 FJ-X3	8200000		借	8200000

1122 应收账款　二级科目编号及名称 01 西安振振信研究院

2012年 月	日	凭证种类	号数	摘要	借方金额	贷方金额	借或贷	余额
11	22	记	12 1/2	销售 FJ-X1	7500000		借	7500000
〃	26	〃	14	收到货款		5000000	〃	2500000

1012 其他货币资金　二级科目编号及名称 01 保证金

2012年 月	日	凭证种类	号数	摘要	借方金额	贷方金额	借或贷	余额
11	17	记	8 2/3	存入汇票保证金	3000000		借	3000000

图 4-35　已登账的 11 月明细账账页 1

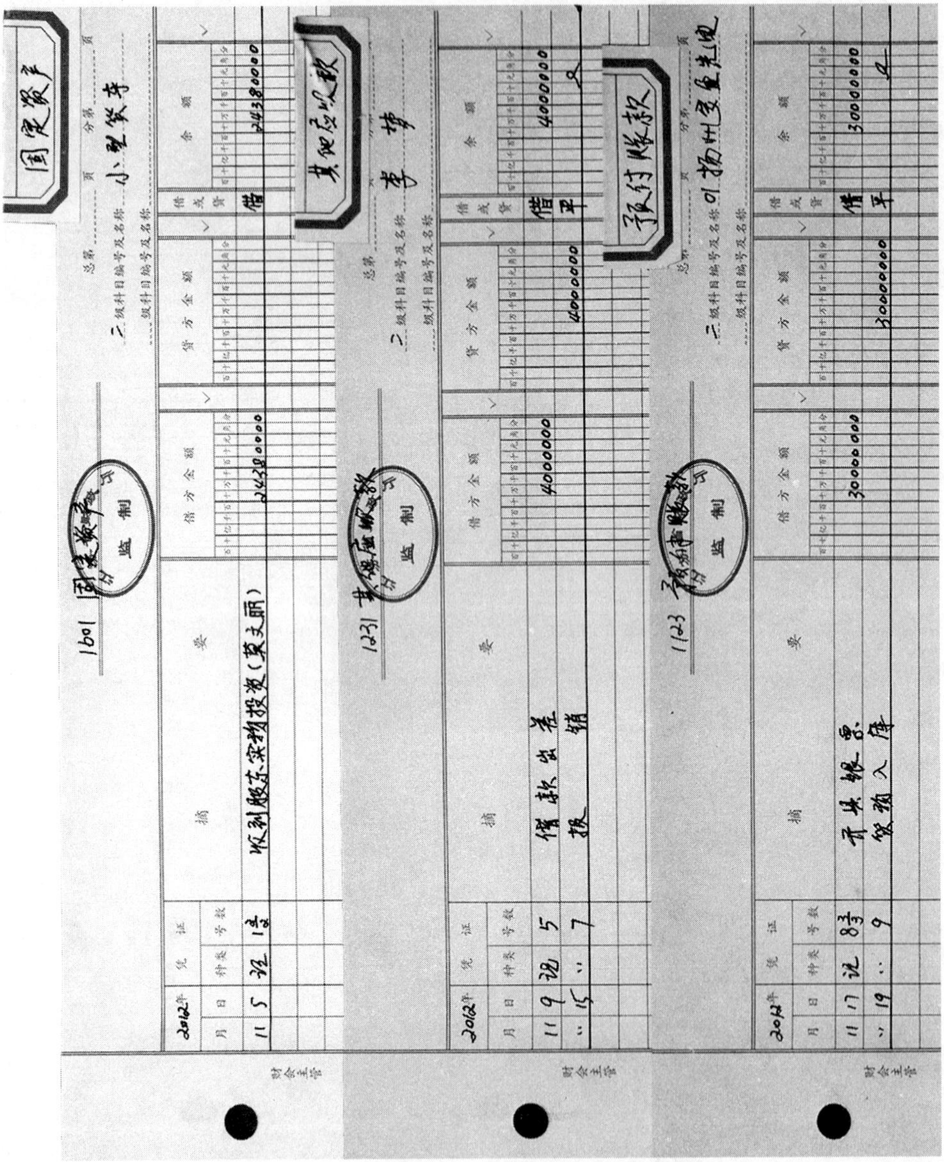

图 4-36　已登账的 11 月明细账账页 2

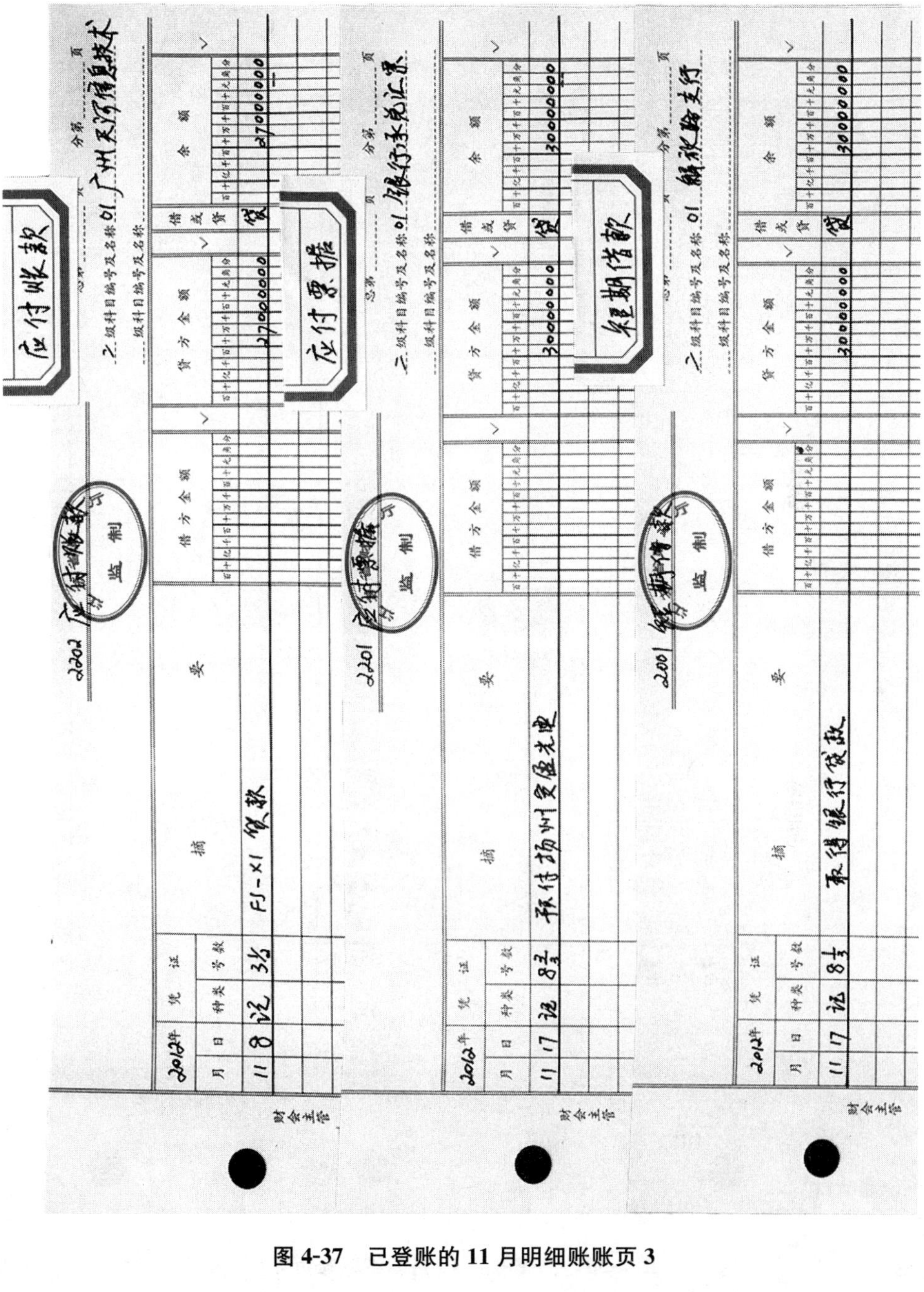

图 4-37　已登账的 11 月明细账账页 3

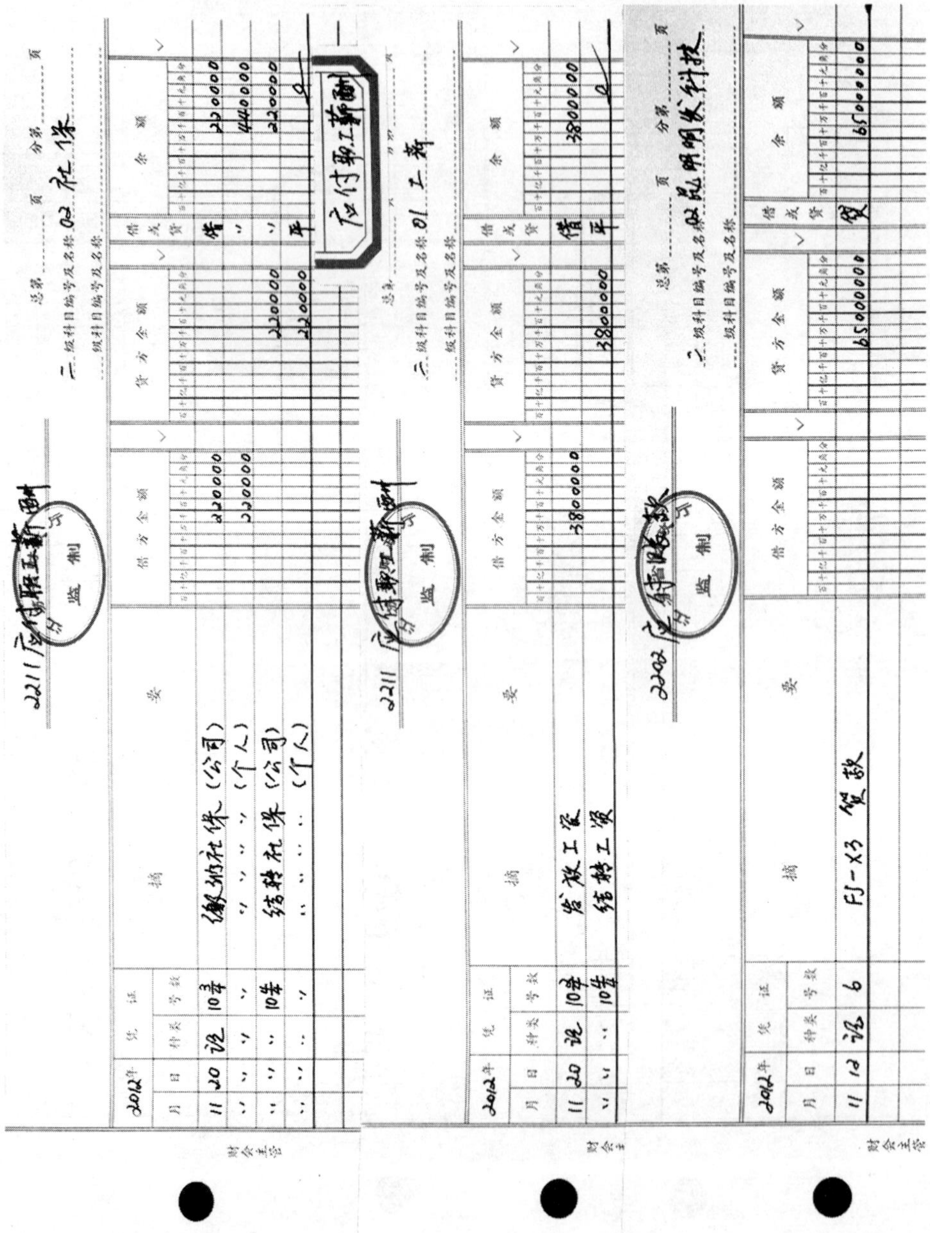

图 4-38　已登账的 11 月明细账账页 4

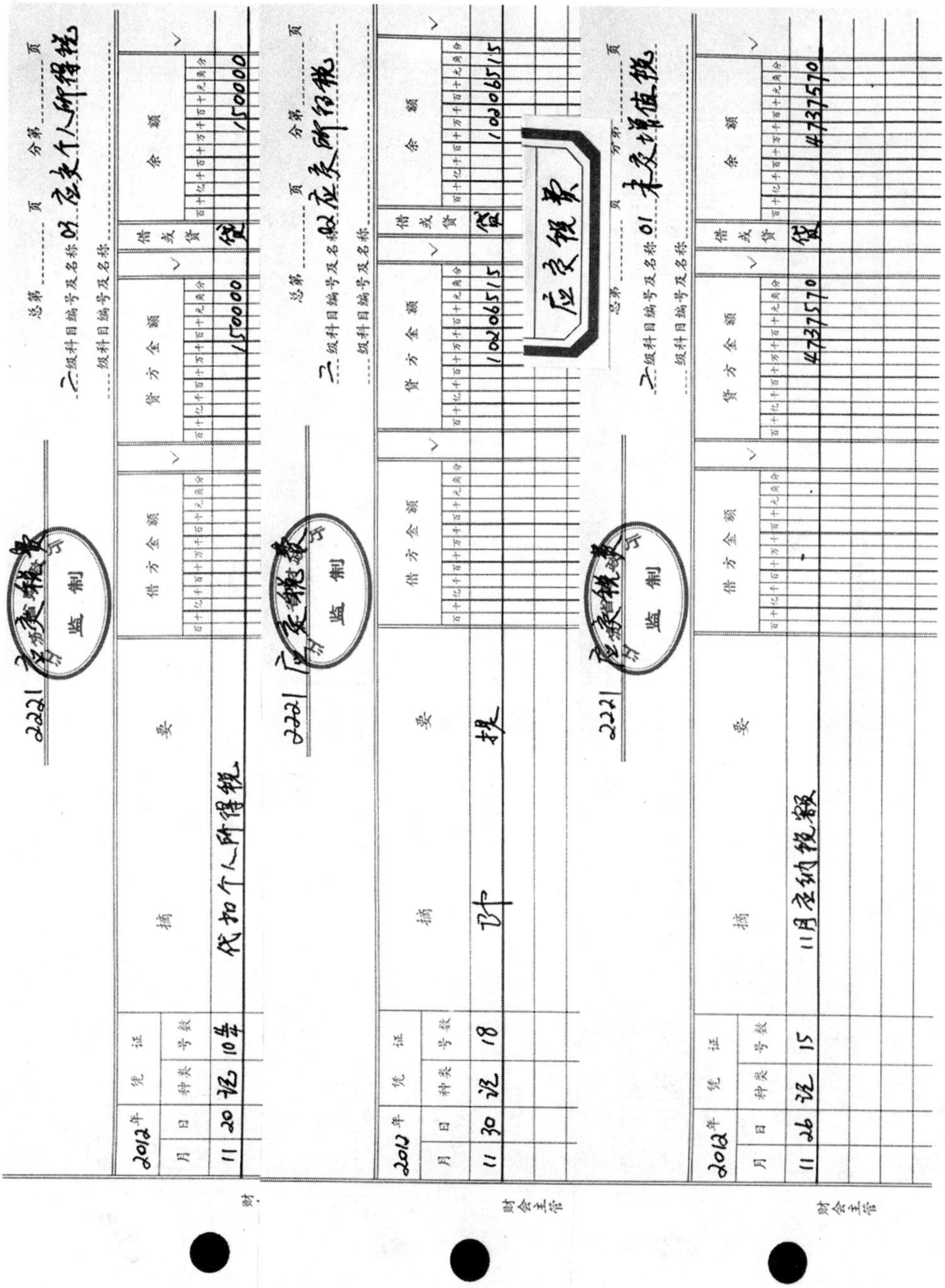

图 4-39　已登账的 11 月明细账账页 5

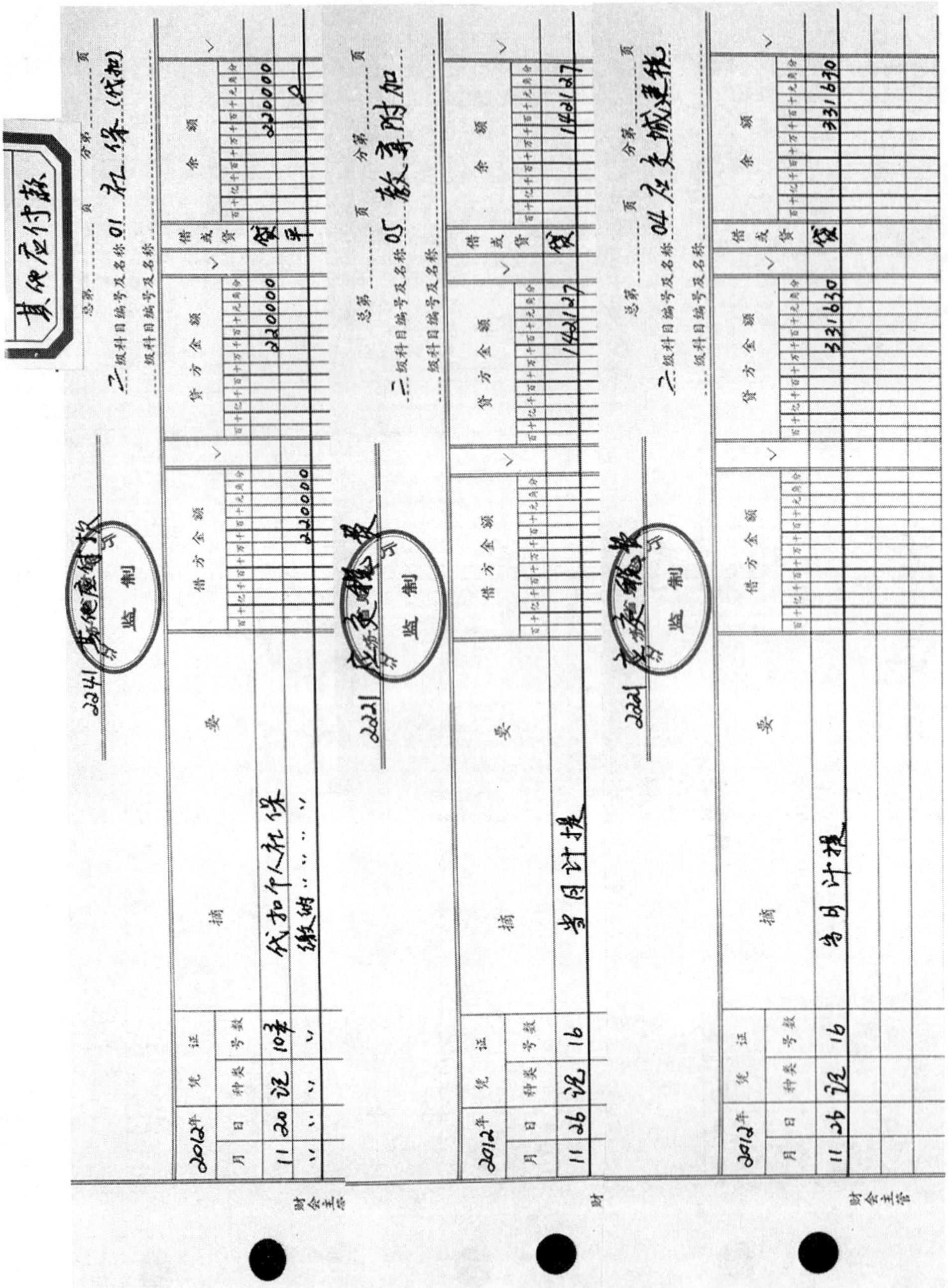

其他应付款

2241 其他应付款

二级科目编号及名称 01 社保（代扣）

2012年 月	日	凭证 种类	号数	摘要	借方金额	贷方金额	借或贷	余额
11	20	记	10#	代扣个人社保		220000	贷	220000
〃	〃	〃	〃	缴纳〃〃〃	220000		平	0

2221 应交税费

二级科目编号及名称 05 教育费附加

2012年 月	日	凭证 种类	号数	摘要	借方金额	贷方金额	借或贷	余额
11	26	记	16	当月计提		142127	贷	142127

2221 应交税费

二级科目编号及名称 04 应交城建税

2012年 月	日	凭证 种类	号数	摘要	借方金额	贷方金额	借或贷	余额
11	26	记	16	当月计提		331630	贷	331630

图 4-40　已登账的 11 月明细账账页 6

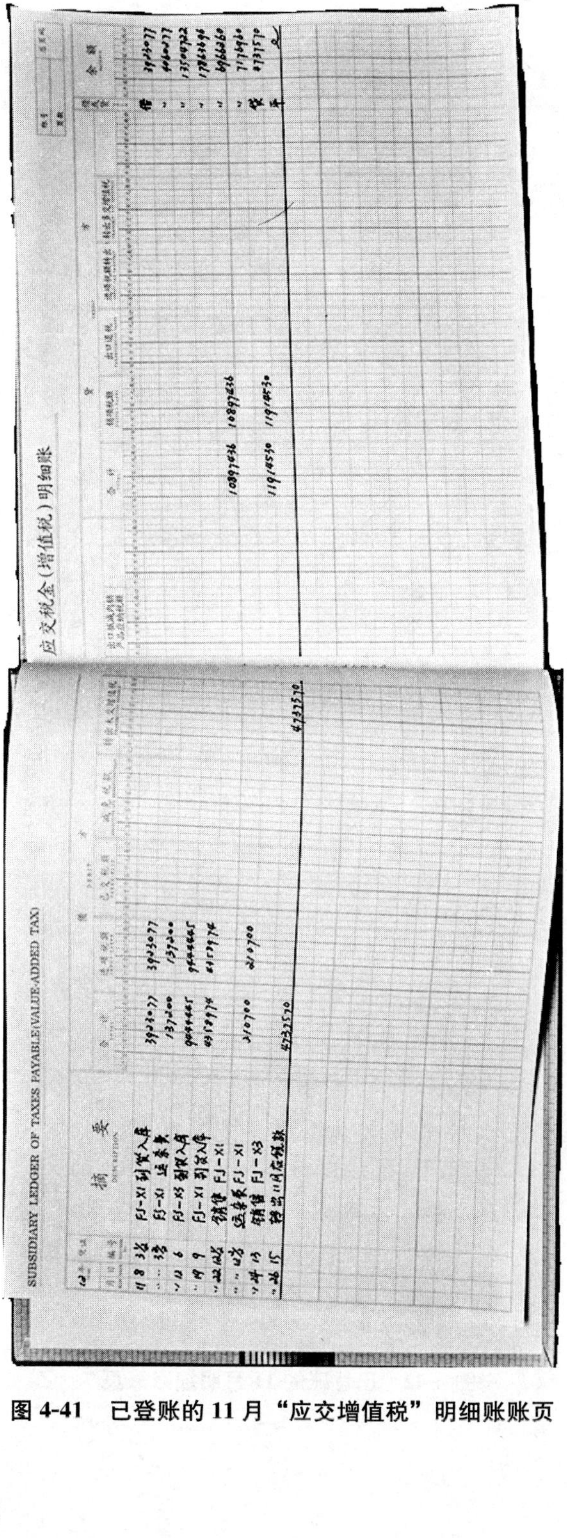

图 4-41　已登账的 11 月“应交增值税”明细账账页

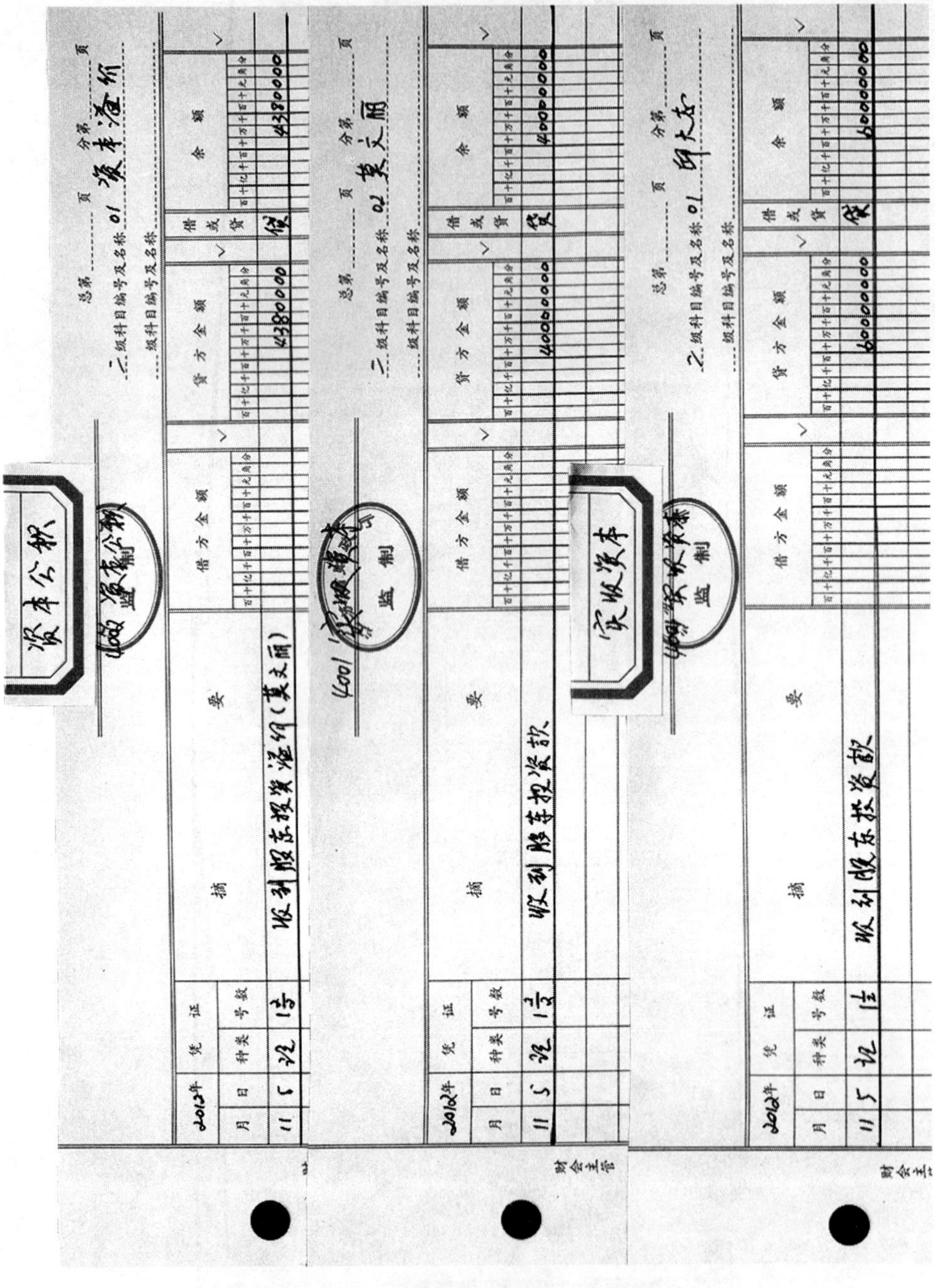

图 4-42　已登账的 11 月明细账账页 7

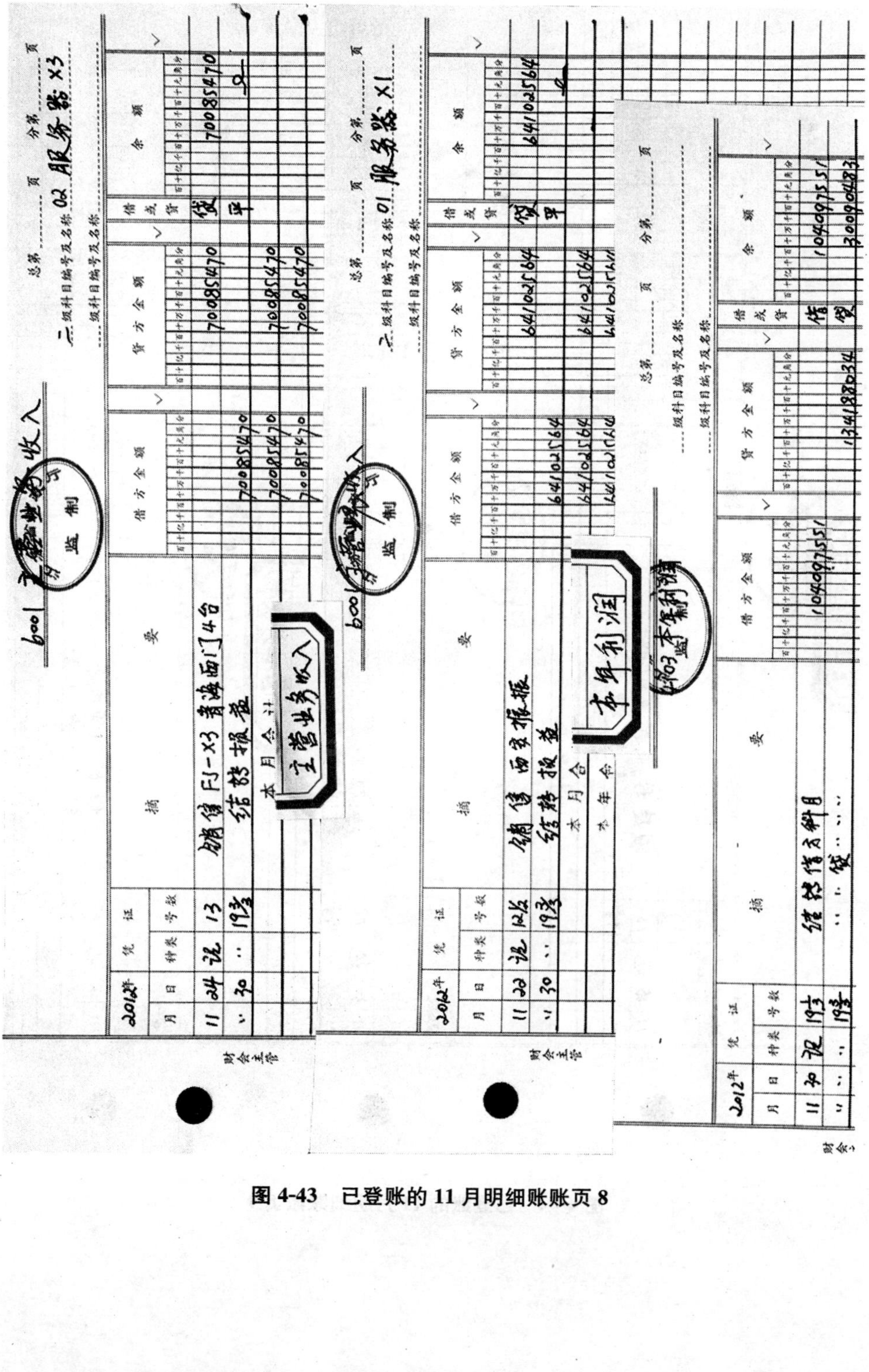

图 4-43　已登账的 11 月明细账账页 8

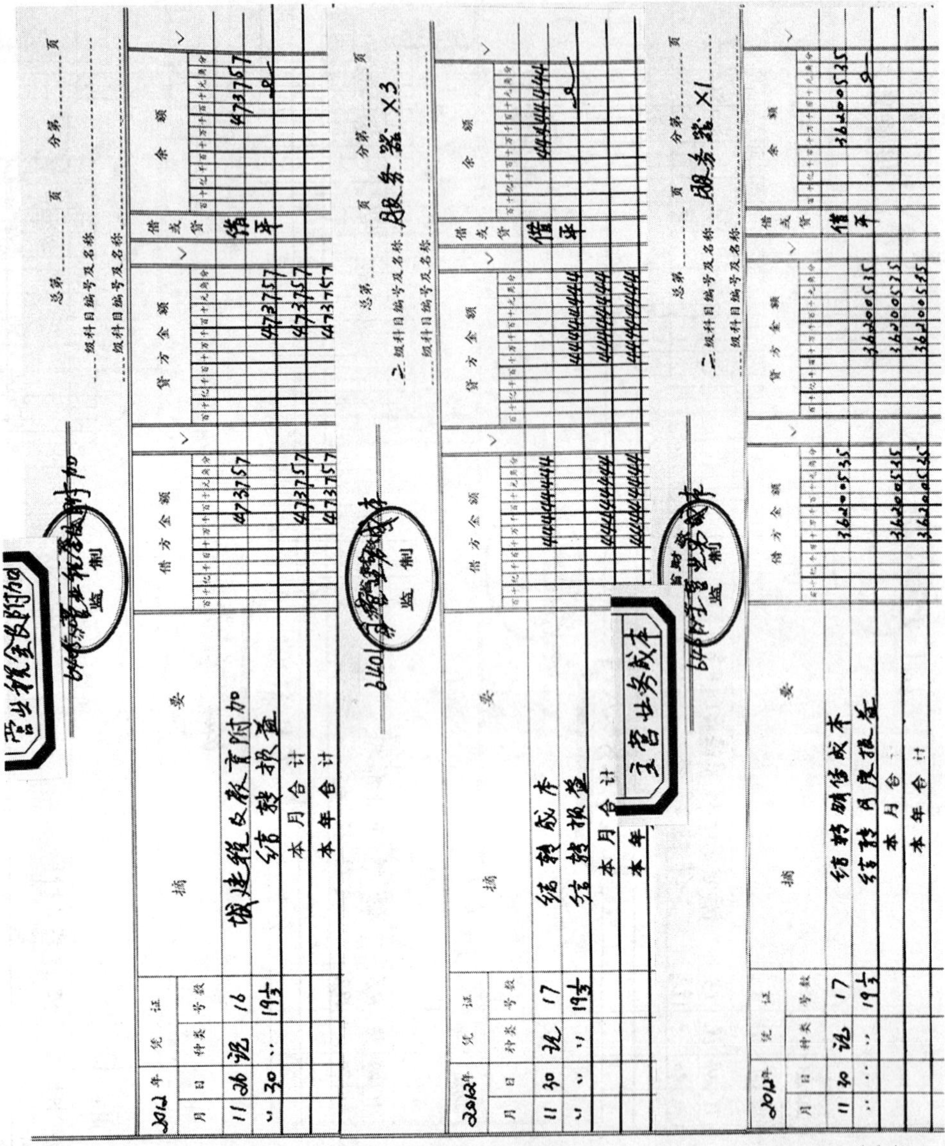

图 4-44 已登账的 11 月明细账账页 9

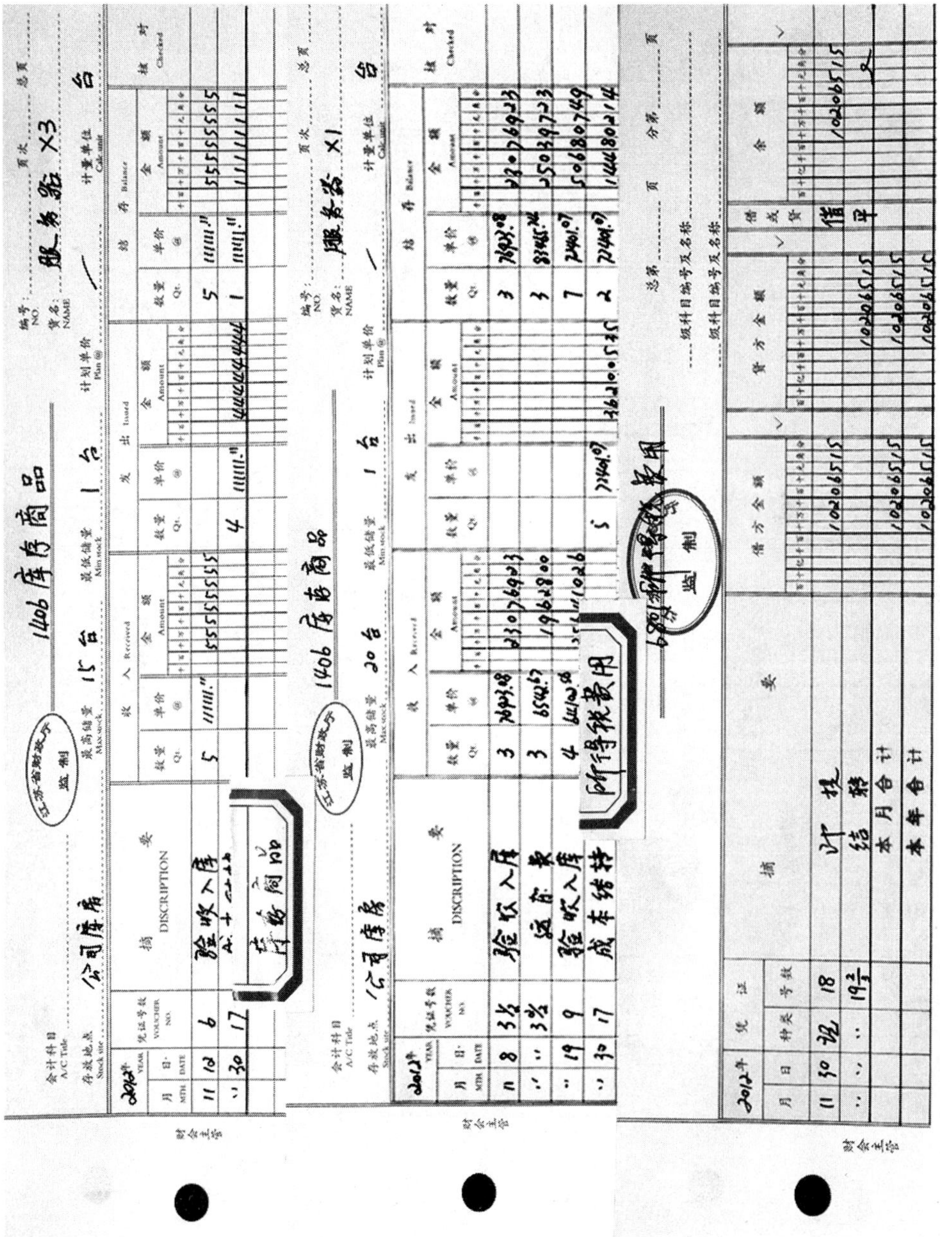

图 4-45　已登账的 11 月明细账账页 10

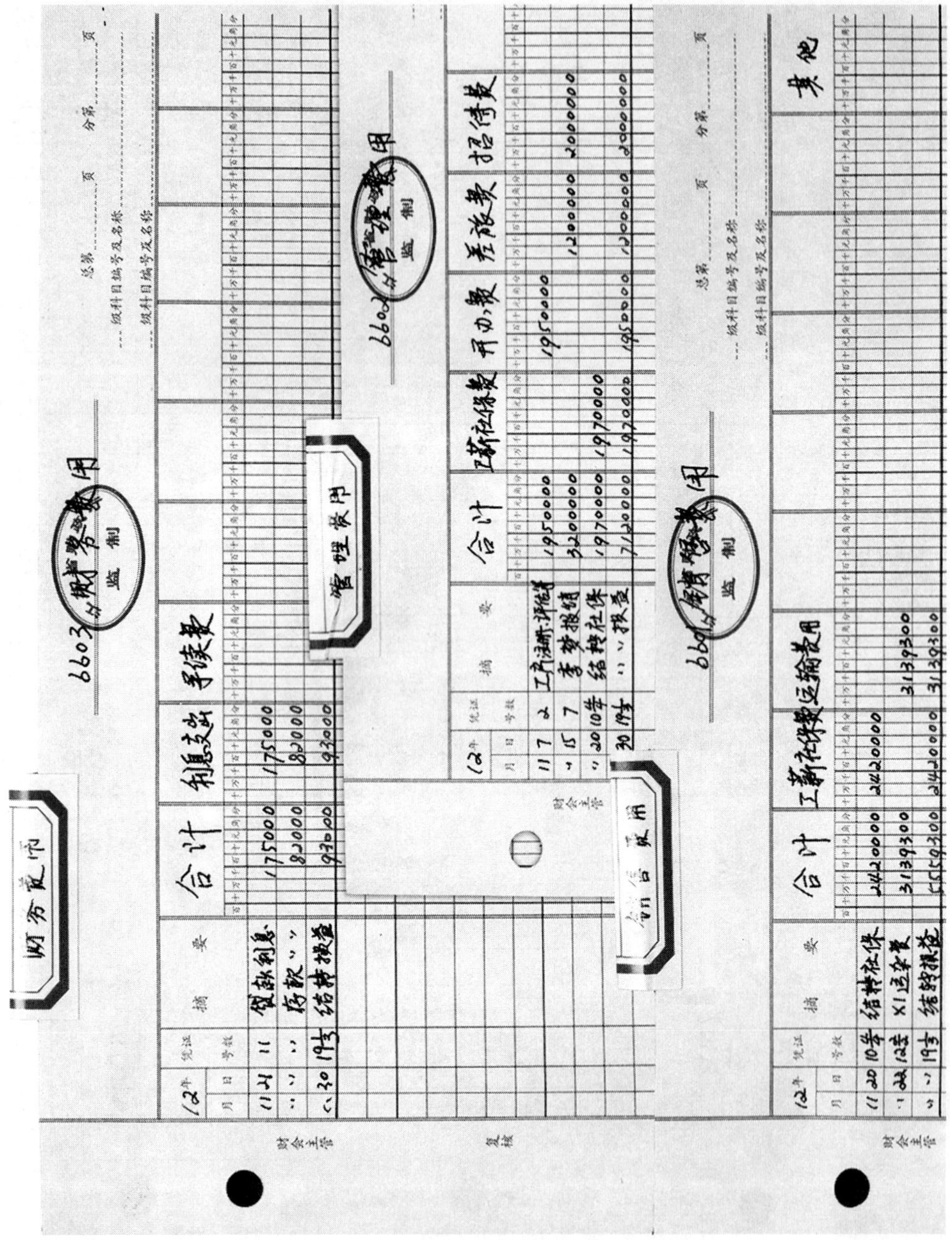

图 4-46　已登账的 11 月明细账账页 11

4.3.5　总账登记，轻松拿下

1. 从凭证到总账账簿

紧接着上一步，我们将会按照前面学习过的“科目汇总表记账法”（图 3-17、图 4-14）来进行总账账簿的登记，我们正在做的是第四步和第五步：

“根据原始凭证（原始凭证汇总表）、‘收、付、转记账凭证’或‘通用记账凭证’编制科目汇总表。”

“根据科目汇总表登记总分类账。”

从凭证到总账账簿这样的登账过程，在纯手工记账的条件下，需要经过“丁字账”、“科目汇总表”的中间过渡后，才能完成。具体步骤如下：

　　　　　　　　　　①　　　②　　　　③

记账凭证（原始凭证）→丁字账→科目汇总表→总账账簿

这个步骤有三个箭头，继续上面的账务处理，我们逐一讲解如下：

①记账凭证（原始凭证）→丁字账。

11 月 1# 记账凭证上，公司接受邱大志投资的会计分录为：

借：银行存款——解放路支行　　600 000

　贷：实收资本——邱大志　　600 000

这样的会计分录涉及两个会计科目“银行存款”和“实收资本”，因此取一张空白的草稿纸，在其上划出两个丁字账，你可以对照着表 4-2 同时将科目代码写在科目名称的前面，这样做的目的是为了下一步的查找更快捷。在“银行存款”丁字账的左边写上凭证号和金额，即“(1) 600000”的字样，在“实收资本”丁字账的右边写上凭证号和金额，即“(1) 600000”的字样。

其余的 (2)～(20) 项目经济业务的丁字账依次类推。

②丁字账→科目汇总表。

将已经做好的丁字账按照会计科目六大类的先后顺序依次填写在“科目汇总表”的“会计科目”栏，也可以按照会计科目代码由小至大依次填写。将各丁字账的左边金额汇总数填写在“科目汇总表”中同名科目所在行的“借方”栏，将各丁字账的右边金额汇总数填写在“科目汇总表”中同名科目所在行的“贷方”栏，如“银行存款”丁字账左边金额汇总数 1 600 820，即借方合计数，“银行存款”丁字账右边金额汇总数 470 150，即贷方合计数。在“科目汇总表”右上角的“编号”填写科目汇总表的序号，如在统计的期间内只有一张，就填写“1”。在“科目汇总表”右上角“凭证号数”填写科目汇总表（丁字账）所统计的记账凭证的号码，我们使用的是通用记账凭证，没有收款凭证、付款凭证，只需要在“转账”处填写“第 1 号至 19 号共 29 张”。需要注意的是，记账凭证编号虽然排号只到 19 号，但因为有些记账凭证是一个号有多页记账凭证，故而，总数“张数”是大于 19 的，我们这里实际上共有 29 张。

丁字账中各会计科目全部过入科目汇总表后，应将所有“借方”、“贷方”分别进行加总填入“科目汇总表”下部的“合计”内；如果借方合计与贷方合计不等，说明上述①、②步骤存在数字填写错误或者遗漏；如果借方合计与贷方合计相等，说明上述①、②步骤基本上是正确的，但并不能够证明不存在借方、贷方同时遗漏相同金额的情况。

科目汇总表在装订记账凭证时，一般置于 1 号凭证之前作为科目发生情况的总览。

③科目汇总表→总账账簿。

总账账页也是按照会计科目六大类的先后顺序排列的，这与科目汇总表上的会计科目的先后顺序是一致的。因此，我们只需要将科目汇总表上的各会计科目的“借方”和“贷方”原样誊写到总账账簿的同名账户页面中的“借方”栏和“贷方”栏，并按照该账户的借方、贷方余额方向的不同结计出本月月末余额，如“银行存款”账户为借余科目，期末余额＝期初余额 0＋本月借方 1 600 820－本月贷方 470 150＝1 130 670。将所有的总账账户余额结出后，所有的借方余额加总数应和所有的贷方余额加总数相等，我们 11 月的这个加总数为 3 020 383.25。

总账账页上的“日期”就记当月月末最后一天，即 11 月 30 日；“凭证号数”记录登记该总账账户所在的科目汇总表的“编号”，我们这里填写“1”；“摘要”填写“本月合计”。

同时，在科目汇总表的“总页”栏中与当前账户名称同名的会计科目所在行填写当前总账账页的页码，如“银行存款”账户在总账中的页码为“2”，在“科目汇总表”的会计科目“银行存款”的“总页”栏填写“2”。这样，就形成了总账与科目汇总表之间的相互对应关系。

2. 登记后的丁字账与科目汇总表实物

填制完成后的丁字账实物如图 4-48 所示，科目汇总表实物如图 4-47 所示。

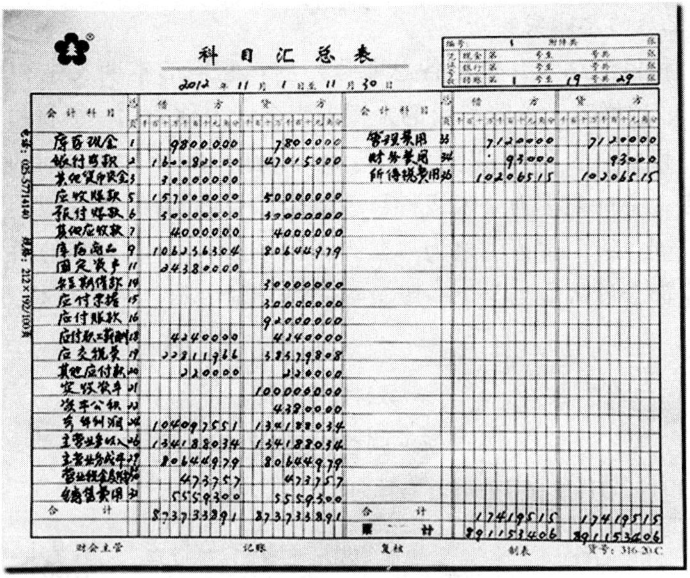

图 4-47　手写科目汇总表

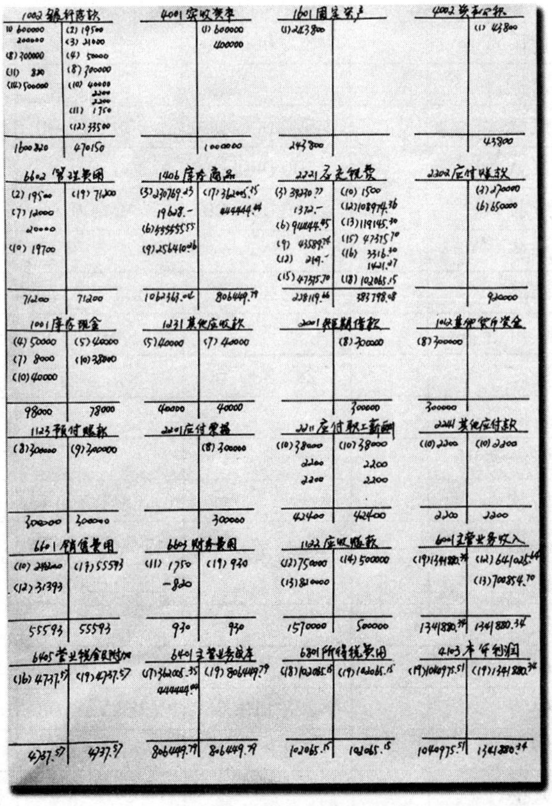

图 4-48　手写丁字账

3. 登记后的总账实物

根据“科目汇总表”登记各总账账户后，它们的本期发生和结余情况如表 4-5 所示。这样列示总账科目的余额列表会计上称为“一级科目余额表”或者“总账科目余额表”。如果要详细列示到各账户的最下级明细的发生和结余情况的列表，会计上称为“末级科目余额表”。我们前面所登记的明细账户最下级明细只到二级，也可称之为“二级科目余额表”。下一级的科目借贷发生合计数、余额合计数应当与上一级科目的借贷发生数、余额数相等，如表 4-6 所示。

表 4-5 一级科目余额表

科目余额表

编制单位：江苏阡陌科技有限公司 会计期间：2012 年 11 月 单位：元

序号	代码	名称	期初余额	借方	贷方	方向	期末余额
1	1001	库存现金		98 000.00	78 000.00	借	20 000.00
2	1002	银行存款		1 600 820.00	470 150.00	借	1 130 670.00
3	1012	其他货币资金		300 000.00		借	300 000.00
4	1121	应收票据				借	—
5	1122	应收账款		1 570 000.00	500 000.00	借	1 070 000.00
6	1123	预付账款		300 000.00	300 000.00	借	—
7	1231	其他应收款		40 000.00	40 000.00	借	—
8	1241	坏账准备				贷	—
9	1406	库存商品		1 062 363.04	806 449.79	借	255 913.25
10	1461	存货跌价准备				贷	—
11	1601	固定资产		243 800.00		借	243 800.00
12	1602	累计折旧				贷	
13	1606	固定资产清理				借	
14	2001	短期借款			300 000.00	贷	300 000.00
15	2201	应付票据			300 000.00	贷	300 000.00
16	2202	应付账款			920 000.00	贷	920 000.00
17	2205	预收账款				贷	—
18	2211	应付职工薪酬		42 400.00	42 400.00	贷	—
19	2221	应交税费		228 119.66	383 798.08	贷	155 678.42
20	2241	其他应付款		2 200.00	2 200.00	贷	—
21	4001	实收资本			1 000 000.00	贷	1 000 000.00

续表

序号	代码	名称	期初余额	借方	贷方	方向	期末余额
22	4002	资本公积			43 800.00	贷	43 800.00
23	4101	盈余公积				贷	—
24	4103	本年利润		1 040 975.51	1 341 880.34	贷	300 904.83
25	4104	利润分配				贷	—
26	6001	主营业务收入		1 341 880.34	1 341 880.34	贷	—
27	6051	其他业务收入				贷	—
28	6301	营业外收入				贷	—
29	6401	主营业务成本		806 449.79	806 449.79	借	—
30	6402	其他业务支出				借	—
31	6405	营业税金及附加		4 737.57	4 737.57	借	—
32	6601	销售费用		55 593.00	55 593.00	借	—
33	6602	管理费用		71 200.00	71 200.00	借	—
34	6603	财务费用		930.00	930.00	借	—
35	6711	营业外支出				借	—
36	6801	所得税费用		102 065.15	102 065.15	借	—
		合计		8 911 534.06	8 911 534.06		

注：1. 为便于和表 4-2 比对，我们把未发生（无借方且无贷方金额）的会计科目也一并列示出来了。

2. 将本表期末借方余额与贷方金额分别累加，合计数均为 3 020 383.25。

表 4-6 **末级科目余额表**

科目余额表

编制单位：江苏阡陌科技有限公司 会计期间：2012 年 11 月 单位：元

代码	明细	科目名称	期初余额	借方	贷方	方向	期末余额
1001		库存现金		98 000.00	78 000.00	借	20 000.00
1002		银行存款		1 600 820.00	470 150.00	借	1 130 670.00
	01	解放路支行		1 600 820.00	470 150.00	借	1 130 670.00
1012		其他货币资金		300 000.00		借	300 000.00
	01	保证金		300 000.00		借	300 000.00
1122		应收账款		1 570 000.00	500 000.00	借	1 070 000.00
	01	西安振振信息研究院		750 000.00	500 000.00	借	250 000.00

续表

代码	明细	科目名称	期初余额	借方	贷方	方向	期末余额
	02	青海西门科技有限公司		820 000.00			
1123		预付账款		300 000.00	300 000.00	借	—
	01	扬州安盈光电公司		300 000.00	300 000.00	借	—
1231		其他应收款		40 000.00	40 000.00	借	—
	01	李梦		40 000.00	40 000.00	借	—
1406		库存商品		1 062 363.04	806 449.79	借	255 913.25
	01	服务器X1		506 807.49	362 005.35	借	144 802.14
	02	服务器X3		555 555.55	444 444.44	借	111 111.11
1601		固定资产		243 800.00		借	243 800.00
	01	小型货车		243 800.00		借	243 800.00
2001		短期借款			300 000.00	贷	300 000.00
	01	解放路支行			300 000.00	贷	300 000.00
2201		应付票据			300 000.00	贷	300 000.00
	01	银行承兑汇票			300 000.00	贷	300 000.00
2202		应付账款			920 000.00	贷	920 000.00
	01	广州天河信息技术公司			270 000.00	贷	270 000.00
	02	昆明明发科技有限公司			650 000.00	贷	650 000.00
2211		应付职工薪酬		42 400.00	42 400.00	贷	—
	01	工薪		38 000.00	38 000.00	贷	—
	02	社保		4 400.00	4 400.00	贷	—
2221		应交税费		228 119.66	383 798.08	贷	155 678.42
	01	未交增值税			47 375.70	贷	47 375.00
	02	应交所得税			102 065.15	贷	102 065.15
	03	应交个人所得税			1 500.00	贷	1 500.00
	04	应交城建税			3 316.30	贷	3 316.30
	05	教育附加			1 421.27	贷	1 421.27
	06	应交增值税		228 119.66	228 119.66	贷	—
2241		其他应付款		2 200.00	2 200.00	贷	—
	01	社保		2 200.00	2 200.00	贷	—

续表

代码	明细	科目名称	期初余额	借方	贷方	方向	期末余额
4001		实收资本			1 000 000.00	贷	1 000 000.00
	01	邱大志			600 000.00	贷	600 000.00
	02	莫文丽			400 000.00	贷	400 000.00
4002		资本公积			43 800.00	贷	43 800.00
	01	资本溢价			43 800.00	贷	43 800.00
4103		本年利润		1 040 975.51	1 341 880.34	贷	300 904.83
6001		主营业务收入		1 341 880.34	1 341 880.34	贷	—
	01	服务器 X1		641 025.64	641 025.64	贷	—
	02	服务器 X3		700 854.70	700 854.70	贷	—
6401		主营业务成本		806 449.79	806 449.79	借	—
	01	服务器 X1		362 005.35	362 005.35	借	—
	02	服务器 X3		444 444.44	444 444.44	借	—
6405		营业税金及附加		4 737.57	4 737.57	借	—
6601		销售费用		55 593.00	55 593.00	借	—
	01	工薪社保费		24 200.00	24 200.00	借	—
	02	运输费用		31 393.00	31 393.00	借	—
6602		管理费用		71 200.00	71 200.00	借	—
	01	工薪社保费		19 700.00	19 700.00	借	—
	02	开办费		19 500.00	19 500.00	借	—
	03	差旅费		12 000.00	12 000.00	借	—
	04	招待费		20 000.00	20 000.00	借	—
6603		财务费用		930.00	930.00	借	—
	01	利息支出		930.00	930.00	借	—
	02	手续费				借	—
6801		所得税费用		102 065.15	102 065.15	借	—
合计				8 911 534.06	8 911 534.06		

上面的这两张科目余额表的实质是一样的，只是明细程度不同而已。

我们现在一起来看看记账后的 24 张总账账页的实物吧，如图 4-49、图 4-50、图 4-51、图 4-52 所示。

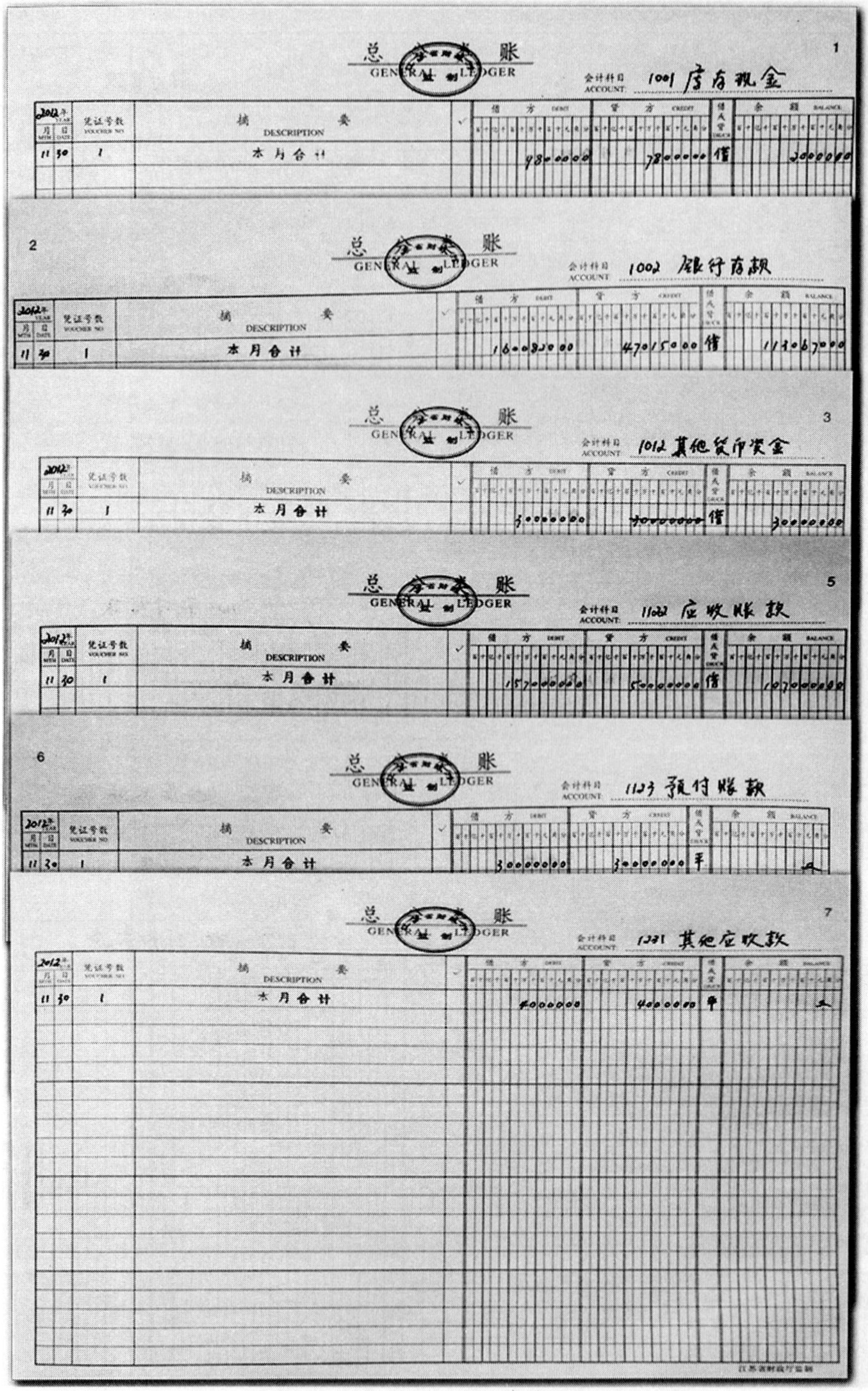

图 4-49　已登账的 11 月总账账页 1

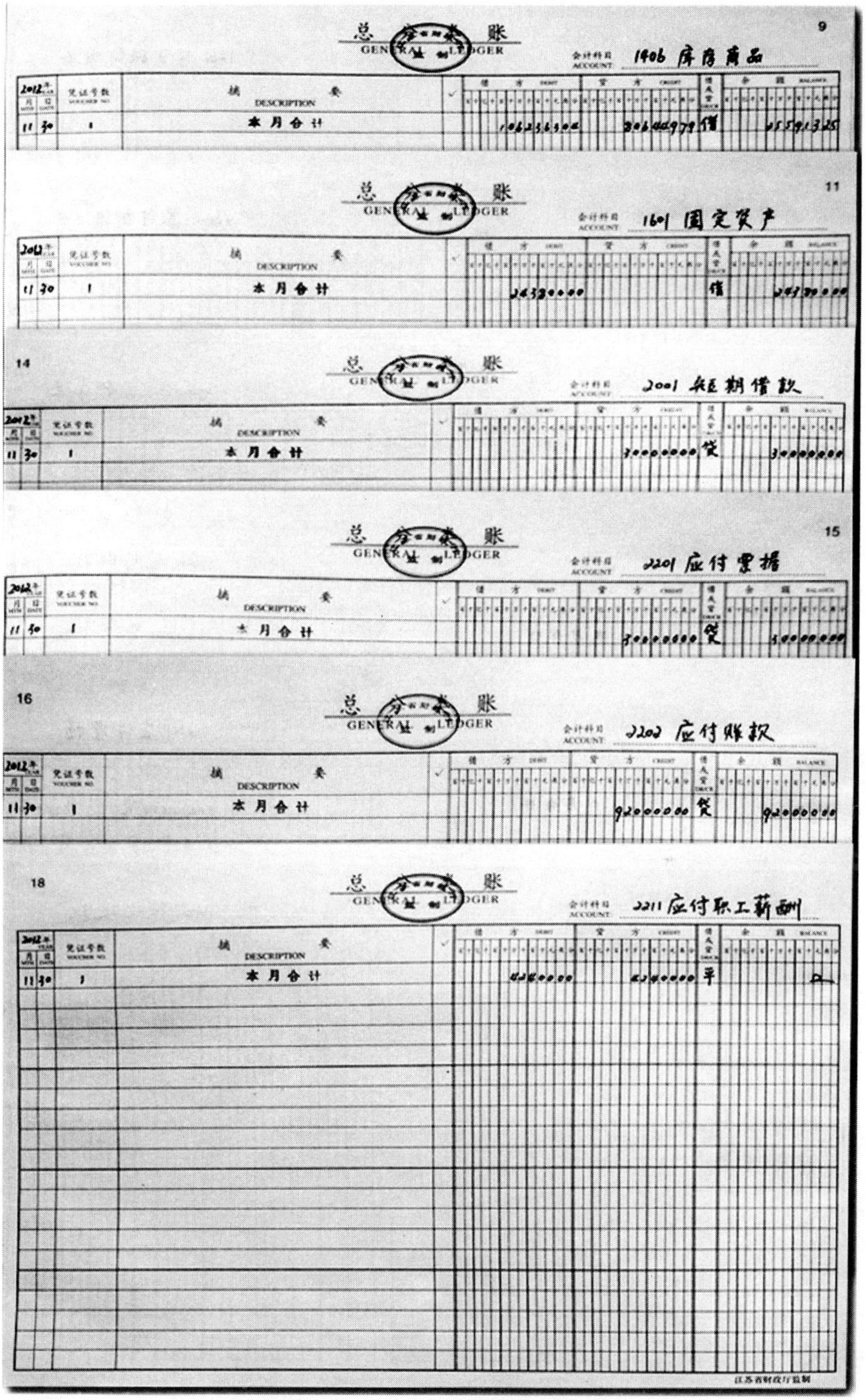

总账 GENERAL LEDGER　9
会计科目 ACCOUNT：1406 库存商品

2012年 月	日	凭证号数	摘要	借方	贷方	借或贷	余额
11	30	1	本月合计	1062336304	30644979	借	7559132[illegible]

总账 GENERAL LEDGER　11
会计科目 ACCOUNT：1601 固定资产

2012年 月	日	凭证号数	摘要	借方	贷方	借或贷	余额
11	30	1	本月合计	24330000		借	24330000

总账 GENERAL LEDGER　14
会计科目 ACCOUNT：2001 短期借款

2012年 月	日	凭证号数	摘要	借方	贷方	借或贷	余额
11	30	1	本月合计		30000000	贷	30000000

总账 GENERAL LEDGER　15
会计科目 ACCOUNT：2201 应付票据

2012年 月	日	凭证号数	摘要	借方	贷方	借或贷	余额
11	30	1	本月合计		30000000	贷	30000000

总账 GENERAL LEDGER　16
会计科目 ACCOUNT：2202 应付账款

2012年 月	日	凭证号数	摘要	借方	贷方	借或贷	余额
11	30	1	本月合计		92000000	贷	92000000

总账 GENERAL LEDGER　18
会计科目 ACCOUNT：2211 应付职工薪酬

2012年 月	日	凭证号数	摘要	借方	贷方	借或贷	余额
11	30	1	本月合计	[illegible]	[illegible]	平	0

江苏省财政厅监制

图 4-50　已登账的 11 月总账账页 2

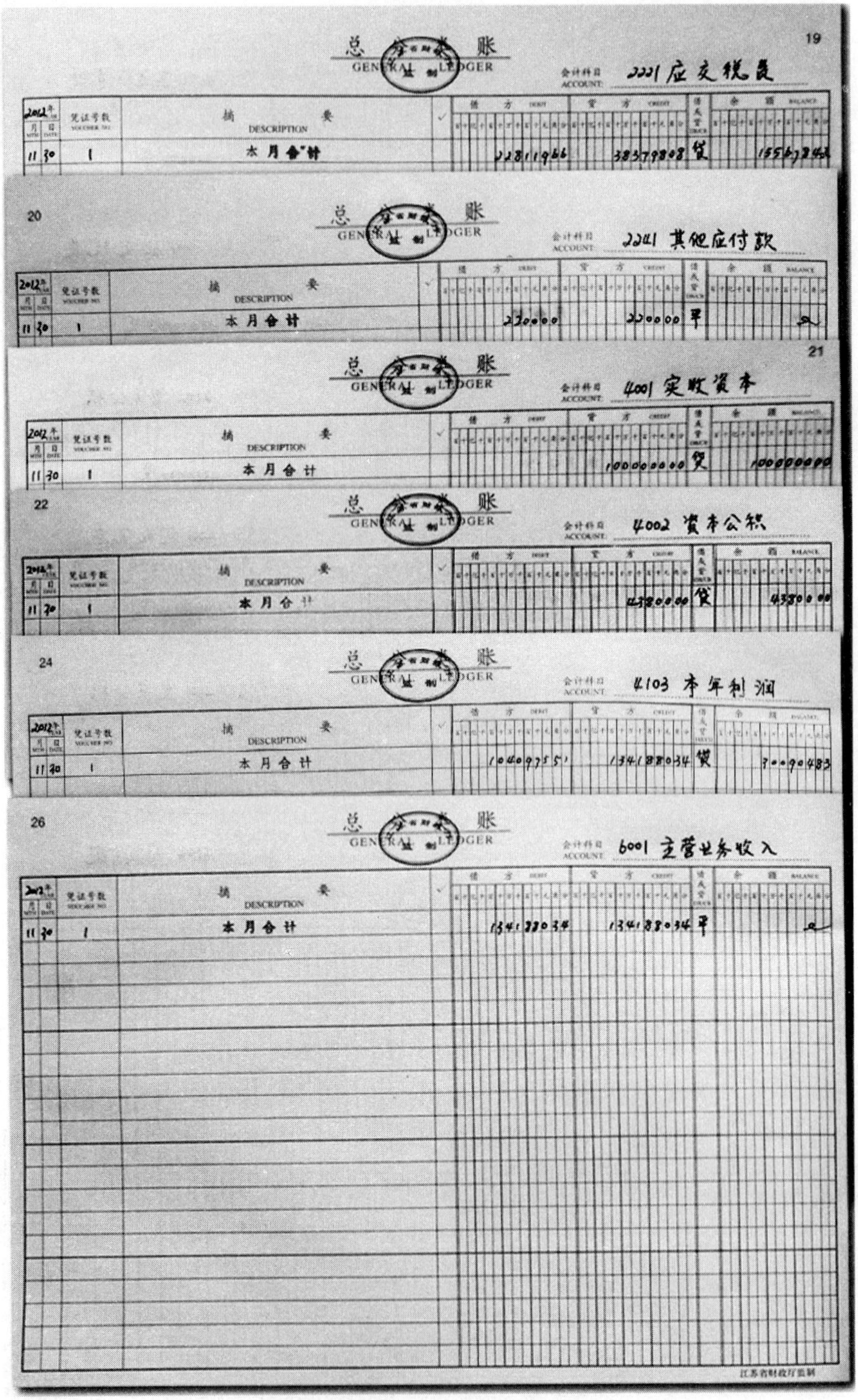

图 4-51 已登账的 11 月总账账页 3

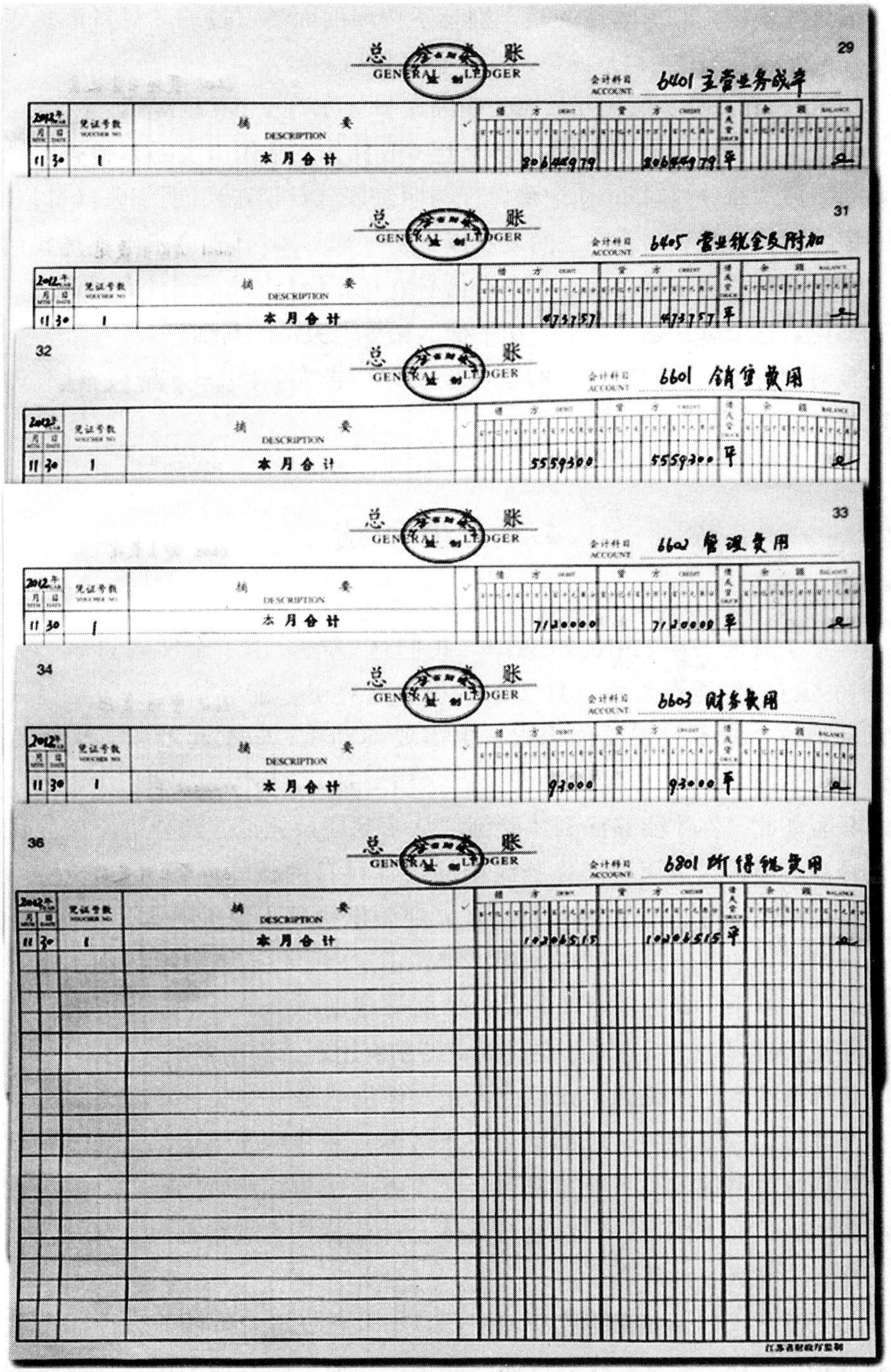

图 4-52　已登账的 11 月总账账页 4

看过了实物，要提醒你的是，别忘了按照前面学习过的“科目汇总表记账法”（图 3-17、图 4-14）的第六步，也是最后一步：

“日记账和总分类账相互核对，明细账和总分类账相互核对。”

对于这个相互校对的过程，会计上一般称作“平衡（关系）检查”、“账账核对”或“总分核对”，而记账凭证与明细账（日记账）、明细账（日记账）与总账、科目汇总表与总账之间之所以平衡（相等），其理论基础就是我们在第三章学习的“借贷歌诀”——“有借必有贷，借贷必相等”。推而广之，不夸张地说，这个歌诀是会计上一切平衡（相等）关系的基础。

核对相符了，我们这一章的学习也就大功告成了！一起来一个胜利的手势吧！“哦——耶！”

4.4 小　结

区别于其他书籍采用的示意图，我们这一章采用了全实物讲解，目的是使初入行的你能有直观、真实的认识，这对于你能够快速上手是至关紧要的。但这一章不只需要你用眼，更需要你动手——拿起纸和笔来跟着我一起学习。

只有如此，你才能够深刻体验到“从拿到原始凭证、到分析原始凭证背后的经济事项、到运用对照你脑海中的会计科目的核算内容写出会计分录、到根据记账凭证登记日记账和明细账、到做出科目汇总表再据以登记总账”这样一个系列的手工账务处理流程。掌握了这些，没有人能够说你不是一名会计人员了。手工账务虽然辛苦，但这能够帮助你理解经济事项中会计信息的完整流转过程，这一点对于会计人员特别有用、特别重要。

但你要清醒地认识到，到目前为止，你仍然是一个会计新手，在会计知识的海洋里，你畅游的区域都是在浅水区的，你开垦的土地都是熟土地，这是由我们这本书偏重于基础知识和会计实务操作的特点所决定的。如果你要涉足深水区，你需要有针对性地对具体会计核算技术进行补充、深化，需要学习更多中高级会计理论知识。

学完本章，如果你能够成功地建账，那么，你这一阶段的会计实务学习就是成功的。在下一章，我会带你一起学习如何更高效地利用现代科技来建账，如何更有效地提高会计工作效率。

第5章

荒地还是沃土
——会计电算化

前面，我们把账务处理比喻为农作，聪明的你也体味到了耕耘和播种的乐趣，但其中的辛劳也是不言而喻的，对那些数据的机械化加总更是烦人。你也许会想，是不是有电子系统能够自动帮助我们进行数据处理呢？——熟地总比生地强、沃土总比荒地好。

是的，随着计算机技术的发展，计算机的数据处理已经渗入到许多领域，会计这一行当然也不例外。这两种技术交叉在一起，有一个专门的名词——会计电算化，它是我们这一章要学习的，也是作为一个现代会计所必不可缺的基础技能。

这一章，我仍是以全真的电算账务照片带领你探索会计电算这一新鲜有趣的未知领域。来，我们一起看下去！

5.1 会计电算化概述

信息技术的发展为会计的腾飞插上了翅膀，为了掌握好这一工具，我们要具备必要的会计电算化知识，要了解当前主要的会计电算化工具的基本情况，要了解会计电算化实施前所必须进行的整体规划。这一节，就是帮助你在大脑中形成一个对会计电算化最基本的认识和框架。

5.1.1 什么是会计电算化

1. 会计电算化的发展

传统的手工会计账务处理为了保证信息的真实、准确，往往采用明细账、总账平行登记，编制科目汇总表以相互印证和比对，这一方面保证数据无误，但另一方面却延误了时效性、增加了工作量。为克服这样的弊端，适应经济的高速发展，会计电算化在计算机发展的基础上得以逐步发展。换句话说，会计电算化是借力于计算机技术的发展而发展起来的一门技术——言下之意，这门技术的发展肯定是在计算机诞生之后了。没错，电算化的产生到现在不过也就 60 年左右的时间。借助于电子和信息的技术，通过对会计数据进行收集、输入、加工、存储和输出这样的方法，对经济世界进行反映和监督的管理活动，就是我们一直在讲，但没有给予概念界定的会计电算化。

会计电算化最早应用于美国。1954 年，通用电气公司首次应用计算机进行了职工工资的计算，其后的 10 年左右的时间，人们开始研究如何应用计算机来更高效地进行会计数据处理，并进一步向数据综合处理的发向发展。1970 年以后，微机技术得以应用，会计电算化由原来的单项业务处理发展到了数据共享、提供管理信息作为决策依据的发展阶段。在此基础上，建立完整的数据管理系统和数据模型库。会计信息系统作为企业信息化系统的一个有机组成部分，为企业管理决策提供经济模型，这是必然发展趋势。

在我国，会计电算化最早是于 1981 年在中国人民大学和第一汽车制造厂的一次财务工作会议上首次提出来的，经过了 30 余年的发展，以会计软件为具体表现形式，已经形成了软件品牌集中，技术培训风行，强调后期服务，网络会计发展，会计代理、会计咨询兴起的生动局面。

会计电算化这门将会计、管理、信息技术、网络技术等融为一体的交叉学科，凭借着计算机（俗称电脑）的自动、高速、海量、精确数据处理的能力得以加速发展，它把会计人员从烦琐的数据处理中解放出来，它可以帮助会计人员填制凭证、登记账簿、编制报表，帮助会计人员进行数据的分类、汇总、分析，帮助会计人员进行信息的整理、查询、存储。会计电算化为我们提供了更精确的量化信息，从而为管理决策打下了坚实基础。

2. 电算化会计信息系统的内容

会计电算化技术为会计信息需求者提供了高速、高效、可靠的会计数据，计算机功不可没。但要知道，起着最主要作用的还是“人”，计算机只是一种工具，它贯彻的是人的思想，体现的是人的管理理念。一个完整的会计信息系统必须包括：

（1）会计规范。会计电算化工作要高效、有序，必须事先设定一系列的规章和制度来约束和统一会计处理，如各种岗位职责、内控制度、电算化规划等。

（2）电算化人员，包括系统管理员、维护员和操作员。管理员必须熟悉全面的财务管理工作，对系统开发和使用各阶段的基础知识有所了解；维护员必须熟悉软件开发和计算机软硬件维护的知识和会计系统的基础知识；操作员须具备基本的计算机和会计知识。

（3）会计数据。这是会计电算化的信息基础和来源，如证明经济业务发生的原始凭证等。

（4）软件系统。包括作为计算机运行的基础支撑的操作系统软件，如 Windows、Linux 操作系统；为满足海量数据高速处理而存在的数据库管理软件，如 Oracle、Access 数据库；为完成某项具体问题而研发的应用软件，如用友 U8、AC990 会计软件、Office Excel 软件、金山 WPS 表格等。

（5）计算机硬件。包括只配备一台计算机及外围设备的单机系统，适用于核算简单、经济力量薄弱的小型单位；配置一台主机和多个终端的多用户系统，适用于会计业务量大、地理分布集中、具有一定维护力量的大中型企业；建立在网络世界的网络系统架构，如 F/S 文件服务器网络结构、C/S 客户机服务器网络结构、B/S 浏览器 WEB 服务器网络体系，这种结构因适用范围广、数据共享充分等优点正逐步被越来越多的电算化单位所采用。

5.1.2 会计电算化常见软件

为了更好地使用计算机这一工具，人们研究、开发了大量的实用软件。下面就对会计工作中最常见的会计软件及有关系统软件作一简单介绍。如果你想节约时间，这一部分的介绍也可先跳过暂时不读的哦。

1. 主流会计软件厂商及其产品

会计电算化工作中接触最多的就是会计软件，会计软件在软件系列中属于应用型软件，是为了实现某些特定的目的、采用编程语言开发的专门程序。这类软件和其他所有的软件一样，有收费的商品化会计软件，也有可以无偿使用的软件。前者常表现为共享软件或者试用软件，后者叫免费软件。在会计业，经过长期的竞争，逐渐形成了品牌的集中，它们占领了大部分的会计软件市场，比如用友系列、金蝶系列、浪潮软件、安易软件等。但为了吸引用户和推广普及自家软件，各软件厂商也会推出试用版本，在部门功能上或者使用时间上加以限制。

下面，我们就几个常见的主流软件厂商及其产品进行简单介绍。

（1）用友系列软件。用友软件公司（公司 logo 如图 5-1 所示）成立于 1988 年，系国家火炬计划软件产业基地骨干企业、全国首批知识产权保护试点单位和北京市政府重点扶持企业，它致力于把基于先进信息技术（包括通信技术）的最佳管理与业务实践普及到客户的管理与业务创新活动中，全面提供具有自主知识产权的企业管理/ERP 软件、服务与解决方案，是中国最大的管理软件、ERP 软件、集团管理软件、人力资源管理软件、客户关系管理软件及小型企业管理软件提供商。

图 5-1 用友公司 logo

2001 年 5 月 18 日，用友软件股份有限公司成功在上海证券交易所发行上市，股票简称：用友软件；股票代码：600588。

目前，用友软件的软件产品已形成 NC、U9/U8、T6/T3/T1 和在线应用四条产品线，分别面向大、中、小型企业提供管理软件产品和服务，如图 5-2

所示。其中，用友 NC 目前已成为中国集团大中型企业管理信息化应用系统的首选：用友 NC 采用 J2EE 架构和先进开放的集团级开发平台 UAP，用友 NC5.5 领先应用全球顶尖技术——企业级云计算和安全企业搜索，国内最先支持《企业内部控制基本规范》和增值税转型改革的应用。目前形成了集团管控 8 大领域、10 大行业的 38 个解决方案。

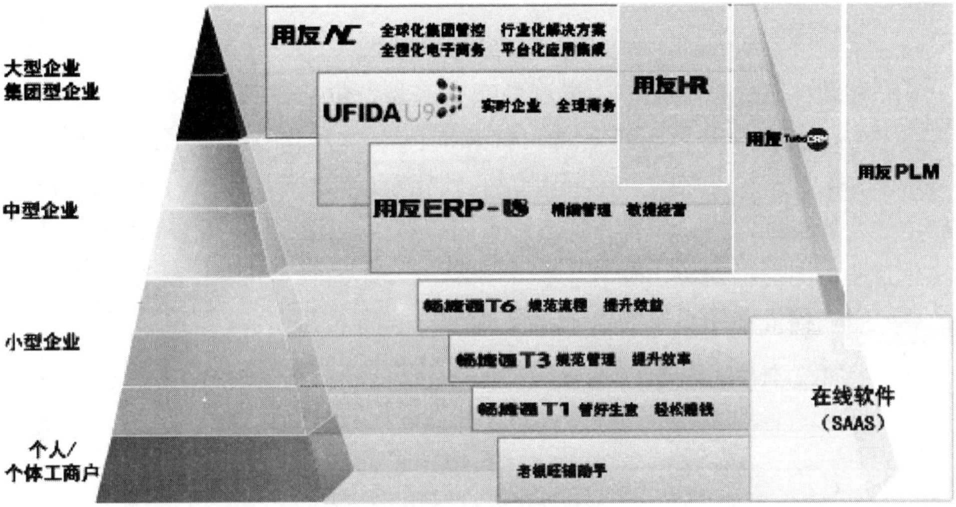

图 5-2　用友公司系列软件

（2）金蝶系列软件。金蝶国际软件集团有限公司（公司 logo 如图 5-3 所示）始创于 1993 年 8 月 8 日，总部位于广东深圳，目前已发展成为我国软件产业领导厂商，亚太地区管理软件龙头企业，全球领先的中间件软件、在线管理及全程电子商务服务商。公司于 2001 年 2 月 15 日在香港联合交易所创业板上市，2005 年 7 月 20 日转香港联合交易所主板上市，股票代码为 0268。金蝶国际附属公司包括：发展中国大陆企业管理软件市场的金蝶软件（中国）有限公司，开拓中间件业务的深圳市金蝶中间件有限公司，为小企业提供一站式管理软件及电子商务服务的金蝶友商电子商务服务公司，为政府及公共部门提供公共管理和服务平台软件及服务的北京金蝶政务软件有限公司，以及专注于除中国大陆以外的亚太地区及海外市场的金蝶国际软件集团（香港）有限公司等。金蝶连续 6 年被 IDC 评为中国中小企业 ERP 市场占有率第一名、连续 4 年被《福布斯亚洲》评为亚洲最佳中小企业、2007 年被 Gartner 评为在全世界范围内有能力提供下一代 SOA 服务的 19 家主要厂商之一。2008 年金蝶荣获深圳质量领域最高荣誉深圳市市长质量奖。

图 5-3　金蝶公司 logo

金蝶软件已经形成了不同梯度的系列产品，包括：面向大型集团企业的金蝶 EAS、面向中型企业的金蝶 K/3 和面向小型企业的金蝶 KIS，如图 5-4 所示。其中，金蝶 EAS 是集团企业的一体化全面管控解决方案，适用于资本管控型、战略管控型及运营管控型的集团企业。金蝶 EAS 为资本管控型的多元化企业集团提供财务、预算、资金和高级人才的管控体系，为战略管控型的集团企业提供集团财务、企业绩效管理、战略人力资源、内控与风险的全面战略管控，为运营管控型的集团提供战略采购、集中库存、集中销售与分销、协同计划及其复杂的内部交易和协同供应链的集成管理。

面向大型集团企业：金蝶EAS 金蝶EAS	为资本管控型的多元化企业集团提供财务、预算、资金和高级人才的管控体系，为战略管控型的集团企业提供集团财务、企业绩效管理、战略人力资源、内控与风险的全面战略管控，为运营管控型的集团提供战略采购、集中库存、集中销售与分销、协同计划及其复杂的内部交易和协同供应链的集成管理。
面向中型企业：金蝶K/3 金蝶K/3	集财务管理、供应链管理、生产制造管理、人力资源管理、客户关系管理、企业绩效、移动商务、集成引擎及行业插件等业务管理组件为一体。
面向小型企业：金蝶KIS 金蝶KIS	覆盖小型企业管理的五大关键环节：老板查询、财务管理、采购管理、销售管理、仓存管理。

图 5-4　金蝶公司系列软件

需要注意的是，与用友等公司的软件产品一样，金蝶软件产品也早已经不只是局限于财务核算的软件，它们已经成为集成了现代管理理念，为各类企业的现代化管理提供信息支撑的重要工具。

（3）微软 Office Excel。微软（Microsoft）公司是全球个人计算机软件开发的先导，由比尔·盖茨与保罗·艾伦创始于 1975 年，总部设在华盛顿州的雷德蒙市（Redmond，邻近西雅图）。目前是全球最大的电脑软件提供商。“Microsoft”一词由“microcomputer”和“software”两部分组成。其中，

“micro”的来源是 microcomputer（微型计算机），而“soft”则是 software（软件）的缩写，是由比尔·盖茨命名的。

Windows 操作系统是被称为“视窗”的图形操作系统。它有很多版本，目前桌面版最新版本是 Windows 8，服务器最新版本是 Windows Server 2008 R2，Windows 几乎预装在所有的个人电脑上。另一早期的操作系统 MS-DOS 是微软公司的早期产品，它是一个命令行界面。早期的 Windows 版本要在 MS-DOS 下运行，但是到了 Windows NT 以及以后的产品已经可以脱离 MS-DOS 运行了。Internet Explorer（简称 IE）是微软的网页浏览器，是目前世界上使用最广泛的一种浏览器，从 Windows 95 开始，被设置为微软各版本的 Windows 的默认浏览器。微软 Office 的版本从 1993 年 Office 3.0 开始，分别经历了 Office 4.x、Office 97、Office 2000、Office XP、Office 2003、Office 2007、Office 2010、Office 2013 的多年发展，已经成为占据办公软件市场的主力军。微软 Office Excel 是由 Microsoft 为 Windows 和 Apple Macintosh 操作系统的电脑而编写和运行的一款试算表软件，Excel 作为微软公司的办公软件 Microsoft Office 的组件之一，与 Word、PowerPoint 同是微软办公套装软件的重要组成部分，微软公司 logo 及 Office、Excel 图标如图 5-5 所示。Excel 可以进行各种数据的处理、统计分析和辅助决策操作，广泛地应用于管理、统计财经、金融等众多领域。作为一名会计人员，如果不会操作 Excel，在知识结构上是存在很大欠缺的。

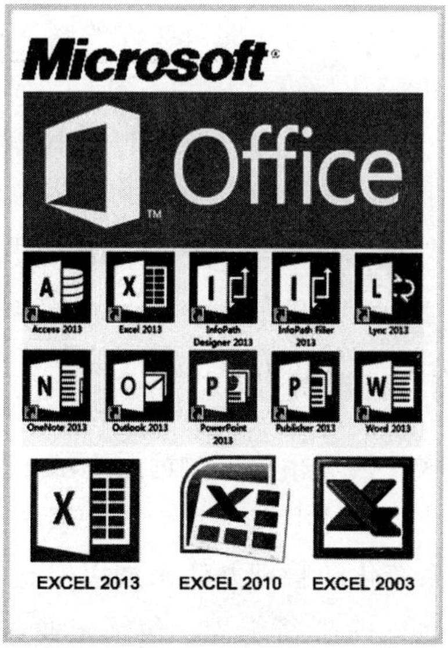

图 5-5 微软公司 logo 及 Office、Excel 图标

与微软Office相竞争的国产软件以金山WPS为代表，最早出现于1989年，在微软Windows系统出现以前，DOS系统盛行的年代，WPS曾是中国最流行的文字处理软件。目前WPS最新正式版为WPS 2012，与Word、Excel、PowerPoint相对应，金山公司的软件作品分别为WPS文字、WPS表格、WPS演示。

2. 其他常用的系统软件

在使用计算机的过程中，我们会遇到各种各样的文件，或者说会遇到各种不同文件格式（或文件类型）的电子文件，为了更好地使用和管理它们，我们必须先来了解一下什么是文件格式。所谓文件格式，是指计算机为了存储信息而使用的对信息的特殊编码方式，是用于识别内部储存的资料。为区别起见，用所谓的“扩展名”（或称“后缀”）来识别文件格式，这最早是在数字设备公司的CP/M操作系统应用，而后又被DOS和Windows操作系统沿用。扩展名是指文件名中，最后一个点（.）号后的字母序列。在早期的计算机性能限制，扩展名限制只能是三个字符，尽管现在绝大多数的操作系统已不再有此限制，许多文件格式至今仍然采用三个字符作扩展名。

重要的文件格式如“. exe”格式是可执行文件格式，在视窗系统中直接通过双击鼠标就可以打开，它是运行或者打开其他文件的基础。如要打开“. txt”格式的文本文件，我们通过双击文件就可查看，这其实是电脑调用“notepad. exe”打开了文本文件。又如“. rar”格式、“. zip”格式都是压缩文件格式，为减少文件占用电脑空间和加快文件的网络传输速度，文件往往会被压缩，在需要使用时再解压，这就用到一款叫“WinRAR”的压缩软件，该软件可用于备份数据，缩减电子邮件附件的大小，解压缩从Internet上下载的RAR、ZIP 2.0及其他文件，并且可以新建RAR及ZIP格式的文件。WinRAR是共享软件，你可以在40天的测试期内使用它，你可以在该软件的中国官方网站（http://www. winrar. com. cn/）上下载得到它。

5.1.3 如何实施会计电算化

会计电算化与会计软件密切相关，但远远不限于后者，会计软件只是会计电算化的初步表现形式。会计电算化作为一个系统工程，绝不仅仅是财务部门的事情，必须运用系统化的管理办法来加以实施。这是经济组织内部管控提升的一个机会。任何一个经济组织，包括企业，要实施好会计电算化，必须完成管理理念的转变，必须从做好制度上以及人、财、物上的准备开始。

1. 会计电算化的实施准备

也许有人会以为，会计电算化不就是买个会计软件吗？买来装上，会计人员把手工账弄到电脑里面不就行了吗？持这种观点的人可能还不少，我只能说这只说对了很小的一部分。会计机构本身作为企业中的一个核心部门，所提供的会计信息为财务管理、企业管控奠定了基础。会计反映和监督着企业的各种经济事项，涉及从企业基层到高层的所有部门和人员，关联面广，欲处理的事项复杂。在这样的特点下，单单凭借会计机构和人员本身的力量不足以将会计电算化这样的工作完成好，这项工作需要综合运用企业的各项可利用的资源，需要调动全体机构和人员，涉及企业的“人、财、物”各个资源面。因此，要实施好会计电算化，必须做到：

（1）转变员工的思想认识。这不只是针对普通员工，更是针对企业的中高层人员来说的。只有领导人员对会计电算化和必要性、含义有了客观、充分的认识，才会积极支持、参与会计电算化工作，这是会计电算化工作成功的关键所在。在实施过程中需要调动和集中各方面资源，会计电算化可能会遇到各种问题，在实施之前需要有充足的思想准备。

（2）建立好会计电算化的制度基础和财物基础。一般应借助会计电算化的东风对企业运行中的各项管理基础工作，如岗位职责、管理办法、人员牵制等进行必要的清理、整顿和规范，促使其制度化、标准化，这是一项管理推进，是会计电算化得以成功的保障，更是企业健康运行的自我提升。此外，对物的清理，如各类财产、材料物资的保有状况、管理措施、权属情况等都应当做到权责清晰、控制有力、账簿物卡相符。

（3）人员与资金的配合。会计电算化需要有人做事情，这不仅是指会计人员和电脑技术人员，而是所涉及的各个部门都要有责任人，会计电算化要成立工作小组，要有领导牵头。会计电算化需要购买服务器、电脑、交换机等硬件，需要购买软件产品和服务，需要机房和人员培训费用，这些都需要资金支持。

2. 会计电算化的具体实施

从我们为会计电算化所做的工作准备可以看出，会计电算化是一项系统工程，这自然是需要运用系统化的管理办法来加以实施的。

（1）可行性研究。这是必须在会计电算化实施之前就应当完成分析和调研的，所谓“谋定而后动”，如此方能避免会计电算化的盲目和无序、给企业造成损失和浪费。同时，也能够对可能面临的困难和风险进行充分预估，并在组织上、经济上、技术上做好是否可行的应对。

（2）规划和实施。应按照时期性事先定好远期、中期、近期的会计电算化工作目标和计划，会计电算化工作规划应与可行性报告相配合，根据远粗近细的原则确定不同时期的会计信息需求，确定分步实施的办法。根据确定好的工作规划，排定实施时间表，按步骤调集企业的“人、财、物”力加以具体实施。

在会计电算化工作中，会计人员主导或者参与的一项重要工作就是选择适当的会计软件。除了部分大中型企业有自己的研究开发力量外，大多数企业都是从外部的软件厂商购买的。购买时，应当充分考虑到：软件是否已经过有关主管部门的评审允许上市销售，是否满足财政部《会计核算软件基本功能规范》，软件是否与企业的发展规模相匹配，软件操作是否便捷易学，软件的输出和查询是否能够满足所需，软件是否安全可靠，软件的数据处理速度快慢，是否有完善的售后服务，软件及服务的报价如何，以及当前企业的计算机、服务器等硬件是否能够满足企业当前和未来一段时期运行的需要，软件是否有详实的使用说明等因素。

（3）会计电算化后的管理模式提升。会计电算化实施之后，不能认为下面的工作就只是会计部门的事情了，而后企业内部的管理仍然按照旧的一套模式运行。一方面，会计部门需要利用及时快捷的财务信息，做好企业的预测、决策和控制的信息支持，当好领导的参谋；另一方面，企业的高层管理者和其他部门也要充分利用会计电算化的成果，调整旧的与会计电算化管理不相适应的管理模式，做好组织体系和内部控制的与时俱进。倘不如此，没有一系列的制度和管控措施的跟进，会计电算化的成果就会付之东流，会计电算化的客观效果就只能是企业为会计工作更换了一个更大型的计算器而已，这必将伤害到企业的健康运行和人员的积极性，对于整个企业而言，无疑是一种巨大的浪费。

5.2 如何安装会计软件

从会计人员的角度看，要做好会计电算化工作的一个基本环节就是要应用好财务软件，而财务软件的安装则是这个环节的第一步。在这一节，就以一个通用的会计核算软件为例，来讲解一下如何安装财务软件。同时，我们还要结合第四章讲解一下如何进行软件系统的基础信息的初始设置。这就类似于我们第四章的建账准备（参见 4.1、4.2）中所讲解的选购好账簿，并对其设置必要的标识一样。

5.2.1 会计软件的取得

1. 从哪里获取

会计软件有商品化的软件，也有免费提供的。我们可以从互联网上下载得到，也可以从软件厂商在你的城市所在地的分支机构或者其总部销售部门购买取得。一般你会得到一张光盘或者一个可执行文件，又或者一个压缩文件。至于如何下载，可以通过搜索引擎，如百度、谷歌搜索找到软件的下载地址，再点击下载；至于如何与软件开发商联系洽谈、购买，我们这里就不展开说了。

为便于学习，我们显然不可能从最难的地方开始，总应当是先易后难，才便于讲解、便于学习。况且，对于大多数在非大中型企业工作的会计人员，选择适用于中小企业的财务软件会更加有效。

我们选择用来讲解的是用友公司的“用友 T3—财务通普及（试用）版”，它面向成长型企业的资金、存货的日常核算及管理工作，总账系统将财务核算和信息技术相融合，实现企业财务核算的自动化。这款软件的总账系统的优点有：

（1）凭证录入、查询、审核、过账及汇总比较灵活；

（2）多种账务处理、查询、输出；

（3）自动化期末汇总、期末损益结转、转账及结账；

（4）完全支持成长型企业会计制度，系统预制成长型企业会计科目、财务报表。

在选择合适的会计软件之前，你得确定你的电脑能否支持运行所要安装的软件。如“用友 T3—财务通普及（试用）版”对计算机硬件的要求是：单用户版主机须 800M 或以上、内存须 256 兆或以上、硬盘须 20G 或以上、鼠标须标准系列鼠标、显示器须 Windows 系统支持的显示器，可显示 256 色、打印机须 Windows 9x、Windows Nt Server/Workstation 4.0、Win 2000 支持的各类打印机；网络版要求网络服务器须 1.4G 或以上，内存须 512 兆或以上，硬盘 40G 或以上，工作站的要求与单机要求相同。

2. 学会解压文件

如果我们得到的是一个可执行文件，则完全无须解压，直接双击就可以了；而如果得到的是一个压缩格式的文件（“.rar”或“.zip”格式），则需要先进行解压缩才可以使用压缩包里面的文件，而在解压缩之前，须保证你的电脑上已经安装了如“WinRAR”这一类的解压缩软件。

我已经通过网络下载得到了一个名为“T3cwtpj. rar”的压缩文件，放置在“桌面”上，我们通过以下的步骤来解压：

（1）将鼠标移动到“T3cwtpj. rar”文件上，按右键，出现如图 5-6 所示的菜单，选择“解压到当前文件夹（X）”点击鼠标键；

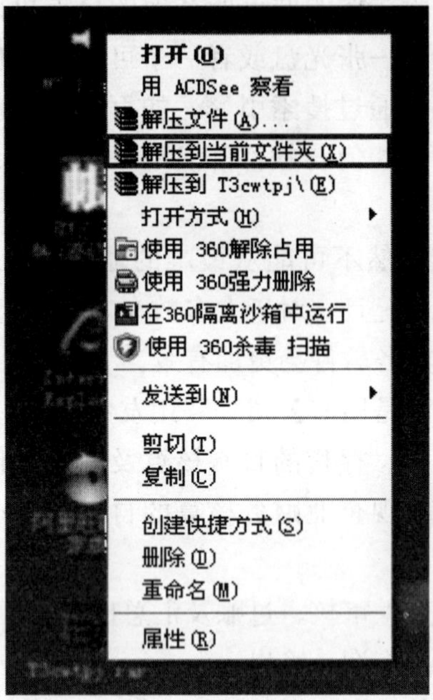

图 5-6　解压菜单

（2）等待文件解压完成，则会在“桌面”出现一个新的文件夹“T3cwtpj”，这就是我们解压缩文件得到的文件夹。

5.2.2　会计软件的安装

我们要安装财务软件，必须进入安装文件所在的文件夹，如果我们要安装“用友 T3—财务通普及（试用）版”，就需要按照以下步骤进行：

（1）双击“T3cwtpj”，这个文件夹里面有两个子文件夹“A”和“B”，双击其中的“A”。

（2）双击文件夹“A”中的可执行文件“AutoRun. exe”（注意，一般用来安装的可执行文件还常常会出现“setup”、“install”、“安装”之类的字样，可以直接双击它们），出现如图 5-7 所示的界面。

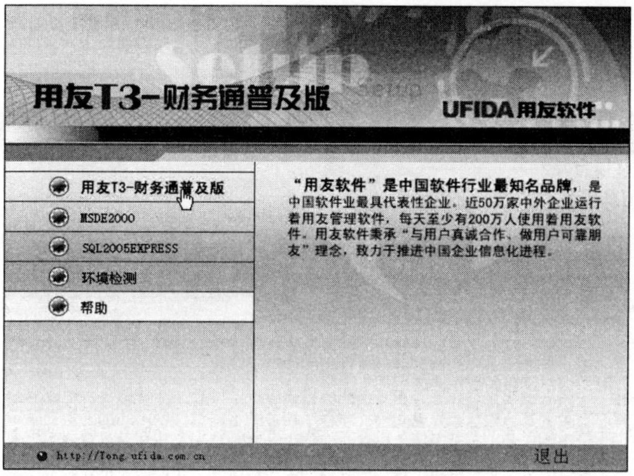

图 5-7　T3 安装选择界面

（3）点击"用友 T3—财务通普及版"，出现如图 5-8 所示的界面，稍后出现如图 5-9 所示的安装向导。

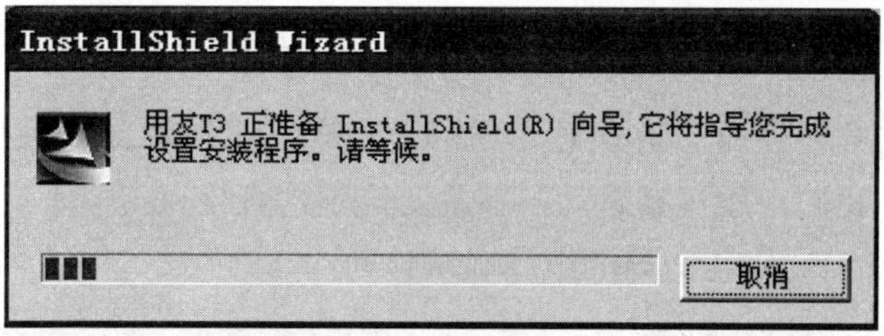

图 5-8　T3 安装准备界面

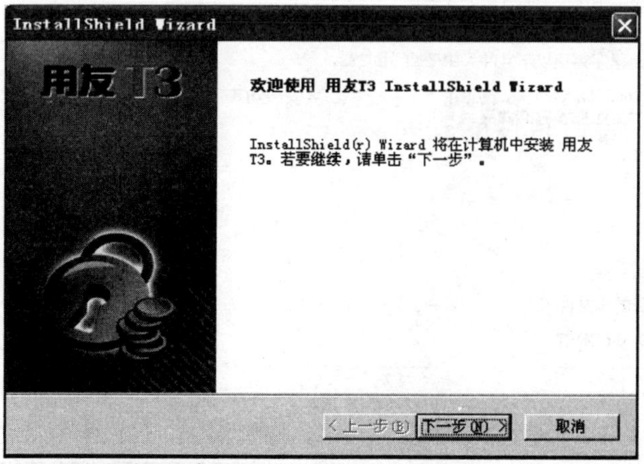

图 5-9　T3 安装向导界面 1

（4）点击向导界面“下一步（N）”，出现如图 5-10 所示的安装向导的许可协议确认界面。

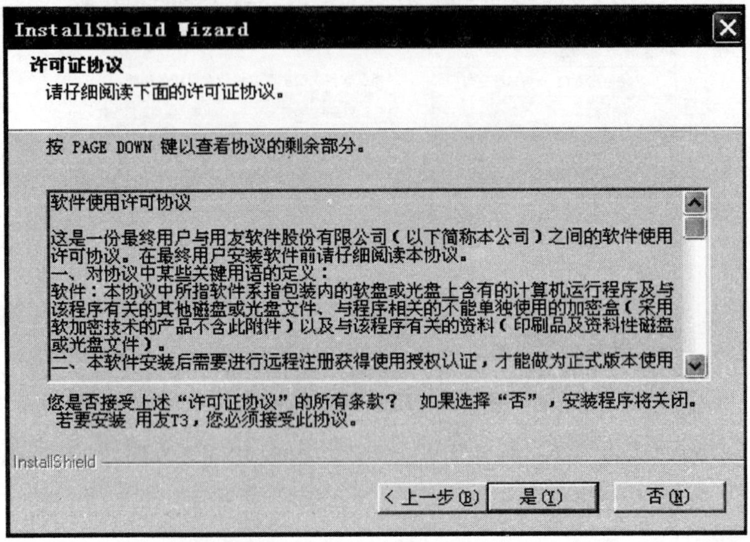

图 5-10 T3 安装向导界面 2

（5）点击向导界面“是（Y）”，出现如图 5-11 所示的安装向导的安装位置选择界面，我们一般选择默认，不改变位置，直接点击“下一步（N）”，出现如图 5-12 所示的安装向导的组件确认界面。

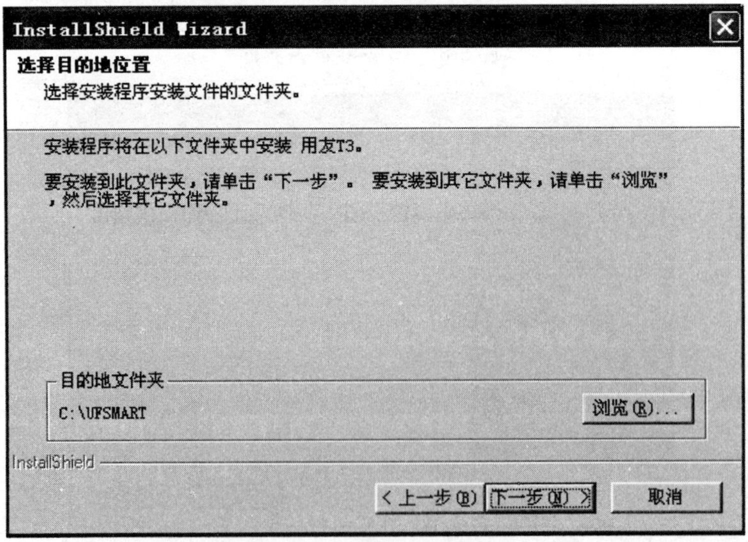

图 5-11 T3 安装向导界面 3

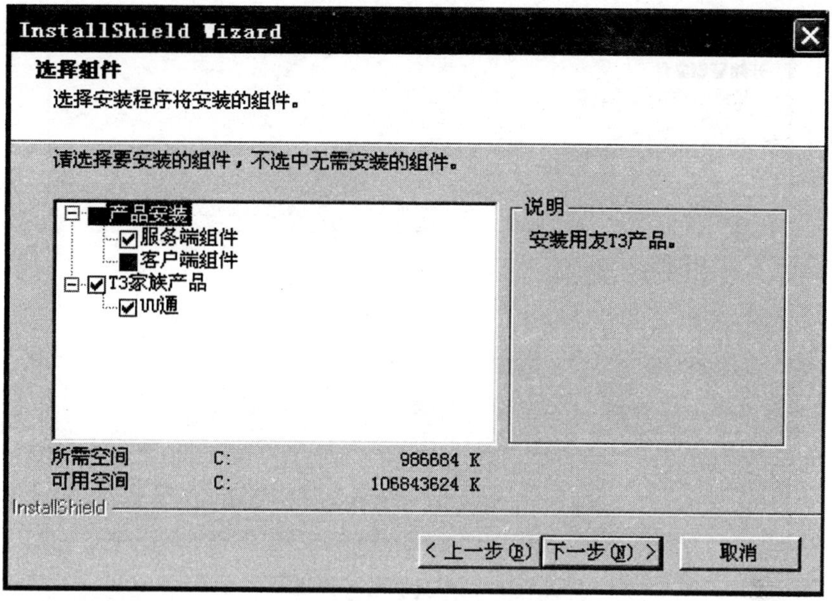

图 5-12 T3 安装向导界面 4

（6）直接点击“下一步（N)”，出现如图 5-13 所示的环境检测界面。如果你的电脑上事先没有安装过所需要的数据库（及其补丁）的话，就会在“是否符合”栏出现“不符合”字样，依次点中，安装完所需要的数据库文件后，点击“退出检测”，出现如图 5-14 所示的安装向导的文件复制的确认界面。

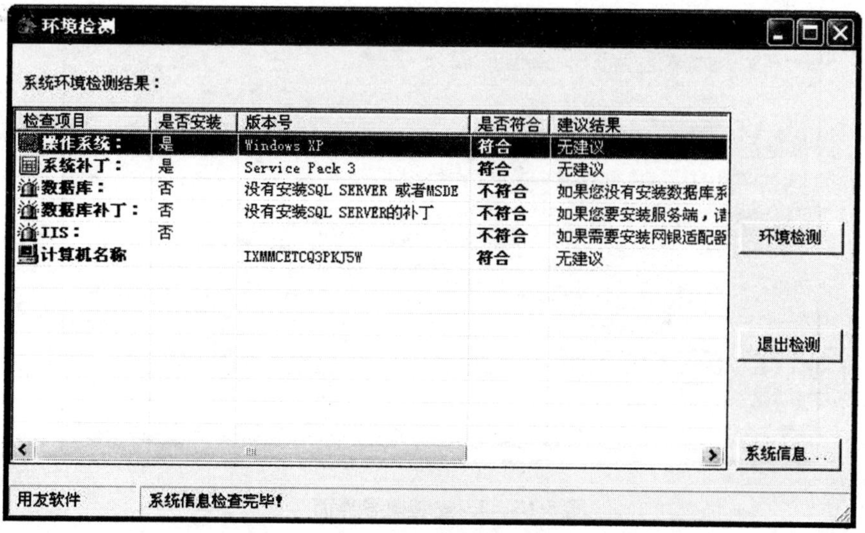

图 5-13 T3 安装向导界面 5

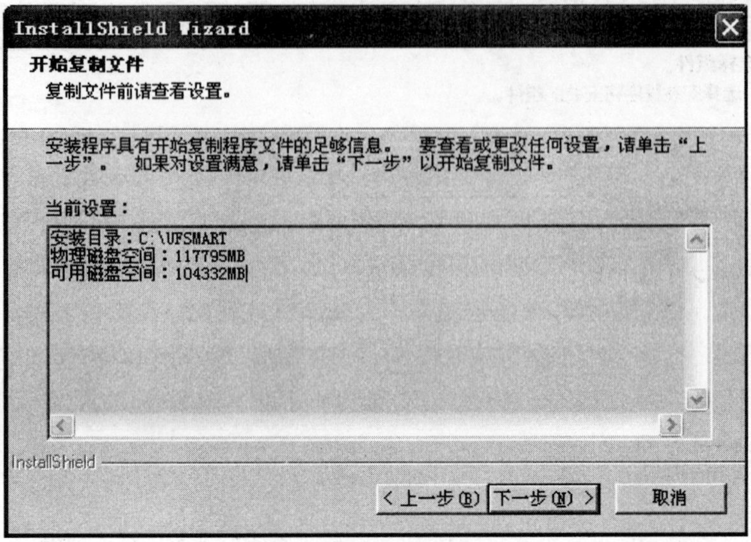

图 5-14 T3 安装向导界面 6

（7）直接点击“下一步（N）”，出现如图 5-15 所示的安装进度界面。等待几分钟后，出现如图 5-16 所示的要求安装“SMT Player”的界面，依次点击“下一步（N）”、“我接受（Y）”、“下一步（N）”后，出现如图 5-17 所示的安装向导的要求重新启动电脑的确认界面。

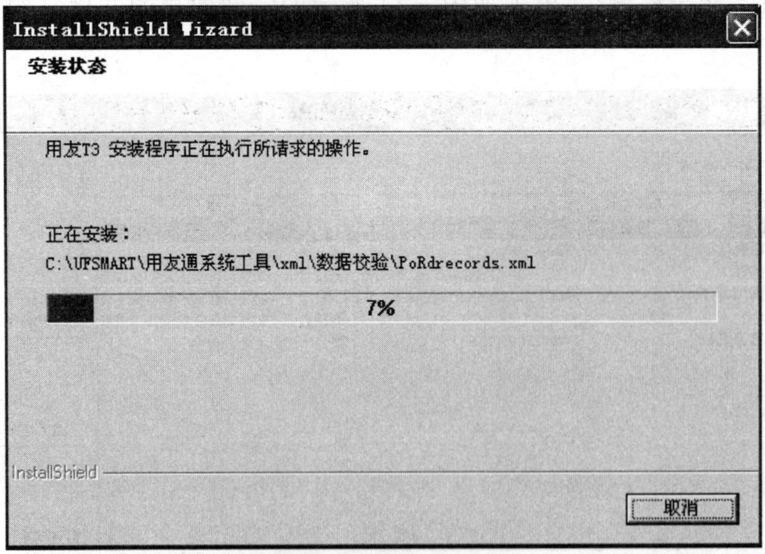

图 5-15 T3 安装向导界面 7

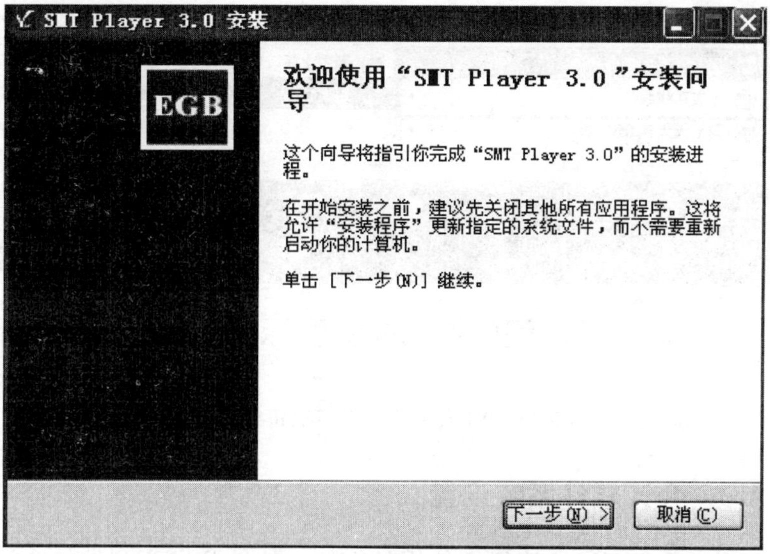

图 5-16 T3 安装向导界面 8

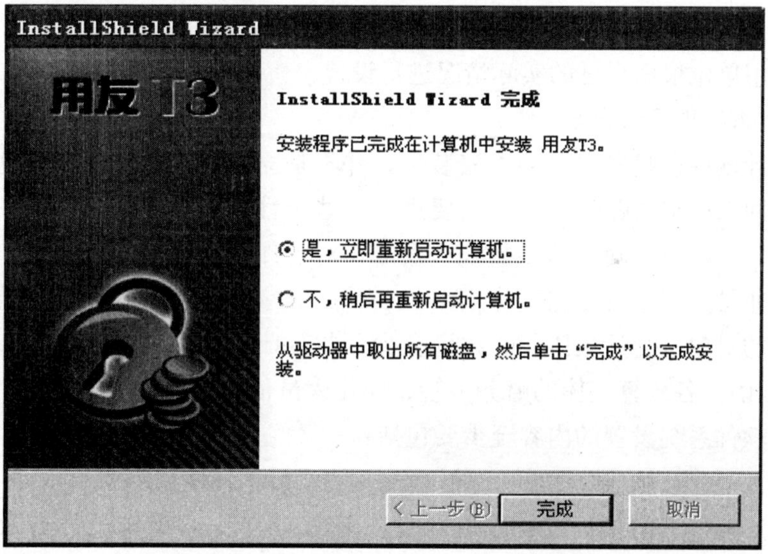

图 5-17 T3 安装向导界面 9

（8）保存好电脑上的其他文件后，点击“完成”，电脑将重新启动。

（9）电脑重新启动后，在你的“桌面”上将出现 5 个图标，并在“开始—程序”菜单中出现“用友 T3 系列管理软件”、“用友在线服务”和“东方金鸟”3 个程序组（如图 5-18 所示）。至此，“用友 T3—财务通普及（试用）版”已经在你的电脑上安装完毕了。

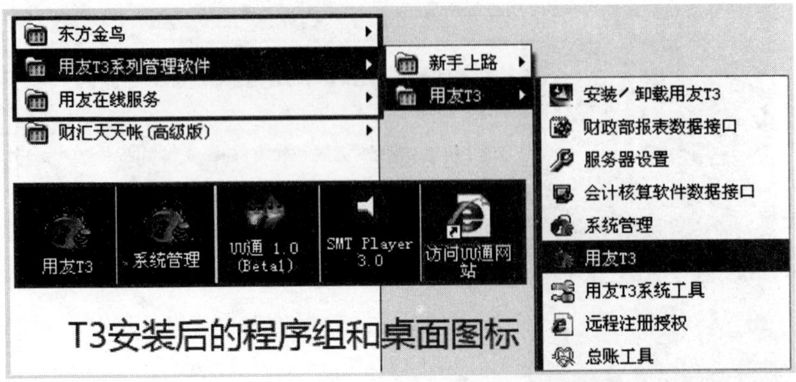

图 5-18 T3 安装后的程序组和桌面图标

5.2.3 会计软件系统设置

考虑到要适应不同经济组织使用的需要，软件开发商开发的会计软件多是通用，而不是专用的，除非你所在单位自行研发或者定制。但这对于大多数单位是不划算的，因而，通用的会计软件会预先留出一个机会，让不同的软件使用单位根据自己的实际情况进行设置。

1. 系统设置的内容

会计软件在我们的电脑上安装后，并不是立即就能够记账的，这如同刚刚购买回来的空白账簿一样，需要进行一些个性化设置。这是因为商业化的会计软件是针对不确定的多数来开发的，对于你所在单位的一些细节并不知悉，除非是定制，否则它连你们单位叫什么名字都不知道。它对你要进行会计核算的对象（会计主体）的数量多少、各会计主体的具体情况（如名称和行业属性），各核算主体的财务主管、操作人员信息也是一无所知。因此，我们要对软件系统设置的内容至少要包括：

（1）建立（修改）账套。如账套名称、会计主体所属行业。

（2）操作员信息。如各账套会计主管人员与普通操作员姓名及各自的权限。

这在“用友 T3—财务通普及（试用）版”软件中是通过“系统管理”来设置的。

2. 如何进行系统账套设置

我们结合第四章，以江苏阡陌科技有限公司为例来进行“系统管理”中的账套设置：

（1）点击“开始—程序—用友 T3 系列管理软件—用友 T3—系统管理”，

进入“系统管理”，点击左上角“系统—注册”菜单，出现如图 5-19 所示的界面。第一次进入时只需要在“用户名”处输入“admin”并点击“确定”按钮即可，进入后“账套”、“年度账”、“权限”由灰色变亮，代表着此三项菜单的状态由不可使用变为可以使用。

注意：“admin”初始密码为空白，我们建议你点击图 5-19 所示界面左下角的“修改密码”来为“admin”加上密码，以保证软件数据的安全。

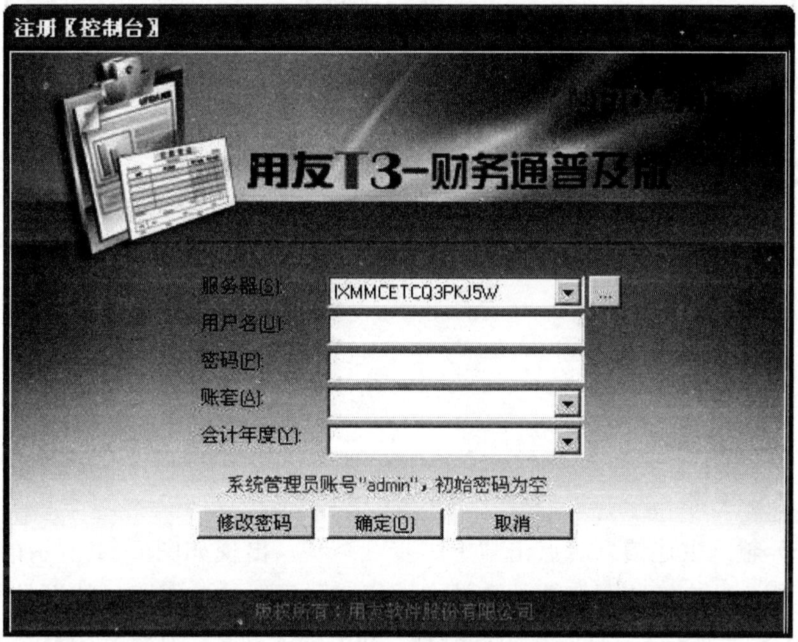

图 5-19　进入 T3 系统管理

（2）点击“账套—建立”菜单，出现如图 5-20 所示的账套信息界面。建账账套信息界面包括以下几个部分：

- 已存账套。第一次建账时，软件存在的只有［999］号用友公司预先设置好的演示用的账套，如我们已经创建过账套，则可以通过点击右边的向下的下拉箭头选择。
- 账套号。我们要创建的账套需要给它编个序号，指明它是第几套账，当然这里的序号是可以跳号的，我们就输入“666”。
- 账套名称。我们要创建的账套的名字，这里可以用单位的全称，也可以用简称，我们这里输入“江苏阡陌”。
- 账套路径。这要求我们指定所创建的账套的电子文件保存在电脑硬盘的什么位置，如果需要修改，则点击右边“…”按钮进行指定，我们这里未作修改。

● 启用会计期。软件默认取值是你电脑的当前时间的年份和月份，这个时间是你拟创建账套的第一个会计期间。我们按照第 4 章所举例子的会计期间，这里依次输入“2012”、“11”。

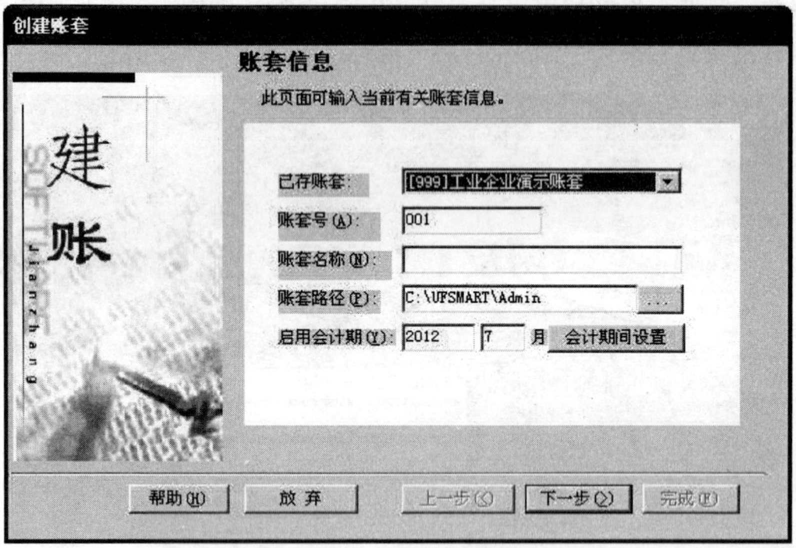

图 5-20 系统管理之建账 1

(3) 输入上述信息后点击“下一步（>)”，出现如图 5-21 所示的界面。在这个界面，应按照所核算的会计主体的实际情况如实录入，特别是第一项“单位名称”应输入你所在单位的全称，我们输入的是“江苏阡陌科技有限公司”。

(4) 输入上述信息后点击“下一步（>)”，出现如图 5-22 所示的界面。核算类型界面包括以下几个部分：

● 本币代码。如不是以人民币作为记账本位币，如美元是你单位的记账本位币，这里应输入“USD”。我们这里是默认的“RMB”（人民币)，则可以。

● 企业类型。这里要求选择所核算的会计主体所属的行业性质，我们通过点击右边的向下的下拉箭头选择了“商业”。

● 行业性质。我们选择了通用的“2007 年新会计准则”。

其他项目根据所核算的会计主体的实际情况填写即可。

(5) 输入上述信息后点击“下一步（>)”，出现如图 5-23 所示的基础信息界面。

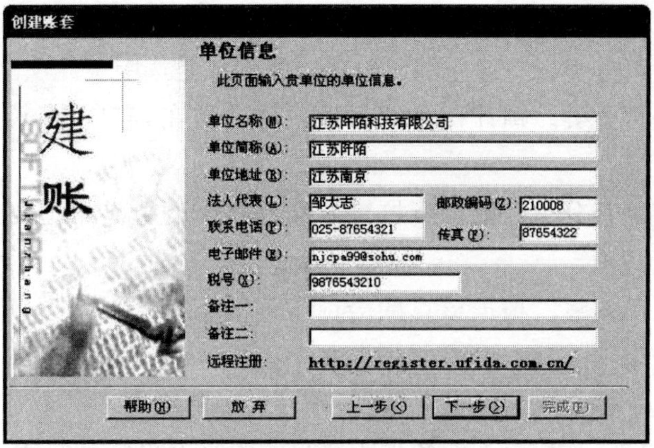

图 5-21　系统管理之建账 2

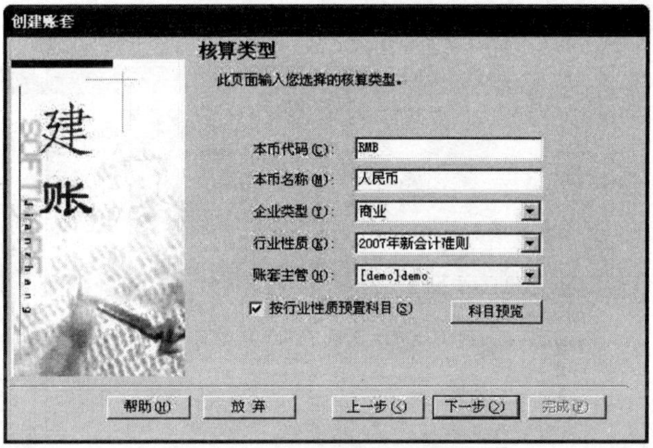

图 5-22　系统管理之建账 3

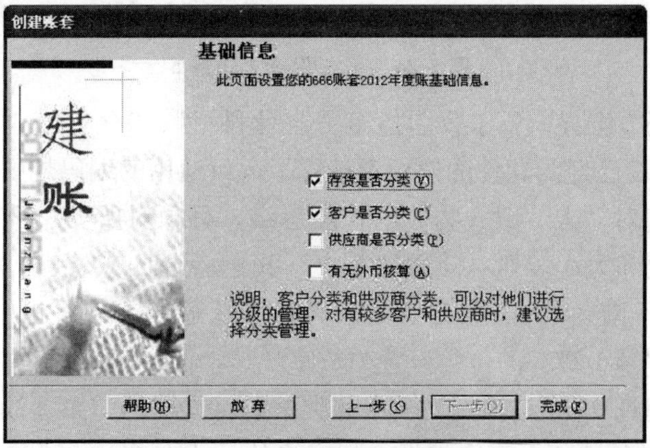

图 5-23　系统管理之建账 4

基础信息界面包括以下几个部分：

- 存货是否分类。一般应加以勾选，我们也是选中了此项。
- 客户是否分类。预计核算的会计主体的潜在客户较多较分散，我们选中了此项。
- 代销商是否分类。根据所核算的会计主体的上游渠道商是否分散来决定，我们未选此项。
- 有无外币核算。根据核算的会计主体的实际情况勾选，江苏阡陌无外币业务，我们未选此项。

（6）输入上述信息后点击“完成（F）”，随即出现了一个对话框询问是否“可以创建账套”，如果对上面各步所填写的内容不想修改的话，点“是”；如欲再次检查、修改，点“否”后点击“上一步（<）”重复上述（1）至（5）步。我们选择了“是”，经过若干秒的等待后，出现了如图 5-24 所示的界面。

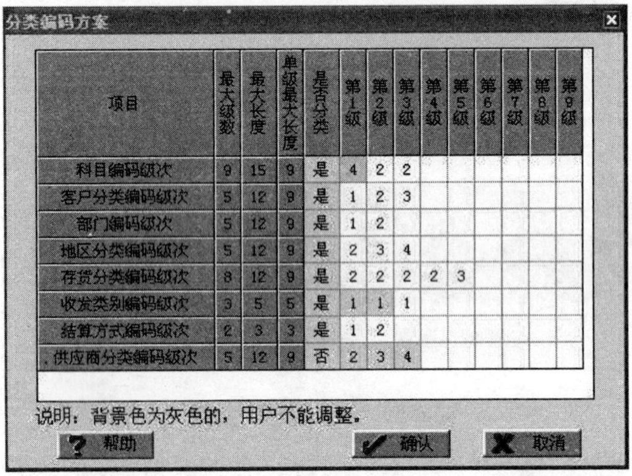

项目	最大级数	最大长度	单级最大长度	是否分类	第1级	第2级	第3级	第4级	第5级	第6级	第7级	第8级	第9级
科目编码级次	9	15	9	是	4	2	2						
客户分类编码级次	5	12	9	是	1	2	3						
部门编码级次	5	12	9	是	1	2							
地区分类编码级次	5	12	9	是	2	3	4						
存货分类编码级次	8	12	9	是	2	2	2	2	3				
收发类别编码级次	3	5	5	是	1	1	1						
结算方式编码级次	2	3	3	是	1	2							
供应商分类编码级次	5	12	9	否	2	3	4						

图 5-24 系统管理之建账 5

分类编码方案界面要求我们指定“会计科目”、“存货”、“客户”的编码规则，用友 T3 已经为软件的使用者设置了大致通用的编码规则。分类分级编码实际上我们对“人、财、物”的管理思维，必须对所要核算的经济事项预先估计其规模和大小。如对公司“客户”我们要分区域管理，我们可以分为“华北区”、“华南区”、“华东区”等，总数不超过 9 个，因此，“客户分类编码级次”的“第 1 级”的位数设置为数字“1”；而各区域中的省份可能超过 9 个但不可能超过 99 个，因此“客户分类编码级次”的“第 2 级”的位数设置为数字“2”；“第 3 级”每个省份内的客户估计不会超过 999 个，位数设置为数字“3”；“第 4 级”及以下保留为空白。

我们根据“江苏阡陌”的实际情况，在第一项“科目编码级次”的“第 2 级”和“第 3 级”均填写了数字“2”，这表示二级科目最多可以是两位数、三级科目最多也可以是两位数，也表示任意一个一级会计科目所辖的二级会计科目、任意一个二级会计科目所辖的三级会计科目不会超过 99 个。而“第 1 级”的数字“4”反映了一级总账会计科目的代码为 4 位的现实，这是由我国的会计准则所规定的，如“财务费用”的代码为“6603”，就是 4 位。

（7）输入上述信息后点击“确认”，随即出现了数据精度的确认界面，如图 5-25 所示。

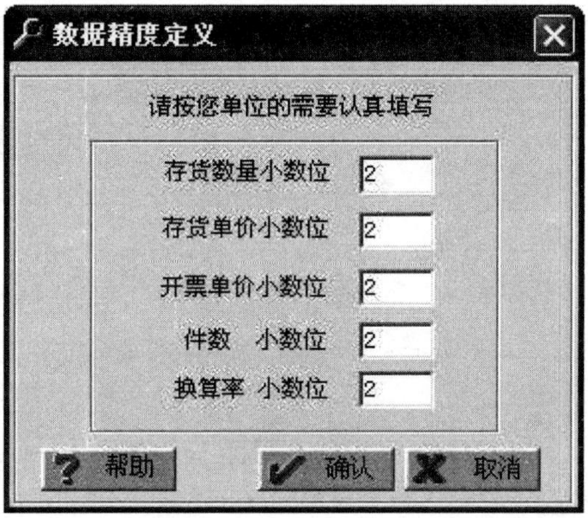

图 5-25 系统管理之建账 6

（8）软件已经为我们预设了两位的常用设置，如无特别的核算要求，直接点击“确认”，随即出现了账套创建成功的界面，如图 5-26 所示。点击“确定”后，软件询问“是否立即启用账套”，我们点击了“否”暂时不启用。如果需要启用可以在下次进入“系统管理”时，选择［666］账套进入后点击“账套—启用”菜单启用“［666］江苏阡陌”账套。

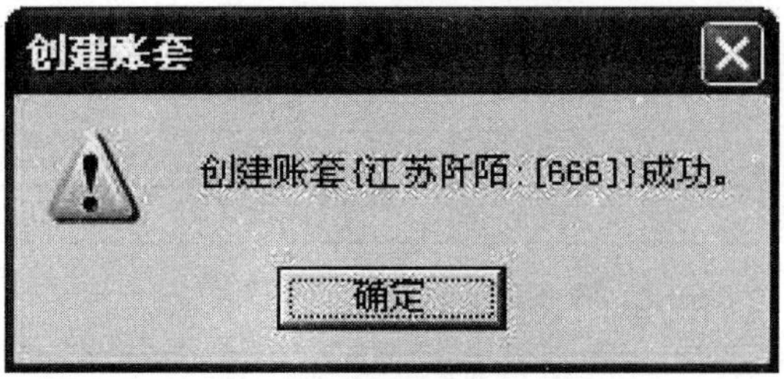

图 5-26 系统管理之建账 7

至此，一个新的账套已经创建完成！

3. 如何进行系统人员设置

我们仍然结合第四章，以江苏阡陌科技有限公司为例来进行“系统管理”中的人员设置：

（1）点击“系统管理”上方的“权限—操作员”菜单，出现如图 5-27 之①所示的界面，点击左上角“增加”，出现如图 5-27 之③、②所示的界面。

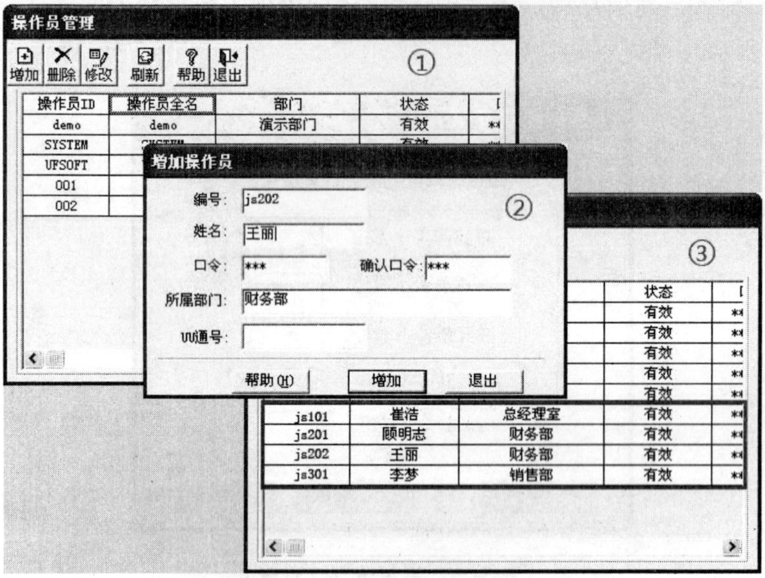

图 5-27 系统管理之人员设置 1

（2）按照表 5-1 将“江苏阡陌”的员工信息依次录入，每输入一名员工，皆需点击图 5-27 之②下部的“增加”。

表 5-1 **员工信息表**

员工编号	姓名	密码（口令）	所在部门	UU 通号	备注
js101	崔浩	123	总经理室	无此聊天工具	
js201	顾明志	123	财务部	无此聊天工具	
js202	王丽	123	财务部	无此聊天工具	
js301	李梦	123	销售部	无此聊天工具	

在表 5-1 中，我们的编码含义如下：

- 前两位“js”代表“江苏阡陌”；
- 第三位代码部门编号，如“总经理室”编码为“1”；
- 第四、五位为该员工在其所在部门中的序号，共 2 位数，每一个部门人员上限为 99 个。

最后一名员工增加完毕，点击“退出”，出现如图 5-27 之③所示的界面。

（3）点击图 5-27 之③所示的界面“退出”，点击“系统管理”上方的“权限—权限”菜单，出现如图 5-28 之①所示的“操作员权限”界面。

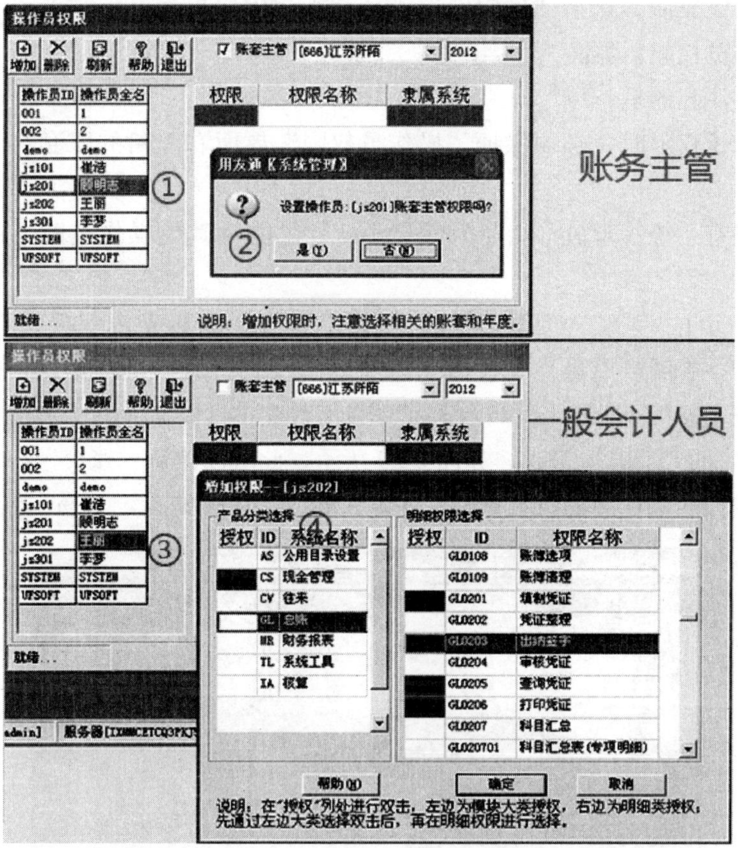

图 5-28　系统管理之人员设置 2

我们将赋予财务经理“顾明志”账务主管权限，点中左侧要赋予权限的人名“顾明志”，再勾选界面上方“账务主管”，出现询问对话框（图 5-28 之②）要求确认，点“是”。

我们给出纳“王丽”赋予能够记账、查询、打印等指定的权限，如“GL0203 出纳签字”、“GL1510 执行期间损益结转”等。点中左侧要赋予权限的人名“王丽”，出现如图 5-28 之③所示的界面，点击左上角“增加”按钮，出现如图 5-28 之④所示的界面，我们欲赋予王丽“现金管理”全部权限，双击图 5-28 之④界面左侧“现金管理”前“授权”栏空格，该空格变为蓝色，表示权限已经授予。我们欲赋予王丽部分“总账”权限，我们点中图 5-28 之④界面左侧“总账”，再双击图 5-28 之④界面右侧欲赋予的权限，我们这里赋予了“填制凭证”、“出纳签字”、“查询凭证”、“打印凭证”权限。如欲取消已赋予的权限，双击该权限所在的行即可。

赋权完成后，点击“确定”退出“增加权限”界面。点“退出”按钮退出“操作员权限”界面。

需要注意的是：

• 赋予权限时，必须保证“操作员权限”界面右上角的账套与年度是正确的。

• 只有系统管理员（当前为“admin”）才能对其他操作员赋予或者取消其“账务主管”身份。

（4）点击“系统管理”上方的“账套”菜单，可以发现下级菜单“启用”是灰色的，表明当前操作员没有启用账套的权限。那什么人有此权限呢？只有“账务主管”。于是，我们点击“系统—注销”，重新以“顾明志”的“操作员 ID”即“js201”进入，如图 5-29 所示，此时须注意“账套”与“会计年度”是我们想要选择的，当然现在我们只建立了一个账套，不易出错。

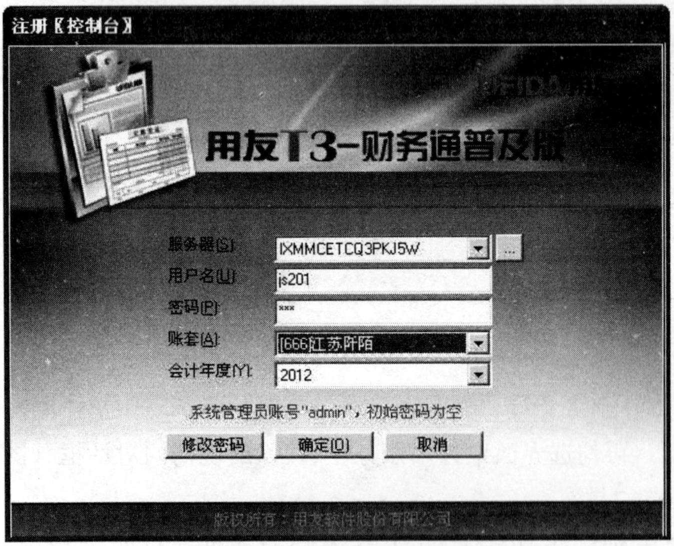

图 5-29 系统管理之人员设置 3

（5）点击“系统管理”上方的“账套”菜单，可以发现下级菜单“启用”变亮，表明当前操作员具有启用账套的权限。点击“启用”，出现图 5-30 之①的界面。

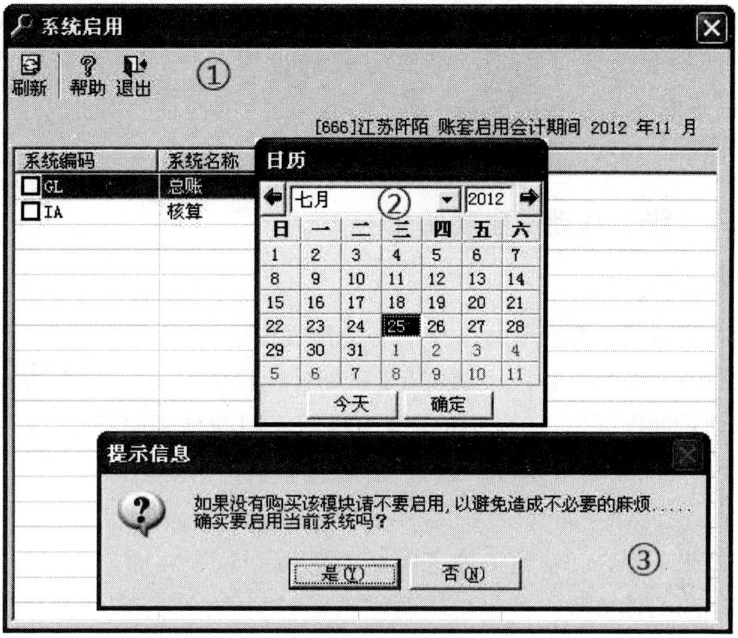

图 5-30　系统管理之账套启用

（6）勾选“GL”，出现图 5-30 之②的界面，将时间修改为“江苏阡陌”的账套启用时间“2012 年 11 月 1 日”。

（7）点击“确定”，出现图 5-30 之③的界面，点击“是”。

（8）如果勾选“IA”，重复出现图 5-30 之②、③的界面，依次确认后，表明启用了“存货”子系统。我们这里不勾选。

（9）点“系统启用”界面的“退出”选项返回“系统管理”界面。

（10）点击“系统管理”界面的“系统—退出”菜单退出“系统管理”。

5.3　系统初始化

上一节，我们完成了软件的选择、安装，并从软件系统的角度对新账套的建账、人员信息的录入及权限的赋予进行了介绍，但只有这些还不足以进行我们的记账工作。在设定的具体账套里面，你还得“告诉”软件很多东西，你得把大脑里面的一些对你而言是默认的规则传输给电脑软件。

电脑是按照我们设定的规则或者方案忠实而快捷地执行任务的。要让电脑很“听话”，你得对它进行足够的“培训”，你需要设定许多规则让它“记住”，比如编码方案、数据精度，客户、供应商、职员的分类，存货物资的分类，会计科目、凭证类型，结算方式的设置等。这一过程称为“初始化”，不要嫌麻烦，初始的辛苦工作是为了日后的便捷，对此你需要投入足够的细心加耐心。

5.3.1 账务基础信息初始化

1. 进入用友 T3

我们在完成了“系统管理”中的有关预设置后：

（1）点击“开始—程序—用友 T3 系列管理软件—用友 T3”进入用友 T3 的登录界面，如图 5-31 之①所示。因为我们使用的是试用版本，故而会出现如图 5-31 之②所示的要求注册的界面，我们选择“以后注册（C)”，出现如图 5-32 所示的向导界面。

（2）如果不想在每次进入账务系统时都看到这个界面，可以将“向导第一页”左下角的钩去除。如果想重新进入向导界面的基础设置，可以通过点击用友 T3 主界面账务系统左上角的“基础设置”菜单重新进行。

（3）点击向导界面右上角的“×”关闭向导，出现如图 5-33 所示的用友 T3 主界面。

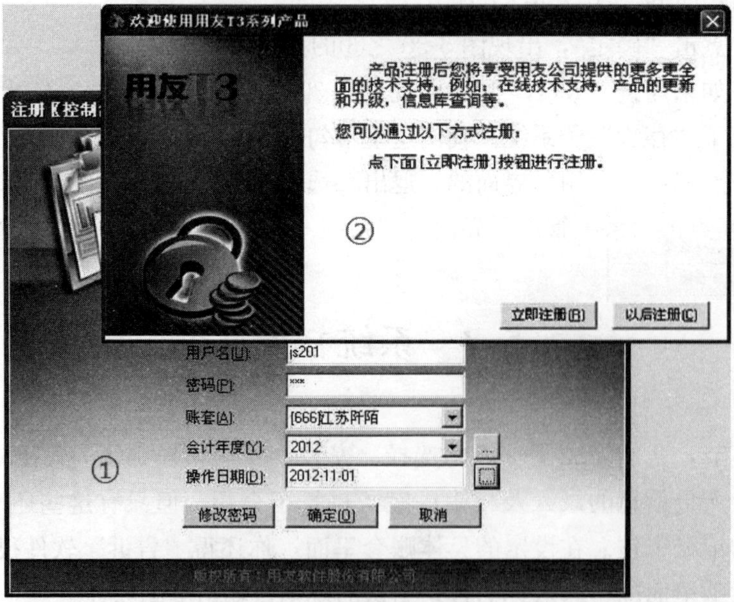

图 5-31 登录用友 T3

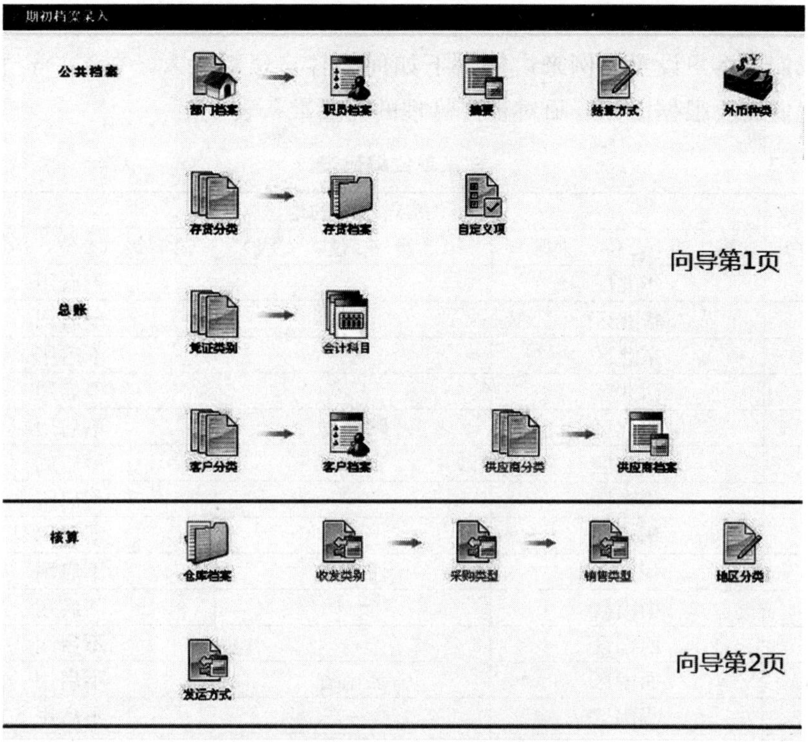

图 5-32　登录用友 T3 向导界面

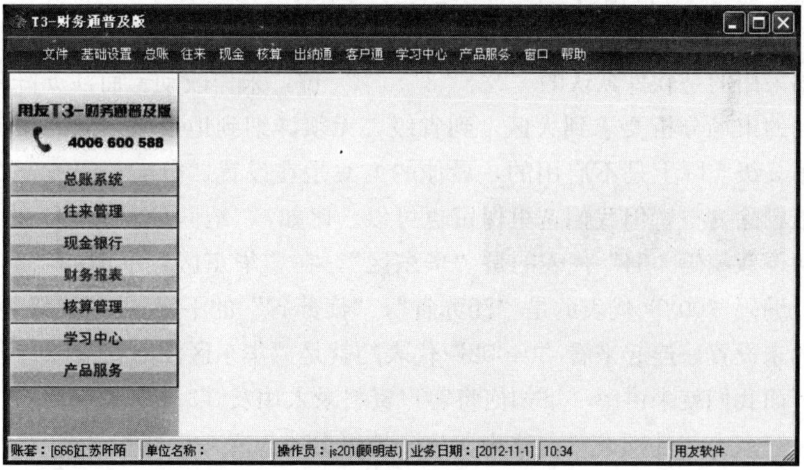

图 5-33　用友 T3 主界面

2. 编码方案与数据精度设置

这一步我们在上一节已经设置过（图 5-24、图 5-25），这里就不再重复讲述了。

3. 往来单位设置

我们以客户设置为例来讲解一下如何将客户资料录入，在客户资料录入前，我们需要根据江苏阡陌对客户管理的需要准备表 5-2：

表 5-2 往来单位编码表

软件设定编码	编码对应的地区		
	第 1 级（2 位，大区）	第 2 级（3 位，省级）	第 3 级（4 位，地市级）
01	华北区	—	不启用
01001	华北区	北京市	不启用
02	东北区	—	不启用
03	西北区	—	不启用
03001	西北区	陕西省	不启用
03002	西北区	青海省	不启用
04	华东区	—	不启用
04001	华东区	上海市	不启用
04002	华东区	江苏省	不启用
05	中南区	—	不启用
06	西南区	—	不启用
06001	西南区	云南省	不启用
07	华南区	—	不启用
07001	华南区	广东省	不启用

表 5-2 是江苏阡陌对全国市场进行分类编码的对应表的一个部分，在设置编码规则时（图 5-24），我们对“地区分类编码级次”行的第“1”、“2”、“3”级编码采用的是软件默认的“2”、“3”、“4”位，未作改动。而江苏阡陌对国内市场的市场分析要求到大区、到省级，无须详细到地市级，因此账务系统中的第 3 级实际上是不启用的，最佳的方案是在设置“分类编码方案”时将第 3 级删除为空，但我们这里保留也可以。比如，“地区分类编码”的“第 1 级”两位数编码“04”代表的是“华东区”，在“华东区”下面的“第 2 级”三位数编码“002”代表的是“江苏省”，“江苏省”的下级（“第 3 级”）四位数编码未设置。连起来看“04002”代表的就是“华东区江苏省”。

下面我们就来讲解一下如何将客户资料录入用友 T3 账务系统。

（1）点击“基础设置—往来单位—地区分类”菜单，如图 5-34 之①所示的界面，可以看到“编码原则”处出现了 9 个“ * ”号，分别代表了三级编码的位数，这是我们在“分类编码方案—地区分类编码级次”（图 5-24）时设置的，软件在此给予我们以提示。

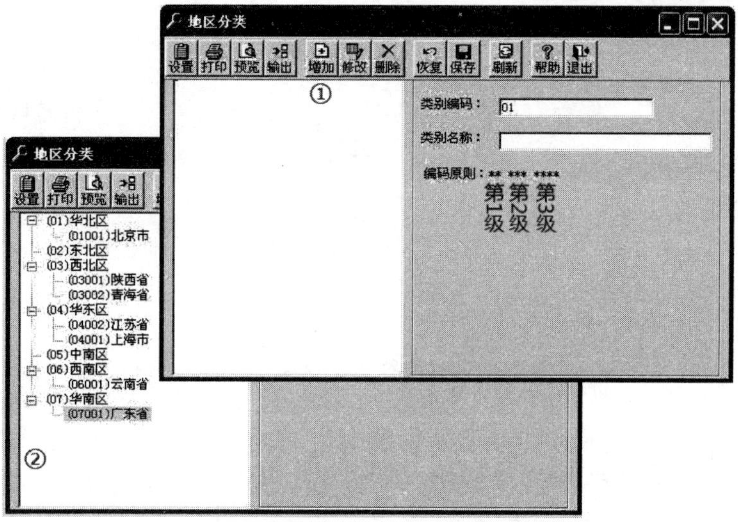

图 5-34　用友 T3 地区分类界面

（2）点击“增加”，在“类别编码”处输入“01”，“类别名称”处输入“华北区”，点击“保存”。按照表 5-2，将其他的地区编码输入，可以看到图 5-34 之②的界面，点击“退出”完成地区编码的设置。

（3）点击“基础设置—往来单位—客户分类”菜单，如图 5-35 之①所示的界面，可以看到“编码原则”处出现了 6 个“*”号，分别代表了三级编码的位数，这是我们在“分类编码方案—客户分类编码级次”（图 5-24）时设置的，软件在此给予我们以提示。

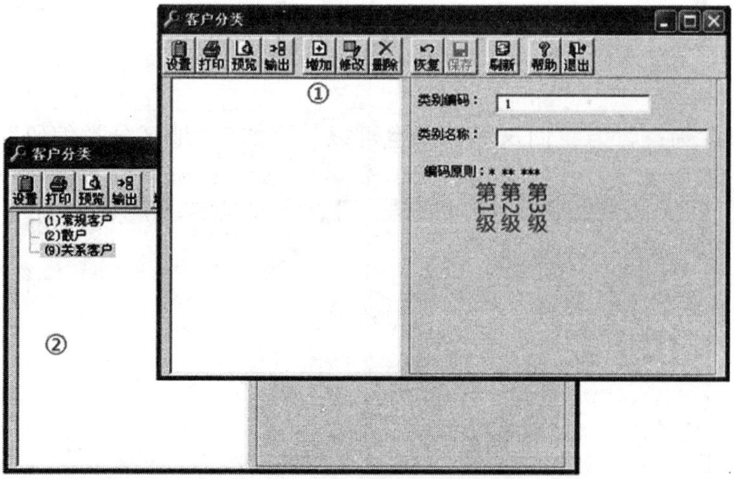

图 5-35　用友 T3 客户分类界面

（4）点击“增加”，在“类别编码”处输入“1”，“类别名称”处输入“常规客户”，点击“保存”；在“类别编码”处输入“2”，“类别名称”处输入“散户”，点击“保存”；在“类别编码”处输入“9”，“类别名称”处输入“关系客户”，点击“保存”。可以看到图 5-35 之②的界面，点击“退出”完成客户分类编码的设置。

可以看出，“客户分类”与“地区分类”的界面是非常类似的，这也是用友软件为了帮助我们熟悉其界面而设计的，是我们举一反三学习用友系列软件乃至于其他会计电算化软件的基础。

（5）点击“基础设置—往来单位—客户档案”菜单，出现如图 5-36 所示的界面。

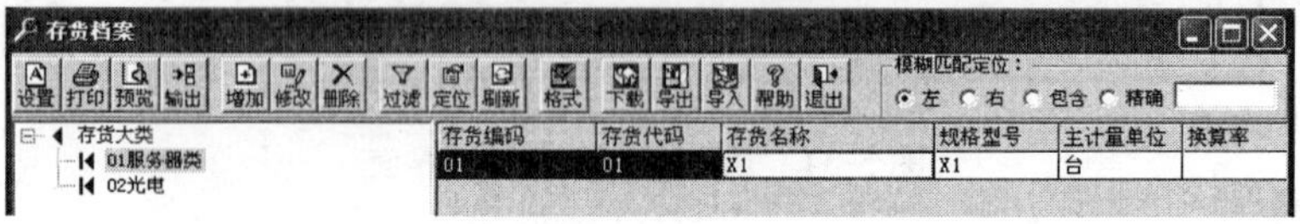

图 5-36　用友 T3 客户档案界面

点击“增加”，出现图 5-37 所示的界面，此界面有 4 个页签，分别如图 5-37 之①、②、③、④，要按照所在单位实际情况进行填写。我们将江苏阡陌的客户“西安振振信息研究院”、“青海西门科技有限公司”的资料依次录入。

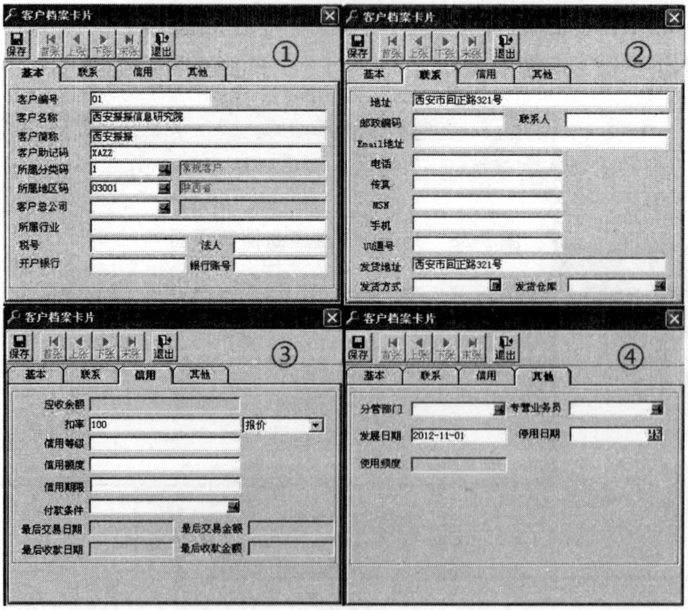

图 5-37　用友 T3 客户档案卡片界面

注意：

● 图 5-37 之①“基本”页签中“所属分类码”，我们点击其右侧的放大镜按钮加以选择，这是在图 5-35 客户“类别编码”已经设置好的，如客户西安振振信息研究院属于“1”类（“常规客户”）；“所属地区码”这是在图 5-34 地区“类别编码”已经设置好的，此处我们应当点击其右侧的放大镜按钮选择“03001”，代表着客户西安振振信息研究院属于“西北区陕西省”。“客户总公司”项，如果该客户的上级公司（母公司）也是我们所建账套的客户，并且，该总公司的资料已经录入软件系统，那么，我们就可以通过点击其右侧的放大镜按钮加以选择。

● 图 5-37 之③“信用”页签中填写的是江苏阡陌对客户西安振振信息研究院的信用政策。

（6）点击“客户档案卡片”界面的“退出”按钮完成客户档案卡片输入，点击“客户档案”界面的“退出”按钮完成客户档案输入。

（7）供应商的资料信息可以根据所在的单位的实际情况录入用友 T3 账务系统。点击“基础设置—往来单位—供应商分类”菜单，出现“供应商没有分类”的提示。之所以出现这样的提示，其原因是根据江苏阡陌的实际，我们创建账套时对“基础信息”中的“供应商是否分类”未作勾选。

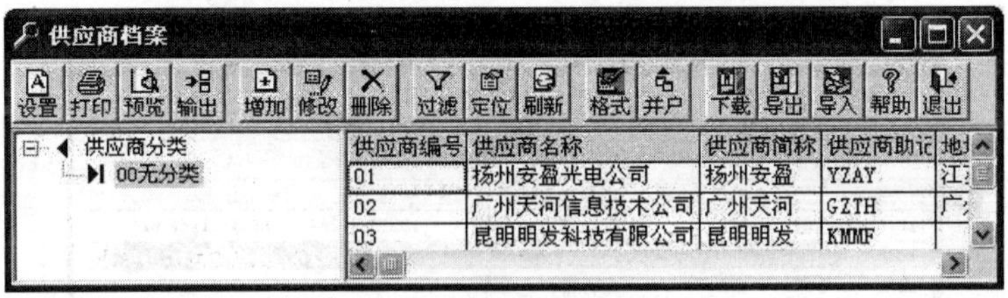

图 5-38　用友 T3 供应商档案界面

我们参照上述（5）、（6）步骤完成供应商“扬州安盈光电公司”、“广州天河信息技术公司”、“昆明明发科技有限公司”档案资料的录入。完成后，供应商档案如图 5-38 所示。

（8）点击“基础设置—机构设置—部门档案”菜单，点击“增加”，将部门信息录入。完成后，如图 5-39 所示。注意，此时，因为尚未录入人员资料，应将“负责人”留空，待第（9）步人员信息录入完成后，再回到如图 5-39 的界面，点击界面左侧部门名称，点击界面上面的“修改”按钮，再在界面右侧的负责人处点选放大镜按钮选择人员姓名（或者输入助记码，如“顾明志”的助记码“GMZ”）。

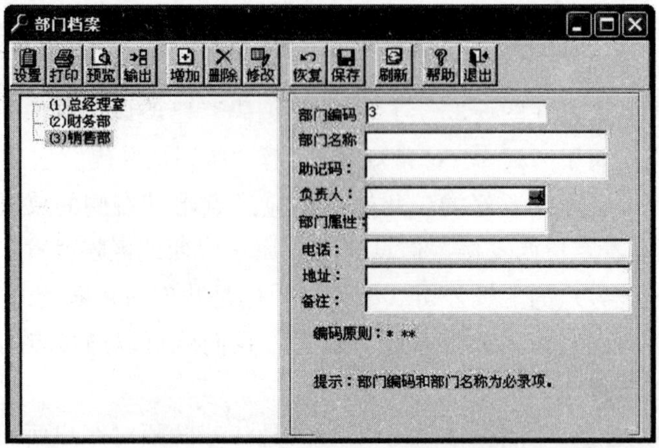

图 5-39 用友 T3 部门档案界面

（9）点击“基础设置—机构设置—职员档案”菜单，将公司员工资料录入，录入时注意与第（8）步中增加部门信息有细微区别，即，此处直接在网格中输入即可，每输入一格敲击回车（Enter 键），光标会自动移动下一格。当光标点击到“所属部门”这一栏时，将会出现一个放大镜按钮，点击可以选择在上一步设置好的部门名称（或者输入部门助记码，如“总经理室”的助记码“ZJLS”）。全部人员信息录入完成后，如图 5-40 所示。

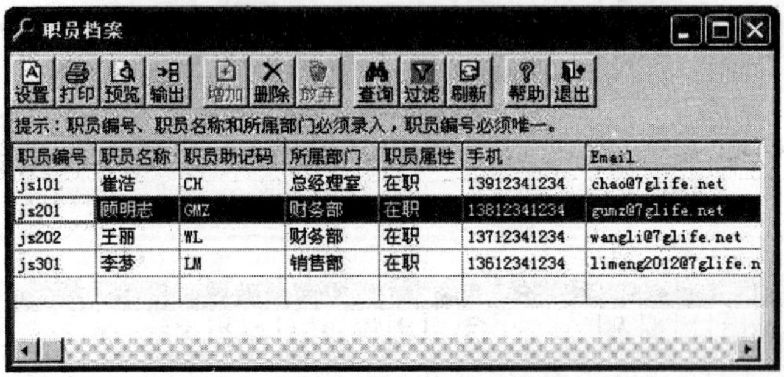

图 5-40 用友 T3 职员档案界面

4. *存货初始建档设置*

（1）点击“基础设置—存货—存货分类”菜单，出现如图 5-41 所示的界面。在“类别编码”处输入“01”、“类别名称”处输入“服务器类”后点击“保存”。继续在“类别编码”处输入“02”、“类别名称”处输入“光电”后点击“保存”。点击右上角的“×”或“退出”按钮关闭存货分类界面。

图 5-41 存货分类界面

（2）点击“基础设置—存货—存货档案”菜单，出现如图 5-42 所示的界面。

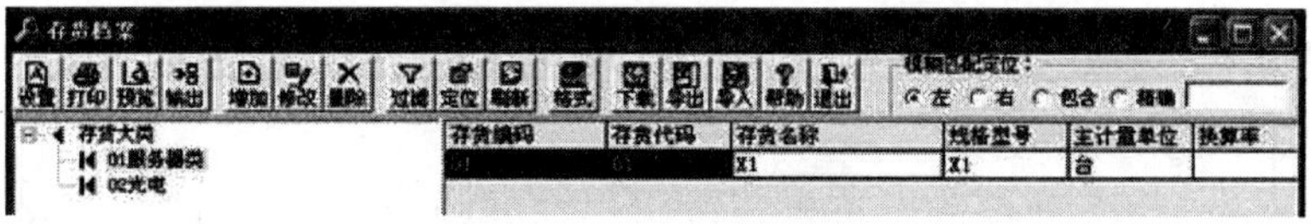

图 5-42 存货档案界面

（3）点击“存货档案”界面的“增加”，出现如图 5-43 所示的界面，此界面有 4 个页签，分别如图 5-43 之①、②、③、④，请按照你所在单位实际情况进行填写。

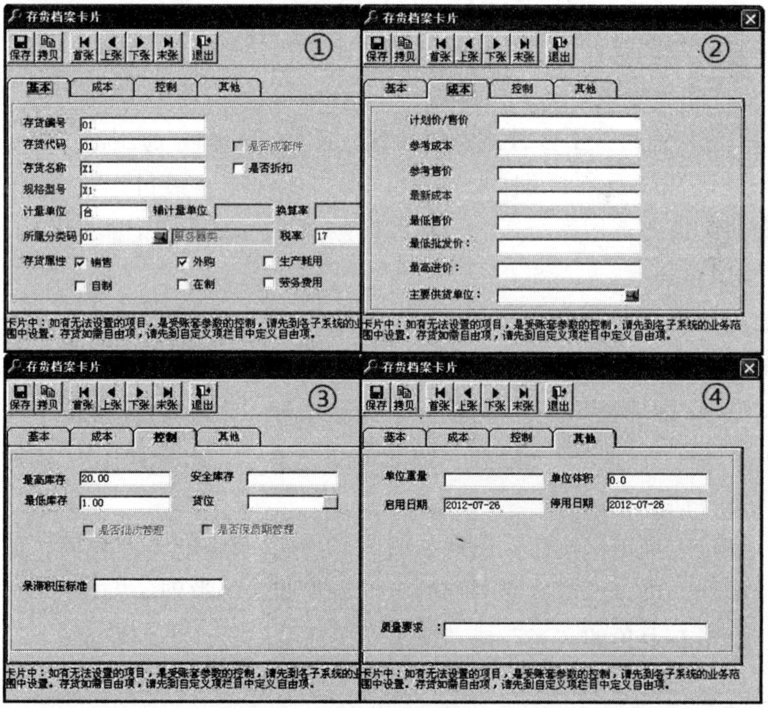

图 5-43 存货档案卡片界面

注意：

• 存货资料设置后，可以进行增加、删除和修改，但已经使用过的存货资料不可以删除。

• 通过点击图 5-43 之①“基本”页签中“所属分类码”右侧放大镜按钮，我们选择的是步骤（3）中设定的存货“类别编码”，如存货——库存商品 X1 属于“01 类”（“服务器类”）；“存货属性”应当按照此存货在本单位的实际应用加以勾选：如 X1 为从外部购入用于销售的库存商品，故而我们将此处“外购”、“销售”前的钩都打上。

• 图 5-43 之②“成本”页签，因江苏阡陌未采用“计划成本法”核算存货，故此页签保留为空白。

• 图 5-43 之③“控制”页签，按照江苏阡陌存货 X1 的实际，在“最高库存”、“最低库存”处分别输入“20”、“1”。在填写了江苏阡陌的库存商品 X1 后，点击“保存”、“增加”，继续填写江苏阡陌的库存商品 X3，保存后，点“退出”即退出存货档案卡片界面，再点“退出”即退出存货档案界面。

到这一步，我们已经完成了会计软件对“人”（部门及职工、客户与供应商）和“物”（存货）的信息采集工作。接下来，我们将完成与会计记账基础有关的项目（会计凭证、会计科目、结算方式）信息采集。

5. 会计凭证的初始设置

用友 T3 软件内置了多种类型的会计凭证格式，如“通用记账凭证”、“收付转记账凭证”以及更详细的“现收、现付、银收、银付、转账”等类型。我们根据实际情况选用就行，为“江苏阡陌”选用的是“记账凭证”，即“通用记账凭证”。

注意，如果我们选择的并非“通用记账凭证”，那么日后在制作会计凭证时，需要先行选择凭证的收付转类型。我们这里所说的“收”指收款，“付”指付款，“现”指现金，“银”指银行存款，此为会计人员习惯叫法。

（1）点击“基础设置—财务—凭证类别”菜单，出现如图 5-44 所示的凭证类型预置界面。

（2）点击“确定”按钮，出现如图 5-45 所示的凭证类别界面。如果凭证不只一个类别，可以点击界面右部的上下箭头调整各类别的先后次序。

（3）点击右上角的“×”或“退出”按钮关闭凭证类别界面。

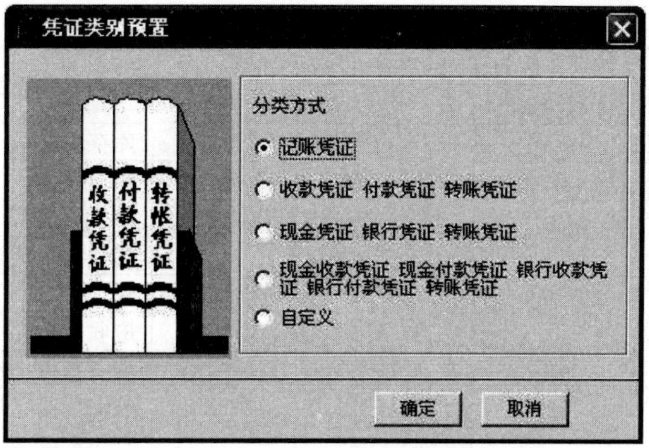

图 5-44　凭证类别预置界面

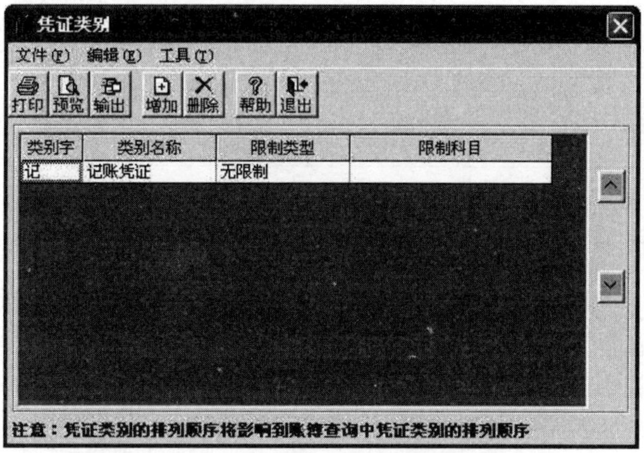

图 5-45　凭证类别界面

6. 会计科目的初始设置

一级会计科目已经由软件自动给出，我们只要把不需使用的删除即可，但对二级及以下的明细会计科目，我们应当事先做好规划，分门别类，有手工账的须以手工账为依据，没有手工账、建账初期就直接应用会计软件的，必须充分考虑企业未来的发展等因素（参考第四章建账前的准备），对所涉及的不同会计科目进行不同层次的分级编码，编码规则是根据图 5-24 确定的，即“科目编码级次”的“第 1 级”、“第 2 级”、“第 3 级”分别为“4”、“2”、“2”位。我们将“江苏阡陌”所应用到的会计科目编码如表 5-3 所示。

在会计科目编码表中，除“库存商品”、“主营业务收入”、“主营业务成本”所采用的账页格式为“数量金额式”（且不能设置相应的辅助核算）外，其他科目均为金额式，即手工账中的“三栏式”。

表 5-3　　会计科目编码表

科目编码				科目名称
第 1 级（4 位）	第 2 级（2 位）	第 3 级（2 位）	全码	
1001				库存现金
1002				银行存款
1002	01		100201	解放路支行
1012				其他货币资金
1012	01		101201	保证金
1122				应收账款
1122	01		112201	西安振振信息研究院
1122	02		112202	青海西门科技有限公司
1123				预付账款
1123	01		112301	扬州安盈光电公司
1231				其他应收款
1231	01		123101	李梦
1406				库存商品
1406	01		140601	服务器 X1
1406	02		140602	服务器 X3
1601				固定资产
1601	01		160101	房屋
1601	02		160102	汽车
1601	02	01	16010201	汽车/小型货车
1601	03		160103	电子数码设备
2001				短期借款
2001	01		200101	解放路支行
2201				应付票据
2201	01		220101	银行承兑汇票
2202				应付账款
2202	01		220201	广州天河信息技术公司
2202	02		220202	昆明明发科技有限公司
2211				应付职工薪酬
2211	01		221101	工薪
2211	02		221102	社保
2221				应交税费
2221	01		222101	未交增值税
2221	02		222102	应交所得税
2221	03		222103	应交个人所得税
2221	04		222104	应交城建税
2221	05		222105	教育费附加
2221	06		222106	应交增值税

续表

科目编码				科目名称
第 1 级（4 位）	第 2 级（2 位）	第 3 级（2 位）	全码	
2221	06	01	22210601	应交增值税/进项税额
2221	06	02	22210602	应交增值税/已交税额
2221	06	03	22210603	应交增值税/减免税额
2221	06	04	22210604	应交增值税/转出未交增值税
2221	06	05	22210605	应交增值税/出口抵减内销产品应纳税额
2221	06	09	22210609	应交增值税/增值税借方其他
2221	06	11	22210611	应交增值税/销项税额
2221	06	12	22210612	应交增值税/出口退税
2221	06	13	22210613	应交增值税/进项税转出
2221	06	14	22210614	应交增值税/转出多交增值税
2221	06	19	22210619	应交增值税/增值税贷方其他
2241				其他应付款
2241	01		224101	社保
4001				实收资本
4001	01		400101	邱大志
4001	02		400102	莫文丽
4002				资本公积
4002	01		400201	资本溢价
4103				本年利润
6001				主营业务收入
6001	01		600101	服务器 X1
6001	02		600102	服务器 X3
6401				主营业务成本
6401	01		640101	服务器 X1
6401	02		640102	服务器 X3
6405				营业税金及附加
6601				销售费用
6601	01		660101	工薪社保费
6601	02		660102	运输费用
6602				管理费用
6602	01		660201	工薪社保费
6602	02		660202	开办费
6602	03		660203	差旅费
6602	04		660204	招待费
6603				财务费用
6603	01		660301	利息支出
6603	02		660302	手续费
6801				所得税费用

根据整理好的表 5-3，我们就可以从容不迫地添加会计科目了。将“全码”列不为空的会计科目添加到用友 T3 账务系统，将未出现在表 5-3 的用友 T3 账务系统预置的会计科目删除。

（1）点击“基础设置—财务—会计科目”菜单，出现如图 5-46 所示的界面。这个界面看起来有点熟悉，似曾相识？对，它是模仿手工账册设置的。

在图 5-46 所示的界面中，选中我们不需要的会计科目名称，点“删除”按钮，随即出现一个对话框，要求我们确认删除，这是为了避免误操作而设计的，点“确定”。

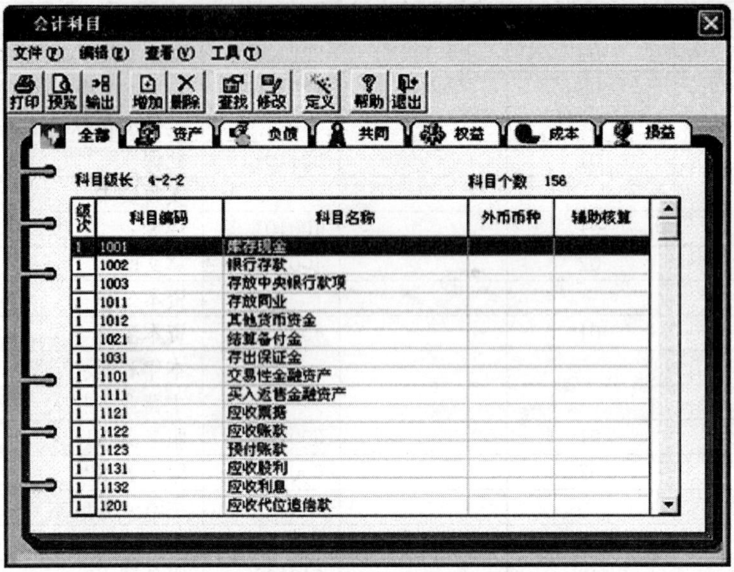

图 5-46　会计科目设置界面

（2）点击“会计科目”界面的“增加”按钮，，出现如图 5-47 所示的界面。在此界面中：

- “科目编码”按照表 5-3 中的“全码”填写。
- “中文名称”按照表 5-3 中的“科目名称”填写。
- “英文名称”可以不填；科目类型由软件默认。
- “账页格式”点击右边的下拉三角选择“金额式”。
- “助记码”根据便于记忆的原则填写，也可以不填。
- “数量核算”适用于存货类会计科目，勾选后，“计量单位”由灰变亮，可以填写，根据存货的实际，填写“台”、“件”等。

● “辅助核算”反映的是该会计科目是否需要设置辅助账来核算，如选择，以后在填制凭证时，要求补充相应的信息。例如，为掌握各部门的费用发生情况，“销售费用”、“管理费用”可以勾选“部门核算”，勾选后，其后的放大镜按钮由灰变亮，点击后转到“部门档案”；个人借款可以勾选“个人往来”，勾选后，其后的放大镜按钮由灰变亮，点击后转到“职员档案”；“应收账款”、“预收账款”可以勾选“客户往来”，勾选后，其后的放大镜按钮由灰变亮，点击后转到“客户档案”；“应付账款”、“预付账款”可以勾选“供应商往来”，勾选后，其后的放大镜按钮由灰变亮，点击后转到“供应商档案”。

● “现金日记账”勾选“日记账”，“银行存款”各户头应勾选“日记账”、“银行账”。

● “受控系统”根据实际点击下拉的三角按钮选择。

填写无误后，点击“确定”。

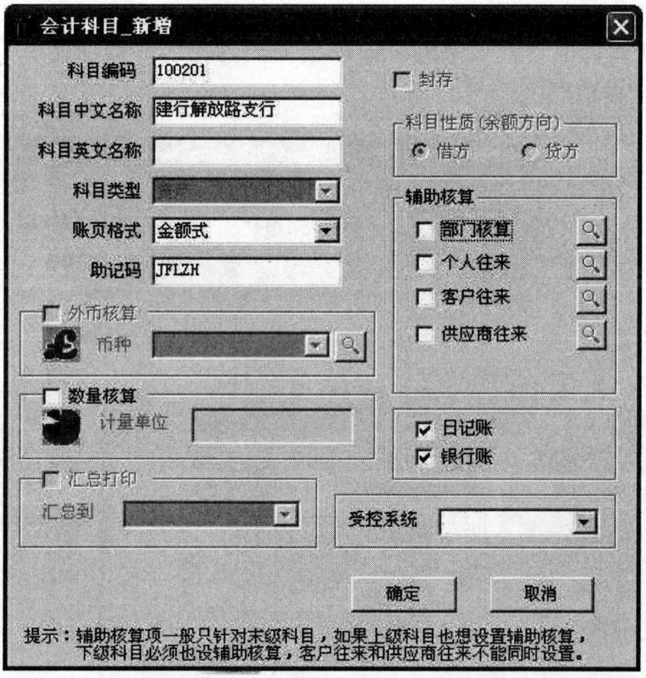

图 5-47 会计科目新增界面

（3）根据表 5-3 完成全部添加后，点击右上角的“×”关闭新增会计科目界面。可以点击“输出”按钮，在弹出的对话框下部的“保存类型”点右下拉箭头选择“Microsoft Excel 97（*. xls)”，在“文件名”处输入“江苏阡陌会计科目”后点“保存”，然后将得到的文件打开（如表5-4）与表5-3进行比对，看是否已经全部输入正确，若有误，需要点击会计科目界面的“修改”按钮进行修改。

(4) 比对无误后，点击“编辑—指定科目”菜单，出现如图5-48之①所示的界面。在“待选科目”里点中“1001库存现金”，点击“>”按钮，将其添加到“已选科目”中，点击“确定”。

(5) 再次点击“编辑—指定科目”菜单，出现如图5-48之①所示的界面。点中界面左边的“银行总账科目”，在“待选科目”里点中“1002银行存款”，点击“>”按钮，将其添加到“已选科目”中，点击“确定”，如图5-48之②所示。

(6) 再次点击“编辑—指定科目”菜单，出现如图5-48之①所示的界面。点中界面左边的“现金流量科目”，在“待选科目”里点中“1001库存现金”、“1002银行存款”，点击“>”按钮，将其添加到“已选科目”中，点击“确定”，如图5-48之③所示。

“1012其他货币资金”中的“保证金”因为不可以提前支取，因此不能作为“现金流量科目”。

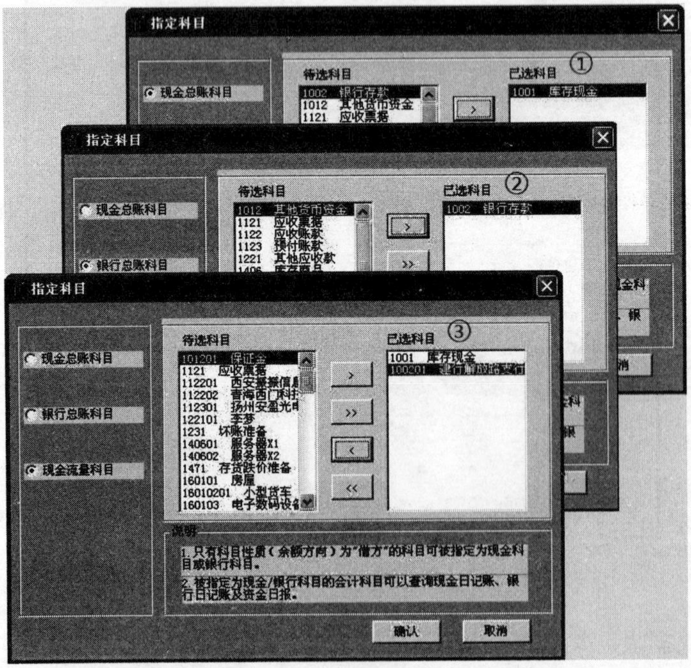

图5-48 指定科目用途界面

（7）点击“退出”按钮返回用友 T3 的主界面。

7. 外币核算设置

在创建账套的基础信息界面（图 5-23）时，如勾选了“有无外币核算”，则应点击“基础设置—财务—外币核算”菜单，出现如图 5-49 所示的界面进行外币种类和汇率的设置。江苏阡陌无外币业务，不需要设置。

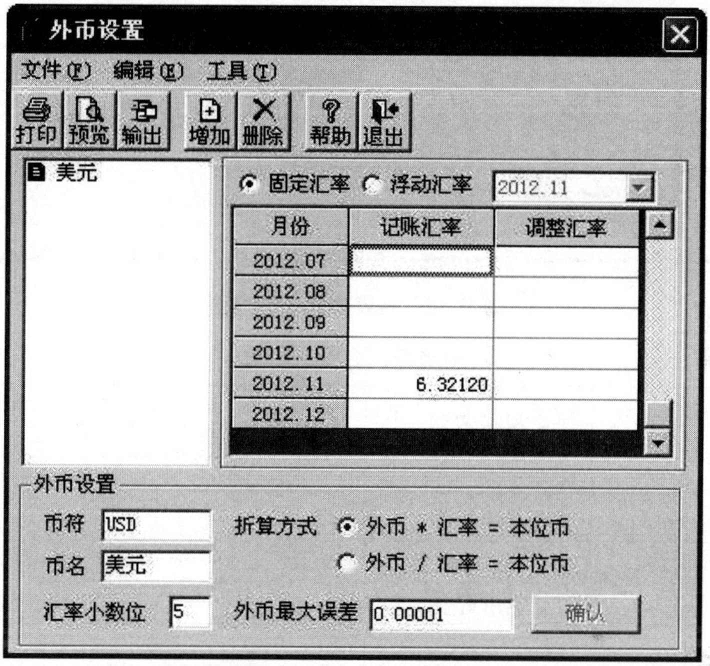

图 5-49　外币设置界面

8. 其他基础设置

（1）结算方式。包括支票、本票、商业汇票、电汇、信汇等结算方式，我们点击“基础设置—收付结算—结算方式”菜单，出现如图 5-50 之①所示的界面，点击“增加”和“保存”录入完成后如图 5-50 之②所示。

（2）开户银行。通过点击“基础设置—收付结算—结算方式”菜单完成设置。

（3）常用摘要。为了减少日后输入凭证时的汉字输入工作量，将拼音与汉字建立起对应关系，供日后调用，通过点击“基础设置—常用摘要”菜单完成设置。如“购入商品”助词码“BUY”，“销售商品”助词码“SELL”，“招待费用”助词码“ZDF”。

（4）更多其他基础设置，按照你所在单位的实际选择性录入即可。

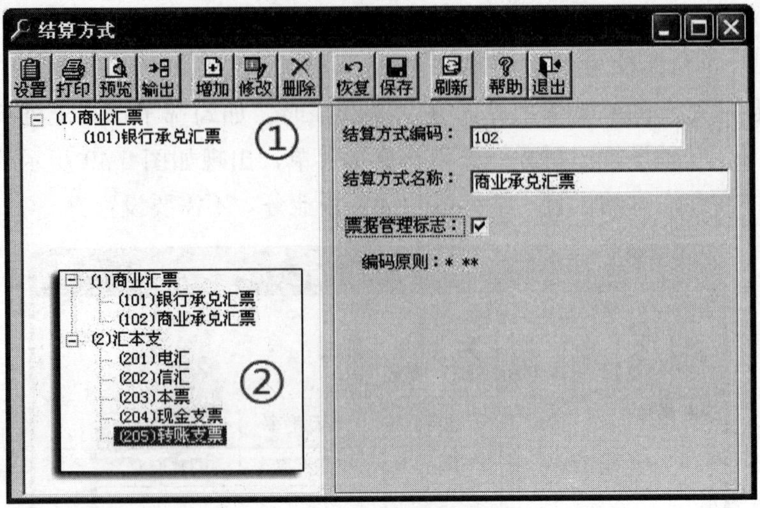

图 5-50　结算方式设置界面

表 5-4　江苏阡陌会计科目表

类型	级次	科目编码	科目名称	助记码	计量	辅账类型	账页格式	方向
资产	1	1001	库存现金				金额式	借
资产	1	1002	银行存款				金额式	借
资产	2	100201	建行解放路支行	JFLZH			金额式	借
资产	1	1012	其他货币资金				金额式	借
资产	2	101201	保证金	BZJ			金额式	借
资产	1	1121	应收票据				金额式	借
资产	1	1122	应收账款				金额式	借
资产	2	112201	西安振振研究院	XAZZ		客户往来	金额式	借
资产	2	112202	青海西门科技公司	QHXM		客户往来	金额式	借
资产	1	1123	预付账款				金额式	借
资产	2	112301	扬州安盈光电公司	YZAY		供应商往来	金额式	借
资产	1	1221	其他应收款				金额式	借
资产	2	122101	李梦	LM		个人往来	金额式	借
资产	1	1231	坏账准备				金额式	贷
资产	1	1406	库存商品				金额式	借
资产	2	140601	服务器 X1	X1	台		数量金额式	借
资产	2	140602	服务器 X2	X2	台		数量金额式	借
资产	1	1471	存货跌价准备				金额式	贷

续表

类型	级次	科目编码	科目名称	助记码	计量	辅账类型	账页格式	方向
资产	1	1601	固定资产				金额式	借
资产	2	160101	房屋	FW			金额式	借
资产	2	160102	汽车	QC			金额式	借
资产	3	16010201	小型货车	XXHC			金额式	借
资产	2	160103	电子数码设备	DZSMSB			金额式	借
资产	1	1602	累计折旧				金额式	贷
资产	1	1603	固定资产减值准备				金额式	贷
资产	1	1606	固定资产清理				金额式	借
负债	1	2001	短期借款				金额式	贷
负债	2	200101	解放路支行	JFLZX			金额式	贷
负债	1	2201	应付票据				金额式	贷
负债	2	220101	银行承兑汇票	YHCDHP			金额式	贷
负债	1	2202	应付账款				金额式	贷
负债	2	220201	广州天河信息公司	GZTH		供应商往来	金额式	贷
负债	2	220202	昆明明发科技公司	KMMF		供应商往来	金额式	贷
负债	1	2203	预收账款				金额式	贷
负债	1	2211	应付职工薪酬				金额式	贷
负债	2	221101	工薪	GX			金额式	贷
负债	2	221102	社保	SB			金额式	贷
负债	1	2221	应交税费				金额式	贷
负债	2	222101	未交增值税	WJZZS			金额式	贷
负债	2	222102	应交所得税	YJSDS			金额式	贷
负债	2	222103	应交个人所得税	YJGRSDS			金额式	贷
负债	2	222104	应交城建税	YJCJS			金额式	贷
负债	2	222105	应交教育费附加	YJJYFFJ			金额式	贷
负债	2	222106	应交增值税	YJZZS			金额式	贷
负债	3	22210601	进项税额	JXSE			金额式	贷
负债	3	22210602	已交税额	YJSE			金额式	贷
负债	3	22210603	减免税额	JMSE			金额式	贷
负债	3	22210604	转出未交增值税	ZCWJZZS			金额式	贷
负债	3	22210605	出口抵减内销产品应纳税额	CKDJ			金额式	贷
负债	3	22210609	增值税借方其他	ZZSJFQT			金额式	贷

续表

类型	级次	科目编码	科目名称	助记码	计量	辅账类型	账页格式	方向
负债	3	22210611	销项税额	XXSE			金额式	贷
负债	3	22210612	出口退税	CKTS			金额式	贷
负债	3	22210613	进项税转出	JXSZC			金额式	贷
负债	3	22210614	转出多交增值税	ZCDJZZS			金额式	贷
负债	3	22210619	增值税贷方其他	ZZSDFQT			金额式	贷
负债	1	2241	其他应付款				金额式	贷
负债	2	224101	社保	SB			金额式	贷
权益	1	4001	实收资本				金额式	贷
权益	2	400101	邱大志	QDZ			金额式	贷
权益	2	400102	莫文丽	MWL			金额式	贷
权益	1	4002	资本公积				金额式	贷
权益	2	400201	资本溢价	ZBYJ			金额式	贷
权益	1	4101	盈余公积				金额式	贷
权益	1	4103	本年利润				金额式	贷
权益	1	4104	利润分配				金额式	贷
权益	2	410409	未分配利润				金额式	贷
损益	1	6001	主营业务收入				金额式	贷
损益	2	600101	服务器 X1	X1XS	台		数量金额式	贷
损益	2	600102	服务器 X2	X2XS	台		数量金额式	贷
损益	1	6051	其他业务收入				金额式	贷
损益	1	6301	营业外收入				金额式	贷
损益	1	6401	主营业务成本				金额式	借
损益	2	640101	服务器 X1	X1CB	台		数量金额式	借
损益	2	640102	服务器 X2	X2CB	台		数量金额式	借
损益	1	6402	其他业务成本				金额式	借
损益	1	6403	营业税金及附加				金额式	借
损益	1	6601	销售费用				金额式	借
损益	2	660101	工薪社保费	GXSBF		部门核算	金额式	借
损益	2	660102	运输费用	YSFY			金额式	借
损益	1	6602	管理费用				金额式	借
损益	2	660201	工薪社保费	GXSBF		部门核算	金额式	借
损益	2	660202	开办费	KBF			金额式	借
损益	2	660203	差旅费	CLF		部门核算	金额式	借
损益	2	660204	招待费	ZDF		部门核算	金额式	借
损益	1	6603	财务费用				金额式	借

续表

类型	级次	科目编码	科目名称	助记码	计量	辅账类型	账页格式	方向
损益	2	660301	利息支出	LXZC			金额式	借
损益	2	660302	手续费	SXF			金额式	借
损益	1	6701	资产减值损失				金额式	借
损益	1	6711	营业外支出				金额式	借
损益	1	6801	所得税费用				金额式	借
损益	1	6901	以前年度损益调整				金额式	借

5.3.2　总账系统初始化

在完成账务基础信息的初始化之后，可别忘了你还需要对总账系统进行初始化。哎呀，哪来这么多的初始化呀——你可能会这么想——但这是必须的，“工欲善其事，必先利其器”嘛。在这里，我们以江苏阡陌为例，引导你学会如何在用友 T3 里面完成总账系统的初始化工作。

1. 进入总账

点击用友 T3 系统主界面的“总账”菜单，因为是试用版本，会弹出一个版权信息对话框，要求注册。我们暂不注册，勾选“演示期内不再显示此信息”后点“取消”按钮，出现如图 5-51 所示的界面。

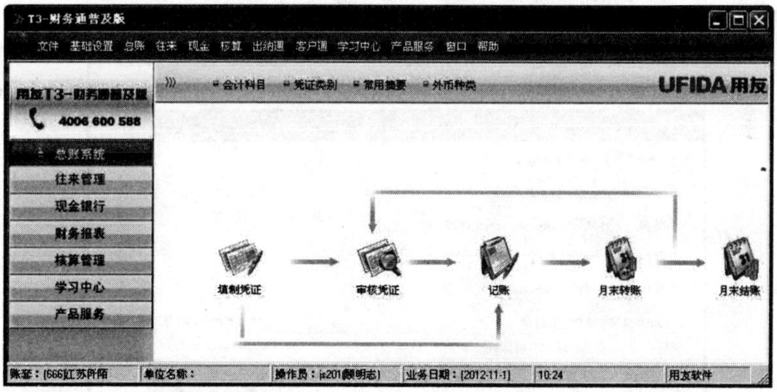

图 5-51　用友 T3 总账界面

2. 初始化总账

主要包括两个部分，一是总账系统的“选项”设置，即软件系统根据不同的使用单位情况预先设置了几类可能的情况，供软件使用人根据本单位的实际情况选择使用；二是期初余额的录入，这是极其重要的一步工作，特别是已经进行了手工建账，各会计科目已经有期初结存金额的账套，需要将手工账套各明细会计科目的期初数原样移植到软件系统中。

下面由我为你进行讲解哦。

(1) 在用友 T3 主界面点击“总账—设置—选项”菜单，出现如图 5-52、5-53 所示的界面。这个界面有 4 个页签（选项卡），分别是“凭证”、“账簿”、“会计日历”和“其他”。各页签，我们已经根据江苏阡陌的管理需要和常用的操作习惯，进行了勾选。如“凭证编号”按“系统编号”进行，“明细账打印方式”选择“按年排页”，“会计期间”为 2012 日历年，“数量单价、本位币小数位”依次修改为“2、4、2”等，“部门、个人排序方式”选择为“按编码排序”。

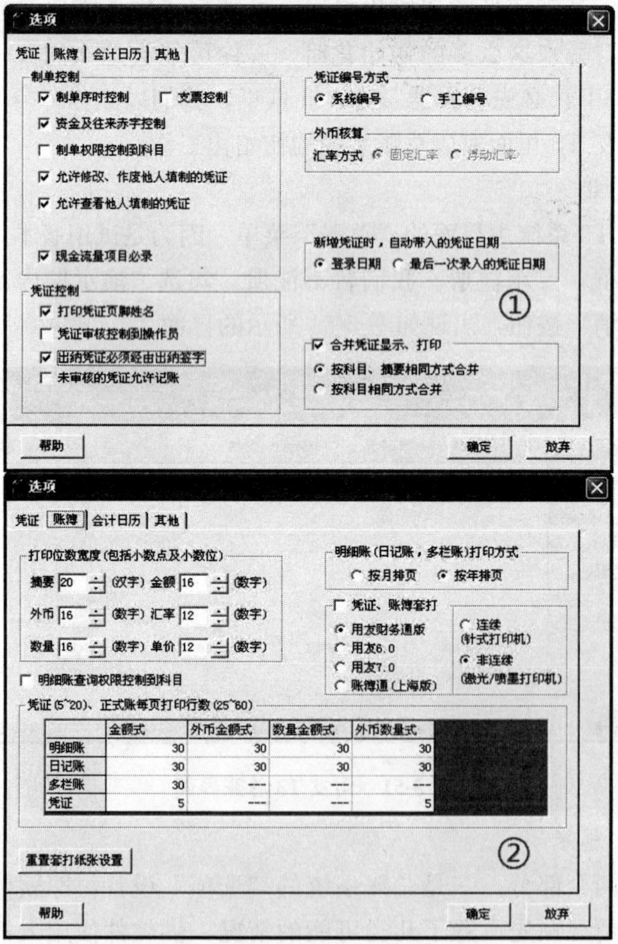

图 5-52 用友 T3 总账选项界面 1

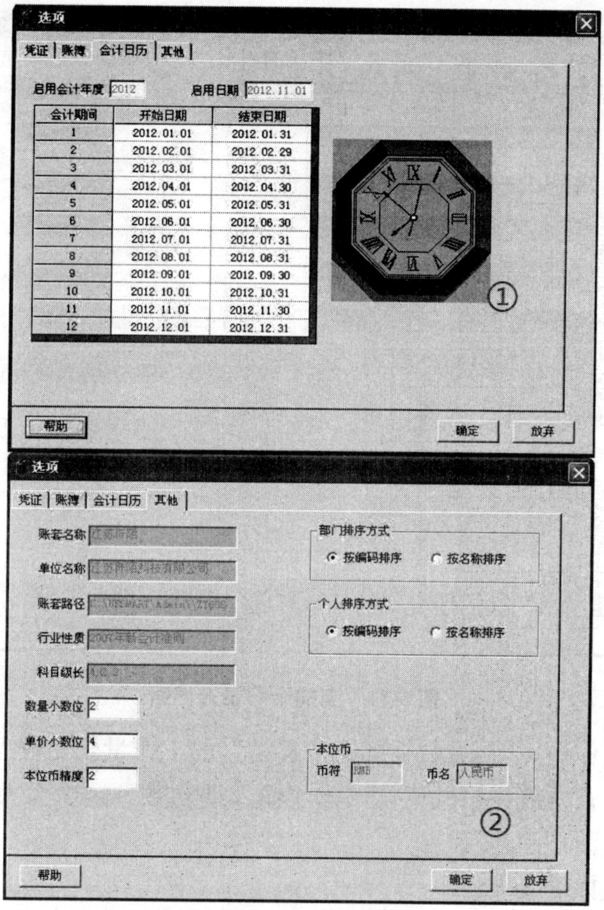

图 5-53　用友 T3 总账选项界面 2

也许你会有疑问，设置这么多选项卡，有什么用？告诉你吧，它们是为适应不同的经济组织、不同的经济业务而设计的，也都是法律、法规允许的。因为不同人有不同的操作习惯，所以你只要告诉了电脑你的习惯，日后呈现在你眼前的，就是符合你习惯的操作、排列方式。

（2）在用友 T3 主界面点击“总账—设置—期初余额”菜单，出现如图 5-54 所示的界面。

此时，你就可以往账务系统里面录入各会计科目的期初数了，当然，这是包括辅助核算科目的期初数的。将各账簿的初始数输入的这个工作过程常常被称为“初始数据的账务移植”。如果欲录入数据的账套已有手工账，则须根据各明细账户期初余额在图 5-54 的“累计借方”、“累计贷方”、“期初余额”栏输入数字。

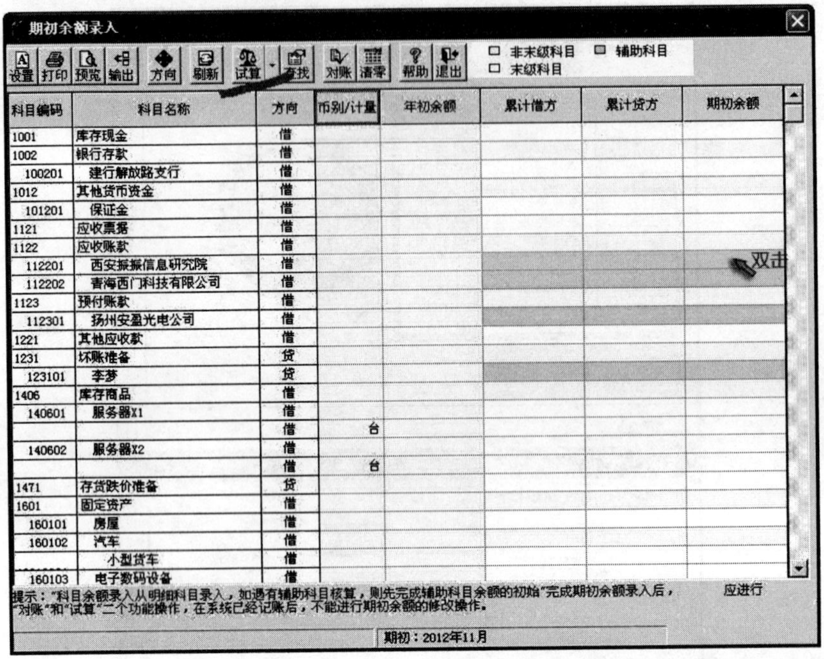

图 5-54 期初余额录入界面

在实际工作中，“初始数据的账务移植”的工作量是比较大的。但“江苏阡陌”是记账首月就使用电算化，无须输入期初数，这就大大减轻了账务初始化的工作量。

必须注意以下几点：

- “期初余额”与“年初余额”是不同的，假定你电脑建账日期为 2012 年 11 月 1 日，“库存现金”科目 2012 年 1 月 1 日至 10 月 31 日累计增加 2 000 元，累计减少 5 000 元，2012 年 11 月 1 日期末余额为 400 元。根据上述信息可以计算出：2012 年年初余额为 400＋5 000－2 000＝3 400 元。因此，我们在录入数据时，在“累计借方”、“累计贷方”、“期初余额”栏分别输入“2 000”、“5 000”、“400”，“年初余额”由电脑自动算出。
- 设置辅助科目的会计科目，是不能直接输入“期初余额”的，必须双击这一单元格，出现如图 5-55 所示的界面，点击“增加”按钮，会增加一空白行，直接在其中输入数据即可。设置辅助科目的会计科目的期初数如果误输入需要清除，必须双击该科目的“期初余额”单元格先删除辅助科目数据，再清除该科目的“期初余额”。
- 数量金额式的科目，必须先输入金额，再输入数量。清除已经输入的数据时，应先清除数量，再清除金额。

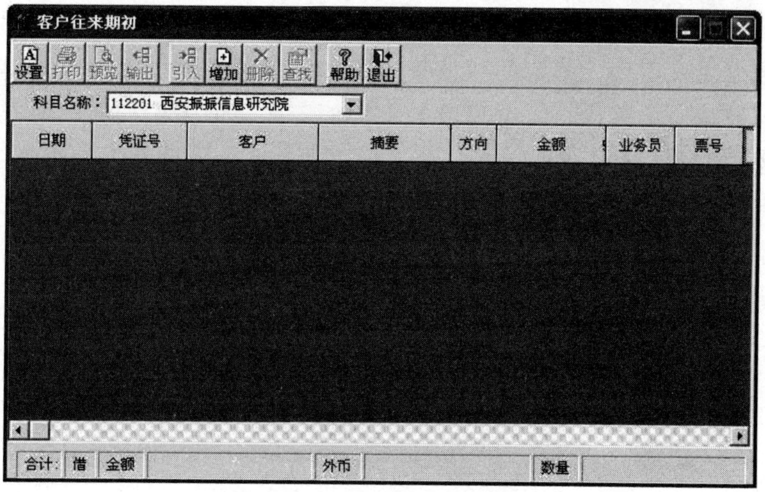

图 5-55 期初余额录入界面

- 清除已经录入的数据，直接在单位格输入数字“0”，而不是按删除键或退格键。
- 输入期初后，必须点击“对账”按钮，再点击“开始”按钮可对当前期初余额进行对账，核对方法为“总账上下级、明细账与总账之间对账，总账与辅助账之间”对账。如果对账后发现有错误，须点击“显示对账错误”按钮，软件会把对账中发现的问题列出来供我们针对错误作出修改。
- 在期初数的移植过程中，要养成随时点击“试算”按钮的习惯，这对我们查找错误输入、检验账务平衡关系是十分重要的。必须先行试算平衡后，方可进行下一步的记账等操作。如果已经试算平衡，则会出现如图 5-56 所示的界面。

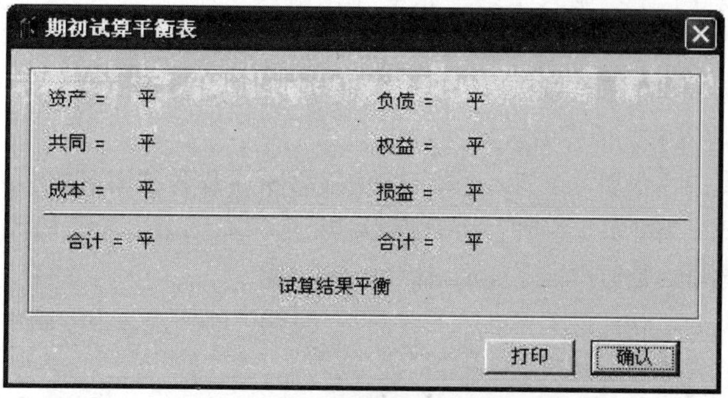

图 5-56 期初余额试算平衡界面

无论是基础信息的设置，还是总账的初始化，都会涉及事先的规划工作、繁杂的数据录入工作、细致的数据查找工作、艰苦的数据比对工作等。这些工作因已有账册的多少、复杂程度的不同而不同，但无论如何，应有充分的吃苦的思想准备，有了这个前提，加上耐心和细心，按照我上面讲解的方法，搞定账务初始化是毫无疑问的。

所谓“磨刀不误砍柴工”，初始化的大量工作准备，正是为了日常记账的便捷和省事。下一节，我们就可以轻松地完成日常的记账工作了。

5.4 日常账务处理

会计人员的日常工作，包括填制记账凭证、出纳签字、主管签字、凭证审核、账务记载、账簿查询、撤销审核、撤销记账等常规性、事务性工作。电算化会计中的记账工作，只需几分钟而已，大大减少了会计人员的手写、加计等机械性工作，又快又准确是电算化会计的一个重要特征。但同时，它要求会计人员更加注重流程的正确、相互间的牵制。

5.4.1 电算化凭证的填制与审核

1. 凭证填制

在会计软件系统设置时，我们已经对操作员王丽赋予了填制凭证的权限（图 5-28），我们点击用友 T3 主界面“文件—重新注册”菜单，以“js202”王丽的操作员 ID 进入软件系统。

我们现在就来填制人生第一张电算化记账凭证。我们仍然是以上一章“江苏阡陌”的 20 笔经济业务为例，来完成下面的工作。

（1）点击“总账”菜单，在总账界面（图 5-51）点击“填制凭证”，出现如图 5-57 所示的凭证界面。

（2）点击“增加”按钮，系统自动跳出了凭证序号“记字 0001”，如果设置的会计凭证类型多于一种，可以点击“记”字，点击出现的放大镜加以选择。我们选择的是通用记账凭证，因此无须选择。

在日期处，软件要求你电脑的时间在“制单日期”之后，“制单日期”点击其右的放大镜加以修改。

为简化起见，“附单据处”一律填写为“1”，在实际工作中，应当据实填写本记账凭证所附的原始凭证的张数。

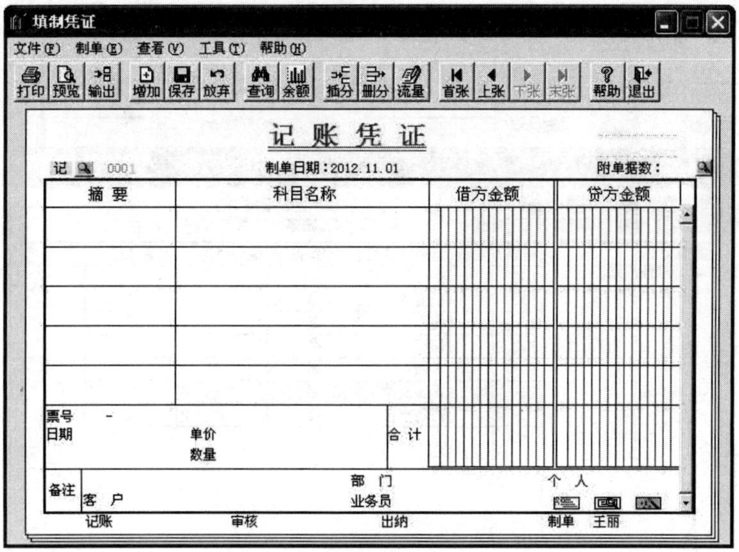

图 5-57　空白记账凭证界面

（3）点击“摘要”第一行，可以直接输入文字，也可通过点击其右的放大镜选择，此处出现的摘要是前面我们通过“基础设置—常用摘要”菜单添加的。我们这里输入“收到股东投资”。

（4）点击“科目名称”第一行，可以直接输入文字或者科目代码，也可通过点击其右的放大镜选择，这里出现的科目代码、名称是前面我们通过“会计科目的初始设置”预设的。我们这里输入“100201”后敲击回车，出现如图 5-58 之①所示的界面。

（5）点击“结算方式”，调出预设的 7 种结算方式，在如图 5-58 之②所示的界面，双击选择“204”，“票号”我们填写的“cash01”，时间选择为“2012-11-5”，点击“确认”。如果在“会计科目的初始设置”时勾选了“辅助核算”的会计科目，则会在输入科目时跳出“辅助项”对话框，要求填写更多的补充信息。

（6）“借方金额”处键入“600000”后敲击回车，光标自动跳到第二行。“摘要”自动沿用上一行摘要，我们不改变它，敲回车。

（7）输入“400101”后敲回车，系统自动将代码转换为中文，敲回车，键入“600000”后敲击回车。

（8）点击“保存”，出现“凭证已成功保存”的提示框，点击“确认”。如欲删除一行或者插入一行，请点击记账凭证界面的“删分”（删除会计分录）、“插分”（插入会计分录）按钮。

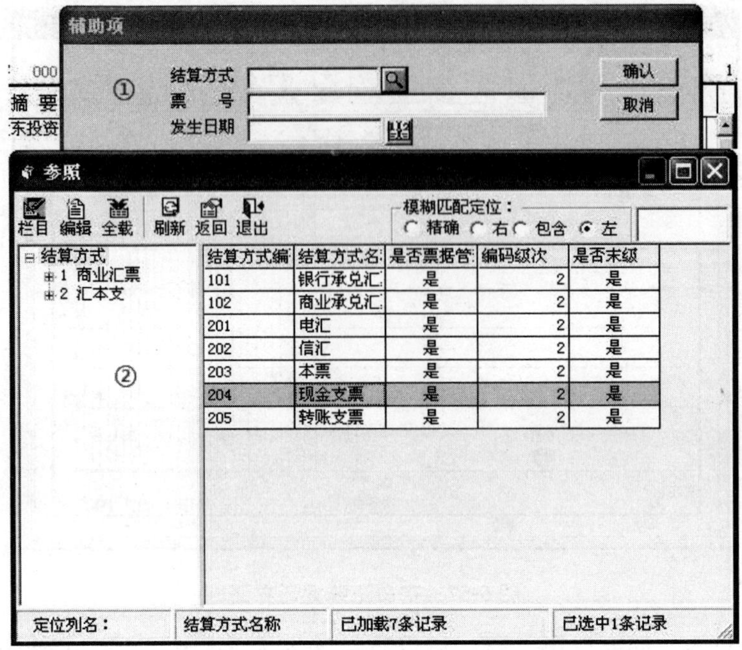

图 5-58 期初余额试算平衡界面

(9) 点击“增加”添加第 2 张记账凭证，当点击“摘要”第一行时，将会因我们在图 5-52 之①中勾选了“制单序时控制”而出现错误提示。

(10) 点击“确定”、“退出”，点击主界面“文件—重新注册”，以有权限修改“制单序时控制”选项的操作员“js201”身份登入。

(11) 点击主界面“总账—设置—选项”，点击去除“制单序时控制”前面的钩，点击确定。

(12) 点击主界面“文件—重新注册”，以“js202”重新登入。

(13) 点击“填制凭证”，重复步骤 (2) 至 (8)，完成其余记账凭证（第 4 章经济业务 1～17 项）的填制。在实际工作中，一个月的记账凭证不应当是集中在一天中进行电脑处理的，而是根据实际发生日及时处理的。现在是属于补登，一次性将全月的记账凭证集中处理完毕。

填制时出错的凭证，可以打开后直接修改，重新保存。

2. 出纳签字

出纳员王丽将第 4 章经济业务 1～17 项记账凭证录入完毕后，需要对出纳工作进行签字确认。

(1) 点击“总账—凭证—出纳签字”，出现如图 5-59 所示的“出纳签字”的界面。

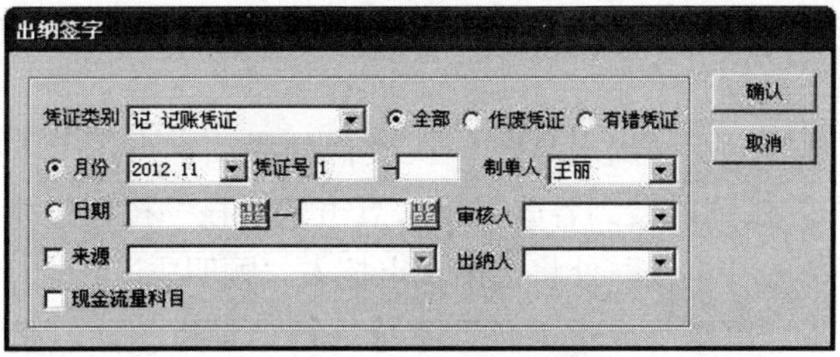

图 5-59 出纳签字查询界面

（2）点击“确认”后，出现如图 5-60 所示的“出纳签字”的界面。

图 5-60 出纳签字界面

（3）点击“确定”后，出现与图 5-57 类似的界面，点击“首张”、“上张”、“下张”、“末张”按钮跳转到各张与现金或银行有关的凭证，点击“签字”按钮逐张签字。点签过的记账凭证下部的“出纳”处将会出现出纳“王丽”的名字。

全部签字完成后，关闭图 5-60 所示界面中已经签字的行将会被涂上青色。点击“退出”按钮。

3. 主管签字

在用友 T3 账务系统中没有主管签字这一功能，在用友 T6、U8 软件里有此功能。这是模拟了会计主管在记账凭证上签字认可的过程。在中小企业，往往由于人手紧张，这一工作与凭证审核一起集中由同一人完成。

4. 凭证审核

（1）点击用友 T3 主界面“文件—重新注册”菜单，以“js201”顾明志的操作员 ID 进入软件系统。实际工作中，这表示换人操作。

（2）点击“总账”界面中的“凭证审核”图形按钮，出现与图 5-59 类似的条件查询界面，限制条件后点“确认”，出现与图 5-60 类似的界面，列出了符合条件的凭证清单。

（3）点“确定”后，出现与图 5-57 类似的界面，点击“首张”、“上张”、“下张”、“末张”按钮跳转到各张凭证，点击“审核”按钮逐张审核。点审过的记账凭证下部的“审核”处将会出现审核人“顾明志”的名字。

也可以点击“审核—成批审核”菜单进行批量审核，但我们不建议这么做。因为这使得审核流于形式，起不到应有的检查效果。

（4）关闭当前界面，待审核清单中已经审核的行将会被涂上青色。点击“退出”按钮。

5.4.2 电算化记账与查询

1. 记账

（1）点击“总账”界面中的“记账”图形按钮，出现如图 5-61 之①所示的记账向导界面，看清楚欲登记入账的凭证号码，点“下一步”，出现如图 5-61 之②所示的记账向导界面，再次点“下一步”，出现如图 5-61 之③所示的记账向导界面。

（2）点击“记账”按钮，出现如图 5-56 所示的试算平衡界面，点击“确定”，则可以看出蓝色进度条在向右努力奋进。稍后，则会出现一个“记账完毕”的提示框，点“确定”。

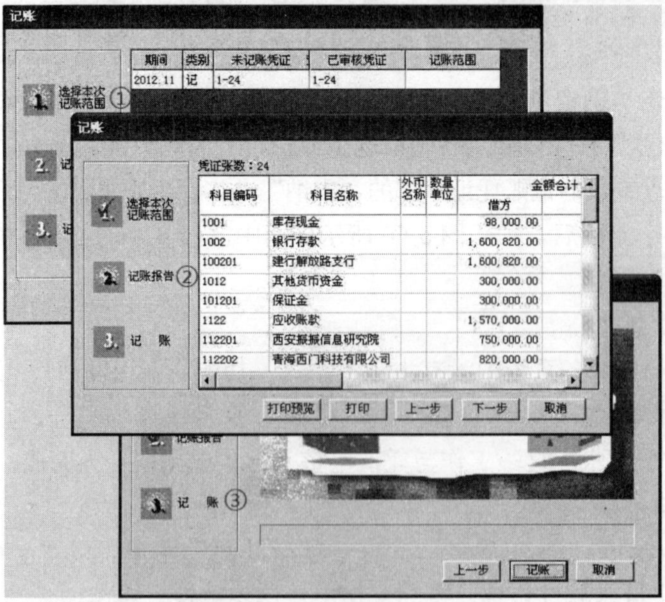

图 5-61 记账向导界面

2. 凭证与账簿查询

（1）查询凭证。在批量输入凭证时，为防止遗漏和出错，有时需要查看已经录入的会计凭证。点击记账凭证的“查询”按钮，也可以在用友主界面点击“总账—凭证—查询凭证”菜单，出现如图 5-62 所示的界面，根据你的要求，可以限制不同的查询条件（图 5-62 设定的条件是查询王丽输入的 11 月的全部记账凭证），设定条件后，点“确定”，出现与图 5-60 类似的界面列示出符合限定条件的凭证清单，再点“确定”。通过点击“首张”、“上张”、“下张”、“末张”按钮跳转查看指定的凭证。

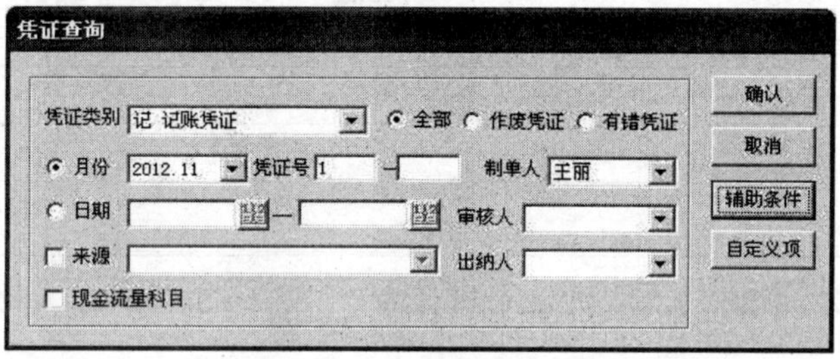

图 5-62　凭证查询界面

（2）查询账簿。

● 查询日记账。要查询现金日记账、银行存款日记账，必须保证已经事先指定会计科目（图 5-48）。点击“现金—现金管理—日记账—现金日记账”菜单，出现如图 5-63 所示的界面。点击“确认”按钮，出现如图 5-64 所示的现金日记账账页，你可以与第 4 章的手工现金日记账（图 4-33）对照比较一下。用同样的方法，通过点击“现金—现金管理—日记账—银行日记账”菜单，出现如图 5-65 所示的银行存款日记账账页，你可以与第 4 章的手工银行存款日记账（图 4-34）对照比较一下。

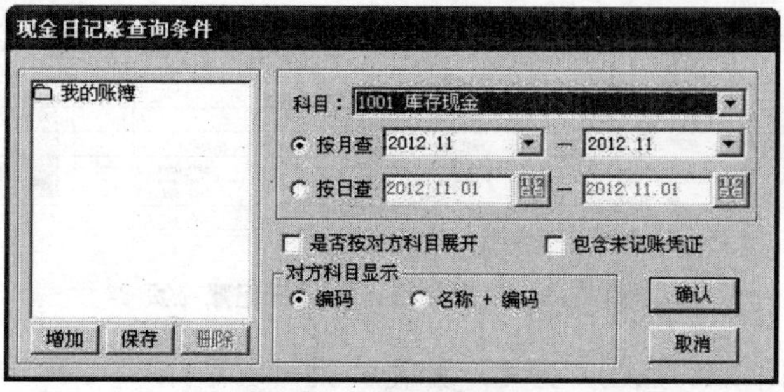

图 5-63　日记账查询界面

2012年		凭证号数	摘要	对方科目	借方	贷方	方向	余额
月	日							
11	08	记-0004	银行提取现金	100201	50,000.00		借	50,000.00
11	08		本日合计		50,000.00		借	50,000.00
11	09	记-0005	李梦借款	122101		40,000.00	借	10,000.00
11	09		本日合计			40,000.00	借	10,000.00
11	15	记-0007	李梦报销	122101	8,000.00		借	18,000.00
11	15		本日合计		8,000.00		借	18,000.00
11	20	记-0011	银行提取现金	100201	40,000.00		借	58,000.00
11	20	记-0012	发放工资	221101		38,000.00	借	20,000.00
11	20		本日合计		40,000.00	38,000.00	借	20,000.00
11			当前合计		98,000.00	78,000.00	借	20,000.00
11			当前累计		98,000.00	78,000.00	借	20,000.00

图 5-64 电算化现金日记账账页

银行日记账

科目 1002 银行存款 月份:2012.11-2012.11

2012年		凭证号数	摘要	结算号	对方科目	借方	贷方	方向	余额
月	日								
11	05	记-0001	收到股东投资_现金支票_cash01_2012.11.05	现金支票-cash01	400101	600,000.00		借	600,000.00
11	05	记-0002	收到股东投资_现金支票_cash02_2012.11.05	现金支票-cash02	400102,400201	200,000.00		借	800,000.00
11	05		本日合计			800,000.00		借	800,000.00
11	07	记-0014	开办费_转账支票_cash03,04,05_2012.11.07	转账支票	660202		19,500.00	借	780,500.00
11	07		本日合计				19,500.00	借	780,500.00
11	08	记-0004	银行提取现金_现金支票_cash06_2012.11.08	现金支票-cash06	1001		50,000.00	借	730,500.00
11	08	记-0015	X1运杂费_转账支票_Z01_2012.11.08	转账支票-Z01	140601,22210601		21,000.00	借	709,500.00
11	08		本日合计				71,000.00	借	709,500.00
11	17	记-0008	取得银行贷款		200101	300,000.00		借	1,009,500.00
11	17	记-0016	存入保证金_本票_B01_2012.11.17	本票-B01	101201		300,000.00	借	709,500.00
11	17		本日合计			300,000.00	300,000.00	借	709,500.00
11	20	记-0011	银行提取现金_现金支票_cash07_2012.11.20	现金支票-cash07	1001		40,000.00	借	669,500.00
11	20	记-0013	缴纳社保_电汇_2012.11.20	电汇	221102,224101		2,200.00	借	667,300.00
11	20	记-0013	缴纳社保_电汇_2012.11.20	电汇	221102,224101		2,200.00	借	665,100.00
11	20		本日合计				44,400.00	借	665,100.00
11	21	记-0018	贷款利息_2012.11.21		660301,100201		1,750.00	借	663,350.00
11	21	记-0018	存款利息_2012.11.21		100201	820.00		借	664,170.00
11	21		本日合计			820.00	1,750.00	借	664,170.00
11	22	记-0020	公司承担X1运费_转账支票_Z02_2012.11.22	转账支票-Z02	660102,22210601		33,500.00	借	630,670.00
11	22		本日合计				33,500.00	借	630,670.00
11	26	记-0022	收到销货款_信汇_X01_2012.11.26	信汇-X01	112201	500,000.00		借	1,130,670.00
11	26		本日合计			500,000.00		借	1,130,670.00
11			当前合计			1,600,820.00	470,150.00	借	1,130,670.00
11			当前累计			1,600,820.00	470,150.00	借	1,130,670.00

图 5-65 电算化银行存款日记账账页

• 查询明细账。点击“总账—账簿查询—明细账”菜单，出现如图 5-66 所示的界面。我们要查询所有负债类账户情况，输入“2001”~“2241”，点击“确认”按钮，出现如图 5-67 所示明细账页，通过点击中间的右下拉三角箭头可以指定不同的负债科目，我们选择的是“应付账款”账户，你可以与第 4 章的手工明细账（图 4-37、图 4-38）对照比较一下。

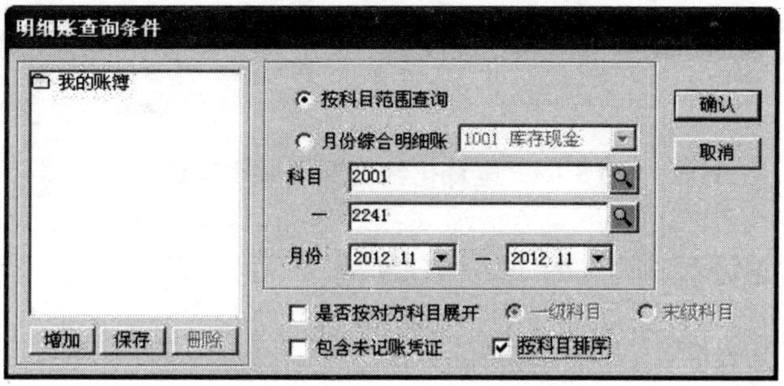

图 5-66　明细账查询条件限定

应付账款明细账

科目 2202 应付账款

2012年		凭证号数	科目编码	科目名称	摘要	借方	贷方	方向	余额
月	日								
11	08	记-0003	220201	广州天河信息技术公司	FJ-X1验收入库		270,000.00	贷	270,000.00
11					当前合计		270,000.00	贷	270,000.00
11					当前累计		270,000.00	贷	270,000.00
11	12	记-0006	220202	昆明明发科技有限公司	FJ-X3验收入库		650,000.00	贷	650,000.00
11					当前合计		650,000.00	贷	650,000.00
11					当前累计		650,000.00	贷	650,000.00

图 5-67　电算化应付账款明细账账页

● 查询总账。点击“总账—账簿查询—总账”菜单，出现如图 5-68 所示的界面。我们要查询所有损益类总账账户情况，输入“6001”～“6901”，点击“确认”按钮，出现如图 5-69 所示的总账账页，通过点击中间的右下拉三角箭头可以指定不同的损益科目，我们选择的是“销售费用”账户，你可以与第 4 章的手工明细账（图 4-52）对照比较一下。

注意，此时尚未结转损益，故“销售费用”账户没有贷方发生额。

图 5-68　总账查询条件限定

销售费用总账

科目　6601 销售费用

2012年 月	日	凭证号数	摘要	借方	贷方	方向	余额
			期初余额			平	
11			当前合计	55,593.00		借	55,593.00
11			当前累计	55,593.00			

图 5-69　电算化销售费用总账账页

5.4.3　凭证审核撤销与记账撤销

世界上有没有后悔药？你会说没有，但在会计软件中凭证做错或者记账记错时能不能后悔，能否撤销重来呢？这个嘛，对于大多数商品化的会计软件来说，还真的“可以有”。而且，“后悔”的操作毫不费力，可以轻松实现。往下看，你就偷着乐吧。

1. 已审凭证的撤销

有时已经审核过凭证，我们会发现审核错误，需要取消审核，我们可以按照下面的步骤进行：

(1) 点击“总账”界面中的“凭证审核”图形按钮，出现与图 5-59 类似的条件查询界面，限制条件后点“确认”，出现与图 5-60 类似的界面，列出了符合条件的凭证清单。

(2) 点“确定”后，出现与图 5-57 类似的界面，点击“首张”、“上张”、“下张”、“末张”按钮跳转到各张凭证，点击“取消”按钮逐张取消审核。取消审核的记账凭证下部“审核”处的“顾明志”的名字将会消失。也可以点击“审核—成批取消审核”菜单批量进行审核。

(3) 关闭当前界面，待审核清单中已经取消审核的行将会变成白色。点击“退出”按钮。

注意：未审核凭证可以填制凭证界面的“制单—作废/撤销”进行作废或者撤销作废、恢复未审核状态；若有多张作废凭证，作废处理后建议通过“制单—整理凭证”彻底删除不需要的凭证。

2. 已记账的撤销

在日常记账的过程中，当我们需要对已经登记的账簿加以撤销时，我们就会用到软件的“已记账的撤销”功能。需要用到这个功能的情形包括：记账过程中意外断电（会自动出现“恢复记账前状态”）、软件意外崩溃、需要观察记账前的状态等。

我们采取以下方法来撤销已记账：

（1）账务主管点击“总账—期末—对账”，出现如图 5-70 所示界面。

（2）选中欲恢复记账的月份“2012. 11”，按“Ctrl＋H”（指同时按住 Ctrl 和 H 键），出现“恢复记账前状态功能已被激活”的提示。

图 5-70 恢复记账前状态功能激活

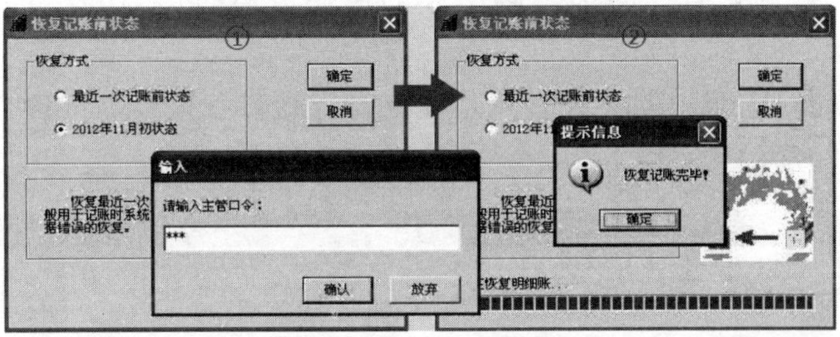

图 5-71 恢复记账前状态

（3）点击“确定”，点“退出”，点击“总账—凭证—恢复记账前状态”，出现图 5-71 之①所示界面，选中“2012 年 11 月初状态”后点“确定”，要求输入主管密码，输入后点“确认”。此时，你又看到蓝色进度条在卖力工作了。稍后，出现“恢复记账完毕”的提示，如图 5-71 之②所示。

5.5 期末账务处理

无论是手工账务，还是电算化账务，每期期末都有一些固定的工作需要去做。这些工作带有一定的规律性、总结性，是会计工作中非常重要的一环。期末工作，包括月末和年末的工作。

5.5.1 月末账务处理前的设置

1. 自定义转账

我们可以将每期需要固定结转的会计科目告诉会计软件，如工业企业的“制造费用”需要固定结转到“生产成本——基本生产成本”、“生产成本——辅助生产成本”中去。有的会计软件能够支持会计人员自行设置的自动结转分录，这就减少了我们的会计工作量，如用友 U8；也有不支持的，如不支持自动结转，我们直接像填制普通记账凭证一样填制结转凭证即可，如用友 T3。

自定义转账一般要求会计人员提供转出、转入的会计科目以及结转规划公式等信息。

2. 对应结转

用友 T3 支持一对一、一对多的账户结转，即一借一贷或者一借多贷、一贷多借。

(1) 以账务主管“js201”顾明志的操作员 ID 进入用友 T3 财务软件系统。

(2) 点击“总账—期末—转账定义—对应结转”菜单，将各空白格填空后如图 5-72 所示。

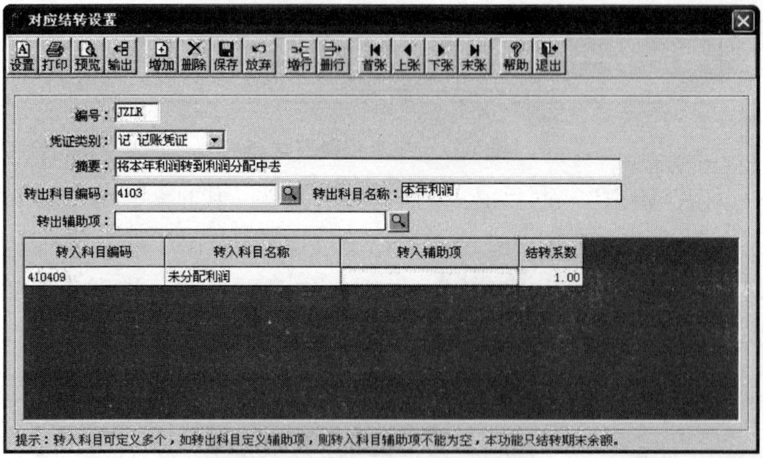

图 5-72 对应结转设置界面

在此界面中，点击“增行”按钮，设置“转入科目”，双击第一列“转入科目编码”选择要转入的账户代码，在“结转系数”栏直接输入大于 0 小于 1 的小数，默认为 1，这表示将转出账户的余额打多少折扣后转到转入账户中。

（3）点击“保存”，点击“退出”按钮退出“对应结转设置”界面。

3. 设置销售成本结转

（1）点击“总账—期末—转账定义—销售成本结转”菜单，将各空白格填空后如图 5-73 所示。当商品销售数量大于库存量时，选择第二项，库存商品账户可能会为负值，选择第一项，保证不会出现负库存。

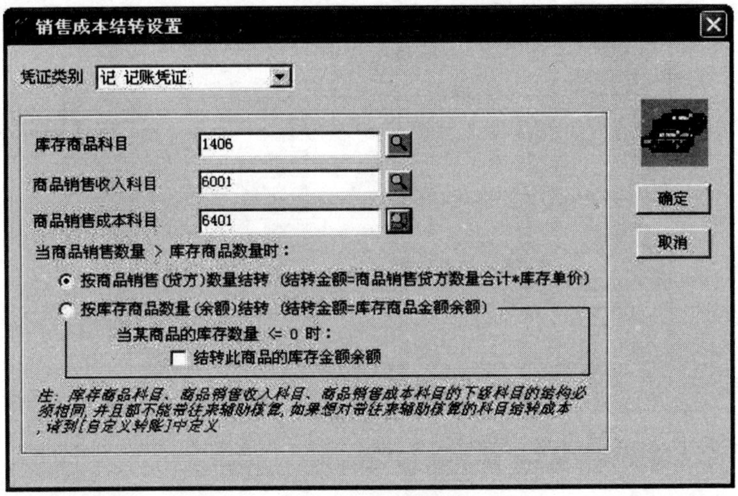

图 5-73　销售成本结转设置界面

（2）点击“确定”，退出“销售成本结转设置”界面。

4. 汇兑损益

适用于有外币核算的单位，将外币折算为本位币的汇率差异记入“财务费用——汇兑损益”。

（1）点击“总账—期末—转账定义—销售成本结转”菜单，出现如图 5-74 所示界面。因“江苏阡陌”无外币业务，故深色部分无数据记录。

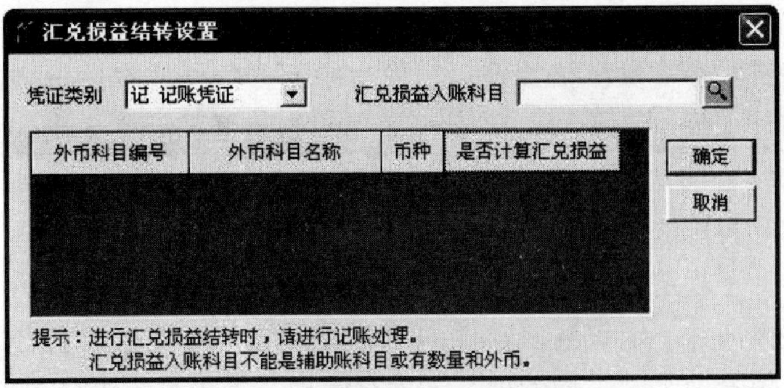

图 5-74　汇兑损益结转设置界面

（2）点击放大镜按钮选择欲入账的科目代码。

（3）点击“确定”，退出“汇兑损益结转设置”界面。

5. 期间损益

（1）点击“总账—期末—转账定义—期间损益结转”菜单，出现如图 5-75 所示界面。图中表格列出了江苏阡陌的所有损益类科目。

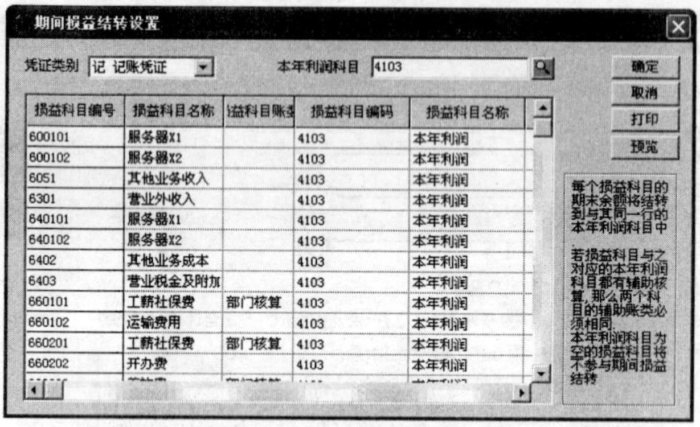

图 5-75 期间损益结转设置界面

（2）点击放大镜按钮选择本年利润的科目代码“4103”。

（3）点击“确定”，退出“期间损益结转设置”界面。

5.5.2 月末账务转账凭证的生成

每月月末执行“转账生成”将按上述各种设置自动生成转账凭证，这些凭证将会被自动追加到未记账的凭证之后。

1. 自定义转账凭证、对应结转凭证

点击“总账—期末—转账生成”菜单，出现如图 5-76 之①所示的界面。我们预设的对应结转“JZLR”是用于年结的，此处不需要。

2. 销售成本结转凭证

通常来讲，存货发出结转到销售成本中，有两种成本计价方式：实际成本计价法和计划成本计价法。前者包括先进先出法、后进先出法、加权平均法、移动加权平均法、个别计价法等五种计价方法；后者包括计划成本法、毛利率法和零售价法。

尽管会计上规定了多种不同的成本结转方法，但具体到某一个会计核算软件，这些方法并一定都被该软件的“总账系统”所支持。它可能需要与该软件的“销售管理”、“采购管理”、“库存管理”等子系统组合起来才能支持。而我们所在的单位出于节约经费的考虑，往往可能只会购买该软件的“总账系统”。

江苏阡陌选用的成本结转方法是最常用的“加权平均法”。下面来看一下用友 T3 在前面设置的规则下，能否自动生成我们想要的成本结转分录。

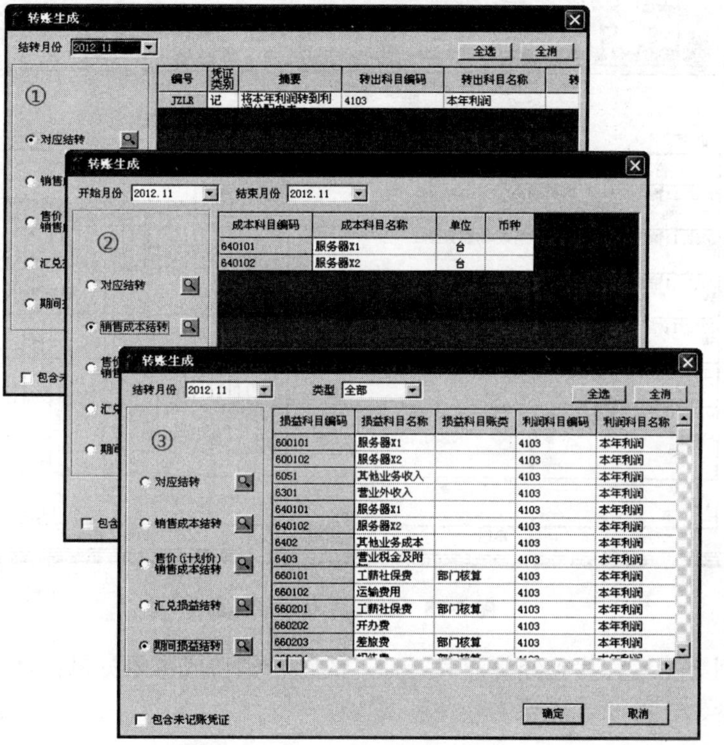

图 5-76　转账生成界面

（1）点中“销售成本结转”选项，出现如图 5-76 之②所示的界面，注意“开始月份”、“结束月份”无误后，点“确定”，出现如图 5-77 所示的界面。

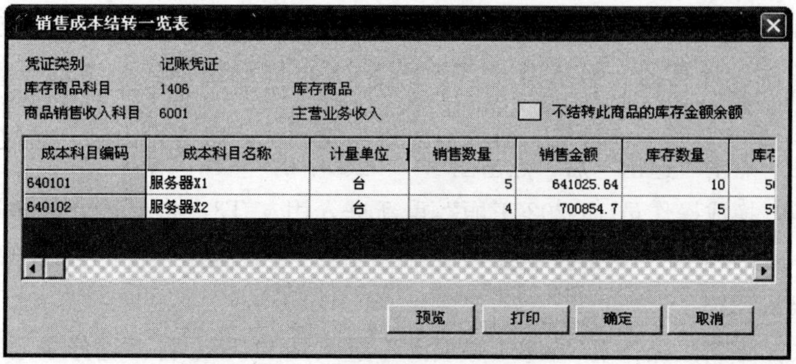

图 5-77　销售成本结转表界面

(2) 点中“销售成本结转表”界面的“确定”按钮，出现如图 5-78 所示的界面。

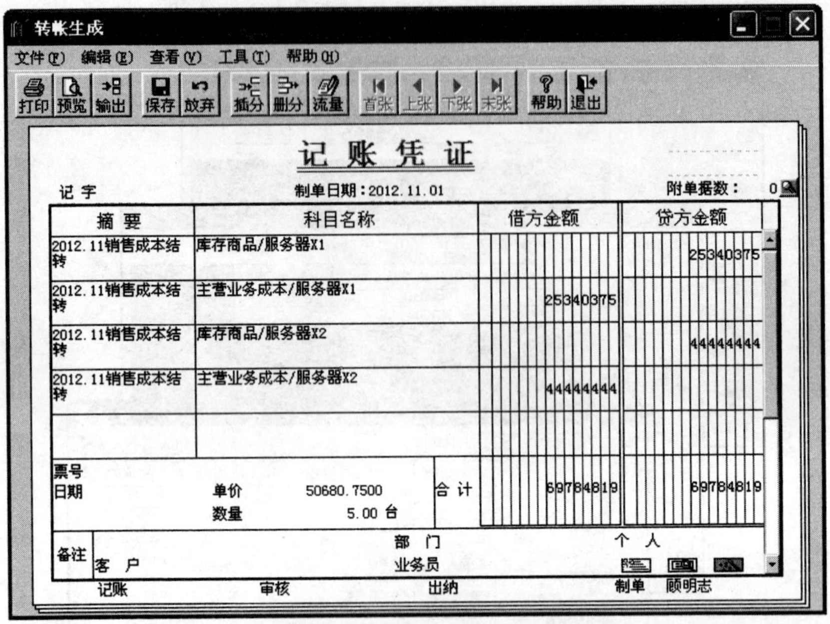

图 5-78 销售成本结转界面

翻到第 4 章，找到经济业务（18）的结转销售成本的分录：

借：主营业务成本——服务器 X1　　362 005.35

　　贷：库存商品——服务器 X1　　362 005.35

借：主营业务成本——服务器 X3　　444 444.44

　　贷：库存商品——服务器 X3　　444 444.44

可以看出，对于库存商品 X1 的销售成本结转，与我们用“加权平均法”计算的结果不同。说明在用友 T3 系统中，当前设置是不能支持“加权平均法”计算的。但从图 5-77、图 5-78 可以看出销售成本的一般结转过程。

(3) 点击“退出”后，点击图 5-76 之②中的“取消”按钮。

(4) 换成操作员“js202 王丽”重新进入用友 T3，将上述分录通过点击“总账—填制凭证”图形按钮录入系统。同时，将计提所得税的会计分录填制凭证录入系统。

(5) 重新以操作员“js201 顾明志”进入用友 T3，将上述分录通过点击“总账—审核凭证”图形按钮完成凭证审核，通过点击“总账—记账”完成销售成本结转和所得税的记账。

3. 期间损益结转凭证

（1）换成操作员“js202 王丽”重新进入 T3，点击“总账—月末转账”图形按钮，出现如图 5-76 之①所示的界面。点中“期间损益结转”选项，出现类于图 5-76 之③所示的界面，刚刚录入的“主营业务成本”和“所得税费用”已经包含在内。

（2）点击上部“全选”按钮，点击下部“确定”按钮，出现如图 5-79 所示的界面。注意到“本年利润”贷方所余金额 300 904.83 元正是所有损益账户贷方发生额 1 341 880.34 元与所有损益账户借方发生额 1 040 975.51 元的差数。

（4）点击图 5-79 上部“保存”按钮，在凭证左上角出现“已生成”字样，点“退出”、“取消”按钮返回用友 T3 主界面。

（5）重新以操作员“js201 顾明志”进入用友 T3，将上述分录通过点击“总账—审核凭证”图形按钮完成凭证审核，通过点击“总账—记账”完成期间损益的记账。

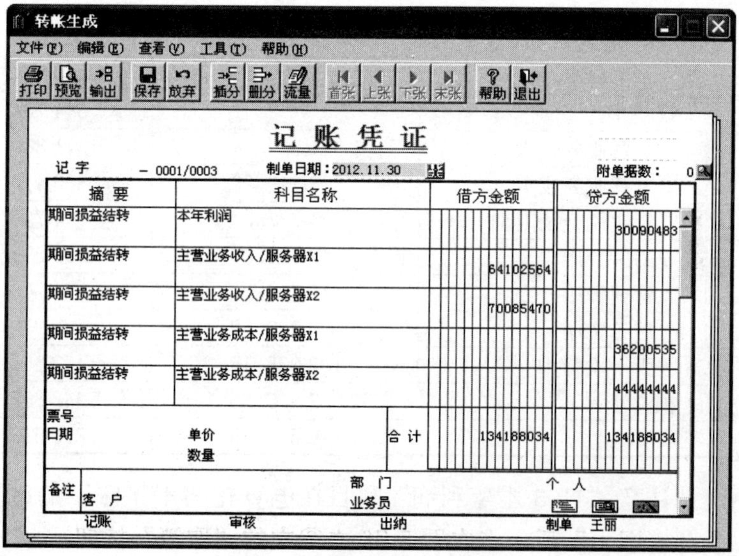

图 5-79　期间损益结转界面

全部填制记账凭证并审核后，我们可以通过点击“总账—凭证—科目汇总”得到当月科目汇总表，如表 5-5 所示。你可以比较一下这与手工账下的科目汇总表（图 4-47）的区别。

表 5-5 江苏阡陌 2012 年 11 月会计科目汇总表

科目编码	科目名称	金额合计借方	金额合计贷方
1001	库存现金	98 000.00	78 000.00
1002	银行存款	1 600 820.00	470 150.00
1012	其他货币资金	300 000.00	—
1122	应收账款	1 570 000.00	500 000.00
1123	预付账款	300 000.00	300 000.00
1221	其他应收款	40 000.00	40 000.00
1406	库存商品	1 062 363.04	806 449.79
1601	固定资产	243 800.00	—
	资产小计	5 214 983.04	2 194 599.79
2001	短期借款	—	300 000.00
2201	应付票据	—	300 000.00
2202	应付账款	—	920 000.00
2211	应付职工薪酬	42 400.00	42 400.00
2221	应交税费	228 119.66	383 798.08
2241	其他应付款	2 200.00	2 200.00
	负债小计	272 719.66	1 948 398.08
4001	实收资本	—	1 000 000.00
4002	资本公积	—	43 800.00
4103	本年利润	—	300 904.83
	权益小计	—	1 344 704.83
6001	主营业务收入	1 341 880.34	1 341 880.34
6401	主营业务成本	806 449.79	806 449.79
6403	营业税金及附加	4 737.57	4 737.57
6601	销售费用	55 593.00	55 593.00
6602	管理费用	71 200.00	71 200.00
6603	财务费用	930.00	930.00
6801	所得税费用	102 065.15	102 065.15
	损益小计	2 382 855.85	2 382 855.85
	合 计	7 870 558.55	7 870 558.55

提示：请注意“4103 本年利润”科目在电算化与手工账下的区别。想一想，这是为什么呢？

5.5.3 月末对账和结账

每月月末必须检查上月是否已结账，如上月尚未结账，则本月不能记账。如上月已经结账，则检查当月是否已将“应计入当月的经济事项”、“各类自动结转项”填制凭证并审核、记账，如果没有，本月不能结账；如果全部账务记载完毕，方可进行月末对账、结账工作。

1. 月末对账

为保证期末账务的正确、完整，软件一般都提供了账与账的相互核对功能，在结账前必须先进行月末对账。

（1）点击“总账—期末—对账”菜单，出现如图 5-80 之①所示的界面。

（2）选中“2012.11”所在的行，点击左上角“选择”按钮，该行“是否对账”将出现“Y”字样。

（3）点击“试算”按钮，出现如图 5-80 之②所示的界面，可以看到借方合计与贷方合计数相等，均为 3 020 383.25，表明余额合计正确。请与表 4-5、表 6-1、表 6-8、图 6-4 对照看看是否一致呢？点击“确认”退出本界面。

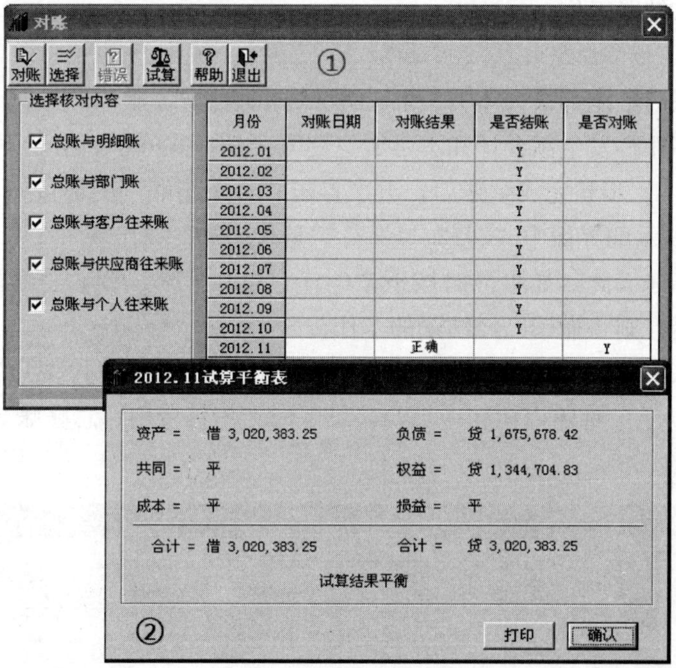

图 5-80　月末对账界面

（4）点击“对账”按钮，图 5-80 之①所示的界面中“2012.11”所在行的“对账结果”栏将出现“正确”字样。这表明总账与明细账、主要账簿与辅助账簿、总账系统与其他子系统数据已经核对一致！在此前提下，方可进行月末结账工作。

2. 月末结账

结账前要进入“系统管理”进行数据备份，如果软件总账系统与其他子系统模块是联合使用的，须先将其他子系统结账。其他子系统结账完毕，再进行总账系统的月末结账。

（1）点击“总账—月末结账”图形按钮或“总账—期末—结账”菜单，出现如图 5-81 所示的界面。

（2）选中“2012.11”所在的行，点击“下一步”，出现如图 5-82 所示的界面。

（3）点击“对账”，稍后该按钮变成“下一步”，点击它，出现如图 5-83 所示的界面。查看该工作报告，可以知悉是否平衡，其他子系统是否已结等信息。

（4）点击“下一步”，出现如图 5-84 所示的界面。点击“结账”按钮即完成本月月末结账工作。

注意：

● 结账后不能再录入本月凭证，软件自动终止各账户的本月记账，自动计算本月各账户发生额合计和本月账户期末余额，并将余额结转下月月初。

● 第（4）步骤完成结账后，再次点击“月末结账”图形按钮，就可以看到图 5-81 所示的界面中“2012.11”行“是否结账”栏出现“Y”字样，表明当月已经结账。此时如果同时按下“Ctrl＋Shift＋F6”键，正确输入账务主管的密码后，则将撤销已经结账的工作。

● 结账后，通过“总账—账簿查询—总账”查看“销售费用”总账账页如图 5-85 所示。你可以比较一下与未结账时“销售费用”总账账页（图 5-69）的区别。

图 5-81　月末结账界面 1

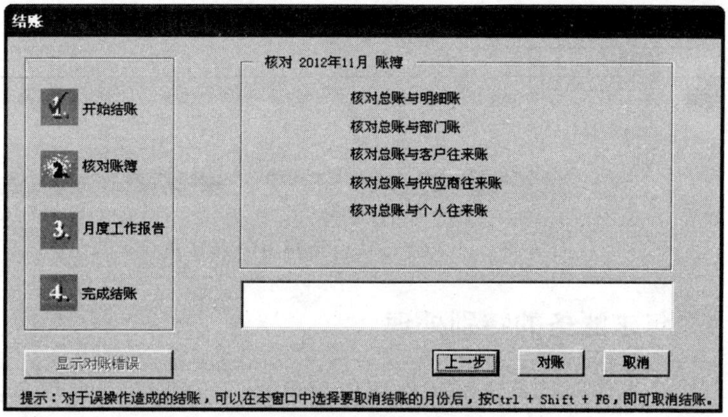

图 5-82　月末对账界面 2

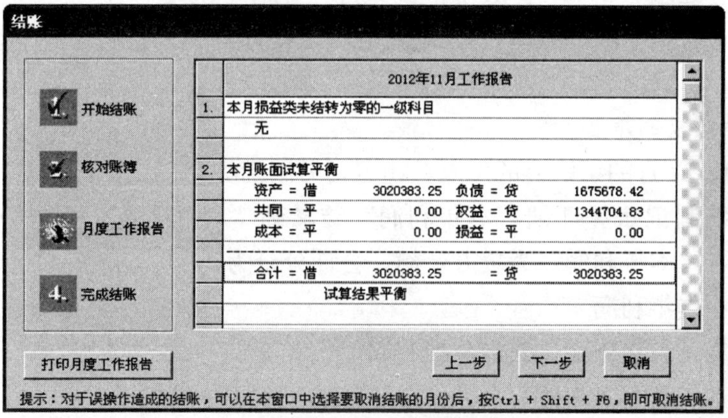

图 5-83　月末对账界面 3

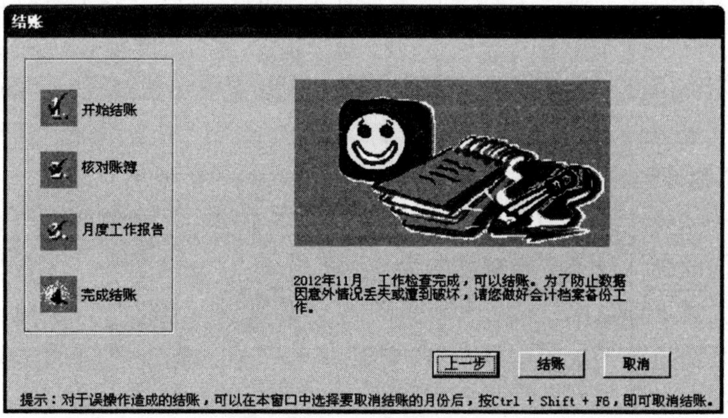

图 5-84　月末对账界面 4

销售费用总账

科目 6601 销售费用

2012年 月	日	凭证号数	摘要	借方	贷方	方向	余额
			期初余额			平	
11			本月合计	55,593.00	55,593.00	平	
11			本年累计	55,593.00	55,593.00		

图 5-85　月末结账后销售费用总账账页

5.5.4　年末账务的特别处理

一年十二个月，会计月末的工作相似而重复，但到 12 月底的年末，除了正常的月末对账、结账外，还有一些特别事项需要会计人员注意。把月末和年末的账务处理工作——一般常常被称为“月结”和“年结”——做妥当了，才能欢欢喜喜地“辞旧迎新”。也就是说，才能够顺畅地进行下一年度的账务核算。

1. 年结前的准备

在完成 12 月的结账后的年末，还需要另制两类会计凭证：

(1) 编制记账凭证把“本年利润”结转到“利润分配——未分配利润”账户中，若“本年利润”为贷方余额，会计分录为：

借：本年利润

　贷：利润分配——未分配利润

若“本年利润”为借方余额，会计分录与上述分录相反。

(2) 如果你所在的单位系增值税一般纳税人，对电算化核算的“应交税费——应交增值税”账户下各专栏年末有余额的，应区分以下两种情况加以处理。

①年末有留抵税额的。除“应交税费——应交增值税（进项税额）”专栏保留“应交税费——应交增值税”账户未抵扣的增值税余额外，其他各专栏必须用相反借贷方向的会计分录将余额结转为 0。

②年末需要缴纳增值税的，在正常的月末处理后，其他各专栏必须用相反借贷方向的会计分录将余额结转为 0。

经过上述处理，除“应交税费——应交增值税”有借方余额时“进项税额”专栏余额过渡到次年之外，“应交税费——应交增值税”下各专栏的余额在次年年初余额均为 0。

注意：“待抵扣进项税”专栏余额无论何种情况均不参与反向结转，按正常结转到下年年初即可。

2. 年末结账

（1）点击“开始—程序—用友 T3 系列管理软件—用友 T3—系统管理”进入“系统管理”，点击左上角“系统—注册”菜单，出现如图 5-86 所示的界面。

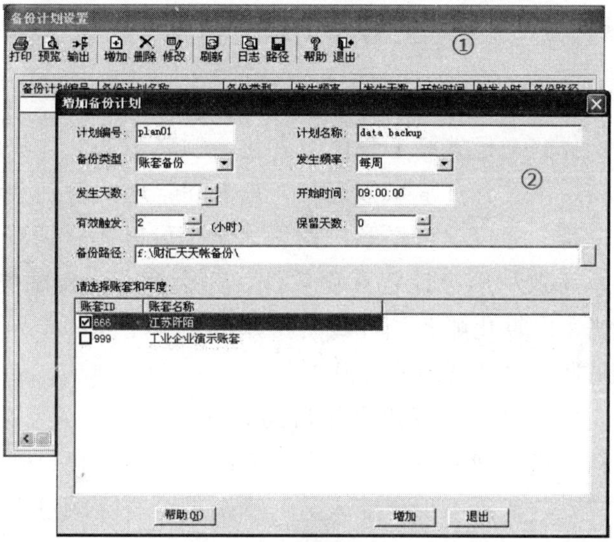

图 5-86　备份计划界面

（2）以“admin”进入，点击“系统—备份计划设置”出现如图 5-86 之①所示的界面。

（3）点击“增加”，填写各空格后的界面如图 5-86 之②所示。

（4）点击“增加”，点击“退出”，点击“退出”，点击右上角“×”，退出“系统管理”。

账套备份除设置自动备份外，在进行重要的会计处理前，你可以随时进行手工备份，我也建议你进行备份，方法是：在“系统管理”界面点击“账套—备份”。注意，备份路径请选择系统盘（一般为 C 盘）以外的磁盘，这是为了保证系统重装后，财务数据仍然存在。数据备份是会计人员的“后悔药”，在出现意外数据丢失，或者不满意备份后的会计处理时，可以点击“账套—恢复”，选择以前备份的文件即可。会计人员必须要养成随时备份的习惯。

（5）以“账务主管”身份进入，会计年度为欲结账的当年，如“2012”。

（6）点击“年度账—建立”，建立下一年度的年度账，如“2013”。

（7）点击“系统—注销”，重新使用账务主管身份登录，新建年度账的起始日期，如“2013-01-01”。

(8) 点击“年度账—结转上年数据”，选择按余额结转，便可将上一会计年度的各账户的电子信息成功“过”(此处指“过账”) 入新的会计年度。

5.6 小 结

在这一章，我们一起学习了会计电算化，领略了从会计软件的安装，到电算化账务的初始设置、日常账务记载、月末和年末的特别会计处理等一系列会计电算化流程。通过学习本章，我想你至少可以体验到双份的快乐：一是，通过便捷、高效利用会计电算化软件，你会拥有一份酣畅淋漓的快感；二是，由于领悟了电算化账务处理与手工账务处理之间的差异与联系，你会收获一份融会贯通、豁然开朗的喜悦。

但你需要明白，会计电算化虽然帮助会计人员摆脱了繁杂的手工劳动，从而能将更多精力投入到财务管理中去；但高度的自动化也隐藏了会计账务处理的内在逻辑，这就给不少会计人员，特别是没有接触过手工账务的会计新人学习账务处理造成了障碍。

对于会计电算化软件的实务操作，我采用了手把手引导的方式，以用友T3为例，细致到每一次的鼠标点击。学习这一章，你需要投入大量的精力，以足够的细心和耐心紧跟我介绍的步骤。唯有如此，你才能很快地熟练掌握会计电算化的账务处理。并且，经过强化训练，你还能够举一反三，对其他会计账务软件也能够迅速上手。

这一章及以前的各章，都是我们辛勤的劳作，这都是未来收获所必需的投入。下一章，我们将要带你更上一层楼，带你进入丰硕的金秋，我们将一起学习会计报表和财务分析。

第 6 章

高粱红了、庄稼熟了

——会计报表与财务分析

秋季是收获的季节，农夫经过精心播种和养育，就有可能在秋季收获丰硕的果实。会计人员经过从凭证到记账这个过程，也能够获得回报。这种回报是会计人员的劳动成果，它们是会计报表与财务分析。该如何把它们提交出去，让其他人看到你的丰收？你得学会将它们呈现出来。于是，在这一章，我将告诉你如何来编制会计报表和进行财务分析。我将会介绍如何以手工和电算两种方式来编制会计报表，你也将学习到如何以现代财务分析方法来研读一个经济组织。

6.1 会计报表概述

会计报表，也称财务报表，顾名思义就是会计上以表格形式报送出去的总结性的书面材料。会计报表是对外呈现会计人员劳动成果的，其最主要的阅读者来自企业外部，它能够为评价企业经营业绩和改善经营管理提供重要信息，投资者和经营者可以从中获取决策辅助信息，政府经济管理机构可以从中获取进行宏观调控与管理的相关信息。

在这里，我们一起来了解会计报表的种类、格式和编制要求等报表编制的会计基础知识。

6.1.1 报表的种类和分类

1. 报表种类

（1）主表、附表。会计报表所包含的表格有很多种，经过会计业的长期发展，报表类型已经相对固定下来了。这是因为，报表的阅读者关心的事项是有共性的，它们集中在对经济组织某一特定日期财务状况和某一会计期间经营成果、现金流量的反映上。内、外部的报表信息需求者（如公司管理当局、投资人、税务机关、银行等）要求会计人员提供的会计报表包括诸如资产负债表、利润表、现金流量表、资产减值准备明细表、利润分配表、股东权益增减变动表、分部报表和其他有关附表，等等。

其中，资产负债表、利润表和现金流量表并称为主表，资产减值准备明细表、利润分配表等并称为附（属）表。主表与有关附表之间存在着密切联系，附表是对主表的进一步补充，从不同的角度说明了企业的财务状况、经营成果和现金流量的情况。

（2）报表附注。仅凭会计报表干巴巴的数字，往往不能完整地诠释报表主体的财务状况，对于会计报表不能包括的内容或披露不详尽的内容，为了提供更进一步的信息，还需要添加文字形式的报表附注。这种附注是会计报告的重要组成部分，它针对各特定的报表项目作出进一步的阐述和补充，并对会计报表的编制基础、编制依据、编制原则和方法等作出解释和说明，以便于报表信息需求者更好地理解和使用会计信息。会计报表附注，须按照一定的方式披露，提供的附加信息应当与会计报表项目相互比对、参照。

2. 报表分类

为了从不同的侧面去了解会计报表，人们将会计报表进行了一些分类。对于初学者来说，对这些分类了解一下就可以了，不需要死记硬背。

（1）从报表反映的内容上看，会计报表可分为动态会计报表和静态会计报表。动态和静态是从时间的反映区间上来说的："静"是指"时间点"，如某年某月某日；"动"是指"时间段"，如某年某月。静态报表是指反映经济组织在一定日期资产和权益总额的会计报表，如资产负债表反映了经济组织某一时点上的资产、负债和所有者权益的情况，属于静态会计报表；而动态报表是反映一定时期内经营成果和现金流量的会计报表，如利润表反映了经济组织一定时期内所实现的经营成果，现金流量表反映了经济组织一定时期内现金的流入、现金的流出及净增加数，因此它们属于动态会计报表。

（2）从报表编报周期上看，会计报表可分为月度报表、季度报表、半年度报表和年度报表，分别简称为月报、季报、半年报、年报。月报每月编报一次，包括资产负债表和利润表；季报每季编报一次，包括资产负债表和利润表；半年报每年 6 月 30 日编报一次，包括资产负债表和利润表，但与月报和季报在部分指标上有一定的差异；年报每年编报一次，包括资产负债表、利润表和现金流量表，它必须要能完整、全面地反映经济组织的财务状况、经营成果和现金流量情况。注意，年报附注至少应当包括：不符合会计核算前提的说明；重要会计政策与会计估计的说明；重要会计政策和会计估计变更的说明；或有事项和承诺事项的说明；资产负债表日后事项的说明；关联方关系及其交易的说明；重要资产转让及其出售的说明；企业合并、分立的说明；会计报表重要项目的说明；所得税会计处理方法的说明；合并报表的说明；有助于理解和分析会计报表需要说明的其他事项。

（3）从报表编制单位的层级上看，会计报表可分为单位报表和汇总报表、合并会计报表。单位报表是指经济组织在自身会计核算的基础上，对账簿记录进行加工以反映经济组织本身的财务状况、经营成果和现金流量情况而编制的会计报表。汇总报表是指由总公司或主管部门（系统），根据所属单位报送的会计报表，连同本单位会计报表汇总编制的综合性会计报表，以反映总公司或本部门（系统）财务状况、经营成果和现金流量情况。合并会计报表是将多个具有控股关系的会计主体的财务状况、经营成果和现金流量情况合并编制的会计报表，该报表由母公司进行编制，包括所有控股公司、重大影响公司的会计报表的内容。

6.1.2 报表的格式和编制要求

1. 报表格式

从共性上说，每一种类的会计报表都会包括：

（1）报表标题。就是表的名字，如“资产负债表”，标题可能不只一行，有时可能会加上破折号引出副标题。

（2）表头。是报表顶端的固定部分，如报表编制单位、编制时间、金额单位、报表的栏目内容等。其中报表的栏目内容是表头的主要内容，它决定了报表的纵向结构。表头有单层的，在同一行并列反映着相同层次的会计信息；也有多层的，大层次下套着小层次，反映着不同的会计数据管理结构，如图 6-1 所示。

（3）表体。是报表的主体部分，它决定了报表的横向结构。从左往右看，称表行；从上往下，称表列。

（4）表尾。在表体下面进行辅助说明的部分，如编制人、审核人等信息。

单层式表头

资产	行次	期末数

多层式表头

年初数	
数量	金额

图 6-1 报表表头层级

2. 报表的制度要求

在我国，会计人员所遵循的制度规范是由国家财政部制定的，我们对此必须有所了解，这是合法从业的前提之一。下面，我们一起来看看近期关于《企业会计准则》有关财务报表的规定吧。

2014 年 1 月 26 日修订下发、2014 年 7 月 1 日起执行的《企业会计准则第 30 号——财务报表列报》规定：“财务报表至少应当包括下列组成部分：（一）资产负债表；（二）利润表；（三）现金流量表；（四）所有者权益（或股东权益）变动表；（五）附注。财务报表上述组成部分具有同等的重要程度。”

2014 年 7 月 23 日修订下发并执行的《企业会计准则——基本准则》规定：“财务会计报告包括会计报表及其附注和其他应当在财务会计报告中披露的相关信息和资料。会计报表至少应当包括资产负债表、利润表、现金流量表等报表。小企业编制的会计报表可以不包括现金流量表。”

根据上述规定，我们知道了所要编制的会计报表的种类。囿于篇幅，本着满足作为会计初始入门者的你在日常生活中“实用”、“够用”的原则，不贪大求全，我在这一章只准备带你领略、学习“资产负债表”和“利润表”的手工和电算化编制流程。这两张报表也是传统要求的、并在会计实务中用得最多的两大主表。掌握了方法和原理，编制其他报表就可以举一反三、水到渠成了。

3. 报表的质量要求

质量要求是指会计人员拿出来的会计报表要达到的实质性标准，如真实可靠、全面完整等。逐项说明如下：

（1）真实可靠。就是要求报表反映的信息要和核算记载的内容一致，必须是真实的、可信的。

（2）全面完整。这是指会计报表应当反映企业生产经营活动的全貌，全面反映企业的财务状况、经营成果和现金流量。编制报表时不能断章取义、不能人为将会计信息选择性过滤，报喜不报忧，或者相反，从而造成主观或者客观会计信息的遗漏。

（3）前后一致。这是为了保证对于会计报表的不同期间，编制会计报表依据的会计方法在前后期应当遵循一致，不能随意变更。如果随意变来变去，就会使报表缺乏历史可比性，即使是确需改变某些会计方法，也应在报表附注中说明改变的原因及改变后对报表指标的影响。

（4）相关可比。这要求提供的会计报表是有的放矢的，且必须是横向可比的。财务会计报表所提供的财务会计信息必须与报表使用者的决策相关，并且便于使用者在不同企业之间及同一企业前后各期之间进行比较。

（5）编报及时。编制报表不能拖拉，迟报就会造成一系列的工作延误，特别是层层汇总的各类报表。会计人员应根据有关规定，按月、按季、按半年、按年及时对外报送会计报表，如月报应于月度终了后 15 天内（节假日顺延，下同）对外提供；季报应于季度终了后 15 天内对外提供；半年度报应于年度中期结束后 60 天内（相当于两个连续的月份）对外提供；年报应于年度终了后 5 个月内对外提供。

6.1.3　报表编制前的会计准备

会计报表是源于会计账簿的，会计账簿是源于会计凭证的，会计凭证是源于经济事项的，如图 6-2 所示。这个经济信息流经过了 4 个部分，3 个中间过程，每一个环节都必须真实全面，这样才能够提供给会计报表阅读者一个经过梳理加工得以提升的、完整可信的、能够真实反映经济事项的会计报表。

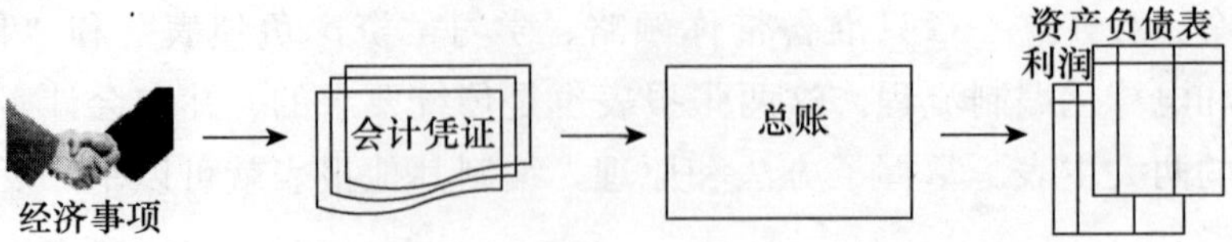

图 6-2 从经济事项到会计报表信息流

为达到这个要求，在报表编制之前，需要会计人员做好以下这些报表编制的准备工作：

（1）回顾检查账套的会计核算是否确实遵照国家统一的会计制度规定进行；如国家统一的会计制度没有规定统一核算方法的交易、事项，应当检查其是否按照会计核算的一般原则进行了确认和计量，有关的账务处理是否合理。

（2）核对各会计账簿记录与会计凭证的内容、金额等是否一致，记账方向是否相符。

（3）是否依照规定在结账时间按时进行结账，会计账簿的余额和发生额是否已经结计，核对各会计账簿之间的余额是否账账相符。

（4）是否存在因会计差错、会计政策变更等原因需要调整前期或者本期相关会计项目。

（5）编制年度财务会计报告前，是否已经按照规定，进行了全面清查资产、核实债务，账实是否相符一致。

这是一个回头看的工作，目的是保证图 6-2 的报表编制的前端会计信息流的正确无误。

6.2 资产负债表编制

资产负债表是会计报表的第一张主表，它是总括反映特定的经济组织，如企业、公司在一定日期（一般是期末）全部资产、负债和所有者权益信息的会计报表，它表明了经济组织在某一特定日期所拥有的经济资源、所承担的经济义务和公司所有者对净资产的要求权。资产负债表基本反映了公司在某一特定时间点的财产分布状况，但对于这一时间点之前和之后的财产状况无法揭示。

资产负债表的编制数据来源于会计账簿，会计账簿与会计报表项目之间存在着对应关系。会计报表的编制方式分为手工方式和电算化会计软件编报方式。

6.2.1　手工账下的资产负债表

1. 资产负债表原理

我们已经知道，将不同的经济事项体现到会计科目上，必须要对称等额记载。由此，我们也知道了一个会计恒等式“资产＝负债＋所有者权益”，它是资产负债表平衡的基础，这种平衡反映了报表资产总计（左方）与负债及所有者权益总计（右方）相等的情况。资产负债表编制后，如果左方等于右方，就称为“平”了；反之，称为“不平”。资产负债表用英文表示为“Balance Sheet”（平衡表），简称为“B/S”表。

“平衡”和“静态”是资产负债表的两个重要特征。所有的资产负债表项目都设有“年初余额（数）”和“期末余额（数）”两栏，在一张表里面反映了两个时点的资产和权益状况，相当于两期的比较资产负债表。

2. 编制方法

（1）资产负债表表头的介绍。我们先来看一下资产负债表的表头（图 6—3），对资产负债表表头的各要素分别介绍如下：

资 产 负 债 表

会企 01 表

编制单位：　　　　20　年　月　日　　　　单位：元

资产	行次	期末余额	年初余额	负债和所有者权益（或股东权益）	行次	期末余额	年初余额
流动资产：	1			流动负债：	36		

图 6-3　资产负债表表头

- “资产负债表”。资产负债表标题、名称。
- “编制单位”。填写这个报表反映的是什么样的经济组织的经济内容。如“江苏阡陌科技有限公司”。
- “20　年　月　日”。报表所反映的是编制单位什么时间点的资产和权益状况，一般为各个月末或年末的最后一天，这个日期又被称为资产负债表日。它不是报表编制的日期，报表编制日期一般要迟于资产负债表日。
- “会企 01 表”是这张资产负债表的简称，表明是依据企业会计准则编制的报表，“01”是报表的序号，表明是第一张主表。
- “单位：元”。是这张报表的金额所采用的货币单位，也有以“万元”作为计量单位的。
- “资产”、“负债和所有者权益（或股东权益）”表明其所在列的项目的性质。

● “行次”。表明各报表项目的序号，用于简洁快速地指代报表项目。

● “期末余额”、“年初数”。分别体现资产负债表日和资产负债表日所在年份年初（1月1日）各报表项目的余额数。

资产负债表中的“期末数”，指月末、季末或年末数字，根据各报表项目有关总账科目或明细科目的期末余额直接填列或计算分析填列。

一般地，“年初数”应根据上年末资产负债表“期末数”栏内所列数字填列。如果本年度资产负债表规定的各个项目的名称和内容与上年不相一致，应对上年年末资产负债表各项目的名称和数字按照本年度的规定进行调整，填入本表“年初数”栏内。需要注意的是：“年初数”通常是与上年末资产负债表“期末数”栏一致。但在下面的情况下，二者则有可能出现不一致：

企业在首次执行2006版新的企业会计准则时，对首次执行新准则当年的“年初数”栏及相关项目须进行调整；执行以后的会计期间，如果企业发生了会计政策变更、前期差错更正，应当对“年初余额”栏中的有关项目进行相应调整；如果上年度报表项目名称和内容与本年不一致，应当对上年年末资产负债表相关项目的名称和数字按照本年度的口径进行调整，填入“年初数”。

● “流动资产”、“流动负债”。是对该行以下各具有流动性的报表项目的合称。所谓“报表项目”不同于会计科目，它是报表表体的各组成项，表现为不同的报表行报列不同的会计科目账户，“报表项目”与“会计科目”存在对应关系，但又不是简单的一一对应关系，这种对应关系在下面报表填列时会介绍到。

（2）资产负债表各报表项目的内容及填列方法。为报表编制方便，我们先将江苏阡陌2012年11月的发生额、余额情况列示如表6-1所示。

表6-1　　江苏阡陌2012年11月余额表　　单位：元

科目编码	科目名称	期末数或本期发生	
		借方	贷方
1001	库存现金	20 000.00	—
1002	银行存款	1 130 670.00	—
1012	其他货币资金	300 000.00	—
1122	应收账款	1 070 000.00	—
1123	预付账款	—	—
1221	其他应收款	—	—
1406	库存商品	255 913.25	—
1601	固定资产	243 800.00	—

续表

科目编码	科目名称	期末数或本期发生	
		借方	贷方
资产小计		3 020 383.25	—
2001	短期借款	—	300 000.00
2201	应付票据	—	300 000.00
2202	应付账款	—	920 000.00
2211	应付职工薪酬	—	—
2221	应交税费	—	155 678.42
2241	其他应付款	—	—
负债小计		—	1 675 678.42
4001	实收资本	—	1 000 000.00
4002	资本公积	—	43 800.00
4103	本年利润	—	300 904.83
权益小计		—	1 344 704.83
6001	主营业务收入	1 341 880.34	1 341 880.34
6401	主营业务成本	806 449.79	806 449.79
6403	营业税金及附加	4 737.57	4 737.57
6601	销售费用	55 593.00	55 593.00
6602	管理费用	71 200.00	71 200.00
6603	财务费用	930.00	930.00
6801	所得税费用	102 065.15	102 065.15
损益小计		2 382 855.85	2 382 855.85
合计		3 020 383.25	3 020 383.25

在编制报表的过程中，应参照此表填制。在学习各报表项目时，可与第 2 章对会计科目的学习结合起来进行。

下面，我们结合江苏阡陌的实际情况，对资产负债表的不同组成部分及其报表项目分别讲解如下：

①资产类报表项目的填列。

- 行次 2“货币资金”项目。该报表项目用以反映会计主体库存现金、银行存款、外埠存款、银行汇票存款、银行本票存款、信用卡存款、信用证保证金存款等的合计数。这个项目应根据“现金”、“银行存款”、“其他货币资金”科目的期末余额合计填列。江苏阡陌这三个会计科目的余额分别为 20 000 元、1 130 670 元、300 000 元，合计为 1 450 670 元。将其填入“期末余额”列“行次 2”内。行次号请参见图 6-3。
- 行次 3“交易性金融资产”项目。根据同名总账科目填列。江苏阡陌无此项目。
- 行次 4“应收票据”项目。该报表项目用以反映会计主体收到的尚未到期收款也未向银行贴现的应收票据，包括商业承兑汇票和银行承兑汇票。这个项目应根据“应收票据”科目的期末余额填列。已向银行贴现和已背书转让的应收票据不包括在这个项目内，其中已贴现的商业承兑汇票应在会计报表附注中单独披露。江苏阡陌无此项目。

- 行次 5“应收账款”项目。该报表项目用以反映会计主体因销售商品、产品和提供劳务等主营业务应向购买方收取的各种款项，减去已计提的坏账准备后的净额。这个项目根据“应收账款”科目所属各明细科目的期末借方余额合计，减去“坏账准备”科目中有关应收账款计提的坏账准备期末余额后的金额填列。

如果“应收账款”科目所属明细科目期末有贷方余额，应在本表“预收账款”项目内填列；如“预收账款”科目所属有关明细科目有借方余额的，也应在这个项目内填列。此二类情况，均称为存在反向明细的情况，江苏阡陌期末余额应填列为 1 070 000 元。

- 行次 6“预付账款”项目。该报表项目用以反映会计主体预付给供应单位的款项。这个项目应根据“预付账款”科目所属各明细科目的期末借方余额合计填列。如果“预付账款”科目所属有关明细科目期末有贷方余额，应在本表“应付账款”项目内填列。如果“应付账款”科目所属明细科目有借方金额，也应包括在这个项目内。江苏阡陌这个项目 11 月末无期末余额。

- 行次 7“应收股利”项目。该报表项目用以反映会计主体应收取、但尚未收到的现金股利和应收取其他单位分配的利润。这个项目应根据“应收股利”科目的期末余额，减去“坏账准备”科目中有关应收股利计提的坏账准备期末余额后的金额填列。江苏阡陌无此项目。

- 行次 8“应收利息”项目。该报表项目用以反映会计主体应收取的债券投资等的利息。这个项目应根据“应收利息”科目的期末余额，减去“坏账准备”科目中有关应收利息计提的坏账准备期末余额后的金额填列。江苏阡陌无此项目。

- 行次 9“其他应收款”项目。该报表项目用以反映会计主体除应收票据、应收账款、预付账款、应收股利、应收利息等经营活动以外的其他各种应收、暂付的款项，减去已计提的坏账准备后的净额。这个项目应根据“其他应收款”科目的期末余额，减去“坏账准备”科目中有关其他应收款计提的坏账准备期末余额后的金额填列。江苏阡陌这个项目 11 月末无期末余额。

“应收票据”、“应收利息”、“应收股利”、“其他应收款”项目，均应根据相关科目的期末余额，减去“坏账准备”科目中对应的坏账准备期末余额后的金额填列。

● 行次 10“存货”项目。该报表项目用以反映会计主体期末在库、在途和在加工中的各种存货的可变现净值。这个项目根据“材料采购”、“原材料”、“低值易耗品”、“库存商品”、“周转材料”、“委托加工物资”、“委托代销商品”、“生产成本”等科目的期末余额合计，减去“受托代销商品款”、“存货跌价准备”科目期末余额后的金额填列。如果材料采用计划成本核算，以及库存商品采用计划成本核算或售价核算的单位，还应按加或减材料成本差异、商品进销差价后的金额填列。

江苏阡陌只有一个存货科目，即“库存商品”，故这个项目期末余额应填列为 255 913.25 元。

● 行次 11“其中：消耗性生物资产”项目。这个项目为生物类企业专用，生物类企业应根据实际情况填列。江苏阡陌无此项目。

● 行次 12“待摊费用”项目。根据有关科目中，应分期摊销的余额分析填列，江苏阡陌无此项目。

● 行次 13“一年内到期的非流动资产存货”项目。该报表项目用以反映会计主体将于一年内到期的非流动资产项目金额。这个项目应根据有关科目的期末余额填列。江苏阡陌无此项目。

● 行次 14“其他流动资产”项目。这是一个“杂物柜”，该报表项目用以反映会计主体除货币资金、交易性金融资产、应收票据、应收账款、存货等流动资产以外的其他流动资产。这个项目应根据有关科目的期末余额填列。江苏阡陌无此项目。

上述各报表项目，均属于流动资产的范畴。上述除第 11 行外的各行相加，即为江苏阡陌 11 月末的流动资产总数 2 776 583.25 元。

● 行次 17“可供出售金融资产”项目。该报表项目用以反映会计主体持有的以公允价值计量的可供出售的股票投资、债券投资等金融资产。这个项目根据同名科目的期末余额，减去“可供出售金融资产减值准备”科目期末余额后的金额填列。江苏阡陌无此项目。

● 行次 18“持有至到期投资”项目。该报表项目用以反映会计主体持有的以摊销结余的成本计量的、持有至到期的投资。这个项目应根据同名科目的期末余额，减去“持有至到期投资减值准备”科目期末余额后的金额填列。江苏阡陌无此项目。

● 行次 19“长期股权投资”项目。该报表项目用以反映会计主体持有的对子公司、联营企业和合营企业的长期股权投资。这个项目应根据同名会计科目的期末余额，减去“长期股权投资减值准备”科目期末余额后的金额填列。江苏阡陌无此项目。

● 行次 20“投资性房地产”项目。该报表项目用以反映会计主体持有的投资性房地产。企业采用成本模式计量投资性房地产的，这个项目应根据“投资性房地产”科目的期末余额，减去“投资性房地产累计折旧（摊销）”和“投资性房地产减值准备”科目期末余额后的金额填列；企业采用公允价值模式计量投资性房地产的，这个项目应根据“投资性房地产”科目的期末余额填列。江苏阡陌无此项目。

● 行次 21“长期应收款”项目。该报表项目用以反映会计主体因融资租赁而产生的应收款项、采用递延方式（具有融资性质）销售商品和提供劳务等产生的长期性应收款项等。这个项目应根据同名科目的期末余额，减去相应的“未实现融资收益”科目和“坏账准备”科目所属相关明细科目期末余额后的金额分析填列。江苏阡陌无此项目。

● 行次 22“固定资产”项目。该报表项目用以反映会计主体各种固定资产原价减去累计折旧和累计减值准备后的净额。这个项目应根据同名科目的期末余额，减去“累计折旧”和“固定资产减值准备”科目期末余额后的金额填列。江苏阡陌 11 月末“固定资产”余额为 243 800 元，无“累计折旧”和“固定资产减值准备”，此项目应填列为 243 800 元。

● 行次 23“在建工程”项目。该报表项目用以反映会计主体期末各项未完工程的实际支出，包括交付安装的设备价值、未完工的建筑安装工程已经耗用的材料、工资和费用支出、预付出包工程的价款等的可收回金额。这个项目根据同名科目的期末余额，减去“在建工程减值准备”科目期末余额后的金额填列。江苏阡陌无此项目。

● 行次 24“工程物资”项目。该报表项目用以反映会计主体尚未使用的各项工程物资的实际成本。这个项目应根据同名科目的期末余额填列。江苏阡陌无此项目。

● 行次 25“固定资产清理”项目。该报表项目用以反映会计主体因出售、毁损、报废等原因对固定资产进行清理，但尚未清理完毕的固定资产的净值，以及固定资产清理过程中所发生的清理费用和变价收入等各项金额的差额。这个项目应根据同名科目的期末借方余额填列，如同名科目期末为贷方余额，以负号填列。江苏阡陌无此项目。

● 行次 26“生产性生物资产”项目。该报表项目用以反映会计主体持有的生产性生物资产。这个项目应根据同名科目的期末余额，减去“生产性生物资产累计折旧”和“生产性生物资产减值准备”科目期末余额后的金额填列。这是特定行业的资产，江苏阡陌无此项目。

● 行次 27“油气资产”项目。该报表项目用以反映会计主体持有的矿区权益和油气井及相关设施的原价减去累计折耗和累计减值准备后的净额。这个项目根据同名科目的期末余额，减去“累计折耗”科目期末余额和相应减值准备后的金额填列。这是特定行业的资产，江苏阡陌无此项目。

● 行次 28“无形资产”项目。该报表项目用以反映会计主体所持有的包括专利权、非专利技术、商标权、著作权、土地使用权等无形资产。这个项目应根据同名科目的期末余额，减去“累计摊销”和“无形资产减值准备”科目期末余额后的金额填列。江苏阡陌无此项目。

● 行次 29“开发支出”项目。该报表项目用以反映会计主体在开发无形资产过程中能够资本化形成无形资产成本的支出部分。这个项目应根据“研发支出”科目中所属的“资本化支出”明细科目期末余额填列。江苏阡陌无此项目。

● 行次 30“商誉”项目。该报表项目用以反映会计主体企业合并中形成的商誉的价值。这个项目应根据同名科目的期末余额，减去相应减值准备后的金额填列。江苏阡陌无此项目。

● 行次 31“长期待摊费用”项目。该报表项目用以反映会计主体已经发生的，但应由本期和以后各期负担的分摊期限在 1 年以上的各项费用。长期待摊费用中在 1 年及 1 年以内摊销的部分，在资产负债表“一年内到期的非流动资产”项目填列。这个项目应根据同名科目的期末余额减去将于 1 年及 1 年以内摊销的数额后的金额填列。江苏阡陌无此项目。

● 行次 32“递延所得税资产”项目。该报表项目用以反映会计主体企业确认的可抵扣暂时性差异产生的递延所得税资产。这个项目应根据同名科目的期末余额填列。江苏阡陌无此项目。

● 行次 33“其他非流动资产”项目。这是一个“杂物框”，该报表项目用以反映会计主体企业除长期股权投资、固定资产、在建工程、工程物资、无形资产等资产以外的其他非流动资产。这个项目应根据有关科目的期末余额填列。江苏阡陌无此项目。

上述各报表项目，均属于非流动资产的范畴。上述 17～33 行相加，即为江苏阡陌 11 月末的非流动资产总数 243 800 元。

流动资产、非流动资产构成了一个会计主体的所有资产。资产类报表项目，在填列时，应注意扣减与某项资产相对应的“折旧”、“折耗”、“摊销”

和“减值准备”后填列。江苏阡陌 11 月末的资产总数为 3 020 383.25 元。

②负债类报表项目的填列。

● 行次 37“短期借款”项目。该报表项目用以反映会计主体向银行或其他金融机构等借入的、期限在 1 年及 1 年以内的借款。这个项目根据同名科目的期末余额填列。江苏阡陌 11 月末的短期借款为 300 000 元。

● 行次 38“交易性金融负债”项目。该报表项目用以反映会计主体承担的以公允价值计量且其变动计入当期损益的、为交易目的所持有的金融负债。这个项目应根据同名科目的期末余额填列。江苏阡陌无此项目。

● 行次 39“应付票据”项目。该报表项目用以反映会计主体购买材料、商品和接受劳务供应等而开出、承兑的商业汇票，包括银行承兑汇票和商业承兑汇票。这个项目应根据同名科目的期末余额填列。江苏阡陌 11 月末的应付票据为 300 000 元。

● 行次 40“应付账款”项目。该报表项目用以反映会计主体因购买材料、商品和接受劳务供应等经营活动应当支付的款项。这个项目应根据同名科目和“预付账款”科目所属各明细科目的期末贷方余额合计数填列。如同名科目所属明细科目期末有借方余额的，应在资产负债表“预付款项”项目内填列。江苏阡陌 11 月末的应付账款为 920 000 元。

● 行次 41“预收款项”项目。该报表项目用以反映会计主体按照购货合同规定预付给商品或者劳务供应单位的款项。这个项目应根据同名科目和“应收账款”科目所属各明细科目的期末贷方余额合计数填列。如同名科目所属各明细科目期末有借方余额，应在资产负债表“应收账款”项目内填列。江苏阡陌无此项目。

● 行次 42“应付职工薪酬”项目。该报表项目用以反映会计主体根据有关规定应付给职工的工资、职工福利、社会保险费、住房公积金、工会经费、职工教育经费、非货币性福利、辞退福利等各种薪酬。外商投资企业按规定从净利润中提取的职工奖励及福利基金，也在这个项目列示。江苏阡陌 11 月末应付职工薪酬无期末余额。

● 行次 43“应交税费”项目。该报表项目用以反映会计主体按照税法规定计算应缴纳的各种税费，包括增值税、消费税、营业税、所得税、资源税、土地增值税、城市维护建设税、房产税、土地使用税、车船税、教育费附加、矿产资源补偿费、代扣代缴的个人所得税等。这个项目不包括不需要预计应交数的税金，如印花税、耕地占用税等。这个项目应根据同名科目的期末贷方余额填列；如“应交税费”科目期末为借方余额，应以负号填列。江苏阡陌 11 月末的应交税费余额为 155 678.42 元。

● 行次 44“应付利息”项目。该报表项目用以反映会计主体按照规定应当支付的利息，包括分期付息到期还本的长期借款应支付的利息、企业发行的企业债券应支付的利息等。这个项目应当根据同名科目的期末余额填列。江苏阡陌无此项目。

● 行次 45“应付股利”项目。该报表项目用以反映会计主体分配的现金股利或利润，不包括企业分配的股票股利。这个项目应根据同名科目的期末余额填列。江苏阡陌无此项目。

● 行次 46“其他应付款”项目。该报表项目用以反映会计主体除应付票据、应付账款、预收款项、应付职工薪酬、应付股利、应付利息、应交税费等经营活动以外的其他各项应付、暂收的款项。这个项目应根据同名科目的期末余额填列。江苏阡陌此项目 11 月末无期末余额。

● 行次 47“预计负债”项目。该报表项目用以反映会计主体确认的对外提供担保、未决诉讼、产品质量保证、重组义务、亏损性合同等事项的预计负债。这个项目应根据同名科目的期末余额填列。江苏阡陌无此项目。

● 行次 48“一年内到期的非流动负债”项目。该报表项目用以反映会计主体非流动负债中将于资产负债表日后 1 年内到期部分的金额，如将于 1 年内偿还的长期借款。这个项目应根据有关科目的期末余额填列。江苏阡陌无此项目。

● 行次 49“其他流动负债”项目。该报表项目用以反映会计主体除交易性金融负债、应付票据、应付账款、应付职工薪酬、应交税费等流动负债以外的其他流动负债。这个项目应根据有关科目的期末余额填列。江苏阡陌无此项目。

上述各报表项目，均属于流动负债的范畴。上述 37～50 的各行相加，即为江苏阡陌 11 月末的流动负债总数 1 675 678.42 元。

● 行次 53“长期借款”项目。该报表项目用以反映会计主体向银行或其他金融机构借入的期限在 1 年以上的各项借款。这个项目应根据同名科目的期末余额填列。江苏阡陌无此项目。

● 行次 54“应付债券”项目。该报表项目用以反映会计主体为筹集长期资金而发行的债券本金和利息。这个项目应根据同名科目的期末余额填列。江苏阡陌无此项目。

● 行次 55“长期应付款”项目。该报表项目用以反映会计主体除长期借款和应付债券以外的其他各种长期应付款项。这个项目应根据同名科目的期末余额，扣减相应的“未确认融资费用”科目期末余额后的金额填列。江苏阡陌无此项目。

- 行次 56“专项应付款”项目。该报表项目用以反映会计主体取得政府作为企业所有者投入的具有专项或特定用途的款项。这个项目应根据同名科目的期末余额填列。江苏阡陌无此项目。

- 行次 57“递延所得税负债”项目。该报表项目用以反映会计主体确认的应纳税暂时性差异产生的所得税负债。这个项目应根据同名科目的期末余额填列。江苏阡陌无此项目。

- 行次 58“其他非流动负债”项目。该报表项目用以反映会计主体除长期借款、应付债券等负债以外的其他非流动负债。这个项目应根据有关科目的期末余额减去将于 1 年及 1 年以内到期偿还数后的余额填列。非流动负债各项目中将于 1 年及 1 年以内到期的非流动负债，应在“一年内到期的非流动负债”项目内单独反映。江苏阡陌无此项目。

上述各报表项目，均属于非流动负债的范畴。上述 53～58 行相加，即为江苏阡陌 11 月末的非流动负债总数 0 元。

流动负债、非流动负债构成了一个会计主体的所有负债。江苏阡陌 11 月末的负债总数为 1 675 678.42 元。

③所有者权益类报表项目的填列。

- 行次 62“实收资本（或股本）”项目。该报表项目用以反映会计主体各投资者实际投入的资本（或股本）总额。这个项目应根据同名科目的期末余额填列。江苏阡陌此项目 11 月末的余额为 1 000 000 元。

- 行次 63“资本公积”项目。该报表项目用以反映会计主体资本公积的期末余额。这个项目根据同名科目的期末余额填列。江苏阡陌此项目 11 月末的余额为 43 800 元。

- 行次 64“盈余公积”项目。该报表项目用以反映会计主体盈余公积的期末余额。这个项目应根据“盈余公积”科目的期末余额填列。江苏阡陌无此项目。

- 行次 65“未分配利润”项目。该报表项目用以反映会计主体尚未分配的累计利润。这个项目应根据“本年利润”科目和“利润分配”科目的余额计算合并填列。未弥补的亏损在这个项目内以负号填列。江苏阡陌此项目 11 月末的余额为 300 904.83 元，为盈利。

- 行次 66“库存股”项目。该报表项目用以反映会计主体持有的尚未转让或注销的本公司股份金额。这个项目应根据同名科目的期末余额填列。江苏阡陌无此项目。

上述各报表项目，均属于所有者权益的范畴。上述 62～65 行相加后，扣除 66 行，即为江苏阡陌 11 月末的所有者权益总数 1 344 704.83 元。

江苏阡陌 11 月末的负债总数为 1 675 678.42 元，加上所有者权益总数 1 344 704.83 元，即为权益总额 3 020 383.25 元。这与江苏阡陌 11 月末的资产总数 3 020 383.25 元是完全相等的。即：

资产 3 020 383.25＝负债 1 675 678.42＋所有者权益 1 344 704.83

这个等式也表示，2012 年 11 月江苏阡陌的这张资产负债表是"平"的。这个等式是所有的资产负债表固有的平衡关系，是任何阅读资产负债表的报表使用者第一眼必然关注的。

编制后的江苏阡陌 2012 年 11 月 30 日的资产负债表如图 6-4 所示。

资产负债表

编制单位：江苏阡陌科技有限公司　　2012年11月30日　　会企01表　单位：元

资产	行次	期末余额	···	负债和所有者权益（或股东权益）	行次	期末余额
流动资产：	1			流动负债：	36	
货币资金	2	1,450,670.00		短期借款	37	300,000.00
交易性金融资产	3			交易性金融负债	38	
应收票据	4			应付票据	39	300,000.00
应收账款	5	1,070,000.00		应付账款	40	920,000.00
预付账款	6			预收账款	41	
应收股利	7			应付职工薪酬	42	
应收利息	8			应交税费	43	155,678.42
其他应收款	9			应付利息	44	
存货	10	255,913.25		应付股利	45	
其中：消耗性生物资产	11			其他应付款	46	
待摊费用	12			预计负债	47	
一年内到期的非流动资产	13			一年内到期的非流动负债	48	
其他流动资产	14			其他流动负债	49	
流动资产合计	15	2,776,583.25			50	
非流动资产：	16			流动负债合计	51	1,675,678.42
可供出售金融资产	17			非流动负债：	52	
持有至到期投资	18			长期借款	53	
投资性房地产	19			应付债券	54	
长期股权投资	20			长期应付款	55	
长期应收款	21			专项应付款	56	
固定资产	22	243,800.00		递延所得税负债	57	
在建工程	23			其他非流动负债	58	
工程物资	24			非流动负债合计	59	-
固定资产清理	25			负债合计	60	1,675,678.42
生产性生物资产	26			所有者权益（或股东权益）：	61	
油气资产	27			实收资本（或股本）	62	1,000,000.00
无形资产	28			资本公积	63	43,800.00
开发支出	29			盈余公积	64	
商誉	30			未分配利润	65	300,904.83
长摊待摊费用	31			减：库存股	66	
递延所得税资产	32			所有者权益（或股东权益）合计	67	1,344,704.83
其他非流动资产	33				68	
非流动资产合计	34	243,800.00			69	
资产总计	35	3,020,383.25	···	负债和所有者（或股东权益）合计	70	3,020,383.25

实务中本表在"期末余额"右侧尚有"年初余额"一栏

注：表中省略号"…"所在列为"年初余额"，因本表会计期间无年初数，故未列示。

图 6-4　手工账资产负债表

在报表编制过程中，我们发现，资产负债表的组成结构可以简化为5个部分，即："流动资产"、"流动负债"、"长期资产（非流动资产）"、"长期负债（非流动负债）"和"所有者权益"，这5个部分构成了资产负债表的主要板块。如表6-2所示。

表6-2　　　　资产负债表简表

流动资产	流动负债
	非流动负债
非流动资产	所有者权益

3. 资产负债表编制方法小结

在上述报表编制方法的学习过程中，我们可以看出，资产负债表各报表项目是根据总账、明细账账簿进行汇总、拆分分析填列的。为加深理解，将编制方法小结如表6-3所示：

表6-3　　　　资产负债表编制方法例表

编制方法	报表项目	项目的数据来源举例
直引总账	交易性金融资产、工程物资、固定资产清理、递延所得税资产、短期借款、交易性金融负债、应付票据、应付职工薪酬、应交税费、应付利息、应付股利、其他应付款、专项应付款、预计负债、递延所得税负债、实收资本（或股本）、资本公积、库存股、盈余公积	同名总账账户
分析明细账	开发支出	"研发支出——资本化支出"
	应收账款	"应收账款"、"预收账款"所属的相关明细科目的期末借方余额合计数
	预付款项	"预付账款"、"应付账款"科目所属相关明细科目的期末借方余额合计数
	应付账款	"应付账款"、"预付账款"所属的相关明细科目的期末贷方余额合计数
	预收款项	"预收账款"、"应收账款"科目所属各明细科目的期末贷方余额合计数
	一年内到期的非流动资产 一年内到期的非流动负债	有关非流动资产或负债项目的明细科目余额分析填列
	未分配利润	"利润分配——未分配利润"

续表

编制方法	报表项目	项目的数据来源举例
分析期限	长期借款	根据“长期借款”总账科目余额扣除“长期借款”科目所属的明细科目中将在资产负债表日起 1 年内到期且企业不能自主地将清偿义务展期的长期借款后的金额计算填列
	长期待摊费用	根据“长期待摊费用”科目的期末余额减去将于 1 年及 1 年以内摊销的数额后的金额填列
	其他非流动资产	根据有关科目的期末余额减去将于 1 年及 1 年以内到期偿还数后的金额填列
扣除备抵账户	可供出售金融资产、持有至到期投资、长期股权投资、在建工程、商誉	根据相关科目的期末余额填列，已计提减值准备的，还应扣减相应的减值准备
	固定资产、无形资产、投资性房地产、生产性生物资产、油气资产	根据相关科目的期末余额扣减相应的累计折旧（摊销、折耗）填列，已计提减值准备的，还应扣减相应的减值准备。如采用公允价值计量的，应根据相关科目的期末余额填列
	长期应收款	根据“长期应收款”科目的期末余额，减去相应的“未实现融资收益”科目和“坏账准备”科目所属相关明细科目期末余额后的金额填列
	长期应付款	根据“长期应付款”科目的期末余额，减去相应的“未确认融资费用”科目期末余额后的金额填列
综合	存货	根据“材料采购”、“原材料”、“发出商品”、“库存商品”、“周转材料”、“委托加工物资”、“生产成本”、“受托代销商品”等科目期末余额合计，减去“受托代销商品款”、“存货跌价准备”科目期末余额后的金额填列。如材料采用计划成本核算、库存商品采用计划成本核算或售价核算的企业，还应以按合并材料成本差异、商品进销差价后的金额填列

6.2.2 电算化资产负债表

1. 电算化报表的铺垫知识

上一节我们已经知道了，报表的不同项目是从总账、明细账中抽取的。比如，“应收账款”的数据来源可能是来自资产类的“应收账款”账户，也可能是来自负债类的“预收账款”账户的借方明细。在编制“应收账款”这一报表项目时，我们头脑中一是必须知道去哪里（去哪个会计账户）去取数字，二是要判定一下账户的余额方向再决定是否取数。这些，都是通过翻动账页并经大脑判断才能够完成的。

而电脑软件不同，因为不同的软件核算的会计主体不同，它不知道你究竟有哪些报表项目，也不知道这些项目与总账、明细账的对应关系，软件需要你用它能够“听得懂”的语言告诉它。在编制报表项目时，软件是通过你为不同的报表项目设置公式而明白你的意图的，而这些公式又是由“函数”构成的。所谓“函数”，就是能够实现某种功能的小程序，你按照一定的运算规则输入一个或者若干数字，它经过计算，返回给你一个结果。而这里所说的“一定的运算规则”，则是“函数”自身明文要求的，它常常是以一对小括号“()”表示，括号中的数字是你要输入的数字，“hansu”则是函数的名称，不同功能的函数名字是不一样的，经过运算，返回运算结果“Y”，如图 6-5 所示。对于使用会计软件的你而言，需要学习的就是这“一定的运算规则”，至于电脑是怎么运算的，我们就无须管它了。

图 6-5 函数组成图

2. 电算化资产负债表的编制

我们仍然以用友 T3 财务通软件为例来讲解如何在电算化环境下设置资产负债表。

我们来认识一下用友 T3 报表系统（简称 UFO）的一个共性的东西。用友报表有两种状态：格式状态和数据状态，在格式状态下，可以编辑报表公式、设置关键字；在数据状态下，可以进行数据处理。格式状态和数据状态是通过报表左下角的按钮进行切换的。

任何一张表都是横线和竖线交叉绘制的，交叉处的矩形方格，我们称为单元格。UFO 表格的各行用阿拉伯数字 1～9999 表示，各列用英文大写字母 A～IU 表示，交叉处单元格如“B3”，选中多个单元格如“A1：E4”。

下面，我们就来学习如何在电算化条件下编制资产负债表：

(1) 以账务主管“js201”的身份进入用友 T3，注意账套和日期别选错了哦。

（2）点击用友 T3 主界面左侧的“财务报表”按钮，出现“当前运行的是试用版”的提示。支持正版，购买注册后，这个提示就不会再出现啦。

（3）点击“确定”，出现如图 6-6 所示的界面，这是个日积月累的学习提示界面，如果不想这个界面重复出现，把左下角的勾点击去除后，点击“确定”，出现如图 6-7 所示的界面。

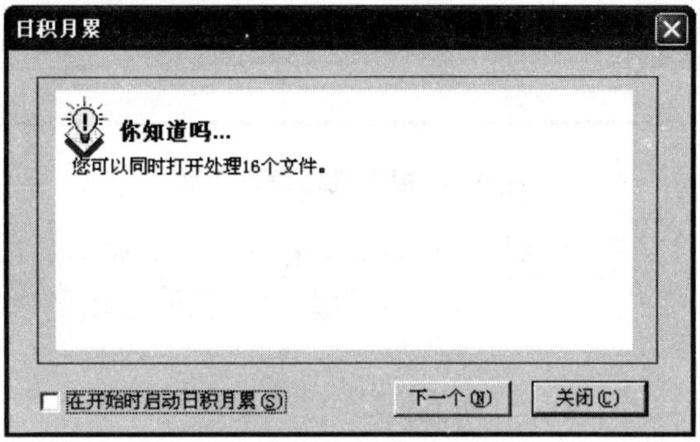

图 6-6　报表日积月累图

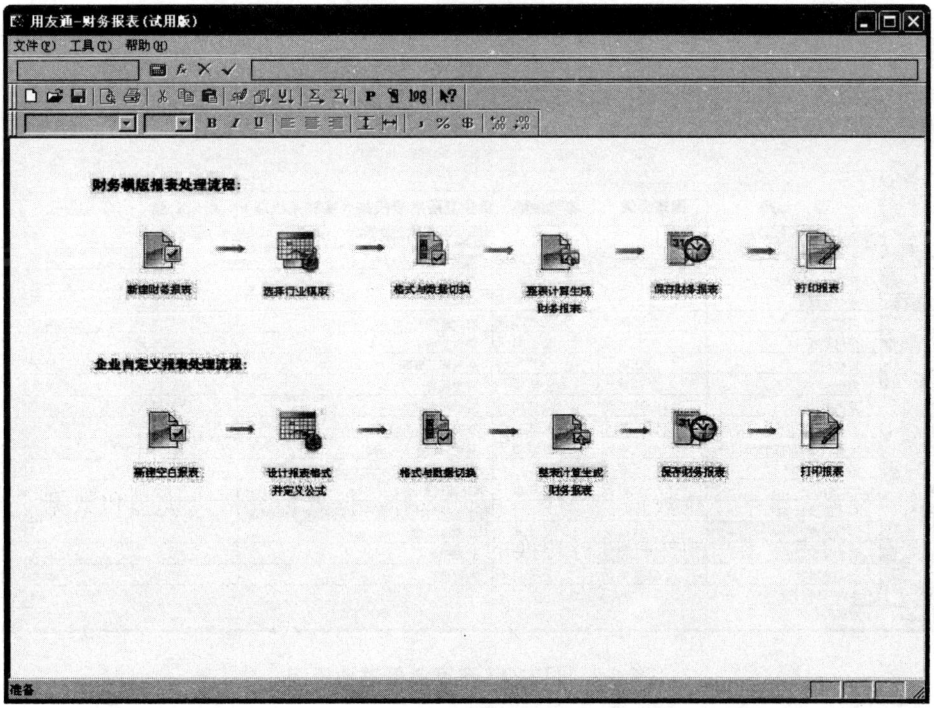

图 6-7　报表系统主界面

（4）点击左上角白色的“新建”图形按钮，再点击“格式—报表模板…”

菜单，在出现的界面中，点击右下拉箭头按钮分别选择“一般企业（2007 年新会计准则)”、“资产负债表”后的界面如图 6-8 所示。

图 6-8　报表模板设置界面

（5）点击“确认”，出现“模板格式将覆盖本表格式！是否继续?”的警告，点击“确定”，出现如图 6-9 所示的界面。我们使用的软件是试用版，因此会在报表界面的任意位置随机出现“演示数据”字样；若购买正式版，“演示数据”这个提示就不会再出现啦。

图 6-9　用友 T3 资产负债表模板图

（6）点击“数据—账套初始”菜单，出现如图 6-10 所示的界面。将账套号选择为“江苏阡陌”的号“666”，会计年度为“2012”，点击“确认”，再点击图 6-9 所示的界面左下角的“格式”按钮。

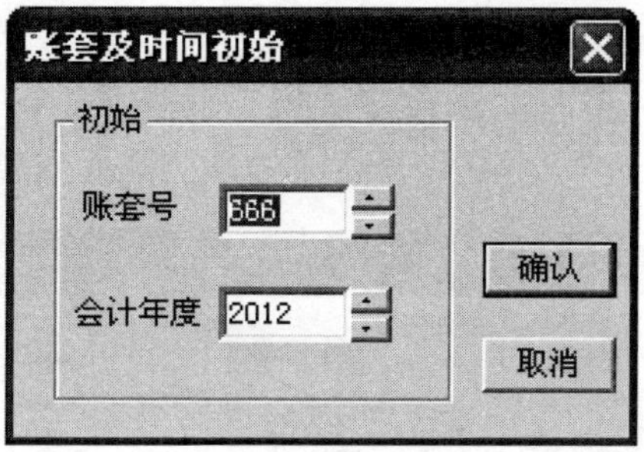

图 6-10　用友 T3 账套及时间初始设置图

(7) 点击“数据—关键字—录入…”菜单，出现如图 6-11 所示的界面。在“单位名称”、“年”、“月”、“日”输入“江苏阡陌科技有限公司”、“2012”、“11”、“30”后点击“确认”。

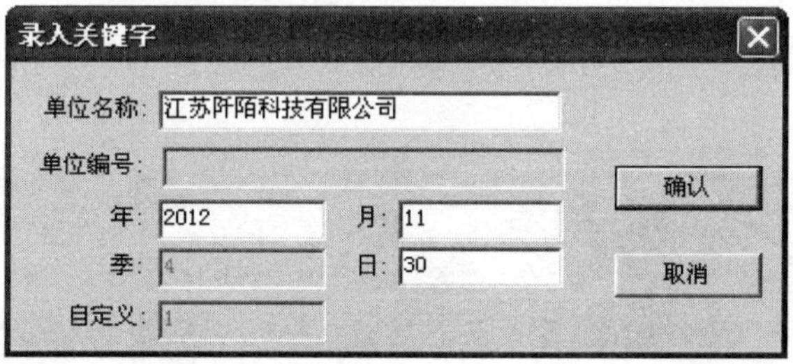

图 6-11　用友 T3 账套及时间格式设置图

(8) 点击“数据—整表重算”菜单，弹出“是否确定全表重算”的对话框，点击“是”，出现如图 6-12 所示的界面。注意，此时请确保电脑的系统时间是资产负债表日的月份，在我们的“666”账套中的月份是“2012 年 11 月”。

资　产	期末余额	年初余额	负债及所有者权益（或股东权益）	期末余额	年初余额
流动资产：			流动负债：		
货币资金	1,450,670.00		短期借款	300,000.00	
交易性金融资产			交易性金融负债		
应收票据			应付票据	300,000.00	
应收账款	1,070,000.00		应付账款	920,000.00	
预付款项			预收款项		
应收利息			应付职工薪酬		
应收股利			应交税费	155,678.42	
其他应收款			应付利息		
存货	255,913.25		应付股利		
一年内到期的非流动资产			其他应付款		

图 6-12　重算后的资产负债表

（9）观察图 6-12，可以发现“年月日”的位置不太美观，点中“2012 年”所在的单元格，点击“数据—关键字—偏移”菜单，出现如图 6-13 所示的界面。分别输入“0”、“90”、“40”、“−115”数字后，点击“确定”。

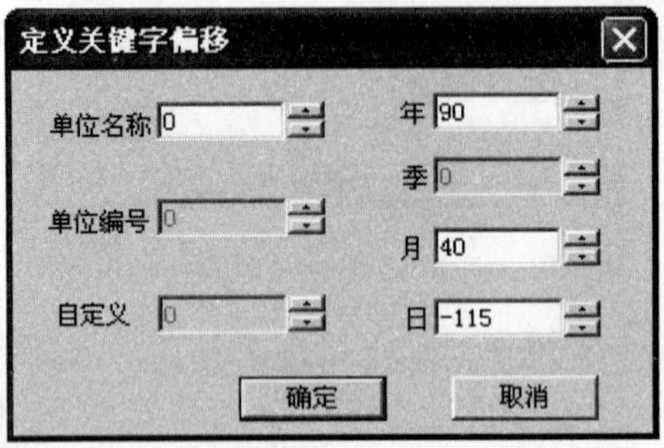

图 6-13　偏移量设定

（10）点击图 6-12 右下角的向下箭头，使得报表的底部出现在屏幕上，如图 6-14 所示。

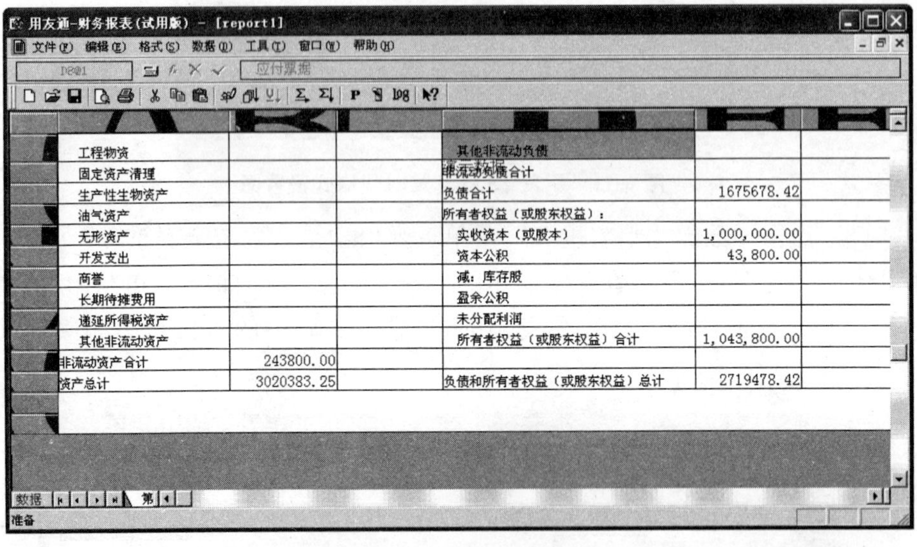

图 6-14　资产负债表底部

检查该表是否平衡，可以发现资产总额为 3 020 383.25，负债和所有者权益总额为 2 719 478.42，二者相差 300 904.83。你是否还记得，“300 904.83”这个数字是“本年利润”账户的期末余额数，与“本年利润”账户有关联的报表项目是“未分配利润”。于是，我们点中“未分配利润”数字所在单元格。

上面我教给你的是人工检查，我们还可通过设置审核公式，让电脑来帮助我们检查，这在平衡关系较多的场合特别有用。方法是：在 UFO 格式状态点击“数据—编辑公式—审核公式”菜单，出现如图 6-15 所示的界面，在其中输入“B37 = E37mess" 期末数不平"”后回车，再输入“C37 = F37mess"年初数不平"”，其中，“mess”可以理解为“否则”，“"期末数不平"”和“"年初数不平"”是我们自己设定的提示语。注意，提示语句是要用输入法半角状态下的双引号括起来的。公式设置完成后，在 UFO 数据状态点击“数据—审核”菜单，如有不平衡，软件就会给出警告。

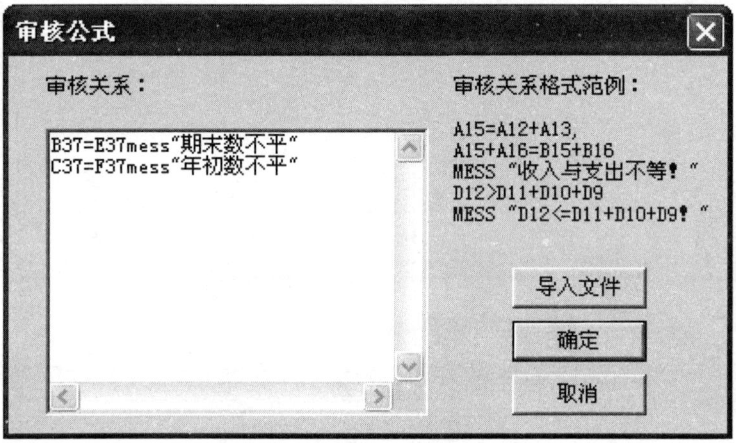

图 6-15　审核公式设置

（11）点击图 6-14 左下角的“数据”按钮，双击刚刚选中的单元格（或者点击“数据—编辑公式—单元公式”菜单），出现如图 6-16 所示的界面。

图 6-16　资产负债表定义公式界面

（12）图 6-16 所示的界面中，以反白显示的函数公式“QM（‘4104’，月，，，年，，）”，这个公式中“QM”是“期末”的拼音首字母，代表着取“期末数”，“4104”是表示从“4104 利润分配”账户中取数，其余的逗号分隔的部分都已经省略。如果要想知道具体含义，可以点击图 6-16 左下角的“函数向导”，找到“QM”函数就可以看到了。

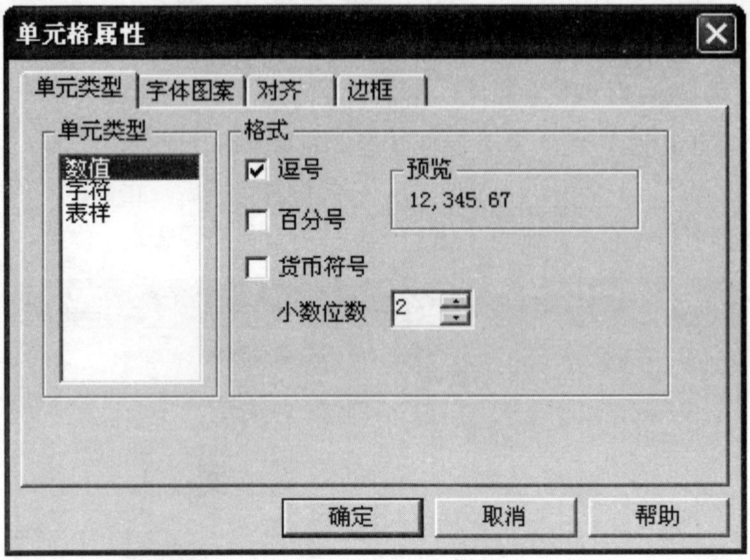

图 6-17 资产负债表单元格属性设置

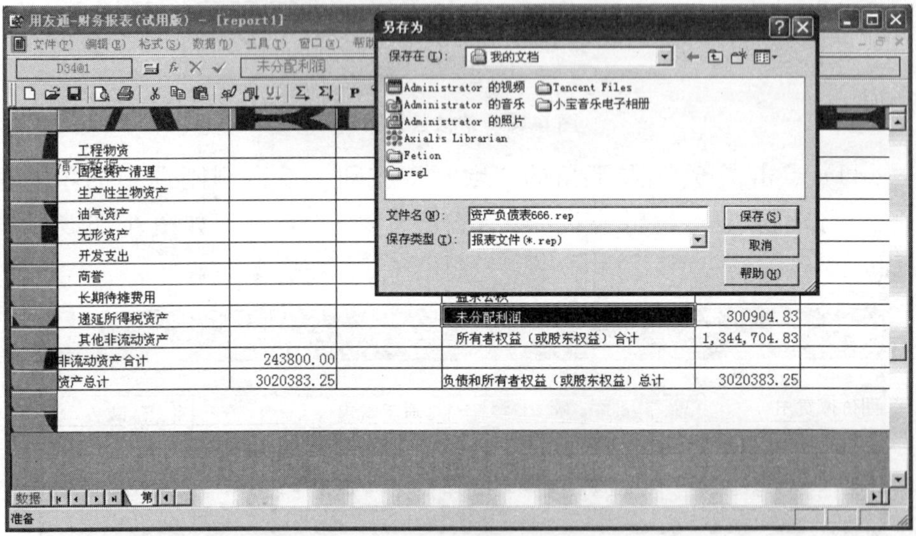

图 6-18 资产负债表保存界面

（13）再次观察图 6-14，可以发现资产负债表已经平衡。点击此界面左上角磁盘形状的图形按钮，保存刚刚设置好的报表，供下次调用。名称取为“资产负债表 666”，如图 6-18 所示。

资产负债表

企业 01 表

单位：江苏阡陌科技有限公司　　2012 年 11 月 30 日　　单位：元

资产	期末余额	年初余额	负债及所有者权益（或股东权益）	期末余额	年初余额
流动资产：			流动负债：		
货币资金	1 450 670.00		短期借款	300 000.00	
交易性货币资产			交易性金融负债		
应收票据	1 070 000.00		应付票据	300 000.00	
应收账款			应收账款	920 000.00	
预付款项			预收款项		
应收利息			应付职工薪酬		
应收股利			应交税费	155 678.42	
其他应收款			应付利息		
存货	255 913.25		应付股利		
一年内到期的非流动资产			其他应付款		
其他流动资产			一年内到期的非流动负债		
流动资产合计	2 766 583.25		其他流动负债		
非流动资产：			流动负债合计	1 675 678.42	
可供出售金融资产			非流动负债：		
持有至到期投资			长期借款		
长期应收款			应付债券		
长期债权投资			长期应付款		
投资性房地产			专项应付款		
固定资产	243 800.00		预计负债		
在建工程			递延所得税负债		
工程投资			其他非流动负债		
固定资产清理			非流动负债合计		
生产性生物资产			负债合计	1 675 878.42	
油气资产			所有者权益（或股东权益）：		
无形资产			实收资本（或股本）	1 000 000.00	
开发支出			资本公积	438 000.00	
商誉			减：库存股		
长期待摊费用			盈余公积		
递延所得税资产			未分配利润	300 904.83	
其他非流动资产			所有者权益（或股东权益）合计	1 344 704.83	
非流动资产合计	2 438 000.00				
资产总计	3 020 383.25		负债和所有者权益（或股东权益）合计	3 020 383.25	

图 6-19　电算化资产负债表

（14）点击右侧“保存”按钮，完成对资产负债的保存。生成好的资产负债表可以点击放大镜图形按钮显示，点击打印机图形按钮打印出来。生成后的资产负债表如图 6-19 所示，你可以和图 6-4 手工编制的资产负债对照一下。这是完全靠你自己编制的第一张电算化资产负债表，小小地得意一下吧。

6.3 利润表编制

利润表，也称为损益表、收益表，它是会计报表的第二张主表，是总括反映特定的经济组织，如企业、公司在一定时间段内经营成果的会计报表。利润表表明了该经济组织在某一特定期间内的盈利能力，表明了经济组织的经营能力与管理能力，由于它反映的是某一期间的情况，所以，人们又称利润表为动态报表。

与资产负债表的编制一样，利润表的数据也来源于会计账簿，编制方式也分手工方式和电算化会计软件编报方式。利润表数据全部来自损益类账户，利润表与资产负债表存在内在关系。

6.3.1 手工账下的利润表

1. 利润表原理

(1) 利润表盈亏原理。利润表的编制依托于我们在第 2 章学习的“利润＝收入－费用”这一会计恒等式，它是利润表轧抵的基础。利润表的数据全部来自损益类账户。

在生产经营中，各种经济体总是在不断取得收入的同时，相应地发生各种成本、费用支出，收入减去费用，剩余的部分就是企业的盈利。取得的收入和发生的相关费用的对比情况就是企业的经营成果。收大于支为盈利，反之为亏损。可以看出，这段描述与我们讲解损益类会计科目时的文字非常类似，可以说，利润表数据全部来自损益类账户，利润表也可以理解为损益类科目发生情况的罗列。“损益”和“动态”是利润表的两个重要特征。

收入与成本费用相抵的方式有两类，一是将当期所有的收入列在一起，将所有的费用列在一起，两者相减得出当期净损益。二是通过对当期的收入、费用、支出项目按性质加以归类，按利润形成的主要环节列示一些中间性利润指标，如主营业务利润、营业利润、利润总额、净利润，分步计算当期净损益。依据前者相抵方式编制的利润表叫单步式利润表，依据后者相抵方式编制的利润表叫多步式利润表。我国现行制度规定采用的是多步式。

利润表用英文表示为“Income Statement”（收益表）、“Profit & Loss”（损益），简称为“I/S”表、“P&L”表。

（2）资产负债表与利润表间的勾稽关系。一般来说，会计人员按月份定期核算经济组织的经营成果，并将核算结果编制成报表，这就形成了利润表。简单地说，将收益和支出两个部分，及收支相抵后净利情况集中反映的报表就是利润表。收支相抵后的净利，与“利润分配——未分配利润”本期净发生额（贷方累计发生额减去借方累计发生额）是一一对应的关系。即：

$$\begin{matrix}\text{利润表的}\\\text{“净利润”项目}\end{matrix}=\begin{matrix}\text{“利润分配——未分配}\\\text{利润”贷方累计发生额}\end{matrix}-\begin{matrix}\text{“利润分配——未分配}\\\text{利润”借方累计发生额}\end{matrix}$$

而这个公式右边又等于“利润分配——未分配利润”的“期末余额－期初余额”，也就是资产负债表的“未分配利润”表项的“期末数－年初数”。因此，我们得到了一个重要公式：

$$\begin{matrix}\text{利润表的“净利润”}\\\text{本年累计发生数}\end{matrix}=\begin{matrix}\text{资产负债表的}\\\text{“未分配利润”期末数}\end{matrix}-\begin{matrix}\text{资产负债表的}\\\text{“未分配利润”年初数}\end{matrix}$$

这是资产负债表与利润表之间相互核对的基础，也是这两张主表之间的勾稽关系。

2. 利润分配事项与利润分配表

如果，利润分配账户本期有利润分配事项，如提取法定盈余公积、提取法定公益金、提取任意盈余公积、提取储备基金、提取企业发展基金等，需于年末将“利润分配”下各分配类二级明细借方余额结转至“利润分配——未分配利润”这个二级明细账户，编制报表时应另行编制反映年度利润分配事项的“利润分配表”。

在我国，《公司法》对利润分配事项进行了规定，其顺序为：计算可供分配的利润、计提法定盈余公积金、计提公益金、计提任意盈余公积金、向股东（投资者）支付股利（分配利润）。如果公司股东大会或董事会违反上述利润分配顺序，在抵补亏损和提取法定盈余公积金、公益金之前向股东分配利润的，必须将违反规定分配的利润退还回公司。

3. 利润表的编制方法

（1）利润表表头的介绍。我们先来看一下利润表的表头，对利润表表头的各要素分别介绍如下：

利润表一般有表头、表体两部分（见图 6-20）。其中表头说明报表名称编制单位、编制日期、报表编号、货币名称、计量单位等。

利润表

编制单位：　　　　20　年　月　　　　会企 02表
单位：元

项目	行次	本月数	本年累计数
一、营业收入	1		

图 6-20　利润表表头

- “利润表”。利润表标题、名称。
- “编制单位”。填写这个报表反映的是什么样经济组织的经济内容。如“江苏阡陌科技有限公司”。
- “20　年　月”。报表所反映的是编制单位什么时间段（时期）内的损益情况，一般为一个月，也可以是一个季度、半年或者一个年度。相应地，要将此处的“　月”修正为“第　季度”、“上（或下）半年”、“1—12 月”（或删除“　月”字样）。
- “会企 02 表”。是这张利润表的简称，表明是依据企业会计准则编制的报表，“02”是报表的序号，表明是第 2 张主表。
- “单位：元”。是这张报表的金额所采用的货币单位，也有以“万元”作为计量单位的。
- “项目”。是指这张报表的损益项目，如“一、营业收入”，这些损益项目是对损益类会计科目进行归集和计算得到的，这种关系在下面报表填列时会介绍到。
- “行次”。表明各损益项目的序号，用于简洁快速地指代损益项目。
- “本月数”。是与“20　年　月”对应的时间段内的损益项目的金额数。
- “本年累计数”。是指从当年 1 月到“20　年　月”期间内损益项目的累计金额数。

（2）利润表各报表项目的内容及填列方法。纵向看，利润表“本月数”栏反映各项目的本月实际发生数，根据各有关会计科目的本月发生额直接填列。“本年累计数”栏反映的是各项目自年初起至本月末止的累计实际发生数，填列时应根据上月利润表的“本年累计数”栏各项目数额，加上本月利润表的“本月数”栏各项目数额，然后将其合计数填入该栏相应项目内。江苏阡陌因 2012 年 1 到 10 月没有增减变化的发生数，故利润表“本月数”即为“本年累计数”。

在编报中期财务报表和年度财务报表时，应将“本年累计数”修改为“本年金额”、将“本月数”栏修改为“上年金额”栏，“上年金额”栏内各数字，根据上年度利润表“本年累计数”栏填列或调整填列。如果上年中（末）“利润表”与本年“利润表”的项目名称和内容不相一致，应对上年的报表项目名称和数字按本年度的规定进行调整，然后填入“上年金额”栏。

● 行次 1“营业收入”项目。反映会计主体生产经营的主要业务和其他业务所确认的收入总额，这个项目应根据“主营业务收入”和“其他业务收入”科目的发生额分析填列。江苏阡陌 11 月的发生额为 1 341 880.34 元。

● 行次 2“营业成本”项目。反映会计主体经营主要业务和其他业务所发生的成本总额。这个项目应根据“主营业务成本”和“其他业务成本”科目的发生额分析填列。江苏阡陌 11 月的发生额为 806 449.79 元。

● 行次 3“营业税金及附加”项目。反映会计主体经营业务应负担的消费税、营业税、城市维护建设税、资源税、土地增值税和教育费附加等，这个项目应根据“营业税金及附加”科目的发生额分析填列。江苏阡陌 11 月的发生额为 4 737.57 元。

● 行次 4“销售费用”项目。反映会计主体在销售商品、提供劳务过程中发生的包装费、广告费等费用以及为销售本会计主体的商品而专设的销售机构的职工薪酬、业务费等经营费用。这个项目应根据“销售费用”科目的发生额分析填列。江苏阡陌 11 月的发生额为 55 593 元。

● 行次 5“管理费用”项目。反映会计主体为组织和管理生产经营发生的管理费用，这个项目应根据“管理费用”的发生额分析填列。江苏阡陌 11 月的发生额为 71 200 元。

● 行次 6“财务费用”项目。反映会计主体为筹集生产经营所需资金等而发生的筹资费用，这个项目应根据“财务费用”科目的发生额分析填列。江苏阡陌 11 月的发生额为 930 元。

● 行次 7“资产减值损失”项目。反映会计主体各类资产发生的减值损失，这个项目应根据“资产减值损失”科目的发生额分析填列。江苏阡陌无此项目。

● 行次 8“公允价值变动收益”项目。反映会计主体应当计入当期损益的资产或负债公允价值变动收益，这个项目应根据“公允价值变动损益”科目的发生额分析填列，如为净损失，本项目以负号填列。江苏阡陌无此项目。

● 行次 9“投资收益”项目。反映会计主体因对外投资以各种方式取得的收益，这个项目应根据“投资收益”科目的发生额分析填列。如为投资损失，本项目以负号填列。江苏阡陌无此项目。

● 行次 10“营业利润”项目。反映会计主体实现的营业利润。如为亏损，本项目以负号填列。江苏阡陌 11 月的营业利润为 402 969.98 元。

● 行次 11“营业外收入”项目。反映会计主体发生的与经营业务无直接关系的各项收入，这个项目应根据“营业外收入”科目的发生额分析填列。

江苏阡陌无此项目。

● 行次 12“营业外支出”项目。反映会计主体发生的与经营业务无直接关系的各项支出，这个项目应根据“营业外支出”科目的发生额分析填列。江苏阡陌无此项目。

● 行次 14“利润总额”项目。反映会计主体实现的利润。如为亏损，本项目以负号填列。江苏阡陌 11 月的利润总额为 402 969. 98 元。

● 行次 15“所得税”项目。反映会计主体应从当期利润总额中扣除的所得税费用，这个项目应根据“所得税费用”科目的发生额分析填列。江苏阡陌 11 月的发生额为 102 065. 15 元。

● 行次 16“净利润”项目。反映会计主体当期实现的净利润。如为亏损，本项目以负号填列。江苏阡陌 11 月的净利润为 300 904. 83 元。

● 行次 18“基本每股收益”和 行次 19“稀释每股收益”项目系上市公司填报的项目，存在可转换公司债券、认股权证和股份期权等稀释性潜在普通股的，应当计算稀释每股收益。如果没有潜在普通股，这两项指标是相同的。江苏阡陌无此项目。

利润表行次 16“净利润”项目与资产负债表（图 6-4）行次 65“未分配利润”项目二者一致，均为 300 904. 83 元，表明两表勾稽关系正确。

编制后的利润表如图 6-21 所示。

利润表

会企 02表

编制单位:江苏阡陌科技有限公司　　2012年11月　　单位：元

项目	行次	本月数	本年累计数
一、营业收入	1	1,341,880.34	1,341,880.34
减：营业成本	2	806,449.79	806,449.79
营业税费	3	4,737.57	4,737.57
销售费用	4	55,593.00	55,593.00
管理费用	5	71,200.00	71,200.00
财务费用（收益以“—”号填列）	6	930.00	930.00
资产减值损失	7		
加：公允价值变动净收益（净损失以“—”号填列）	8		
投资净收益（净损失以“—”号填列）	9		
二、营业利润（亏损以“—”号填列）	10	402,969.98	402,969.98
加：营业外收入	11		
减：营业外支出	12		
其中：非流动资产处置净损失（净收益以“—”号填列）	13		
三、利润总额（亏损总额以“—”号填列）	14	402,969.98	402,969.98
减：所得税	15	102,065.15	102,065.15
四、净利润（净亏损以“—”号填列）	16	300,904.83	300,904.83
五、每股收益：	17		
（一）基本每股收益	18	×	
（二）稀释每股收益	19	×	

图 6-21　手工账利润表

4. 利润分配表的编制方法

利润分配表作为利润表的附属表，对利润表起着补充说明的作用。它实质上是对“利润分配”账户的一个列表说明，展示了该账户的“期末余额＝期初余额＋扣除分配事项后的本期净利润”这样一个等式关系。利润分配表表头部分，读者可从表 6-4 得到直观的认识，其含义与利润表类同，比较浅显，此处不再赘述。现将利润分配表（表 6-4）的编制方法介绍如下：

表 6-4　　利润分配表

利润分配表

会企 02 表附表 1

编制单位：　　　　20　年　　　　单位：元

项目	行次	本年实际	上年实际
一、净利润	1		
加：年初未分配利润	2		
其他转入	4		
二、可供分配的利润	8		
减：提取法定盈余公积	9		
提取法定公益金	10		
提取职工奖励及福利基金	11		
提取储备基金	12		
提取企业发展基金	13		
利润归还投资	14		
三、可供投资者分配的利润	16		
减：应付优先股股利	17		
提取任意盈余公积	18		
应付普通股股利	19		
转作资本（或股本）的普通股股利	20		
四、未分配利润	25		

（1）行次 1“净利润”项目，根据“本年利润”账户年终转入“利润分配——未分配利润”账户的发生额填列。如为净亏损，应以负数填列，且其数字与利润表中“本年累计数”栏的净利润项目相同。

（2）行次 2“年初未分配利润”的“本年实际”栏根据“利润分配——未分配利润”账户的年初余额填列，“上年实际”栏根据“利润分配——未分配利润”账户的上一年年初余额填列。如欲填列的利润分配表为 2015 年 12 月 31 日，则“本年实际”应填写“利润分配——未分配利润”账户 2015 年 1 月 1 日的余额，“上年实际”应填写“利润分配——未分配利润”账户 2014 年 1 月 1 日的余额。

（3）行次4“其他转入”项目，根据“利润分配”账户有本年贷方发生的二级明细账户的发生额填列。不包括各利润分配项目的贷方结转时的发生额。

（4）行次8“可供分配的利润”填列“行次1+2+3”的结果数。

（5）行次9～14、17～20的各利润表项目应分别根据“利润分配”账户所属的对应的二级明细账户的本年借方发生额填列。

（6）行次16“可供投资者分配的利润”填列“行次8－9－10－11－12－13－14”的结果数。

（7）行次25“未分配利润”填列“行次16－17－18－19－20”的结果数，此数应当和“利润分配——未分配利润”账户当年年末的余额是相同的，同时与资产负债表“未分配利润”的期末数也是相同（一致）的。这是资产负债表与利润分配表间相互核对的基础，亦即两张报表间的勾稽关系。

6.3.2 电算化利润表

1. 电算化报表的铺垫知识

编制利润表，同样是要“告诉”会计软件取数公式，这与编制资产负债表是类似的。但要注意的是，利润表的累计数公式要加上本月之前各月的累计发生额。

2. 电算化利润表的编制

我们仍然以用友T3财务通软件为例来讲解如何在电算化环境下设置利润表。

（1）以账务主管“js201”的身份进入用友T3，注意账套和日期别选错了，按照与编制资产负债表时同样的方法进入UFO报表系统。参照电算化资产负债表编制第（1）～（5）步。

（2）点击左上角白色的“新建”图形按钮，再点击“格式—报表模板…”菜单，在出现的界面中，点击右下拉箭头按钮分别选择“一般企业（2007年新会计准则）”、“利润表”后的界面类似于图6-8。

（3）点击“确定”，出现图6-22所示界面。

（4）双击“本期金额”，输入“本月数”，双击“上期金额”，输入“本年累计数”。

（5）双击营业收入“本月数”，按“Ctrl＋C”复制反白显示的公式，点“取消”。

（6）点中营业收入“本年累计数”，点“数据—编辑公式—单元公式”菜单，在出现的界面中按“Ctrl＋V”贴入刚刚复制的公式，并将公式中的“FS”改为“LFS”，点“确定”。第一个建账月份利润表项目的“本年累计数”，重复（5）～（6）步，即可将其他的“本年累计数”公式设置完毕。对公式中为另几个报表项目加减的单元格，将公式中单元格列标根据实际进行修正就可以了。

（7）如果利润表日期不能正确显示，可先删除再重设关键字。点中“****年**月”所在的单元格，按键盘“DEL”键删除。点击“数据—关键字—设置”菜单，在弹出的界面中，点中“年”，点击“确定”。点击“数据—关键字—设置”菜单，在弹出的界面中，点中“月”，点击“确定”。

（8）点击“数据—关键字—录入…”菜单，出现如图 6-11 所示的界面。在“单位名称”处输入“江苏阡陌科技有限公司”，“年”、“月”处分别输入“2011”、“11”后点击“确认”。弹出要求确认是否重算的界面，点击“确认”。

（9）点击“编辑—插入—表页”菜单，在弹出的界面中点“确认”，即确认插入一份表页，也就是说按照相同的格式插入了一份新的利润表，这便可以作为 12 月份的利润表。

以下我们要对非第一个建账月份利润表项目的“本年累计数”进行设置。

（10）点击左下角的“数据”按钮，双击营业收入，在弹出的公式对话框中输入“B5＋select（C5，年@＝年 and 月@＝月＋1)”，点“确定”。其中“C5”为“本年累计数”所在的单元格，“B5”为“本月数”所在的单元格。重复第（9）步，将其他利润表项目的“本年累计数”公式设置完毕，注意要将数字“5”修正为相应的行号。对公式中为另几个报表项目加减的单元格，将公式中单元格列标根据实际进行修正就可以了。

（11）点击“数据—关键字—偏移”菜单，在弹出的界面中，在年的偏移处输入“－150”，在月的偏移处输入“－110”，点击“确定”。

（12）点击“格式—单元属性”菜单，在弹出的界面中，可以设置要显示出来的效果，如字体字色等。这一步不是必需的。

（13）在 UFO 格式状态点击“数据—编辑公式—审核公式”菜单，出现如图 6-15 所示的界面，在其中输入“C21@1＝"资产负债表 666"－>E34@1－"资产负债表 666"－>F34@1mess"未分配利润核对不符，请检查是否存在以前年度调整事项！""，其中：

- “C21”是指本利润表“未分配利润”项目的“本年累计数”所在的单元格。
- “@1”表示“利润表表页 1”，即利润表的第一张表，“表页 2”则为“@2”。

●“资产负债表666”是我们在前面保存的资产负债表的名字，它与利润表保存在同一个文件夹中。

●“－>”可以理解为“的”。

●“E34”、“F34”是资产负债表“未分配利润”项目的“期末余额”、“年初余额”。

●“mess”可以理解为“否则”。

●“"未分配利润核对不符，请检查是否存在以前年度调整事项!"”是我们自己设定的提示语。注意，提示语句是要用输入法半角状态下的双引号括起来的。

公式设置完成后，在UFO数据状态点击“数据—审核”菜单，检查资产负债表与利润表之间的勾稽核关系，如有不符，软件则会自动给出警告。

这是跨不同表格的审核关系，模仿它，你还可以设置出N多的审核公式。感兴趣的话，你可以试试。

（14）点击“保存”图形按钮，将利润表保存为“利润表666”。

利润表

		会企02表
单位名称：xxxxxxxxxxxxxxxxxxxxxxxxxxxxxxxxxx	xxxxx年xx月	单位：元
项　　目	**本期金额**	**上期金额**
一、营业收入	公式单元	
减：营业成本	公式单元	
营业税金及附加	公式单元	
销售费用	公式单元	
管理费用	公式单元	
财务费用	公式单元	
资产减值损失	公式单元	
加：公允价值变动收益（损失以"-"填列）	公式单元	
投资收益（损失以"-"填列）	公式单元	
其中：对联营企业和合营企业的投资收益		
二、营业利润（亏损以"-"号填列）	公式单元	
演示数据 加：营业外收入	公式单元	
减：营业外支出	公式单元	
其中：非流动资产处置损失		
三、利润总额（亏损总额以"-"号填列）	公式单元	
减：所得税费用	公式单元	
四、净利润（净亏损以"-"号填列）	公式单元	
五、每股收益：		
（一）基本每股收益		
（二）稀释每股收益		

图6-22　利润表公式设置界面

编制完成后的利润表如图6-23所示，你可以与手工账下编制的利润表（图6-21）对照着看一下。

利润表

会企02表

单位名称：江苏阡陌科技有限公司　2012 年 11 月　演示数据　单位：元

项　　目	本月数	本年累计数
一、营业收入	1,341,880.34	1,341,880.34
减：营业成本	806,449.79	806,449.79
营业税金及附加	4,737.57	4,737.57
销售费用	55,593.00	55,593.00
管理费用	71,200.00	71,200.00
财务费用	930.00	930.00
资产减值损失		
加：公允价值变动收益（损失以"-"填列）		
投资收益（损失以"-"填列）		
其中：对联营企业和合营企业的投资收益		
二、营业利润（亏损以"-"号填列）	402,969.98	402,969.98
加：营业外收入		
减：营业外支出		
其中：非流动资产处置损失		
三、利润总额（亏损总额以"-"号填列）	402,969.98	402,969.98
减：所得税费用	102,065.15	102,065.15
四、净利润（净亏损以"-"号填列）	300,904.83	300,904.83
五、每股收益：		
（一）基本每股收益		
（二）稀释每股收益		

图 6-23　电算化利润表

UFO 报表系统还提供了大量实用的功能，通过学习和模仿上面设置公式的过程，再加上自己不断尝试和摸索，你就可以自行设置出各种有用的报表。比如对于没有模板可套用的利润分配，完全可以通过设置引用公式、单元格格式自行搞定，你可以试试看。

至此，对于各经济体最常用的资产负债表、利润表的手工、电算化编制方法，我们已经学习完毕。在下一节，我们将在此基础上更上一层楼，学习如何进行财务分析。

6.4　财务分析

在完成资产负债表、利润表等会计报表后，报表阅读者往往希望不只是看到会计报表上面的数字，更希望看到对这些数字的分析，希望财务会计人员能够提供对会计主体的经营活动、投融资活动的分析和评价。这就要求会计人员能够掌握建立在会计报表和内外部经济统计信息基础上的财务分析方法，从而为内外部的管理者提供决策参考和控制依据。这样的分析也是会计人员自身价值的一种提升。

财务分析有广义和狭义之分。经过多年发展，已经形成了相对固定的分析模式。我们在这一章要了解杜邦分析体系，学会比率分析等分析方法，学会常见财务指标分析，为撰写财务报告打下基础。

6.4.1 财务分析方法与分析报告

1. 对比方法

对于各种指标，只有经过与其他指标的对比，才有实际的应用意义，否则孤零零的数字是没有存在价值的。而对比参照的对象，可以是历史数据、行业数据，可以是预先设定的目标标准（如预算、计划等)。关于参考指标，根据不同的实际情况，可以取最高值，也可以取最低值，还可以取平均值作为对照的依据。

在对比方法上，常见的有定基比较法、环比比较法。定基比较法是指在一系列指数中，各期指数都以某一固定时期为基期进行比较的方法。定基指数说明现象在较长时期内的发展变化情况。环比比较法是指在一系列指数中，各期指数都以当期之前的一个时期为基期进行比较的方法。这里所说的“期”可能是“月”，可能是“季”，可能是“半年”，也可能是“年”。这两种方法如图 6-24 所示。

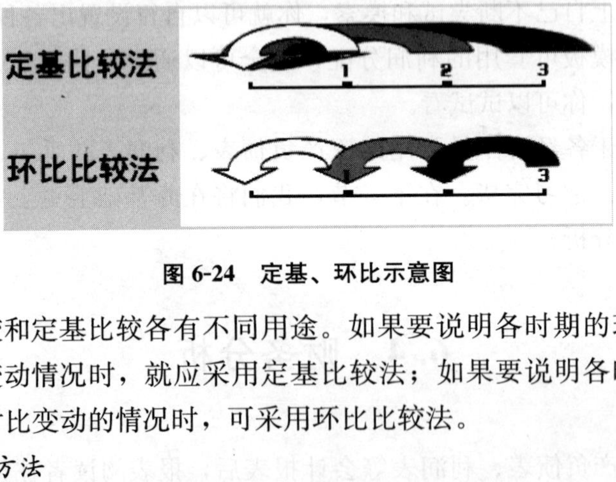

图 6-24 定基、环比示意图

环比比较和定基比较各有不同用途。如果要说明各时期的现象与某一固定时期对比变动情况时，就应采用定基比较法；如果要说明各时期的现象与其前一时期对比变动的情况时，可采用环比比较法。

2. 分析方法

财务分析是以会计核算资料、会计报表及附注资料以及其他有关的资料为基础，采用一系列专门的分析技术和方法，对经济组织的经济行为进行研究、解析，甚至进行预估的会计行为。如果我们把从经济事项到凭证及账簿、报表看成是一种整理和归纳，那么，我们就可以把从报表到分析看作为一种结构解剖、数据演绎和解释。一般来说，会计机构和会计人员采用的分析方法包括比较分析法、比率分析法、趋势分析法和因素分析法等。逐一介绍如下：

（1）比较分析法。这种方法通过实际数与基数的对比来揭示实际数和参照数之间的差异，通过对财务报表中各相关的数字进行分析比较，尤其是将一个时期的报表同另一个或几个时期进行比较，据此了解经济活动的成绩或问题。

比较分析法有不同的参照对比对象，与自身的历史数据比，即不同时期（2 年至 10 年）指标相比，也称“纵比”；与同类企业相比，即与行业平均数或竞争对手比较，也称“横比”；与预先制定的计划（预算）相比，即实际执行结果与计划指标比较，也称“差异分析”。

（2）比率分析法。这种方法是财务分析中使用最多的一种方法，它将同一期财务报表上的会计报表项目的相关数据进行相互比较，求出比率，用来分析和评价当前和历史状况。比如 i＝a/b，这就是最简单的一种比率分析，其中“i”是比率名，“a”、“b”是不同的报表项目。

比率分析法属于静态分析，其局限性表现为：比率分析对于预测未来并不是绝对合理和可靠的。又因为比率分析所使用的是账面数，难以反映价格变动的影响。因此要注意将各种比率有机联系起来进行全面分析，不能孤立地分析某类（项）比率。同时要注意，对比比率的分子项与分母项必须在时间、范围等方面保持口径一致；比率所涉及的各报表项目是相关的，是存在实际意义的，不能任意“拉郎配”。

（3）趋势分析法。为揭示经济组织的财务状况、经营情况和现金流量变化趋势，常常采用趋势分析法将两期（或以上）连续的相同指标或比率进行定基对比和环比对比，从中分析出这些项目（指标）的增减变动方向、数额和幅度。这种方法的运用可以同时包括上两种分析方法。比如 2012 年底某企业资产负债率 30％、2013 年底某企业资产负债率 40％、2014 年底某企业资产负债率 60％，把三期的比率进行比较，从中可以看出，该企业近三年负债比率在逐年攀升，一方面说明利用财务杠杆的能力在加强，另一方面也可能是自身的积累能力在降低，企业的财务风险在上升。

趋势分析法既可用于同一企业不同时期财务状况的纵向比较，又可用于不同企业之间的横向比较。这种方法还能消除不同时期（不同企业）之间业务规模差异的影响，有利于分析经济组织的耗费和盈利水平，运用这种方法时应注意比较口径的一致，剔除偶然因素的影响。

（4）因素分析法。假设某一指标是因 N 个因素的共同作用而就，把其中的某一因素的实际值用标准值（或计划值）代替，将其他因素固定，计算出替代要素前后的差异，就是该因素对总体差异造成的影响。依次替换各要素，并将已替代要素的实际值保持，就可以得到总差异的因素差异构成了。比如，某一指标 P，它受 a、b、c 三个要素共同影响，其实际数为 P_1，计划数为 P_0，二者的差异为：

总差异：$P_1-P_0=a_1\times b_1\times c_1-a_0\times b_0\times c_0$ ①

该差异受 a 因素影响值为：$a_1\times b_0\times c_0-a_0\times b_0\times c_0$ ②

该差异受 b 因素影响值为：$a_1\times b_1\times c_0-a_1\times b_0\times c_0$ ③

该差异受 c 因素影响值为：$a_1\times b_1\times c_1-a_1\times b_1\times c_0$ ④

后三个要素差异之和即为总差异，即：②＋③＋④＝①。

这种分析方法实际应用到会计指标上，就具有了确切的经济意义。如资产利润率，可以分解为资产周转率和销售利润率的乘积。将这个比值的实际值与行业先进值比较，就可以分析出其影响因素，进一步分析，就可以分析出是由哪些报表项目因素造成的，据此可以对企业经营的战略、战术进行相应的调整、修正。

运用这种方法时要注意，在计算每一个因素变动时，都是在前一次计算的基础上，并采用连环比较的方法确定因素变化影响结果；要注意连环替代因素设定的顺序不同（如 abc、acb、cab 等顺序就是不同的），结果也是不同的，所以力求使这种设定是合乎逻辑、具有实际经济意义的假设。

上述 4 种分析方法只是不同的技术手段，它们不是孤立运用，而是两种或多种方法综合运用的。具体到财务指标上，就使得指标分析具有了实际的经济含义，能够揭示出生冷数字背后所蕴含的鲜活的经济行为的实质。

3. 财务分析报告的撰写

在财务分析中，不能只是罗列一些指标和数字，还需要运用文字加以说明，这就形成了财务分析报告。财务分析报告没有固定的格式，它常常是根据经济组织（如企业、事业单位）内部管理的需要而出具的，它帮助财务分析报告的阅读者加深对经济组织本身的各种财务管理和会计核算现状、资金流、内部控制的认识，为下一步的经济行为（如加强或者降低营销力度、增减对外投资等）提供依据和决策参考。

财务分析报告的内容一般包括对企业等经济组织过去和现在的有关经营活动、筹资活动、投资活动、分配活动的盈利能力、营运能力、偿债能力和增长能力状况等进行的分析与评价。具体说来，财务分析报告一般包括了：

（1）主要财务指标完成情况。如销售收入完成情况、生产总值、净利润的实现情况，如这样的表述："2014 年，公司实现销售收入 XX 万元，净利润

XX 万元，毛利率 X%、净利率 X%。”

（2）财务状况分析（资产资本结构分析、利润结构分析）。比如在某一会计期末，企业的存货结存情况，负债中长期、短期负债构成的情况，利润中销售收入与其他收入的组成情况等。

（3）主要报表项目分析。对资产负债表、利润表等会计报表的主要项目应专门拿出来说明，而不能只是列出一个数字。如某保险公司北京分公司 2014 年“赔款支出 XX 万元，同比增长 XX 万元，其原因是当年 7 月北京大雨造成公司车损险理赔支出大幅增加所致”。

（4）指标执行情况的比较分析、趋势分析。静态的分析往往只能说明一个时点的情况，将某一指标与同行业、与历史时期进行比率对比时，这样的分析就显得更有说服力了。比如企业在一个会计年度开始，会制定有任务计划或者预算，在年末决算时，将这些指标进行纵横比较十分必要。通过分析对比，可以看出市场本身的变化、经营管理人员应对市场变化的能力、与往期相比本期对企业的贡献等。如在利润分析时，可以这样表述：“2014 年，公司实现净利润 XX 万元，与去年同期比较降低（增加）XX 万元、降（增）幅 X%，影响净利润降低（增长）的原因主要是受本年市场景气影响，本年收入下挫（上升）XX 万元、降（增）幅 X%，同时，本年管理费用较上年同期增长（降低）XX 万元、增（降）幅 X%；与预算比，本年净利降低（增加）XX 万元、降（增）幅 X%……”

趋势分析则是通过对同一财务指标的多期对比，反映出总体的变化趋势。如这样的表述：“经过近五年的销售收入的增长分析，可以看出，除 2013 年受自然灾害意外导致下滑外，公司的营收能力总体是在增长的，且增长幅度不低于行业平均水平。因此，可以预计下一年公司实现营收 30 000 万元是完全可能的。”

（5）内部控制、财务管理评价及建议。针对经济组织当前的内部控制、财务管理的实际情况，财务分析报告应当给出专业判断，并提出建设性的意见。如这样的表述：“公司 2014 年销售费用大幅上扬，且增幅明显超出收入增幅，反映了费用投入的产出能力有待提高，建议公司加强销售费用的管理，加强广告投放媒介、投放渠道的针对性管理，以提高费用的产出效率。”

在财务分析报告中，各类指标是很重要的组成部分，会计人员必须理解其含义，并弄清楚它们之间的联系和区别。下文将会对这些指标进行详细介绍，但不是所有指标都必须出现在同一份分析报告中，会计人员挑选最适合于企业实际情况的指标进行分析即可。

6.4.2 认识“杜邦分析”

1. 什么是杜邦分析

这里所说的“杜邦”是指美国的一家大型化学公司。下面所要学习的分析方法是由他们于20世纪20年代首先提出并使用的，后经过持续改进和发展，一直沿用至今。人们把他们提出的财务分析体系称为“杜邦分析法”。

杜邦分析法以净资产收益率为核心的财务指标，通过财务指标的内在联系，系统、综合地分析企业的盈利水平，具有很鲜明的层次结构，是典型的利用财务指标之间的关系对企业财务进行综合分析的方法。杜邦分析法是通过评价公司盈利能力和股东权益回报水平，从财务角度评价企业绩效的一种经典方法，它通过层层指标分解，将企业净资产收益率逐级分解为多项财务比率乘积，这就有助于对企业的经营业绩进行深入的分析和比较。层层指标分解就像大树的树根一样，逐步深入，越往下越具体，越触及枝微末节，如图6-25所示。

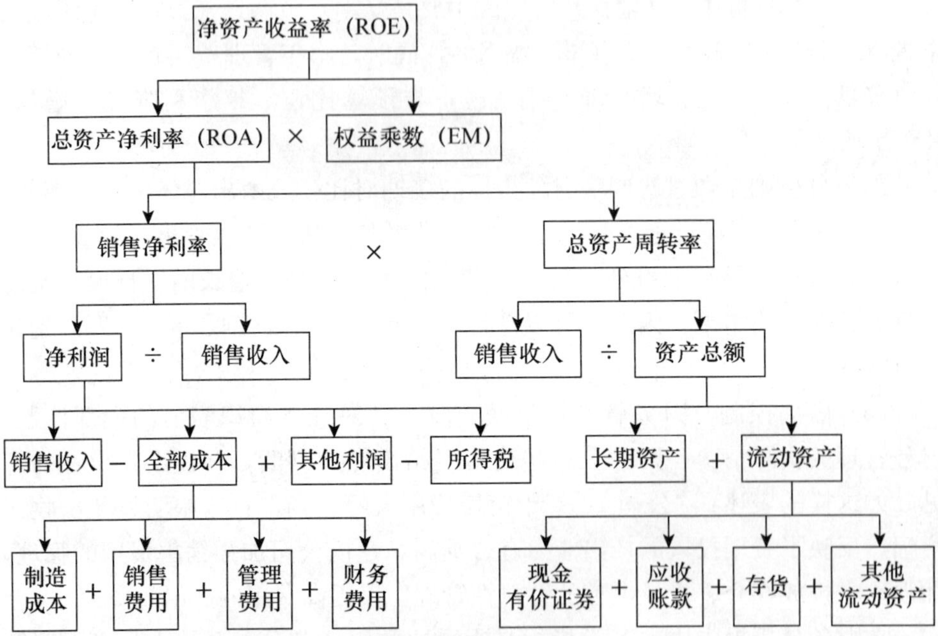

图6-25 杜邦分析树

杜邦分析法将净资产收益率（ROE）分解为利润率、总资产周转率和权益乘数。利润率用以衡量企业的营运效率，总资产周转率衡量资产使用效率，权益乘数衡量财务杠杆，用公式表示为：

$$\text{净资产收益率}=\text{资产净利率}\left(\frac{\text{净利润}}{\text{总资产}}\right)\times\text{权益乘数}\left(\frac{\text{总资产}}{\text{总权益资本}}\right)$$

$$=\text{销售净利率}\left(\frac{\text{净利润}}{\text{总收入}}\right)\times\text{资产周转率}\left(\frac{\text{总收入}}{\text{总资产}}\right)\times\text{权益乘数}\left(\frac{\text{总资产}}{\text{总权益资本}}\right)$$

如果 ROE 指标表现欠佳，杜邦分析法就可以找出具体是由哪部分的原因造成的，能够促使管理者对症下药，有的放矢地改进其经营和管理。

2. 杜邦分析的局限性

杜邦分析体系本身是局限于财务的角度去衡量企业的经营的，对人力资源、客户关系、无形资产估值等没有触及，这就很难全面衡量企业的实力。同时，该体系过于偏向短期指标分析，将会诱导管理层只重视眼前利益、忽略了企业的长期发展。但这并不影响杜邦分析体系在财务分析方法体系上的重要地位，它仍然是无可替代的。

6.4.3　七大类财务分析指标

1. 指标概述

一般来说，财务分析指标包括三大类，分别是：偿债能力指标、营运能力指标、盈利能力指标。其中：偿债能力指标，包括资产负债率、流动比率、速动比率；营运能力指标，包括应收账款周转率、存货周转率；盈利能力指标，包括资本金利润率、销售利税率、成本费用利润率等。这三大类指标在财务分析中最为常见。

实际上，在日常的财务分析中，财务分析指标还包括发展能力状况分析、变现能力、现金流量、财务弹性分析等共七大类指标，各大类下又细分为若干具体的财务指标，具体如表 6-5 所示。

在这些指标中，所提及的“现金”，并不限于“库存现金”账户，还包括“银行存款”、“其他货币资金”等货币资金账户，是一个广义的现金概念。

2. 指标计算公式

（1）变现能力指标。

● FX11——流动比率。该指标用来衡量企业流动资产在短期债务到期以前，可以变为现金用于偿还负债的能力。该指标值的参考数一般为 2，表明偿

表 6-5　　　　财务分析指标一览表

能力	代码	指标名称	能力	代码	指标名称
变现能力	FX11	流动比率	盈利能力	FX43	资产净利率
	FX12	速动比率		FX44	净资产收益率
资产管理(营运能力)	FX21	存货周转率	发展能力	FX51	营业增长率
	FX22	存货周转天数		FX52	资本积累率
	FX23	应收账款周转率		FX53	总资产增长率
	FX24	应收账款周转天数		FX54	固定资产成新率
	FX25	营业周期	现金流量	FX61	现金到期债务比
	FX26	流动资产周转率		FX62	现金流动负债比
	FX27	总资产周转率		FX63	现金债务总额比
负债(偿债能力)	FX31	资产负债率		FX64	销售现金比率
	FX32	产权比率		FX65	每股营业现金净流量
	FX33	有形净值债务率		FX66	全部资产现金回收率
	FX34	已获利息倍数	财务弹性	FX71	现金满足投资比率
盈利能力	FX41	销售净利率		FX72	现金股利保障倍数
	FX42	销售毛利率		FX73	现金营运指数

债能力较佳。该指标计算公式如下：

流动比率＝流动资产/流动负债

● FX12——速动比率。该指标用来衡量企业流动资产中可以立即变现用于偿还流动负债的能力。速动资产是指流动资产中扣除存货、预付账款、1 年内到期的非流动资产及其他不能立即变现的流动资产等。该指标值的参考数一般为 1，表明速动资产偿债能力较佳。该指标计算公式如下：

速动比率＝速动资产/流动负债

(2) 资产管理（营运能力）指标。

● FX21——存货周转率。该指标用于反映存货的周转速度，即存货的流动性及存货资金占用量是否合理。通过该指标的提升，促使企业来保证生产经营连续性、提高资金的使用效率、增强企业的短期偿债能力。该指标计算公式如下：

存货周转率＝销货成本/平均存货余额

平均存货余额＝(期初存货＋期末存货)/2

● FX22——存货周转天数。与“存货周转率”相应，该指标也用于反映存货的周转速度。一般来讲，存货周转速度越快，存货周转天数越少，存货的占用水平越低，流动性越强，存货转换为现金或应收账款的速度越快。该指标计算公式如下：

存货周转天数=360/存货周转率

这是计算年周转天数的指标，如果计算月和季度存货周转天数，应将“360”相应调整为“30”和“90”。

- FX23——应收账款周转率。该指标说明一定期间内公司应收账款转为现金的平均次数。公司的应收账款周转率越高，说明应收账款收回越及时，公司的资金使用效率越高。该指标计算公式如下：

应收账款周转率=销货收入/平均应收账款余额

平均应收账款余额=(期初应收账款+期末应收账款)/2

- FX24——应收账款周转天数。与“应收账款周转率”相应，该指标也用于反映应收账款的周转速度，又被称为“平均应收账款回收期”或“平均收现期”，它表示经济组织从获得应收账款的权利到收回款项、变成现金所需要的时间，时间越短越佳。该指标计算公式如下：

应收账款周转天数=360/应收账款周转率

- FX25——营业周期。这是将“存货周转天数”、“应收账款周转天数”结合起来考虑的一个时期性指标，是指从取得存货开始到销售存货并收回现金为止的这段时间，当然也是时间越短越佳。该指标计算公式如下：

营业周期=存货周转天数+应收账款周转天数

- FX26——流动资产周转率。该指标反映了经济组织流动资产的周转速度，是从企业全部资产中流动性最强的流动资产角度对其资产的利用效率进行分析，以进一步揭示影响企业资产质量的主要因素，当然是周转越快越佳。该指标计算公式如下：

流动资产周转率=销货收入/平均流动资产余额

平均流动资产余额=(期初流动资产+期末流动资产)/2

- FX27——总资产周转率。该指标反映了经济组织总资产的利用效率，但并不是指标值越高就越好。比如某企业的总资产周转率突然上升，但其销售收入却无多大变化，则很可能是固定资产清理造成的，而不是企业的资产利用效率提高。该指标计算公式如下：

总资产周转率＝销货收入/平均总资产余额

平均总资产余额＝(期初总资产＋期末总资产)/2

(3) 负债（偿债能力）指标。

• FX31——资产负债率。该指标用于表示经济组织总资产中有多少是通过负债筹集的，衡量经济组织利用债权人资金进行经营活动的能力，同时反映债权人的债权安全程度。该指标计算公式如下：

资产负债率＝负债/总资产

• FX32——产权比率。该指标是经济组织财务结构是否稳健的重要标志。产权比率反映股东所持股权的溢缺情况，从另一个侧面表明经济组织对财务杠杆利用的程度，它表明债权人债权受到股东权益保障的程度，是衡量企业长期偿债能力的指标之一。该指标计算公式如下：

产权比率＝负债/所有者权益

• FX33——有形净值债务率。有形净值是经济组织所有者权益扣除无形资产后的权益的价值，该指标表明了债权人在企业破产时的被保护程度。该指标计算公式如下：

有形净值债务率＝负债总额/(股东权益－无形资产净值)

• FX34——已获利息倍数。该指标是指上市公司（利）息、（所得）税前利润相对于所需支付债务利息的倍数，用来分析经济组织在一定盈利水平下支付债务利息的能力。我国现行利润表中的“利息费用”没有单列，而是混在“财务费用”之中，外部报表使用人因数据局限，只能用“利润总额加财务费用”来大致估算。该指标计算公式如下：

$$已获利息倍数=\frac{净利润+支付的利息费用+支付的所得税}{支付的利息费用}$$

该指标值的参考数为3，从长期来看至少应大于1。

(4) 盈利能力指标。

• FX41——销售净利率。该指标反映了每赚取一元销售收入带来的净利润的多少，表示销售收入的净收益水平，如果收入增幅超过费用增幅，必然带来该指标的增长。这是最常用的一个盈利能力衡量指标，该指标计算公式如下：

销售净利率＝净利润/销售收入

• FX42——销售毛利率。又称“毛利率”，所谓“毛利”是销售净收入扣除产品成本的差值。该指标反映了每赚取一元销售收入扣除销售成本后，有多少毛利润可以用于抵销期间费用，形成盈利。这也是常用的一个盈利能力衡量指标，该指标计算公式如下：

销售毛利率＝毛利润/销售收入

- FX43——资产净利率。该指标表明经济组织投入产出水平和资产运营能力，即每占用一元的资产平均能获得多少元的利润。它从另一个侧面反映了经济组织的成本费用控制水平和管理水平的高低。该指标计算公式如下：

资产净利率＝净利润/平均总资产余额

平均总资产余额＝(期初总资产＋期末总资产)/2

- FX44——净资产收益率。又称“股东权益收益率”，该指标反映股东权益的收益水平，用以衡量公司运用自有资本的效率，指标值越高，说明投资带来的回报越高。该指标计算公式如下：

净资产收益率＝净利润/平均净资产余额

平均净资产余额＝(期初净资产＋期末净资产)/2

需要注意的是，该指标分母是净资产，而净利润并不是净资产所产生的，也就是说分子和分母的计算口径并不一致。同时，该指标越高，不一定就是经济组织的经营能力越高，也有可能是资产负债比率较高使得净资产相对较低造成的。

（5）发展能力指标。

- FX51——营业增长率。该指标是建立在上期营收基础上的本期营收增幅，它是能够衡量经济组织的经营状况和市场拓展能力、预测其经营走势的重要指标，代表着经济组织的营收成长状况及发展能力。该指标为正数，表明其市场开拓正逐步打开；如为负数，表明市场同比萎缩。该指标计算公式如下：

营业增长率＝本期营业增长额/上年同期营业收入总额

- FX52——资本积累率。该指标是建立在期初净资产基础上的本期净资产的增幅，它体现了经济组织的资本积累情况，展示了企业的发展潜力和内生动力。该指标为正数，表明资本积累增厚；如为负数，表明资本受到侵蚀。该指标计算公式如下：

资本积累率＝本期所有者权益增长额/期初所有者权益

● FX53——总资产增长率。资产是经济组织用于创收的基础资源，也是其偿还债务的保障。该指标反映了经济组织资产规模扩张的速度，是建立在期初资产基础上的本期资产的增幅。该指标为正数，表明资产同比扩张；如为负数，表明资产规模萎缩。但在扩张时，应注意量、质并举。该指标计算公式如下：

总资产增长率＝本期总资产增长额/期初资产总额

● FX54——固定资产成新率。该指标反映了经济组织固定资产的新旧程度，比值越大，表明固定资产越新，投入再生产的准备越充分。该指标计算公式如下：

固定资产成新率＝平均固定资产净值/平均固定资产原值

平均固定资产净值＝(期初固定资产净值＋期末固定资产净值)/2

平均固定资产原值＝(期初固定资产原值＋期末固定资产原值)/2

分析该指标时，应剔除企业应提未提折旧对房屋、机器设备等固定资产真实状况的影响。对不同经济组织的该指标进行分析时，应注意不同的折旧方法对该指标的影响。

(6) 现金流量指标。

● FX61——现金到期债务比。该指标反映了经济组织可用现金流偿付到期债务的能力。本期到期的债务包括长期负债和本期应付票据。该指标值的参考数一般为 1.5，表明现金偿付能力较佳。该指标计算公式如下：

现金到期债务比＝经营活动现金净流量/(本期到期长期负债＋本期应付票据)

● FX62——现金流动负债比。该指标表明经济组织经营活动产生的现金净流量保障企业按期偿还到期债务的能力。该指标值的参考数一般为 1，表明经营活动净现金流的偿付能力较佳。但是，该指标也不是越大越好，指标过大表明利用流动资金能力、获利能力欠缺。该指标计算公式如下：

现金流动负债比＝年经营活动现金净流量/期末流动负债

关于偿还债务问题，除借新债还旧债外，一般应当是经营活动的现金流入才能偿还到期债务。

● FX63——现金债务总额比。该指标表明经济组织经营活动产生的现金净流量承担债务的能力、最大利息支付能力，是预测企业破产、评估经济组织中长期偿债能力的重要指标。该指标值的参考数一般为 0.25，表明经营活动净现金流的偿付能力较佳。该指标越大，表明破产概率较小。该指标要与历史、与同业比较才具有实际意义。该指标计算公式如下：

现金债务总额比＝年经营活动现金净流量/平均债务总额

关于偿还债务问题，除借新债还旧债外，一般应当是经营活动的现金流入才能还债。

● FX64——销售现金比率。该指标反映经济组织每一元销售收入得到的现金流量净额。其数值越大说明经济组织的收入质量越好，资金利用率越佳。该指标计算公式如下：

$$销售现金比率=\frac{经营活动现金净流量}{营业收入+应向购买者收取的增值税进项税额}$$

● FX65——每股营业现金净流量。该指标显示经济组织从事资本性支出及支付股利的能力，一般比每股盈余要高。该指标计算公式如下：

$$每股营业现金净流量=\frac{经营活动现金净流量-优先股股利}{流通在外的普通股股数}$$

● FX66——全部资产现金回收率。该指标说明经济组织利用资产创造的现金流的能力。指标值越高，说明经济组织获取现金能力越强，经营管理水平越高。该指标计算公式如下：

全部资产现金回收率＝经营活动现金净流量/平均资产总额

平均资产总额＝(期初资产总额＋期末资产总额)/2

（7）财务弹性指标。

● FX71——现金满足投资比率。该指标衡量经济组织维持或扩大生产经营规模、自给自足的能力。如果该指标值大于或等于1，表明经济组织经营活动净现金流足以抵挡各项资本性支出、存货增加和现金股利的需要，无须外部融资；如果长期小于1，说明其理财政策必须检讨。该指标计算公式如下：

$$\begin{matrix}现金满足\\投资比率\end{matrix}=\frac{近5年经营活动现金净流量}{近5年平均资本支出+近5年存货平均增加+近5年平均现金股利}$$

● FX72——现金股利保障倍数。该指标衡量经济组织支付现金股利的能力。该指标值越大，表明经济组织经营活动净现金流支付现金股利的能力越强。该指标值的参考数一般为2。该指标计算公式如下：

现金股利保障倍数＝经营活动现金净流量/现金股利

在我国，很多公司根本不支付现金股利，这一指标的分母为零，所以无法利用该指标来预测我国上市公司的财务危机。

- FX73——现金营运指数。该指标反映了经济组织的现金回收质量，是衡量风险的一个指标。该指标值的参考数一般为1，指标小于1表明经济组织的部分收益是以实物或者债权形式收回的，而并非取得了流动性最强的现金，表明收益质量欠佳。该指标计算公式如下：

现金营运指数=(经营所得现金－经营性营运资产净增加)/经营所得现金

经营所得现金=经营净收益+非付现费用

经营性营运资产包括应收账款、存货等，非付现费用包括各项折旧、减值准备等。

6.5 小　结

收获在金秋。农夫经过近一年的辛勤劳作，终于迎来了丰收的喜悦。这一章的学习是会计人员的晋级阶段，我们学习了主要会计报表的编制，学习了在会计报表等的基础上的财务分析及其报告的撰写，学习了财务指标的意义及其计算。这是财务会计劳动成果的呈现，也是会计人员自我价值的体现。到这一步，你已经是一个不折不扣的会计人了。如果你仍有未透彻掌握的，还可以回过头来，有针对性地再复习一下。

此刻，我知道你心中充满了喜悦！这一路，我们一起体验了从搜集整理票据、自制凭证，到账务登记、制作报表、财务分析这个愉悦的旅程，你学到的是完全真实的手把手演示的手工、电脑双套账务处理全过程。在这个过程中，你完成了从一个会计外行到会计达人的愉悦提升。高粱红了，庄稼熟了——没有理由不骄傲一下的。

看起来，我们的学习历程就要结束了。实际上还没有，在下一章，我还要带你体会如何面对会计人员所处的工作环境。“适者生存”，会计人员只有适应内外部环境，才能在会计行业站稳脚跟，获得不断的成长。

我们，下一章见！

第7章

风调雨顺见彩虹
——会计环境与会计成长

农人农耕，靠天吃饭。大多时候，天气直接影响收成。农作物的收成，没有天空作美，没有一些看云识天气的本领，要想丰收只能是痴人说梦。在前面的讲解中，我们实际上都默认了风调雨顺的环境。而会计人要顺利地完成会计工作，需要一个合适的“天气环境”。这样的环境涵盖了会计工作和会计人员所面临的各种情况和条件，包括一系列的会计假设、制度规范，也包括与会计工作相关的众多管理机构和部门。

这一章，我们一起来认识会计环境，聊一聊会计人员应当如何去适应内外部环境，如何进行职业生涯的谋划、提高自身素养，进而创造出有利于会计工作的环境。

7.1 会计内环境

你对会计的本质有所认识了吗？你对会计职能有所了解吗？你知道会计机构和人员应当遵守哪些基础规范吗？与其他职业一样，“会计”工作的开展也离不开诸多默认的前提基础和行为规范。这些前提基础和行为规范就是会计内环境，这就像人体内的微循环，是维持人的肌体健康运行的保障。会计工作要顺利完成，必须在一定的前提假设下，遵循一定的行为准则才行。

7.1.1 会计的本质和职能

1. 会计的本质

国内外至今对“会计”都没有一个明确、统一的说法，但并不是没有“说法”。“说法”还是比较多的，比较典型的包括“管理活动论”、“管理工具论”、“信息系统论”、“控制系统论”。我们对其中典型的两种进行介绍：

（1）管理活动论。这种观点认为会计是通过提供经济信息参与经济管理活动。会计从业人员收集、整理、加工、利用经济生活中的事项，达到提供经济信息、提高经济效益的目的。

（2）信息系统论。这种观点认为会计是为经济管理的目的而建立的一个信息系统。这个系统经历了从凭证到账簿，然后用会计独有的方式向外界提供以会计报表为主的会计报告这样一个信息化过程。会计工作可以看作是信息输入、信息整理、信息输出的周而复始的过程。

这两种认识实际上是一个问题的不同侧面，会计本身是一种信息系统，同时也是一种经济管理活动。会计信息是会计参与经济管理的手段和工具，提升经济效益是最终目的。对一个经济组织的经济事项进行确认、计量、记录和报告，就是为了对企业的经济活动进行预测、组织、实施和控制管理。

2. 会计的职能

所谓会计的职能，也称会计功能，就是说会计这一行能够帮助经济组织做什么。换句话说，经济组织设置和使用会计机构和会计人员能够有什么样的好处。一般认为，会计能够帮助企业进行经济事项核算、经济全程监督、经营预测、决策参与，而其中的货币核算、经济监督是会计的基本职能，最能够体现会计的本质。

（1）经济事项核算。由于不同的经济组织（如企业、公司等）的业务规模、形态不同，它们在社会再生产过程中创造的效益、所花费的成本各种各样。但不管其表现形式和最终结果如何，都可统一将它们的经济事项进行货币化，用货币作为其价值计量的统一标准。这样，就可以将不同的经济组织进行横向或纵向的对比分析了。这是会计核算货币化的重要特征。

这样的会计核算贯穿经济生活的始终，不能有任何中断，否则会计报告的经济信息就会断章取义、一叶障目。会计核算不能仅在经济事项发生之后才进行，随着市场经济的竞争加剧，要求对经济事项进行预测，相应地也对会计核算的核算节点提出了时间前置的要求。要求在经济事项事前就能够提供预算、预测和计划；要求在经济事项事中加强控制，使之按事先的计划和设定的目标进行。

会计核算是一门具有强烈专业特色的技术活儿，是需要经过专门学习才能熟知和掌握的，比如复式思维的运用、会计凭证的收集与审核、会计科目的设置、账务的登记、报告的编制等都有其独特的方法，正因为其专业性，需要将其通俗化，将专业的东西变得更贴近生活、更生动形象，于是，就有了你所看到的这本书。

（2）经济全程监督。货币化计量是对经济事项的反映，本身也是对经济事项的监督。通过会计科目的分类、一系列会计指标的分析，能够对经济事项进行监控。比如会计人员通过负债指标就可以了解经济组织的负债承担情况、财务杠杆利用情况、负债与所有者权益的对比情况等信息，这些信息的及时提供，能够让管理决策层及时调整管理思路和措施以适应市场的动态变化。

这样的监督过程是与经济活动相伴始终的，事前、事中、事后，一个都不能少。比如事前的预算编制，会计人员能够通过对经济活动的可行性、合理合法性、有效性加以审查，从而达到前期预先控制的目的。有人说，我不要你会计机构的监督，烦死了。这样行吗？答案是不行。因为这种监控是强制的，是国家法律与经济组织的管理当局双重规定了的。经济组织的经济行为本身要遵守国家的法律、法规，经济组织内部的规章、制度和计划本身又是约束其自身行为的依据。这样的监督工作是强制规定了的，这也是由会计自身的核算职能所决定的。

核算与监督是会计工作的两大基本职能，二者是辩证统一的，是不可分割的。核算是前提和基础，是首要职能；会计监督是重要保证。二者必须结合运用，才能发挥最大效应。只有核算，没有监督，核算就失去了意义；只有监督，没有核算，监督就会失去依托。

7.1.2 会计假设与规范

1. 会计假设

会计假设，又称会计假定、会计核算基本前提，这个名词于1922年由佩顿在其所著的《会计理论》一书中首次提出。会计假设是对会计核算的内容、范围、程序和方法预先采取的假定和设想。只有事实情况符合事先的约定和设置时，才能够采用在预先约定基础上的会计核算方法。这些假定是可以合理预期的，比如在我国大陆地区，你可以合理估计大街上的汽车都是靠右侧行驶的。

我国2006年颁布的《企业会计准则》规定了四种基本的会计假设，它们是会计主体、持续经营、会计分期和货币计量。

(1) 会计主体。我们常常说某个“经济组织”如何如何，这实际上是指明了会计核算的对象，明确了会计的立场和会计服务的空间范围。这样的经济组织有很多，比如公司、集团、分公司、基金会、事业单位、政府部门等，它们都可以是会计主体。会计主体不同于法律主体，法律主体的经营和财务是独立的，必然成为一个会计主体；但会计主体并不仅仅包括法律主体，如分公司、尚未进行工商登记的企业集团，企业管理的年金基金等，它们虽然不具有法人资格，但是都能够成立会计主体。

简单地说，会计主体就是一个个独立的会计核算单元，一个个封闭的会计信息循环体。它将会计核算单元自身与其他单元区分开来，同时也将会计主体自身与其会计主体所有者区分开来。比如，私人老板成立了一个公司，会计人员的核算主体就是“公司”，而不是“老板”个人。

(2) 持续经营。这是假定了会计主体的生产经营活动是连续的、不间断的，在可以预见的将来是不会破产、倒闭的。这是对会计核算的时间性划分，只有经营持续，才能够保证会计信息的稳定性和一致性，权责发生制才有存在的基础。如果企业可以预见到会经营终止，如合并与分立、破产或者关张，这时所采用的会计核算方法就必须发生变化，只能采用并购、清算的会计处理技术。只有假定了会计主体的经营是持续的，才有对核算的时间进行恰当分期的必要。

(3) 会计分期。这是对会计核算的时期进行人为的划分，因为经营是连续的，又必须及时向会计委托人提供会计信息，就必须将这个连续的核算期间进行阶段性的分割。但这种划分不是某一个会计人员能够决定的，这是行业内已经约定俗成、并且已经规定好了的。如在我国，会计期间分为年度和中期，1月1日至12月31日的自然年度作为一个会计年度，短于此期间的称为中期，中期包括半年度、季度和月度。这样的分期是等距离的，这就保证了不同的会计主体时期上的可比性，也是会计上各类“应收”、“应付”、“摊销与提取”的理论基础。

(4) 货币计量。这包括两层意思，一是会计核算（记录和报告）必须以货币作为主要的计量单位，二是采用的货币必须是稳定或者相对稳定的。会计核算必须采用会计主体所处主要经济环境中的货币作为记账本位币，我国的会计主体通常采用人民币作为记账本位币，但如果会计主体的业务收支以非人民币为主，也可以采用该会计主体业务收支主要币种作为其记账本位币，但在编制会计报表时应当折算成人民币。此外，这里说货币计量并不是对非货币计量单位加以排斥，比如人力资源中人的因素在企业经营中的作用，现在会计很难对其精确计量。这就必然需要其他计量手段跟上，也就需要在会计报告中添加必要的补充信息，以弥补货币化数字的不足。

2. 会计规范

“红灯停、绿灯行”，这是我们从小就知道的交通守则。它指引我们的行路规范，从而保障了我们的出行安全、保障了交通流量的有序。会计上，也有这样的约束性规定，一般把约定俗成或者明文规定的法律、规章、制度、道德准则、行业惯例等统称为会计规范。

会计规范都是从长期的会计实践中提炼、总结而成的，往往重大的经济事件会催生出重要的约束性规范。如20世纪20年代末30年代初期的全球经济大萧条，促进了美国会计规范（英文简称“GAAP”）的体系化建设。西方国家的会计规范往往表现为会计准则、会计标准，这是其市场经济长期发展的结果。新中国成立后的会计规范由全国统一的会计制度组成，引入市场经济后，会计制度逐步被会计准则所取代。当前，我国的会计规范体系由三个类别组成：会计法律法规、会计准则、会计制度。

(1) 会计法律法规。当前主要有两大法律规范会计行为：一是《中华人民共和国会计法》，是我国一切会计工作都必须遵守的法律；二是《中华人民共和国注册会计师法》，是关于注册会计师（CPA）的一部单行法，是维护公共利益和投资人利益、促进资本市场发展的一部重要法律。这两部法律与会计工作直接相关，其他如《证券法》、《公司法》、《税法》中也有零星的对会计工作的规定条款。这些法律都是经过全国人民代表大会通过的。

会计法规则是国务院根据法律制定的，或者经全国人民代表大会及其常委会授权制定的，如《总会计师条例》。此外，各省级人民代表大会及其常委会也可以根据辖区实际情况制定不与法律、行政法规相悖的地方性会计法规。

（2）会计准则。会计准则是处理会计业务的标准，是会计核算的规范，是评价会计工作质量的依据。我国的会计准则是由会计行政主管部门——财政部制定的，它属于部门规章。按照适用单位的性质不同，会计准则分为非营利组织会计准则和营利组织会计准则。

我国当前已颁布的非营利组织会计准则包括1998年1月1日起执行的《事业单位会计准则（试行）》，它适用于所有非企业类单位。

1992年，我国颁布了第一项会计准则《企业会计准则》。后根据全球化市场经济发展的需要，于2006年2月15日发布了《企业会计准则——基本准则》和38项具体会计准则，这就是我们在前面经常提到的“2006版新准则”。新准则要求上市公司2007年1月1日执行，其他单位鼓励执行。2008年，新准则的实施范围扩大到中央国有企业；2009年，进一步扩大了新准则实施范围，希望用三年左右时间在大中型企业全面实施新准则体系。2006年10月30日，针对基本准则和具体准则中的一些重点难点问题，推出了《企业会计准则——应用指南》。随着新准则的实施，在会计实务中出现了一些实际问题，为此，2007年11月16日，财政部又推出了《企业会计准则解释第1号》。至今，已经陆续推出了2号、3号、4号、5号、6号解释。这些“基本准则”、“具体准则”、“应用指南”和“解释公告”共同构成了新的会计准则体系，如图7-1所示。

随便会计行业的发展和经济发展的需要，《企业会计准则》也在适时修订或者出台新的准则。如2011年10月18日发布、2013年1月1日施行的《小企业会计准则》；又如2014年7月23日，对《企业会计准则——基本准则》进行的局部修订。

（3）会计制度。根据适用单位的性质不同，会计准则分为非营利组织会计制度和营利组织会计制度。

我国当前已经颁布的非营利组织企业会计制度主要有《财政总预算会计制度》、《行政单位会计制度》、《事业单位会计制度》、《民间非营利组织会计制度》。

而营利组织会计制度的发展已历经数十年。1993年以前，我国计划经济时代有数十个会计制度，它们已经不适应市场经济的需要了。1993年，财政部根据大的行业划分，制定了行业会计制度，但实践中也因为企业间行业界限的交叉而难以适应。2000年，财政部发布了《企业会计制度》，要求金融企

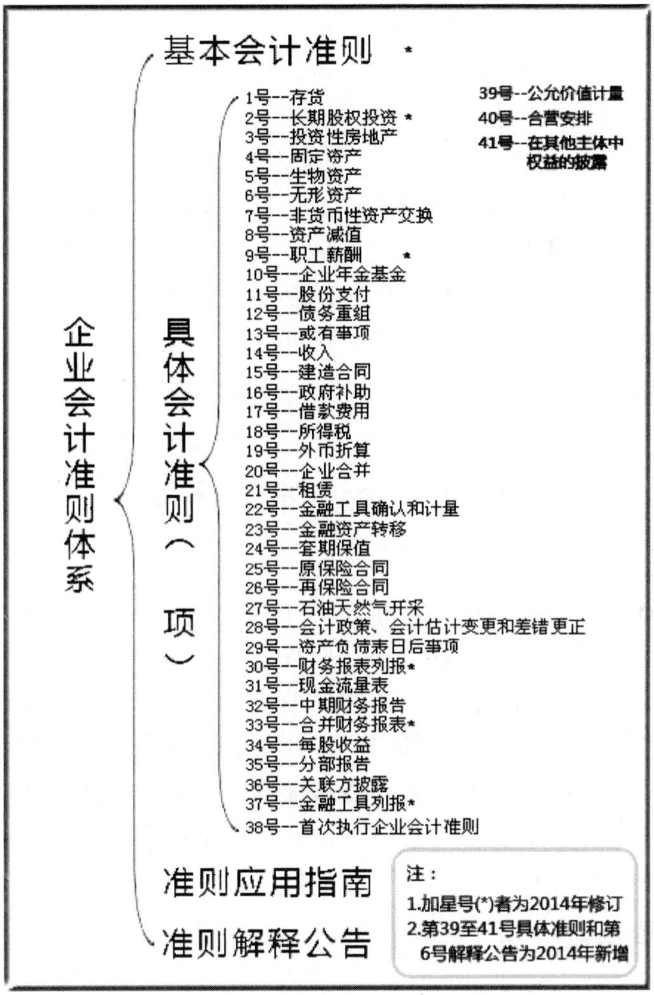

图 7-1　企业会计准则体系图

业、小企业以外的其他企业都执行。金融企业、小企业另颁布了《金融企业会计制度》和《小企业会计制度》（2013 年 1 月 1 日起被《小企业会计准则》取代）来规范其会计核算。

“2006 版新准则”（2014 年修订）实现了与国际会计准则的实质性趋同。企业会计制度中保留下来的内容体现在准则体系的“应用指南”中，“应用指南”对会计科目的规定、财务处理的规定仍然是具有强制性的，但应当看到，“应用指南”的地位是从属于基本准则和具体准则的。换句话说，“企业会计制度”的地位在下降，应用范围在缩小，《企业会计准则》的应用得以鼓励和推广，如果企业选用了“2006 版新准则”（2014 年修订）就不能再执行《企业会计制度》。

短期看，《企业会计制度》和《小企业会计制度》仍将与“2006版新准则”并行一段时间；但从长远看，《企业会计准则》的地位和作用必将逐步加强，“企业会计制度”必将被全面废止，《企业会计准则》全面取代其他各类“企业会计制度”、《小企业会计准则》只是时间性问题。

从法律效力上讲，会计法律法规、会计准则、会计制度的地位和约束力是递减的。前者是后者制定的基础和依据，后者的任何规定都不能超越前者，不得与前者相违背。它们共同构成了我国当前的会计规范，都是具有强制力的规范性文件。

7.2 会计外部环境

会计工作的环境，与自然界的天气有相似之处，风雨雷电各种天气影响收成，会计工作所面临的外部环境，如政治、经济、法律、社会习俗等，都对会计行业有重要影响。抛开复杂的理论，我们只对会计人员日常工作中需要经常与之打交道的几个职能部门和中介组织进行适当的介绍。通过对这些机构及其主办的资格认证的了解，能够提升会计人员的涉外处理技能，提升会计工作便捷性，提高会计工作效率，营造一个良好的会计外部环境，从而为会计人员所在的单位创造出更多的价值。

7.2.1 税务机关

1. 税收征稽机关

我国税务体系按征收机关分类：国家税务局（简称“国税”），地方税务局（简称“地税”）和中国海关（简称“海关”）。

国家税务总局在各地方设有下级税务机关，包括省（自治区、直辖市）国家税务局，地（市、州）国家税务局，县、区国家税务局，乡镇税务所等。国税征收常见税种包括：增值税，企业所得税。各省（自治区、直辖市）国家税务局征缴上缴中央财政。

地税由各地方税务局上交地方财政，包括省（自治区、直辖市）地方税务局、地（市、州）地方税务局、县、区地方税务局，乡镇税务所等。地税征收常见税种包括：营业税，城建税，教育费附加，个人所得税，土地增值税，房产税，土地使用税等。

国税和地税还包括根据经国务院办公厅转发的《深化税收征管改革的方案》设立的各级稽查局、涉外税收管理局等机构。

海关负责征缴关税和船舶吨税，并上缴中央财政。国务院设立海关总署，统一管理全国海关。海关机构的设置一般分为海关总署、直属海关和隶属海关三级。海关实现垂直管理体制，上级对下级授权，下级对上级负责，在国家赋予的职权范围内自主地、全权地行使海关监督管理权，不受地方政府（包括同级党的机构）和有关部门的干预。

税务机关是会计人员需要经常打交道的一个部门，会计人员所在的单位承担纳税义务，会计人员的日常工作中就包括进行报税资料准备、网上纳税申报，并且经常要去当地税局征收大厅办理业务、和当地税局的税收专管员接触和沟通，这些事务性工作虽然会占据会计人员大量的时间，但在这个过程中，会计人员可以了解或争取到对本单位有利的税收政策。

2. 税收种类

在了解了税收征收、稽查机关后，有必要对我国的税种进行简要的认识。所谓的税种，即税收的种类，指征收什么税。构成一个税种的主要因素有：征税对象、纳税人、税目、税率、纳税环节、纳税期限、缴纳方法、减税、免税及违章处理等。不同的征税对象和纳税人是一个税种区别于另一个税种的主要标志，往往也是税种名称的由来。

目前，我国税收征税对象可分为流转税（商品或劳务税）、资源土地税、收益（所得）税、财产税和行为税五大类，共 19 个税种。这 19 个税种包括：增值税、消费税、营业税、企业所得税、个人所得税、资源税、城镇土地使用税、房产税、城市维护建设税、耕地占用税、土地增值税、车辆购置税、车船税、印花税、契税、烟叶税、关税、船舶吨税、固定资产投资方向调节税（从 2000 年起暂停征收）等。其中 16 个税种由税务部门负责征收，关税和船舶吨税由海关征收，进口货物的增值税、消费税由海关部门代征。

其他的税种分类，也可以顺便了解一下：按税收管理和使用权限划分，我国税收可分为中央税、地方税和中央地方共享税；按计税依据分类，我国税收可分为从价税和从量税；按税负是否转嫁分类，我国税收可分为直接和间接税；按税收课征持续时间分类，我国税收可分为经常税和临时税；按税收收入的用途分类，我国税收可分为一般税和特定税；按税收和价格的关系分类，我国税收可分为价内税和价外税。

7.2.2 银行机构

1. 我国的银行体系

我国银行体系由中央银行、监管机构、自律组织和银行业金融机构四大类机构组成。

中国人民银行是我国的中央银行，在国务院的领导下，负责制定和执行货币政策，防范和化解金融风险，维护金融稳定。中国银行业监督管理委员会（简称“银监会”），负责对全国银行业金融机构及其业务活动实施监管。中国银行业协会是在民政部登记注册的全国性非营利社会团体，是中国银行业的行业自律组织。

我国的银行业金融机构包括政策性银行（比如：国家开发银行、中国进出口银行、中国农业发展银行），大型商业银行（比如：中国工商银行、中国农业银行、中国银行、中国建设银行、交通银行，简称“工、农、中、建、交”，前四家由国有专业银行改建而来，交通银行为我国早期的股份制银行），股份制银行（比如：上海浦东发展银行、中国民生银行），中小商业银行（比如：上海银行），农村金融机构（比如：张家港市农村商业银行、宁波鄞州农村合作银行），以及中国邮政储蓄银行和外资银行（比如：摩根大通银行、花旗银行、汇丰银行的国内分行）。

银监会监管的非银行金融机构包括金融资产管理公司、信托公司、企业集团财务公司、金融租赁公司、汽车金融公司和货币经纪公司。

2. 学会与银行交往

银行是经济组织的重要融资渠道和存款存放地，贷款、存款都是需要和银行打交道的。与经济组织发生关系最多的则是银行业金融机构。会计人员与这些机构合作，必须加强沟通，展示自己，熟知对方，只有让对方知道你的情况和需求，双方才有合作的可能。

银行业金融机构与一般的企业一样，也是追求利润最大化的。企业要发展，需要银行的资金支持；银行要发展，需要发放贷款。但发放给谁，这是有讲究的。企业要想获得贷款，首先得了解清楚银行对企业的要求是什么？什么能够打动银行？银行最担心什么？然后才能“对症下药”、“投其所好”、“有的放矢”地向银行推介你所在企业的各个层面，如经营理念、经营业绩、规划、产品技术和市场前景等，甚至包括企业的弱点、当前面临的风险或困难都要向银行讲清楚。银行贷款一般需要抵押物和质押物，除了企业自身拥有的资产外，关联企业、拥有共同利益的上下游渠道商都是很好担保对象。

一句话，如果你能够站在银行的立场上，保证企业的贷款产品安全，且有利可图，企业的“贷款比例、资产负债率、现金流量、担保比例、主营业务收入增长率等”指标又恰好在银行的要求范围内；从企业的角度，考虑到银行工作人员的责任免除、盈利机会，银行自然不会放弃这样的银企合作机会。此外，对于银行所要求的财务制度、财务报表等资料，都要根据各家银行的具体要求及时准确地提供，这都将有利于银行迅速完成对企业经营状况的评估，加速贷款的发放。

如果已经和银行有过融资合作，那么一定要注重贷款的到期及时偿还，中国民间所说的“有借有还、再借不难”，不是虚言。企业以实际行动取信于银行，这是获得再融资的关键。对于银行来说，最看重的是融资企业的发展前景、经管理念、经营状况、诚信守信等。当然，平时在日常工作中也要注重与银行工作人员的人脉交际，这对于双方的合作顺畅无疑是有一定的促进作用的。

企业融资，一方面要保证获得银行的资金支持，另一方面更要注重融资的财务费用能否承担，毕竟银行不是慈善机构，它是要收取贷款利息的。

7.2.3　财政部门

1. 我国的财政机关

财政部是国务院的下设部门，是国家主管财政收支、财税政策和国有资本金基础工作的宏观调控部门。全国各省（自治区、直辖市）、地（市、州）、县、区均设有财政局，乡镇有财政所，这些地方财政部门是同级政府的组成部门，由同级政府领导，主管本辖区财政工作，具体负责本级政府预算的组织执行。上级财政部门与下级财政部门为业务指导关系，主要体现在预决算编制和执行、财税政策协调以及对财税法规政策的执行情况进行监督等方面。

我国会计工作管理体制的总原则是统一领导、分级管理。《中华人民共和国会计法》第七条规定：“国务院财政部门主管全国的会计工作。县级以上地方各级人民政府财政部门管理本行政区域内的会计工作。”

2. 财政机关对会计人员的管理

财政部负责会计从业资格管理、会计专业技术职务资格管理、会计人员评优表彰奖惩，以及会计人员继续教育等。从事会计工作的人员，必须取得会计从业资格证书。单位会计机构负责人，除了取得会计从业资格证书外，还应当具备会计师以上专业技术职务资格或从事会计工作3年以上经历。

会计人员可以通过考试取得的证书通常包括图7-2所示的三种：

图 7-2 会计人员资格考试证书实物图

（1）会计从业资格证书（会计上岗证）。该证书是具有一定会计专业知识和技能的人员从事会计工作的资格证明，是从事会计工作必须具备的基本最低要求和前提条件，是证明能够从事会计工作的唯一合法凭证，是进入会计岗位的“准入证”、会计工作的“上岗证”，不分级。考试合格后所取得的证书如图 7-2 之①所示。

（2）会计专业技术职务资格（初级、中级）。取得会计从业资格证书，并从事会计职业 2 年的人，可申请初级资格考试。初级资格考试科目包括：经济法基础、初级会计实务。考生必须一次性通过 2 个科目，才可以取得助理会计师证书。中级资格考试科目包括：财务管理、经济法和中级会计实务。考生须在连续的两个考试年度内全部通过，才可取得证书。此外，我国对已取得中级职称的会计人员，采用评审制来认证其高级会计师职称。考试合格后所取得的证书如图 7-2 之②所示。

（3）注册会计师（Certified Public Accountant）考试（也称 CPA 考试）是根据《中华人民共和国注册会计师法》设立的执业资格考试，是目前取得中国注册会计师执业资格的必备条件。凡有高等专科以上学校毕业的学历、已取得会计或者相关专业（指审计、统计、经济）中级以上专业技术职称的我国公民都有资格报考。有些地区大学本科三、四年级学生也可以报名，但是具体情况由各地注册会计师协会掌握。CPA 考试分两个考试阶段（6＋1）：第一阶段，设“会计、审计、财务成本管理、公司战略与风险管理、经济法、税法”6 门考试科目。第二阶段，设综合 1 科。各科目均不设英文附加题，第一阶段的单科合格成绩 5 年有效。对在连续 5 年内取得第一阶段 6 个科目合格成绩的考生，发放专业阶段合格证，第二阶段考试科目应在取得专业阶段合格证后 5 年内完成。对取得第二阶段考试合格成绩的考生，发放全科合格证。考试合格后所取得的证书如图 7-2 之③所示。

严格来讲，CPA 考试是一种审计类资格证书考试，是目前受社会认可程度极高的一种资格考试。

其他如财政部主考的注册资产评估师考试（也称 CPV 考试）、国家税务总局主考的注册税务师考试（也称 RTA 考试）也是会计人员考证时经常考虑的。这两项资格认证已于 2014 年 8 月 12 日由国务院发文取消，职业资格许可和认定由准入类调整为水平评价类。尽管如此，它们对会计人员的知识拓展仍是密切相关、大有裨益的。

7.2.4 审计组织

1. 我国的审计机构

我国的审计组织分为三类，一是国家审计机关，二是民间审计组织，三是单位内部审计部门。

（1）国家审计机关。是指依照国家法律规定设立的、代表国家行使审计监督职权的国家机关，各级审计机关，都是同级政府的职能部门。国务院设立审计署，县级以上地方各级人民政府设立审计机关。审计署和省、自治区、直辖市以及计划单列城市的审计机关，根据审计工作的需要，可以在重点地区、部门设立派出机构，进行审计监督。审计机关实行双重领导体制，对本级人民政府和上一级审计机关负责并报告工作，审计业务以上级审计机关领导为主。

审计机关的审计对象包括：同级人民政府各部门和下级人民政府；国家金融机构；全民所有制企业、事业单位和基本建设单位；国家给予财政拨款或者补贴的其他单位，包括有关的机关、团体和部队等；有国家资产的中外合资经营企业、中外合作经营企业、国内联营企业和其他企业；国家法律、法规规定应当进行审计监督的其他单位。

（2）民间审计组织。是指由注册会计师、审计师所组成的社会会计（审计）组织——会计师事务所和审计师事务所。这些民间组织接受委托，对经济组织的有关经济事项所进行的审计查证业务被称为民间审计，又称为“社会审计”。民间审计的主要职责，是对被审计单位执行会计报表审计，出具第三方的鉴证意见。审计的功能从过去的防护性发展到公证性，管理咨询服务和税务服务的业务也在日渐增加。会计报表审计是所有民间审计的基础，其他性质的审计业务只是对会计报表审计的延伸和发展。

（3）内部审计部门。是指经济组织内部从事内部审计的部门。根据“内部审计之父”索耶关于内部审计的定义，其内部审计部门的工作是“对组织中各类业务和控制进行独立评价，以确定是否遵循公认的方针和程序，是否符合规定和标准，是否有效和经济地使用了资源，是否在实现组织目标”。

民间审计和国家审计，都属于外部审计。同样都处于比较超脱的地位，有较强的独立性和权威性及客观公正性。其基本职能都是监督，外部审计所关注的重点领域受到法律和合同的指定，例如财务报表审计中，外部审计主要侧重点是会计信息的质量和合规性，也就是对财报的合法性、公允性作出评价。

而内部审计工作重心则在于经济活动的合法合规、目标达成、经营效率等方面。内部审计人员要具备一定的管理知识水平，以帮助经济组织达到实现其经济效益、改善机构运作、增加价值的目标。

2. 审计类资格考试

（1）审计专业技术资格考试。由审计署和人力资源和社会保障部共同负责。审计署负责拟定考试科目，编写考试大纲，组织考试命题等工作。人力资源和社会保障部负责审定考试科目、大纲和试题，会同审计署对考试工作进行检查、监督、制度和确定考试合格标准。审计资格分为初、中级资格考试，初、中级资格考试采用同一套考试大纲，两级考试科目各部分内容分为初、中级共同考试内容和中级单考内容。此外，我国对已取得中级审计职称的审计人员，采用评审制来认证其高级审计师职称。

（2）国际注册内部审计师（Certified Internal Auditor）考试（也称为CIA考试），CIA是国际内部审计领域专家的标志，也是国际审计界唯一公认的职业资格。CIA考试由总部设在美国纽约的国际内部审计师协会组织，中国内部审计协会负责国际注册内部审计师资格考试在我国的组织领导和协调工作，并向其报告考试工作情况。CIA考试科目包括“内部审计在治理、风险和控制中的作用”、“实施内部审计业务”、“经营分析和信息技术”、“经营管理技术”四部分。

7.3 经风雨、见彩虹——会计人职业规划

美丽的彩虹常常出现在风雨之后。行走于职场的会计人员，就像一匹骏马，不能只是低头拉车，更需要经常抬头看路；不能一味地傻走，很多时候

也得稍稍驻留脚步，规划一下路线和行程。现在，你已经从一个会计菜鸟升级为会计达人了，取得了一定的成绩，但还有更高的目标在等待着你。

不管你是怎样的起点，既然选择了学习会计，了解一下会计这个行业的职业前景也是很有必要和大有益处的。要想营建风调雨顺的内外环境，使之能够为自己所用、甚至影响和改造会计环境，会计人员必须要有与之匹配的知识和能力，只有提高自身抗击风雨的能力，才能迎来人生的彩虹。那么，你又该做出哪些努力呢?

7.3.1 三年、三年又三年

以最常见的企业会计人员的职业生涯规划为例，我们一起看看会计人员的成长轨迹。

1. 新生三年

很多会计新人是经过高等院校财会（审计）专业 N 年的培养，之后走上了会计工作岗位。其中很多人刚入行，都是从出纳做起的，俗称先“管钱”，也就是管理着货币资金（现款、银行存款）、票据、有价证券等的进进出出，部分出纳人员同时还需要填制原始凭证、装订会计传票（记账凭证）。刚入职的前三年，他们做的都是这些会计行业的基础工作。

实际上，出纳工作中的“管钱”并不是出纳人员自己能够管理的，资金的调度、使用指令都是由更高级的管理人员发出的，出纳人员充其量只是“保管、经办”着货币资金。但这本身也并不是一件很容易的事，它要求出纳人员首先要有良好的职业道德修养，能够让人放心，还要具有严谨细致的态度和全面掌握公司内外会计政策的水平。

在做好出纳的基础上，一般人都能够过渡到会计岗位。此时，会计人员应当及时调整自己的知识结构，从原先的基础工作转换到会计核算和会计监督的职能上，这个时候不仅要记好账，更好注意工作过程中的监督技能的积累。注重学习完善职业素养、加深人脉关系的理解、强化团队协作的意识是这个阶段要刻意培养的。

作为一个职场会计人，特别要注意自己职业生涯中的职业诚信、职业口碑和职业化修养的积淀。

2. 跨越三年

万马奔腾，总有“一马当先”。从普通会计中脱颖而出，有一部分人走上了财务经理（主管）的岗位。这就要求这个阶段的会计人能够熟悉企业全面的经营管理工作，积极介入企业管理决策，要学会站在一个管理者的角度上看财务。角度不同，侧重点相应也有不同。

这个时候的工作重心就要向“管理”上转移，不只是“管账”，更要学会“管人”——利用和协调好“人”这个主观能动的“活”的因素。并不是说，出纳人员和普通会计就不需要人际技能，而是说，要顺利成长为一名合格的财务经理人，学会如何协调上下级的关系，如何打造培养自己的团队，如何辅助高层决策当好参谋，是需要重点锻炼和培养的。

3. 提升三年

在会计这个行业，低端的人员总是很多，高端的人才总是很少。一个会计人员从低层岗位成长为财务管理人员，进而成为财务经理、财务总监（总会计师、CFO)。这个时候，再冠以“会计”的头衔已经不太准确。在日常的生活中，你肯定是常常听到“会计”和“财务”这两个词语。聪明的你，也能够发现，在我们前面的讲解中，实际上是刻意回避了“财务”这个概念。“会计”和“财务”是有区别的，它们可以归结为“概念、目标、作用、结果”等方面的不同。但我们不需要了解那么多概念，你只要简单地知道，“会计”是偏重于核算技术，而“财务”的重心在于管理技能。例如：对于资金，“会计”侧重于对资金的反映和监督；而“财务”的基本职能是预测、决策、计划和控制，重心在于对资金的组织、运用和管理上。二者虽然有区别，但现实中人们常常是将“财务”和“会计”混在一起说的。

除了领导和处理好财务工作，要成为一名合格的财务总监，必须具备充分的社会资源掌控优势和极强的综合管理能力。比如，财务组织建设能力、单位内控建设能力、投资分析决策和管理能力、税务筹划能力、资金筹措能力、财务预算能力、成本费用控制能力、财务预警和分析能力、财务对外合作能力等。

在这一时期，对于财务总监这一角色来说，“人、财、物”的资源整合能力显得特别重要。对资源的“管理、掌控和调度”能力是实现从财务经理到财务总监的这一飞跃的必备条件。这里所说的“资源整合能力”已不仅局限于所在单位的内部，更强调的是财务外向能力，强调的是对于社会资源的综合运用、协作、整合，从而为所服务单位创造价值的能力。

此时的财务总监担任的已经不仅仅是财务负责人的角色，更是一个管理决策者的角色。

除了在一般企业外，财务会计人员还可以在银行证券类公司、专业的财务公司、各类审计机构中从低端向高端发展。而且，我们所讲的财务会计人员的成长经历的“三年、三年又三年”的过程，在实际工作中，并不是每个阶段就是真正的三个自然年度，而是一种时间上的泛指。也并不是说，这样的过程是每个人必须经历的，也许有的人一生就停留在某一个阶段上，但在任何一个阶段，做好本职工作是最基本的职业要求。然而，梦想总是需要的，梦想也总是建立在认清自我的前提下的。

7.3.2 认清自我向前冲

1. 认识你自己

也许你是正在学习财务专业的大中专院校学生，也许你是想要进入会计领域的会计初学者，也许你是会计从业资格应考人员、培训班学员，也许你就是想要自己记账的私营业主（老板），但大家共同的目标肯定是提高自己的会计水平，增强处理会计事务的能力。进一步说，是为了提高自己安身立命、施展才华的技能；更直白地说，规划职业生涯对于提高收入、发挥能力是有直接的益处的。作为一个会计人员，不甘人后、勇于争先无疑是非常好的，对照规划，我们首先应当正确地评估自己。不管现在的你是什么样的身份，我们看未来，对照未来的理想，我们的能力有欠缺吗？还有哪些需要充实提高呢？

在“三年、三年又三年”的过程中，我们能够坚持着一直奋发向上吗？如果你选择了会计作为职业，一定要明白，任何兴趣变成了工作，都会因为机械重复而生出厌烦。除了用责任心保持，一定要学会自我精神调节。人除了工作，还有生活，还有其他的兴趣和爱好。摆正了心态，端正了态度，你的大脑就不会整日被烦躁、焦虑、厌烦等负面情绪占据。等待成功时的焦虑，你能够承担吗？良好的自我调节能力，你具备吗？

由于会计行业的特殊性，这一职业谨慎性要求也限定了会计人员的一些基本特征，严谨、务实、认真、保密、负责也构成了会计人的形象特征。如同双面利刃一样，长期谨慎、稳健的思维习惯也导致了很多会计人的不善于人际沟通、性格过于保守等一些负面的特征。这些都有可能成为会计人员前进的阻力和障碍，阻碍你的职业生涯向更高阶段的飞跃。自我评估一下，你能够克服这些障碍吗？

2. 设定一个目标，每天努力一些

规划职业生涯，实质上是为自己的人生设定目标。长期的可涉三年五载，短期的可定一周二周。根据自己所欠缺的，设定一个自我提升的目标和计划。然后将这个目标再层层分解，将计划逐步地落实，每一个奋进的时间长度，都要根据你的实际情况设定。别人可能需要三年，你可能需要五年，也可能只需要一年或者两年。比如，为了系统地梳理、掌握会计知识和提高自己，你可能会通过考试取得一种资格证书或学历证书，来提升自己的专业能力、获得社会认可。那么，考证这件事就成为完成你人生规划的一个步骤了。对于考证，你应当明白，考试只是提高自己能力的一个手段，而不是目标，而且也不是唯一的手段，如果是为了考试而考试，那就本末倒置，与人生的目标南辕北辙了。

设置和细化了目标，下面要做的就是坚持，就是持之以恒了，绝对不可以“三天打鱼，两天晒网”，但也不能急于求成。你需要做的就是每天努力工作，每天进步一点，日积月累、积少成多，一步一步地实现自己的职业规划。

3. 自然积累与主动加速

冷静地审视一下，你会发现可能自己在某些方面真的有很大差距。你不必灰心丧气，知道了差距之所在，不是为了气馁退却，而是为了找准起点和目标。

缩小乃至消弭能力和知识的差距，有两种途径，一是自然积累，二是主动加速。

会计是一个注重经验积累的职业，所谓“越老越吃香”，说的就是与日俱增的专业经验的沉淀。随着时间的推移，会计人员所经历的职场事件会越来越多，需要专业处理的事项也会不断重复，在这样的过程中，会计人员即使没有刻意留心，也可以很自然地熟能生巧，职业提升所需要的技能会有自然增长，正所谓“久炼成钢”、“久病成医”了。这样的职场发展就是个人能力和知识的自然积累。但这个过程中，没有或者很少有“人”的主动推进，因而完成过程所需要的时间是缓慢的、很难把握的。

如果要快速提升自己的专业技能和职业技能，那就需要会计人员的主动学习来加速这个过程了，尤其是在会计行业本身不断发展、知识更新速度不断加快的今天。大家要记住“三个必须”——必须有目标规划，必须有落实措施，必须有坚持不懈。会计专业知识的积累、人脉资源的增厚、协调能力的培养，离开了日复一日的主动学习，职业生涯规划目标的达成无疑就只是一句空话了。

有梦想才会有未来。希望每个阅读这本书的朋友都能够早日绘就自己的人生蓝图！

7.4 小 结

这一章，你学习起来就会感觉很轻松了。

会计工作的圆满完成，需要有适当的会计环境。会计环境有内部的环境，也有外部的环境。会计工作自身是有其存在和发展的前提和基础的，是受到会计规范约束的。会计工作中又是需要与各种行政职能部门、中介机构打交道的，了解它们，知己知彼，更有利于会计人员专业应对。

在对与会计人员紧密相关的职能部门进行了介绍之后，我对会计人员自我提高的重要途径之一——常见的资格证考试进行了介绍。

每个职场人都希望自己的人生不断有提高和进步，会计人员自然也不例外。如何规划自己的职业生涯，如何设定自己的人生目标，如何快速提升自己的能力，这是每个会计人员所面临的实际问题。正确进行自我评估，厘清自身现状与人生目标的差距，细化分解目标，每天主动努力一些，方能实现会计人员自身的理想。

这本书写到这里，已经可以画上句号了。但对于你来说，你的会计生涯才刚刚开始，认准你的目标，不停努力、继续加油，愿你进步每一天！